PRÜFE DEIN WISSEN

Fälle in Frage und Antwort

Heft 6

BGB · ERBRECHT

von

DR. DR. h. c. WILFRIED SCHLÜTER
Universitätsprofessor
Richter am Oberlandesgericht

8., überarbeitete und ergänzte Auflage

C. H. BECK'SCHE VERLAGSBUCHHANDLUNG
MÜNCHEN 1994

Die Deutsche Bibliothek – CIP-Einheitsaufnahme

Schlüter, Wilfried:
BGB, Erbrecht / von Winfried Schlüter. –
8., überarb. u. erg. Aufl. – München : Beck, 1994
(Prüfe dein Wissen ; H. 6)
ISBN 3 406 37962 1
NE: GT

ISBN 3 406 37962 1

Satz und Druck der C. H. Beck'schen Buchdruckerei Nördlingen
Gedruckt auf säurefreiem,
aus chlorfrei gebleichtem Zellstoff hergestelltem Papier.

Vorwort

Die Fallsammlung Prüfe dein Wissen will und kann kein systematisches Lehrbuch ersetzen, es aber ergänzen und es dem Leser erleichtern, das vorhandene Wissen am konkreten Rechtsfall zu erproben. Die Hinweise auf Rechtsprechung und weiterführendes Schrifttum sind bewußt knapp gehalten. Aus der umfangreichen höchstrichterlichen Judikatur sind nur für die Entwicklung des Erbrechts grundsätzliche Entscheidungen ausgewählt worden, deren Lektüre vor allem für die Studenten unerläßlich ist, zu deren Wahlfach das Erbrecht gehört. Besonderes Gewicht wurde auf Bereiche gelegt, die erfahrungsgemäß den Studenten in Prüfungen besondere Schwierigkeiten bereiten, wie z.B. das Recht des Erbvertrags und des gemeinschaftlichen Testaments, die Rechtsgeschäfte unter Lebenden auf den Todesfall und das Pflichtteilsrecht.
Die 8. Auflage ist um den Abschnitt XV: „Besonderheiten nach der Herstellung der deutschen Einheit“ erweitert worden. Einige Fälle wurden neu formuliert. Rechtsprechung und Schrifttum sind mit dem Stand von Juni 1993 berücksichtigt worden. Frau Rechtsreferendarin Karin Menzen und Herrn Rechtsreferendar Jürgen Austrup danke ich für ihre Mitarbeit und Frau Bernharde Luttermann für die Betreuung des Manuskripts.

Münster, im Juli 1993

Wilfried Schlüter

Inhaltsverzeichnis

Abkürzungsverzeichnis

AcP	Archiv für die civilistische Praxis
ALR	Allgemeines Landrecht für die Preußischen Staaten
Battes	Gemeinschaftliches Testament und Ehegattenerbvertrag als Gestaltungsmittel für die Vermögensordnung der Familie, 1974
BayObLG	Bayerisches Oberstes Landesgericht
BayObLGZ	Entscheidungen des Bayerischen Obersten Landesgerichts in Zivilsachen
Beitzke/Lüderitz	Familienrecht, 26. Aufl. 1992
BeurkG	Beurkundungsgesetz
BGB	Bürgerliches Gesetzbuch
BGBl	Bundesgesetzblatt
BGH	Bundesgerichtshof
BGHZ	Entscheidungen des Bundesgerichtshofes in Zivilsachen
Brox	Erbrecht, 14. Aufl. 1993
BVerfG	Bundesverfassungsgericht
BVerfGE	Entscheidungen des Bundesverfassungsgerichts
DNotZ	Deutsche Notar-Zeitschrift
DR	Deutsches Recht
DRpfl.	Deutsche Rechtspflege
EheG	Ehegesetz
EGBGB	Einführungsgesetz zum Bürgerlichen Gesetzbuch
EGZGB	Einführungsgesetz zum Zivilgesetzbuch der Deutschen Demokratischen Republik
ErbStDV	Erbschaftsteuer-Durchführungsverordnung
ErbStG	Erbschaftsteuer- und Schenkungssteuergesetz
Erman	Handkommentar zum Bürgerlichen Gesetzbuch, 9. Aufl. 1993
FamRZ	Zeitschrift für das gesamte Familienrecht
FGG	Gesetz über die Angelegenheiten der freiwilligen Gerichtsbarkeit
GBl.	Gesetzblatt der Deutschen Demokratischen Republik
GBO	Grundbuchordnung
GenG	Gesetz betreffend die Erwerbs- und Wirtschaftsgenossenschaften (Genossenschaftsgesetz)
GewO	Gewerbeordnung
GG	Grundgesetz für die Bundesrepublik Deutschland
GmbHG	Gesetz betr. die Gesellschaften mit beschränkter Haftung

GVG .... Gerichtsverfassungsgesetz
HGB .... Handelsgesetzbuch
JFG .... Jahrbuch für Entscheidungen in Angelegenheiten der freiwilligen Gerichtsbarkeit
JR .... Juristische Rundschau
JuS .... Juristische Schulung
JW .... Juristische Wochenschrift
JZ .... Juristenzeitung
KG .... Kammergericht
KGJ .... Jahrbuch für Entscheidungen des Kammergerichts
Kipp/Coing ...... Lehrbuch des Erbrechts, 14. Bearb. 1990
KO .... Konkursordnung
KostO .... Gesetz über die Kosten in Angelegenheiten der freiwilligen Gerichtsbarkeit (Kostenordnung)
Lange/Kuchinke ... Lehrbuch des Erbrechts, 3. Aufl. 1989
Leipold .... Erbrecht, 8. Aufl. 1990
LM .... Nachschlagewerk des Bundesgerichtshofs in Zivilsachen, herausgegeben von Lindenmaier und Möhring
v. Lübtow .... Erbrecht, 1971
Lutter .... Das Erbrecht des nichtehelichen Kindes, 2. Aufl. 1972
LZ .... Leipziger Zeitschrift für Deutsches Recht
MDR .... Monatsschrift für Deutsches Recht
Mitteis/Lieberich .. Deutsches Privatrecht, 9. Aufl. 1981
MünchKomm. .... Münchener Kommentar zum Bürgerlichen Gesetzbuch 2. Aufl. 1989
NEhelG .... Gesetz über die rechtliche Stellung der nichtehelichen Kinder
NJW .... Neue Juristische Wochenschrift
Odersky .... Nichtehelichengesetz – Handkommentar, 4. Aufl. 1978
OHG .... Offene Handelsgesellschaft
OLG .... Oberlandesgericht
OLGZ .... Entscheidungen der Oberlandesgerichte in Zivilsachen
Palandt .... Bürgerliches Gesetzbuch, 52. Aufl. 1993
PartG .... Gesetz über die politischen Parteien (Parteiengesetz)
PatG .... Patentgesetz
RG .... Reichsgericht
RGBl. .... Reichsgesetzblatt
RGRK .... Das Bürgerliche Gesetzbuch, Kommentar herausgegeben von Reichsgerichtsräten und Bundesrichtern, Bd. 5, Erbrecht, 12. Aufl. 1974/75; Bearbeiter: Kregel und Johannsen
RGZ .... Entscheidungen des Reichsgerichts in Zivilsachen
RPflG .... Rechtspflegergesetz
Rpfleger .... Der Deutsche Rechtspfleger

Schlüter	Erbrecht, 12. Aufl. 1986
SeuffA	Seufferts Archiv für Entscheidungen der obersten Gerichte in den deutschen Staaten
Soergel	Kommentar zum Bürgerlichen Gesetzbuch, 12. Aufl. 1987/1992
Staudinger	Kommentar zum Bürgerlichen Gesetzbuch, 12. Aufl. 1978/83
TestG	Gesetz über die Errichtung von Testamenten und Erbverträgen (Testamentsgesetz)
VerglO	Vergleichsordnung
VerschG	Verschollenheitsgesetz
VersR	Versicherungsrecht, Juristische Rundschau für die Individualversicherung
VVG	Gesetz über den Versicherungsvertrag
WEG	Gesetz über das Wohnungseigentum
WM	Wertpapier-Mitteilungen
ZGB	Zivilgesetzbuch der Deutschen Demokratischen Republik
ZHR	Zentralblatt für Handelsrecht
ZPO	Zivilprozeßordnung
ZVG	Gesetz über die Zwangsversteigerung und die Zwangsverwaltung

I. Gesetzliche und historische Grundlagen des deutschen Erbrechts

1. Nennen Sie die *wichtigsten* in der Bundesrepublik Deutschland geltenden *erbrechtlichen Gesetze.*

a) Das *materielle Erbrecht* ist vorwiegend im *5. Buch des BGB* (§§ 1922–2385) geregelt.

Wegen der engen Verknüpfung des Erbrechts mit dem allgemeinen Vermögens- und dem Familienrecht finden sich auch in den *anderen Büchern* des BGB zahlreiche erbrechtliche Regelungen. Zu erwähnen sind beispielsweise die §§ 569a, 569b (Eintritt naher Angehöriger in das Mietverhältnis des verstorbenen Mieters), § 673 (Erlöschen des Auftrags beim Tod des Beauftragten), § 727 (Auflösung der Gesellschaft durch Tod eines Gesellschafters), § 857 (Vererblichkeit des Besitzes), § 1371 (Zugewinnausgleich im Todesfall), §§ 1483ff. (fortgesetzte Gütergemeinschaft), §§ 1586, 1586b (Bedeutung des Todes des Berechtigten oder Verpflichteten für die Ehegattenunterhaltspflicht).

b) Für das Erbrecht bedeutsame Bestimmungen sind auch *außerhalb des BGB* in zahlreichen Einzelgesetzen anzutreffen. Ohne Anspruch auf nur annähernde Vollständigkeit seien etwa erwähnt:

§§ 22, 25, 27 HGB (Haftung des Erben, der das ererbte Handelsgeschäft unter derselben Firma fortführt), § 139 HGB (Fortführung einer OHG mit den Erben), §§ 15 Abs. 1 GmbHG, 77 GenG (Vererblichkeit von GmbH-Geschäftsanteilen und Mitgliedschaften in einer Genossenschaft), § 46 GewO (Fortführung eines Gewerbebetriebs durch Ehegatten oder minderjährige Erben), § 24 Reichsheimstättengesetz i. V. m. §§ 25ff. der dazu ergangenen Ausführungsverordnung (Sondererbfolge hinsichtlich der Heimstätte), die Anerbengesetze der Länder, vor allem die Höfeordnung für die Länder der ehemals britischen Zone in der Fassung vom 26. 7. 1976 (BGBl. I S. 1933) (Sondererbfolge hinsichtlich des Hofes).

c) Das für das Erb- und Nachlaßrecht bedeutsame *Verfahrensrecht* findet sich vor allem in dem Gesetz über die Angelegenheiten der freiwilligen Gerichtsbarkeit (FGG) und in der Zivilprozeß-, Vergleichs- und Konkursordnung. Das FGG enthält wichtige Verfahrensvorschriften, die erheblich in das materielle Erbrecht eingreifen, etwa bei der Haftung des Erben für die Nachlaßschulden und bei der Auseinandersetzung der Miterben.

2. Auf welchen *historischen Grundlagen* beruht das Erbrecht des BGB?

Durch das BGB ist im Bereich des Erbrechts im wesentlichen das *gemeine römische Recht* kodifiziert worden, wie es sich bis zum Ende des 19. Jahrhunderts herausgebildet hatte. Dieses gemeine römische Erbrecht hat seine Wurzeln sowohl im antiken römischen Recht als auch im deutschen Recht des Mittelalters. Daneben sind Einflüsse des *kanonischen Rechts* und der Gesetzgebung der Aufklärung, vor allem des preußischen ALR unverkennbar.

Auf das antike *römische Recht* gehen beispielsweise die Universalsukzession, die Testierfreiheit und das Verwandtenerbrecht zurück. Im wesentlichen römischrechtlichen Ursprungs sind das Testamentsrecht, das Recht des Vermächtnisses und der Auflage, das Pflichtteilsrecht sowie der Erbanspruch.

Deutschrechtlichen Ursprungs sind hingegen das Anfallprinzip, das Recht des Erbvertrages und des gemeinsamen Testaments.
Durch das *kanonische Recht* ist das Institut der Testamentsvollstreckung herausgebildet worden.
Auf das *ALR* geht das Recht der Vor- und Nacherbschaft sowie die Parentelordnung der gesetzlichen Erbfolge zurück.
Zu den Einzelheiten: Kipp/Coing, § 1 IV; Mitteis/Lieberich, Kap. 54ff.)

3. Durch welche wichtigen *Gesetze* ist das Erbrecht des BGB *geändert* worden?

a) Zu nennen ist zunächst das *Gesetz über die Errichtung von Testamenten und Erbverträgen* (TestG) vom 31. 7. 1938 (RGBl. I S. 973). Es hatte die Form der Verfügungen von Todes wegen gegenüber den ursprünglichen Vorschriften des BGB wesentlich erleichtert. Durch das Gesetz zur Wiederherstellung der Gesetzeseinheit auf dem Gebiete des Bürgerlichen Rechts vom 5. 3. 1953 (BGBl. I S. 33) ist es, von wenigen Ausnahmen abgesehen, wieder in das BGB eingefügt worden.
b) Das *Gesetz über die Gleichberechtigung von Mann und Frau auf dem Gebiete des Bürgerlichen Rechts* (Gleichberechtigungsgesetz) vom 18. 6. 1957 (BGBl. I S. 609) brachte einige weitere Änderungen, vor allem in § 1371 eine Neuregelung des Ehegattenerbrechts.
c) Das *Gesetz über die rechtliche Stellung der nichtehelichen Kinder* vom 19. 8. 1969 (BGBl. I S. 1243) begründete eine prinzipielle erbrechtliche Gleichstellung ehelicher und nichtehelicher Kinder (§§ 1934a–c, 2057a, 2331a, 2338a).
d) Das *Beurkundungsgesetz* vom 28. 8. 1969 (BGBl. I S. 1513) vereinheitlichte und

vereinfachte das Beurkundungsverfahren und konzentrierte die Beurkundungszuständigkeit im Bereich des Erbrechts auf die Notare.

e) Das *1. Ehereformgesetz* vom 14. 6. 1976 (BGBl. I S. 1421) paßte einige erbrechtliche Bestimmungen dem neuen Scheidungsrecht an (§§ 1933, 2077, 2268 Abs. 2, 2331 a Abs. 2, 2335).

f) Durch das *Adoptionsgesetz* vom 2. 7. 1976 (BGBl. I S. 1749) sind die §§ 1925, 1926, 2043 Abs. 2, 2253 Abs. 2 geändert oder neu gefaßt worden.

4. Inwieweit ist das private Erbrecht in der Bundesrepublik Deutschland verfassungsrechtlich geschützt? Wäre es beispielsweise zulässig, durch ein Gesetz die Privaterbfolge abzuschaffen und durch ein Staatserbrecht zu ersetzen?

Durch *Art. 14 Abs. 1 GG* wird neben dem Eigentum auch das Erbrecht verfassungsrechtlich gewährleistet, wobei Inhalt und Schranken durch Gesetze bestimmt werden können. Hiermit gewährleistet das Grundgesetz einmal das Erbrecht als objektiv-rechtliche Einrichtung *(Einrichtungsgarantie)* mit den tragenden Grundprinzipien der Privaterbfolge und der Testierfreiheit. Ein Gesetz, das das Privaterbrecht abschafft, wäre danach verfassungswidrig.

Art. 14 Abs. 1 GG gewährt dem Einzelnen gleichzeitig ein *Grundrecht* auf Schutz seines Erbrechts vor staatlichen Eingriffen und dem Erblasser ein Grundrecht auf Testierfreiheit. Verfassungsrechtlich gewährleistet ist auch das Recht naher Familienangehöriger auf den Pflichtteil (näheres Schlüter, § 3 II).

5. a) In welchen Gesetzen war das Erbrecht in der Deutschen Demokratischen Republik geregelt?

Bis zum 1. 1. 1976 galten dort ohne grundlegende Änderungen die erbrechtlichen Vorschriften des BGB und des Testamentsgesetzes von 1938. Durch die §§ 9 und 10 des Einführungsgesetzes zum Familiengesetzbuch der Deutschen Demokratischen Republik vom 20. 12. 1965 (GBl. I 1966 S. 19) war allerdings die erbrechtliche Stellung des nichtehelichen Kindes und des Ehegatten neu geregelt worden.

Durch das *Zivilgesetzbuch der Deutschen Demokratischen Republik* vom 19. 6. 1975 (GBl. I S. 465), das am 1. 1. 1976 in Kraft getreten ist, wurde das Erbrecht in den §§ 362 bis 427 neu kodifiziert. Die auffallende Kürze (66 Bestimmungen anstatt der bisher 464 des BGB) beruht darauf, daß zahlreiche erbrechtliche Institute weggefallen waren, wie z.B. der Erbschaftsanspruch (§§ 2018ff.), die Miterbenausgleichung (§§ 2050ff.), die Vor- und Nacherbfolge (§§ 2100ff.), der Erbvertrag (§§ 2274ff.), der Erbverzicht (§§ 2346ff.) sowie der Erbschaftskauf (§§ 2371ff.). Darüber hinaus ist die Regelung beibehaltener Institute, wie z.B. der Erbenhaftung für die Nachlaßverbindlichkeiten erheblich gestrafft worden.

(Einzelheiten bei Meincke, JR 1976, 9, 47; Kittke, JZ 1976, 268; Mampel, NJW 1976, 593).

Neben den §§ 362 bis 427 ZGB ist das *Gesetz über das staatliche Notariat* – Notariatsgesetz vom 5. 2. 1976 (GBl. I S. 93) und seine 1. Durchführungsbestimmung zu erwähnen. Die Aufgaben, die nach dem BGB dem Nachlaßgericht zugewiesen sind, wurden durch das staatliche Notariat wahrgenommen.

§ 8 des Einführungsgesetzes zum ZGB vom 19. 6. 1975 (GBl. I S. 517) regelte den zeitlichen Geltungsbereich der erbrechtlichen Bestimmungen des ZGB.

§ 25 Abs. 2 des Gesetzes über die Anwendung des Rechts auf internationale zivil-,

familien- und arbeitsrechtliche Beziehungen sowie auf internationale Wirtschaftsverträge, – Rechtsanwendungsgesetz – vom 5. 12. 1975 (GBl. I S. 748) bestimmte, daß sich die erbrechtlichen Verhältnisse hinsichtlich des Eigentums und anderer Rechte an Grundstücken und Gebäuden, die sich in der DDR befanden, nach dem Recht der DDR richteten.
Zu erwähnen ist schließlich *§ 24 des Gesetzes über die landwirtschaftlichen Produktionsgenossenschaften* vom 3. 6. 1959 (GBl. I S. 77, in der Fassung von § 12 Nr. 4 des EGZGB), der die Beerbung von Mitgliedern einer landwirtschaftlichen Produktionsgenossenschaft regelte.
(Einzelheiten Drews-Halgasch, Erbrecht, Grundriß Zivilrecht, Heft 9, Berlin 1978).

5. b) Welches Erbrecht gilt nach dem 3. 10. 1990 (Beitritt der Deutschen Demokratischen Republik zur Bundesrepublik Deutschland)?

Mit dem Wirksamwerden des Beitritts der Deutschen Demokratischen Republik zur Bundesrepublik Deutschland am 3. 10. 1990 gilt für alle danach eingetretenen Erbfälle grundsätzlich das BGB (Art. 230 Abs. 2 EGBGB). Allerdings enthält Art. 235 EGBGB einige Übergangsvorschriften. Nach Art. 235 § 1 Abs. 1 EGBGB bleibt für die erbrechtlichen Verhältnisse das bisherige Recht maßgebend, wenn der Erblasser vor dem 3. 10. 1990 verstorben ist. War also nach bisherigem interlokalem Kollisionsrecht etwa das ZGB anzuwenden, dann gilt es für die am 3. 10. 1990 bereits eingetretenen Erbfälle fort. Auch wenn der Erbfall nach dem 3. 10. 1991 eintritt, sind nach Art. 235 § 2 EGBGB bestimmte erbrechtliche Fragen noch nach dem bisherigen (nach dem interlokalen Kollisionsrecht anwendbaren) Recht zu beurteilen. Das gilt einmal für die

Errichtung und Aufhebung von Verfügungen von Todes wegen, wenn sie vor dem 3. 10. 1990 erfolgte (Art. 235 § 2 Abs. 1 EGBGB). Das gilt ferner für die Bindung des Erblassers bei einem gemeinschaftlichen Testament, sofern dieses vor dem 3. 10. 1990 errichtet worden ist (Art. 235 § 2 Abs. 2 EGBGB).
Zu den Einzelheiten des Übergangsrechts vgl. Fälle 485–489.

II. Der Erwerb von Todes wegen (Überblick)

1. Grundbegriffe des Erbrechts

6. Was versteht man unter „Erbrecht"?

Es ist zu unterscheiden zwischen Erbrecht im objektiven und im subjektiven Sinn:
a) *Erbrecht im objektiven Sinn* ist die Summe aller bürgerlich-rechtlichen Vorschriften, die den Einfluß des Todes eines Menschen auf seine Rechte und Pflichten regeln.
Im BGB sind nur die vermögensrechtlichen Folgen des Todes eines Menschen, nicht aber die mit der Beisetzung des Verstorbenen (Beisetzungspflicht, Art und Ort der Beisetzung, Errichtung des Grabmals, Umbettung usw.) zusammenhängenden Fragen behandelt. Lediglich § 1968 ordnet an: „Der Erbe trägt die Kosten der standesmäßigen Beerdigung des Erblassers".
b) *Erbrecht im subjektiven Sinn* ist kein einheitliches subjektives Recht, sondern die Summe der einzelnen subjektiven Rechte und Pflichten, die dem Erben mit dem Erbschaftsanfall aus dem objektiven Erbrecht erwachsen. Ein Erbrecht im subjektiven Sinn besteht daher nicht vor dem Tod des Erblassers.

7. Wer wird als Erblasser bezeichnet?

Erblasser ist die natürliche Person, deren Vermögen mit dem Tod auf eine oder mehrere Personen übergeht. Erblasser kann jeder Mensch, nicht jedoch eine juristische Person oder eine Gesamthandsgemeinschaft sein.

8. Was ist ein Erbfall?

Der *Erbfall* ist der Tod einer natürlichen Person. Er löst die Erbfolge aus.

9. Erläutern Sie den Begriff Erbschaft.

Die *Erbschaft* ist das Vermögen des Erblassers, das mit dessen Tod auf den oder die Erben übergeht (§ 1922 Abs. 1). Die Erbschaft wird vom Gesetz auch oft „Nachlaß" genannt, ohne damit einen sachlichen Unterschied auszudrücken.

10. Wen nennt das Gesetz Erbe?

Erbe ist diejenige natürliche oder juristische Person, auf die das Vermögen des Erblassers mit dem Erbfall übergeht (§ 1922 Abs. 1). Auch der bereits erzeugte, aber noch nicht geborene Mensch (nasciturus) kann Erbe sein (§ 1923 Abs. 2); die Erbschaft fällt ihm aber erst mit der Geburt an.

Geht die Erbschaft nicht nur auf eine Person (Alleinerbe, Universalerbe), sondern auf mehrere Personen über, dann bezeichnet man diese als Miterben, die eine Erbengemeinschaft bilden (§§ 2032ff.). Auf den Anteil eines Miterben sind die Vorschriften über die Erbschaft anzuwenden (§ 1922 Abs. 2).

Keine Erben sind: Der Vermächtnisnehmer (§ 2174), der durch eine Auflage Begünstigte (§§ 2192ff.), das nichteheliche Kind hinsichtlich des Erbersatzanspruchs (§ 1934a Abs. 1), der Pflichtteilsberechtigte (§ 2303 Abs. 1).

11. Nach dem Tod des Schauspielers Neuberger, der den „Verein zur Förderung junger Schauspieler e.V." zum Alleinerben eingesetzt hat, streiten seine Witwe und seine Großeltern

Das *Recht zur Totenfürsorge* ist im wesentlichen familienrechtlicher Natur. Daher kommt es nicht darauf an, wer Erbe des Neuberger geworden ist.

Nach ständiger Rechtsprechung hat der Ehegatte oder der jeweilige nächste Angehörige des Verstorbenen auf Grund seiner

über Art und Ort der Bestattung. Wer hat darüber zu entscheiden?

familienrechtlichen Bindungen das Recht zur Totenfürsorge, da von ihm größte Rücksichtnahme auf den Willen des Verstorbenen erwartet werden kann (KG FamRZ 1969, 414, 415). Dieser gewohnheitsrechtliche Satz hat seinen Niederschlag im Gesetz über die Feuerbestattung vom 15. 5.1934 (RGBl. I S. 380) gefunden. Der Kreis und die Rangfolge der Angehörigen werden durch § 2 Abs. 1 und Abs. 2 dieses Gesetzes bestimmt, das als Landesrecht fortgilt. Da das Feuerbestattungsgesetz im wesentlichen das Ergebnis der Rechtsprechung zum Bestattungsrecht übernommen hat, ist es über die Feuerbestattung hinaus richtungweisend (Schlüter, § 50 VIII m.w.N.). Daher hat die Witwe Neuberger als nähere Angehörige vor den Großeltern des Verstorbenen das Recht, über Art und Ort der Beisetzung zu entscheiden. Bei ihrer Entscheidung ist sie an den ausdrücklichen oder mutmaßlichen Willen des Verstorbenen gebunden.

2. *Die Berufung zum Erben*

12. Wie wird man zum Erben berufen?

a) Der Erblasser kann den Erben durch „Verfügung von Todes wegen" bestimmen (§§ 1937, 1941) *(gewillkürte Erbfolge).* Die Verfügung von Todes wegen ist der Oberbegriff für Testament (letztwillige Verfügung) und Erbvertrag.

b) Hat der Erblasser keine Verfügung von Todes wegen errichtet, tritt die Erbfolge kraft Gesetzes *(gesetzliche Erbfolge)* ein, zu der die Verwandten und der Ehegatte des Erblasser berufen sind (§§ 1923 ff., 1931). Der Erblasser kann, ohne positiv einen Erben zu bestimmen, durch Testament einzelne Erben von der gesetzlichen Erbfolge ausschließen (§ 1938) (Enterbung).

13. Wer kann gesetzlicher Erbe sein?

a) *Verwandte des Erblassers,* gradlinige und Seitenverwandte ohne Rücksicht auf die Gradesnähe (§§ 1589, 1924–1930).
b) Der *Ehegatte* des Erblassers neben Verwandten oder allein (§§ 1931–1934, 1371).
c) Der *Staat,* dem der Erblasser bei seinem Tod angehört hat, wenn beim Erbfall weder ein Verwandter noch ein Ehegatte des Erblassers als gesetzlicher, noch ein eingesetzter Erbe vorhanden ist (§ 1936). Zum gesetzlichen Erbrecht des Staates vgl. Fälle 73ff.

3. *Gesamterbfolge*

14. Erichson hat in seinem Testament folgendes angeordnet:
„Mein Sohn Fritz ist mein Erbe. Meiner teuren Ehefrau vermache ich meine Schulden".
Der Schneider Garn, der für Erichson einen Maßanzug angefertigt hatte, verlangt von der Ehefrau und von Fritz die Bezahlung der noch offenen Rechnung.

Die Forderung des Garn ist eine vom Erblasser (Erichson) herrührende Schuld und damit eine Nachlaßverbindlichkeit (§ 1967 Abs. 2), für die der Erbe haftet (§ 1967 Abs. 1).
Der Anspruch des Garn richtet sich daher gegen den Erben. Im Testament kommt der Wille des Erichson zum Ausdruck, Fritz als Erben – und nicht nur als Vermächtnisnehmer (§§ 2147ff.) – einzusetzen (vgl. § 2087). Die Witwe könnte nur dann (Mit-)Erbin geworden sein, wenn sich der Nachlaß in der Weise aufspalten ließe, daß ein Erbe die Aktiva und einer die Passiva erbt. Eine solche Aufspaltung des Nachlasses ist aber unzulässig und daher unwirksam Nach § 1922 Abs. 1 geht mit dem Erbfall das *Vermögen als Ganzes* auf den Erben über. Die Erbfolge nach

dem BGB ist also durch den Grundsatz der *Gesamterbfolge* (Unterbegriff der Universalsukzession) gekennzeichnet. Dadurch soll die Einheit des Nachlasses erhalten und eine Zersplitterung durch den Erbfall verhindert werden. Die Haftung nach § 1967 ist eine gesetzliche und kann vom Erblasser nicht ausgeschlossen werden. Damit ist Fritz Alleinerbe des gesamten Nachlasses einschließlich der Schulden geworden und hat deshalb für die Schuld des Erichson gegenüber Garn einzustehen (§ 1967 Abs. 1).

15. Der alleinstehende Rechtsanwalt Erdmann wünschte sich sehr, daß sein Neffe Georg einmal seine Praxis übernimmt. Georg wurde aber Jazzmusiker. Aus Verärgerung darüber brach Erdmann die Beziehungen zu seinem Neffen ab. Nachdem Georg in den USA eine glänzende Karriere als Jazzpianist gemacht hat, setzt ihn sein Onkel zu seinem Alleinerben ein, ohne ihn davon zu unterrichten. Erdmann stirbt, während Georg gerade auf einer Tournee in New Orleans ist. Die Haushälterin Maria, die im Hause des Verstorbenen wohnt, verkauft die hinterlassene Briefmarkensammlung für 10.000 DM an den Briefmarkenhändler Hannemann; sie gibt vor, die Sammlung von ihrem

Georg hätte gegen Hannemann einen Anspruch auf Herausgabe der Briefmarkensammlung nach § 985, wenn er Eigentümer der Sammlung geworden und auch geblieben wäre. Nach § 1922 Abs. 1 ist mit dem Tod des Erdmann dessen Vermögen, zu dem auch die Briefmarkensammlung gehört, auf Georg als Alleinerben übergegangen. Nach dem Grundsatz des *Vonselbsterwerbs* erwirbt der Erbe den Nachlaß, ohne daß er die Erbschaft ausdrücklich oder schlüssig anzunehmen oder die Nachlaßsachen in Besitz zu nehmen braucht. Georg ist also bereits mit dem Erbfall Eigentümer der Briefmarkensammlung geworden. Dieses Eigentum hätte er verloren, wenn Maria die Sammlung wirksam nach §§ 929 S. 1, 932 an Hannemann übereignet hätte. Auch wenn man davon ausgeht, daß Hannemann ohne grobe Fahrlässigkeit (§ 932 Abs. 2) Maria für die Eigentümerin der Sammlung gehalten hat, würde ein gutgläubiger Erwerb nach § 935 Abs. 1 S. 1 ausscheiden, wenn die Briefmarkensammlung Georg abhanden gekommen wäre. Abhanden gekom-

Vater geerbt zu haben. Drei Monate nach dem Tod des Erdmann erfährt Georg von seiner Erbschaft und dem Verbleib der Briefmarkensammlung. Er verlangt sie von Hannemann heraus. Mit Recht?

men ist eine Sache, wenn der unmittelbare Besitzer ohne seinen Willen den Besitz verloren hat. Obwohl Georg im Zeitpunkt des Übereignungsgeschäfts zwischen Maria und Hannemann von seiner Erbenstellung nichts wußte, ist der (unmittelbare) Besitz an der Briefmarkensammlung, so wie er in der Person des Erblassers bestanden hatte, nach § 857 ohne besondere Besitzergreifung auf den Erben Georg übergegangen. Da Georg diesen (unmittelbaren) Besitz ohne seinen Willen verloren hat, ist ihm die Sache abhanden gekommen. Ein Eigentumserwerb durch Hannemann scheidet daher nach § 935 aus. Er muß die Briefmarkensammlung nach § 985 an Georg herausgeben.

16. Der Chemiker Manfred Müller ist gestorben.
a) Er war u.a. Eigentümer einer Segelyacht, eines Grundstücks und Gläubiger einer Darlehensforderung.
b) Müller, ein großer Musikliebhaber, hatte aus der Stadtbücherei mehrere Bücher über Gustav Mahler entliehen.
c) Wenige Tage vor seinem Tod hatte sich Müller ein neues Auto gekauft; das mitbestellte und – bezahlte Autoradio fehlte, und der Motorblock hatte einen Riß.
d) Müller war Inhaber eines Patents.
e) Er war Aktionär der Volkswagenwerk AG.
f) Er war Mitglied der „Na-

Nach § 1922 Abs. 1 geht das Vermögen (Erbschaft) auf die Erben über; § 1967 Abs. 1 schreibt vor, daß der Erbe für die Nachlaßverbindlichkeiten zu haften hat. Aus diesen beiden Normen ergibt sich, daß der Erbe mit dem Erbfall in die Gesamtheit der Rechte und Pflichten des Erblassers eintritt, soweit diese nicht ausschließlich auf die Persönlichkeit des Erblassers bezogen waren. *Vererblich* sind daher in der Regel vermögensbezogene – wenn auch nicht ausschließlich vermögensbezogene – Rechte, Pflichten, Rechts-, Pflicht- und Bindungslagen und rechtlich geschützte Positionen; sie sind dagegen in der Regel *unvererblich,* wenn sie ausschließlich persönlichkeitsbezogenen Charakter haben.

a) Eigentum, Forderungen und sonstige Rechte (§ 413) sind vererblich. Eva Engel ist daher mit dem Erbfall Eigentümerin der Segelyacht, des Grundstücks und

turwissenschaftlichen Forschungsgemeinschaft e. V.".
g) Ihm war als Angestellter der Firma „Berliner Laborbedarf AG" Prokura erteilt worden.
Die Sängerin Eva Engel, seine Erbin, fragt, welche Rechte und Pflichten ein Erbe im allgemeinen übernimmt und was sie geerbt hat, falls sie die Erbschaft nicht ausschlägt.

Gläubigerin der Darlehensforderung geworden.
b) Der Besitz – sowohl der unmittelbare als auch der mittelbare, auch der Eigen- und Fremdbesitz – ist vererblich (§ 857). Eva Engel ist daher Besitzerin der entliehenen Bücher geworden. Sie ist auch kraft Gesetzes in die Rechte und Pflichten aus dem Leihvertrag mit der Stadtbücherei eingetreten.
c) Gewährleistungsrechte des Erblassers sind vererblich. Die Erbin kann die Rechte geltend machen, die auch dem Müller zugestanden haben.
d) Nach § 15 Abs. 1 S. 1 PatG geht das Recht aus einem Patent (wie auch das Recht auf das Patent und der Anspruch auf Erteilung des Patents) auf die Erben über. Die Änderung in der Person des Patentinhabers wird vom Patentamt in der Patentrolle vermerkt (§ 30 Abs. 3 S. 1 PatG).
e) Die Mitgliedschaftsrechte des Aktionärs sind vererblich, da sie überwiegend vermögensbezogen sind.
f) Die Mitgliedschaft in einem Verein ist dagegen in der Regel nicht vererblich (§ 38 S. 1), da sie überwiegend an die Person gebunden ist. Die Satzung kann aber Ausnahmen zulassen (§ 40). Eva Engel ist daher nicht Vereinsmitglied geworden.
g) Mit dem Tod war das Arbeitsverhältnis zur „Berliner Laborbedarf AG" beendet (arg. § 613 S. 1), damit war auch nach § 168 S. 1 die Prokura (§ 48 HGB) erloschen.

17. Am 3. 7. 1990 fuhr Schulz mit seinem Lastzug auf den PKW des Karl Erdmann auf. Erdmann erlitt

Ein Schmerzensgeldanspruch ergibt sich aus § 847 Abs. 1 wegen einer Verletzung des Körpers des Erdmann. Forderungen gehen als Teil des Vermögens des Verstor-

schwere Verletzungen, an deren Folgen er – ohne das Bewußtsein wiedererlangt zu haben – am 6. 7. 1990 verstarb.
Kann die Ehefrau des Verstorbenen als Alleinerbin von Schulz Schmerzensgeld verlangen?

benen nach § 1922 Abs. 1 auf seine Erben über. Damit kann die Ehefrau des Erdmann von Schulz Schmerzensgeld verlangen.

18. Wie wäre es im Fall 17, wenn der Unfall sich am 25. 6. 1990 ereignet hätte und Erdmann am 28. 6. 1990 verstorben wäre?

§ 847 Abs. 1 ist in seiner jetzigen Fassung erst am 1. 7. 1990 in Kraft getreten. Vorher bestimmte § 847 Abs. 1 S. 1 a. F., daß der Anspruch nur auf die Erben überging, wenn er durch Vertrag anerkannt oder rechtshängig geworden war. Mangels Klageerhebung war der Anspruch nicht rechtshängig gewesen (§§ 261 Abs. 1, 253 Abs. 1 ZPO). Der Schmerzensgeldanspruch war auch nicht vertraglich anerkannt. Damit hat Frau Erdmann keinen Anspruch gegen Schulz.

4. *Erbfähigkeit*

19. Was versteht man unter Erbfähigkeit?

Die Erbfähigkeit ist als Teil der allgemeinen Rechtsfähigkeit die besondere Fähigkeit, die Erbenstellung oder Einzelzuwendungen von Todes wegen zu erwerben. Jeder Mensch ist daher erbfähig. Er wird aber nur Erbe, wenn er den Erbfall schon oder noch erlebt hat (§ 1923 Abs. 1).
Die Leibesfrucht, die beim Erbfall vorhanden ist, wird mit der Geburt so behandelt, als wäre das Kind schon beim Erbfall geboren (§ 1923 Abs. 2). Diese Regelung ist eine Ausnahme von § 1.
Auch juristische Personen und Gemeinschaften zur gesamten Hand sind aktiv

erbfähig, wenn sie beim Erbfall schon vorhanden waren und ihre Auseinandersetzung noch nicht voll beendet war (dazu Schlüter, § 6 V 3 m.w.N.).

20. Kann der Fußballverein „1. FC Kicker e.V."
a) Erbe werden,
b) beerbt werden?

a) Ja. Eine *juristische Person* kann in derselben Weise durch letztwillige Verfügung zum Erben berufen werden wie eine natürliche Person. Wenn § 1923 Abs. 1 bestimmt, „Erbe kann nur werden, wer zur Zeit des Erbfalls lebt", so ist unter diesem „Leben" bei einer juristischen Person das Bestehen zu verstehen.
b) Nein. Juristische Personen können nicht „sterben", daher auch nicht „beerbt werden". Was bei ihrer Auflösung mit ihrem Vermögen geschieht, ist jeweils besonders geregelt.

III. Gesetzliche Erbfolge

1. Das gesetzliche Erbrecht der Verwandten

21. Wann tritt die gesetzliche Erbfolge ein?

Die gesetzliche Erbfolge tritt nur ein, wenn und soweit es nicht auf Grund einer Verfügung von Todes wegen zu einer gewillkürten Erbfolge kommt. Das ist dann der Fall, wenn keine oder keine wirksame Verfügung von Todes wegen errichtet oder aber der eingesetzte Erbe weggefallen ist.

22. Welche Bedeutung hat das *Ordnungs- oder Parentelsystem* für die gesetzliche Erbfolge?

Das Parentelsystem dient dazu, aus der Vielzahl aller vorhandenen Verwandten des Erblassers eine erste Auswahl zu treffen: Die Verwandten werden in verschiedene Ordnungen (Parentele) eingeteilt, gleichzeitig wird bestimmt, daß ein Verwandter nicht zur Erbfolge berufen ist, solange nur ein Verwandter einer vorhergehenden Ordnung vorhanden ist, auch wenn diesem nur ein Erbersatzanspruch (§ 1934a) zusteht (§ 1930).

23. Welche Angehörigen des Erblassers sind
a) gesetzliche Erben der ersten Ordnung,
b) gesetzliche Erben der zweiten Ordnung,
c) gesetzliche Erben der dritten Ordnung,
d) gesetzliche Erben der vierten Ordnung?
e) Zu welcher Ordnung ge-

a) Seine Abkömmlinge, also seine Kinder und Kindeskinder (§ 1924 Abs. 1);
b) seine Eltern und deren nicht schon zur ersten Ordnung gehörenden Abkömmlinge, also seine Geschwister, Neffen und Nichten (§ 1925 Abs. 1);
c) seine Großeltern und deren nicht schon zu den vorigen Ordnungen gehörenden Abkömmlinge, also seine Onkel, Tanten, Vettern, Cousinen und deren Abkömmlinge (§ 1926 Abs. 1);

hört die Ehefrau des Erblassers?

d) seine Urgroßeltern und deren Abkömmlinge, also seine Großonkel, Großtanten und deren Abkömmlinge (§ 1928 Abs. 1);
e) Zu keiner „Ordnung" im Sinne des BGB. Dem überlebenden Ehegatten des Erblassers steht neben den Verwandten ein gesondertes gesetzliches Erbrecht zu (§§ 1931, 1371). (Dazu Fälle 35ff.).

24. Die Witwe Doris stirbt und hinterläßt nur ihre Mutter Martha und ihre Tochter Irmgard.
Welche Erbteile erhalten Martha und Irmgard?

Irmgard wird alleinige Erbin ihrer Mutter. Sie ist im Verhältnis zu Erblasserin Verwandte der ersten Ordnung. Martha ist nur Verwandte der zweiten Ordnung und daher nicht zur Erbfolge berufen, solange noch eine Verwandte der ersten Ordnung vorhanden ist (§ 1930).

25. Die unverheiratete Lehrerin Marianne Ledig ist gestorben. Sie hinterläßt ihre Mutter und ihre minderjährige Adoptivtochter Claudia. Die Mutter meint, Alleinerbin geworden zu sein. Zu Recht?

Nein; Alleinerbin ist Claudia. Die *„Annahme als Kind"* ist in den §§ 1741 ff. geregelt (Reform des Adoptionsrechts durch das Adoptionsgesetz vom 2. 7. 1976, BGBl. I S. 1749, mit Wirkung vom 1. 1. 1977). Nach § 1754 Abs. 2 erlangt Claudia die rechtliche Stellung eines ehelichen Kindes der Annehmenden. Daher ist Claudia gesetzliche Erbin erster Ordnung im Sinne des § 1924 Abs. 1 und schließt die Mutter der Marianna Ledig (gesetzliche Erbin zweiter Ordnung) von der Erbfolge aus (§ 1930).

26. Die alleinstehende Frau Müller ist unheilbar krank und deshalb nicht in der Lage, ihr einziges Kind, den zweijährigen Thomas zu versorgen und zu erziehen. Sie hat deshalb der Adoption ihres Sohnes durch das

Thomas ist nicht Erbe geworden. Durch die Adoption sind sein Verwandtschaftsverhältnis zu seiner leiblichen Mutter und sich daraus ergebenden Rechte erloschen (§ 1755 Abs. 1 S. 1). Damit scheidet er als ihr gesetzlicher Erbe aus.

kinderlose Ehepaar Schneider zugestimmt. Als Frau Müller stirbt, vertreten die Eheleute Schneider die Meinung, Thomas sei Alleinerbe seiner leiblichen Mutter geworden. Zu Recht?

27. a) Hans Groß stirbt und hinterläßt seinen Vater Adolf Groß, die Eltern seiner verstorbenen Mutter Monika, geborene Klein und seinen Stiefbruder, Monikas nichtehelichen Sohn Walter Klein. Wer ist zur gesetzlichen Erbfolge berufen?
b) Wer ist Erbe, wenn außer Monika auch deren Sohn Walter vor dem Erbfall verstorben ist, so daß nur noch Hans' Vater (Adolf Groß) und seine Großeltern mütterlicherseits leben?

a) Adolf Groß und Walter Klein erben je zur Hälfte. Lebte Monika noch, so würden beide Eltern als Erben zweiter Ordnung ihren kinderlosen Sohn Hans allein, und zwar je zur Hälfte (§ 1925 Abs. 2) beerben. Da Monika aber zur Zeit des Erbfalls bereits verstorben war, ist an ihre Stelle nach den für die Beerbung in der ersten Ordnung geltenden Vorschriften ihr Abkömmling getreten (§§ 1925 Abs. 3, 1924 Abs. 3), also ihr nichtehelicher Sohn Walter Klein.
b) Sein Vater wird alleiniger Erbe. Die Großeltern sind nach § 1930 nicht zur Erbfolge berufen, da sie Verwandte der dritten Ordnung sind und noch ein Verwandter einer vorhergehenden Ordnung vorhanden ist (Adolf als Verwandter der zweiten Ordnung). (Vgl. auch § 1925 Abs. 3 S. 2).

28. Wie werden die gesetzlichen Erben bestimmt, wenn der Erblasser mehrere Verwandte derselben Ordnung hinterlassen hat?

Innerhalb ein und derselben Ordnung wird die Erbschaft nicht nach der Zahl der in dieser Ordnung vorhandenen Verwandten, sondern nach Stämmen verteilt. Nach diesem *Stammes- oder Liniensystem* werden innerhalb jeder Ordnung neue Untergruppen gebildet. So bildet in der ersten Ordnung jedes Kind des Erblassers als Stammvater oder Stammutter einen Stamm, zu dem alle über diesen Stammelternteil mit dem Erblasser verwandten Abkömmlinge dieses Kindes (z.B. Enkel, Urenkel des Erblassers) gehören. Jedes Enkelkind des Erblassers eröffnet nun seinerseits wieder als Stammelternteil einen Unterstamm. Sind in einer Ordnung mehrere Stämme vorhanden (z.B. der Erblasser hat mehrere Kinder), so erhält jeder Stamm einen gleich hohen Erbteil, der beim Wegfall des Stammelternteils diesem Stamm verbleibt; er wird auf die Unterstämme dieses Stammes zu gleichen Anteilen verteilt.

Von *Stämmen* spricht man also, wenn man das Abstammungsverhältnis von einem Stammelternteil zu seinen Abkömmlingen – also abwärts – betrachtet. Sieht man hingegen das aufsteigende Verhältnis derselben Person zu ihren Eltern – also aufwärts –, so spricht man von *Linien.* In der zweiten und jeder entfernteren Ordnung bildet jeder Eltern- und Voreiternteil eine Linie, da nicht nur die gemeinsamen Abkömmlinge, sondern auch deren halbblütige Geschwister erbberechtigt sein können.

29. Was bedeutet in diesem Zusammenhang das *Repräsentationsprinzip* und das *Eintrittsrecht?*

a) Das *Repräsentationsprinzip* bedeutet: Lebt ein vorhandener, zur gesetzlichen Erbfolge berufener Stammelterneil, so schließt er seine sämtlichen Abkömmlinge von der Erbfolge aus, die durch ihn mit dem Erblasser verwandt sind (vgl. § 1924 Abs. 2 für die erste Ordnung). Er „repräsentiert" den ganzen Stamm.

b) Das *Eintrittsrecht* bedeutet: Ist ein Stammelternteil fortgefallen (z.B. vor dem Erbfall durch Tod oder Enterbung), so treten an seine Stelle die durch ihn mit dem Erblasser verwandten Abkömmlinge (vgl. § 1924 Abs. 3 für die erste Ordnung). Mehrere Abkömmlinge erben den Erbteil

des Stammes nach Kopfteilen. (Vgl. für die erste Ordnung § 1924 Abs. 4).
Die lebenden Kinder treten für den fortgefallenen Stammelterneil ein, repräsentieren aber gleichzeitig den ganzen Unterstamm, den sie selbst eröffnen und schließen damit ihre sämtlichen Abkömmlinge aus.

30. Der Vater des Fabrikanten Hansen stirbt, ohne eine Verfügung von Todes wegen hinterlassen zu haben. Seine einzigen Hinterbliebenen sind Hansen und dessen Sohn Bernhard. Wer wird Erbe?

Hansen wird alleiniger Erbe. Er schließt nach § 1924 Abs. 2 als Sohn des Erblassers den durch ihn mit dem Erblasser verwandten Bernhard von der Erbfolge aus. (Bernhard würde aber dann Erbe seines Großvaters, wenn Hansen die Erbschaft ausschlüge, vgl. §§ 1944ff., 1953).

31. Beim Tod des Erichson leben:
a) seine Mutter Maria,
b) seine Bruder Bernd,
c) sein Sohn Dieter,
d) seine Tochter Tina und ihre Kinder Karla und Karl,
e) die drei Kinder Susanne, Sabine und Silke seines schon früher verstorbenen Sohnes Siegfried.
Wie ist Erichson beerbt worden?

Dieter, Tina, Siegfried und deren Kinder sind Abkömmlinge des Erichson und damit gesetzliche Erben der ersten Ordnung (§ 1924 Abs. 1). Daher scheiden die Mutter Maria und sein Bruder Bernd (gesetzliche Erben der zweiten Ordnung) als Erben aus (§ 1930).
Innerhalb der ersten Ordnung richtet sich die gesetzliche Erbfolge nach den Stämmen: Danach erbt jeder Stamm (Dieter, Tina, Siegfried) je ⅓ des Nachlasses. Die Kinder der Tina erhalten nichts, da sie durch die noch lebende Tina von der Erbschaft ausgeschlossen sind (§ 1924 Abs. 2, „Repräsentation").
An die Stelle des verstorbenen Siegfried (Erbteil für seinen Stamm ⅓) treten seine Kinder Susanne, Sabine und Silke (§ 1924 Abs. 3), die zu gleichen Teilen (§ 1924 Abs. 4) den Erbteil dieses Stammen erhalten („Eintrittsrecht"). Susanne, Sabine und Silke erhalten also je ⅑.

(Beispiele mit Schaubildern vgl. Schlüter, § 9 I 3 Beispiel 1 und 2).

32. Konrad Ärmlich stirbt hochbetagt. Seine nächsten Angehörigen sind
a) Norbert Reichlich, der Ehegatte seiner verstorbenen Schwester Martha Reichlich, geborene Ärmlich,
b) die Kinder dieser verstorbenen Schwester Martha, nämlich Arthur, Benno, Christian Reichlich und Doris Reder, geborene Reichlich, Erika Schneider, geborene Reichlich und Frauke Töpfer, geborene Reichlich sowie deren Ehemänner Gustav Reder, Hans Schneider und Ingo Töpfer und
c) zwei Nachkommen seines verstorbenen Bruders Uwe Ärmlich, nämlich Walter Ärmlich, der Sohn von Uwes verstorbenem Sohn Viktor Ärmlich und Uwes Tochter Zarah Zunder, geborene Ärmlich.
d) Welche Erbteile erhalten alle Genannten bei gesetzlicher Erbfolge?

a) Norbert Reichlich geht leer aus. Er ist mit dem Erblasser Konrad Ärmlich als dem Bruder seiner verstorbenen Frau nicht verwandt, sondern nur verschwägert. Ein gesetzliches Erbrecht haben aber – abgesehen vom Ehegatten – nur Verwandte.
b) Die Neffen des Erblassers Arthur, Benno und Christian Reichlich sowie seine Nichten Doris Reder, Erika Schneider und Frauke Töpfer erhalten je $\frac{1}{12}$ des Nachlasses; deren Ehemänner (Gustav Reder, Hans Schneider und Ingo Töpfer) erhalten als nur Verschwägerte nichts. Wenn die Geschwister des Erblassers Martha Reichlich, geborene Ärmlich und Uwe Ärmlich den Erbfall erlebt hätten, würden sie Erben je zur Hälfte geworden sein. An Marthas Stelle sind nun nach §§ 1925 Abs. 3, 1924 Abs. 3 zu gleichen Teilen ihre durch sie mit dem Erblasser verwandten Abkömmlinge, also ihre sechs Kinder Arthur, Benno, Christian, Doris, Erika und Frauke getreten. Die auf den Stamm „Martha" entfallende Hälfte des Nachlasses ist demnach in sechs Teile zu zerlegen, so daß auf jedes von Marthas Kindern $\frac{1}{12}$ des Nachlasses ihres Onkels entfällt.
c) Walter Ärmlich und Zarah Zunder, geborene Ärmlich erhalten je $\frac{1}{4}$ des Nachlasses; trotz der Verschiedenheit der Gradnähe (Zarah ist mit dem Erblasser im dritten, Walter im vierten Grade verwandt!) sind die Erbteile gleich hoch. Die auf den Stamm „Uwe" entfallende Hälfte würde zwischen Uwes Kindern Viktor und Zarah geteilt werden. Da aber Viktor ebenfalls

verstorben ist, tritt an seine Stelle sein Sohn Walter, § 1924 Abs. 3.

33. Wann wird ausnahmsweise nicht nach dem Stammessystem, sondern nach dem Gradsystem beerbt?

Das *Gradsystem* gilt innerhalb der vierten und jeder weiteren Ordnung (§ 1928 Abs. 3, 1929), um eine zu große Nachlaßzersplitterung zu vermeiden. Nach dem Gradsystem wird der Erbe nur durch seinen Verwandtschaftsgrad zum Erblasser bestimmt. Der Grad der Verwandtschaft richtet sich nach der Zahl der sie vermittelnden Geburten (§ 1589 S. 3). Es erbt derjenige Abkömmling, der mit dem Erblasser dem Grade nach am nächsten verwandt ist; mehrere Verwandte gleichen Grades erben nach Kopfzahl.

34. Die Eheleute Meyer haben zwei eheliche Kinder, Max und Moritz. Die Eltern lassen sich scheiden; das Urteil wurde am 2. 1. 1978 rechtskräftig. Herr Meyer stirbt am 9. 3. 1978. Am 1. 5. 1978 wird Frau Meyer Mutter einer Tochter Sybille.
Wer ist gesetzlicher Erbe des Herrn Meyer?

Erbe kann nach § 1923 Abs. 1 nur werden, wer zur Zeit des Erbfalls lebt. Die Tochter Sybille wird aber als schon vor dem Erbfall geboren angesehen, weil sie am 9. 3. 1978 schon erzeugt war (§ 1923 Abs. 2). Sybille ist auch ein eheliches Kind des Herrn Meyer (§§ 1591, 1593). Die drei Kinder erben also je ⅓ (§ 1924 Abs. 1, Abs. 4).
Frau Meyer ist nicht gesetzliche Erbin ihres geschiedenen Mannes. Das gesetzliche Erbrecht des Ehegatten ist in § 1931 geregelt. Überlebender Ehegatte im Sinne des § 1931 ist nur derjenige, der bis zum Erbfall mit dem Erblasser in gültiger Ehe gelebt hat. Am 9. 3. 1978 war die Ehe aber bereits geschieden.

2. Das gesetzliche Erbrecht des Ehegatten

35. Welcher Parentel gehört der überlebende Ehegatte an?

Der überlebende Ehegatte gehört, da er nicht Verwandter (s. § 1589) des Erblassers ist, keiner Parentel an; ihm steht neben den Verwandten ein gesondertes Erbrecht zu (§ 1931).

36. Wonach richtet sich der Umfang des Ehegattenerbrechts?

Der Umfang des Ehegattenerbrechts richtet sich nach § 1931 einmal danach, zu welcher Ordnung die neben dem Ehegatten ebenfalls zur gesetzlichen Erbfolge berufenen Verwandten gehören und zum anderen danach, in welchem Güterstand der überlebende Ehegatte mit dem Erblasser gelebt hat. Nach der Grundregel des § 1931 Abs. 1 und 2, die durch die jeweiligen Güterstände modifiziert wird (dazu Fälle 38ff.), stehen dem überlebenden Ehegatten folgende Erbquoten zu:

a) Neben *Verwandten der ersten Ordnung* (§ 1924) beträgt der gesetzliche Erbteil des Ehegatten ¼ (§ 1931 Abs. 1 S. 1).

b) Neben *Verwandten der zweiten Ordnung* (§ 1925) erbt der Ehegatte die Hälfte (§ 1931 Abs. 1 S. 1).

c) Neben *Verwandten der dritten Ordnung* ist der Umfang des Erbrechts verschieden: Trifft der Ehegatte *mit Großeltern allein* zusammen, so erhält er ebenfalls die Hälfte (§ 1931 Abs. 1 S. 1).

Trifft er *nur mit Abkömmlingen* von Großeltern zusammen, so fällt ihm der ganze Nachlaß zu (§ 1931 Abs. 2).

Trifft er *mit einem Großelternteil und* mindestens *einem Abkömmling* eines nichterbenden Großelternteils zusammen, so erhält er einmal die Hälfte nach § 1931 Abs. 1 S. 1 und zusätzlich von der anderen Hälfte, die sich auf Großeltern und eintretende Abkömmlinge fortgefallener Großeltern verteilen würde, den Anteil, der nach § 1926 den Abkömmlingen zufallen würde (§ 1931 Abs. 1 S. 2, dazu Fälle 37, 38).

d) Sind Erben der ersten bis dritten Ordnung nicht vorhanden, so erhält der Ehegatte die gesamte Erbschaft (§ 1931 Abs. 2).

37. Karl Erdmann, der mit seiner Frau Friederike im Güterstand der Gütertrennung gelebt hat, ist verstorben. Von seinen näheren Verwandten lebt noch sein Großvater väterlicherseits, der Rentner Otto Erdmann, und dessen Sohn Eduard Erdmann.
Welcher gesetzliche Erbteil steht Friederike Erdmann zu?

Friederike steht zunächst nach § 1931 Abs. 1 S. 1 die Hälfte der Erbschaft zu. Ohne die Bestimmung des § 1931 Abs. 1 S. 2 wäre die andere Hälfte so zu verteilen, daß der Großvater des Erblassers ¼ und der nach § 1926 Abs. 3 S. 1 an die Stelle seiner Mutter getretene Eduard Erdmann ebenfalls ¼ erhielte. Dieser Anteil des Eduard Erdmann fällt nunmehr nach § 1931 Abs. 1 S. 2. ebenfalls Friederike Erdmann zu, die damit insgesamt zu ¾ am Nachlaß ihres verstorbenen Ehemannes beteiligt ist.

38. Andreas Mann, der mit seiner Frau Johanna *Gütertrennung* vereinbart hatte, ist gestorben. Außer seiner Ehefrau Johann hinterläßt er
- seine Großmutter mütterlicherseits Helga und
- seine Tante mütterlicherseits Katharina (Schwester seiner verstorbenen Mutter, Tochter der lebenden Großmutter) und
- seinen Onkel väterlicherseits Dieter (Bruder seines Vaters).

Wie ist die gesetzliche Erbfolge?

Die Witwe Johanna erbt zunächst einmal ½ (§ 1931 Abs. 1 S. 1). Würden die beiden Großelternpaare (mütterlicher- und väterlicherseits) noch leben, so würde jedes Paar ¼ erhalten (§ 1926 Abs. 2). An die Stelle des verstorbenen Großvaters mütterlicherseits wurde dessen Tochter Katharina (Erbteil ⅛, § 1926 Abs. 3 S. 1) treten. An die Stelle der verstorbenen Großeltern väterlicherseits würde deren Sohn Dieter treten (Erbteil 2/8, § 1926 Abs. 3 S. 1). Diese beiden Anteile erhält jedoch nach § 1931 Abs. 1 S. 2 die überlebende Ehefrau Johanna. Johanna erbt also ⅞ und die Großmutter Helga ⅛.

39. Der 1978 verstorbene Günter Erichson war seit

a) Gisela erbt gemäß § 1931 Abs. 1 S. 1 ¼ der Erbschaft. Da sie mit ihrem verstorbe-

1950 mit Gisela, geborene Klein, verheiratet. Ein Ehevertrag wurde nicht geschlossen.
a) Aus der Ehe sind die Kinder Klaus und Gerhard hervorgegangen. Zu welchen Erbquoten sind seine Witwe und die Kinder zur Erbfolge berufen?
b) Wie würde Günter Erichson beerbt werden, wenn er außer seiner Witwe nur seinen Bruder Karl hinterlassen hätte?

nen Ehemann im *Güterstand der Zugewinngemeinschaft* gelebt hatte (Art. 8 Nr. 3 GleichberG, § 1363ff.), erhöht sich ihr gesetzlicher Erbteil nach §§ 1931 Abs. 3, 1371 Abs. 1 um ein weiteres Viertel, so daß sie insgesamt zur Hälfte am Nachlaß beteiligt ist. Die andere Hälfte wird zu gleichen Teilen auf die Söhne aufgeteilt (§ 1924 Abs. 4), die damit zu je ¼ Erben ihres Vaters sind. Durch die in § 1371 Abs. 1 angeordnete Erhöhung des Ehegattenerbteils um ¼ (sog. „Bonner Quart") soll der Zugewinn pauschal ausgeglichen werden Mit dieser pauschalen Abgeltung sollen Schwierigkeiten bei der Feststellung des Anfangs- und Endvermögens (§§ 1374, 1375) vermieden werden. Die Erhöhung des gesetzlichen Erbteils nach § 1371 Abs. 1 ist unabhängig davon, ob im konkreten Fall tatsächlich ein Zugewinn vorliegt (§ 1371 Abs. 1 Halbs. 2); sie kommt dem überlebenen Ehegatten selbst dann zugute, wenn er und nicht der Erblasser den Zugewinn erzielt hatte.
b) In diesem Fall fällt der Witwe nach § 1931 Abs. 1 S. 1, weil Karl Erichson Verwandter der zweiten Ordnung ist, die Hälfte der Erbschaft zu; sie erhält nach §§ 1931 Abs. 3, 1371 Abs. 1 ein weiteres Viertel, so daß sie insgesamt mit einer Quote von ¾ am Nachlaß beteiligt ist. Das restliche Viertel erhält Karl Erichson.

40. Der praktische Arzt Dr. Eisenstein hatte nach dem Tod seiner ersten Frau seine Sprechstundenhilfe Gertrud Adler geheiratet. Aus der ersten Ehe war die Tochter Carola hervorge-

Gertrud Eisenstein, geborene Adler, ist nach §§ 1931 Abs. 1 S. 1, Abs. 3, 1371 Abs. 1 zur Hälfte an der Erbschaft beteiligt. Die verbleibende Hälfte erhalten zu gleichen Teilen die Kinder des Erblassers als Erben erster Ordnung, § 1924 Abs. 4; damit erhält Carola eine Erbquote von ⅙.

gangen, die eine Schauspielschule besucht. In der zweiten Ehe sind die Söhne Otto und Fritz geboren. Als Dr. Eisenstein stirbt, möchte Carola wissen, welcher Erbteil ihr zusteht, und ob ihre Stiefmutter ihr die Schauspielausbildung finanzieren muß.

Sie kann daneben nach § 1371 Abs. 4 von ihrer Stiefmutter verlangen, daß diese aus dem nach § 1371 Abs. 1 zusätzlich erhaltenen Viertel die Mittel zu einer angemessenen Ausbildung gewährt. Voraussetzung ist allerdings, daß sie ihre Ausbildung nicht selbst aus dem geerbten Vermögen bestreiten kann.

41. Der Kaufmann Silber, der mit seiner Ehefrau Anna im gesetzlichen Güterstand gelebt hat, hat in seinem Testament folgendes verfügt: „Meinen Sohn Fritz setze ich zu meinem Erben ein". Zu welcher Erbquote ist Frau Silber am Nachlaß beteiligt?

Frau Silber ist nicht Erbin. Sie ist durch die Erbeinsetzung von Fritz enterbt (§ 1938), ohne daß der Erblasser diese Enterbung ausdrücklich auszusprechen brauchte. Da Frau Silber nicht gesetzliche Erbin geworden ist, kann sie auch nicht den zusätzlichen gesetzlichen Erbteil nach § 1371 Abs. 1 erhalten. Sie hat jedoch gegen den Alleinerben Fritz einen Pflichtteilsanspruch (§ 2303). Dieser bestimmt sich nach dem nicht erhöhten gesetzlichen Erbteil des Ehegatten (§§ 1371 Abs. 1, 1931 Abs. 1). Außerdem kann sie Ausgleich eines (tatsächlich erzielten) Zugewinns nach den §§ 1373–1383, 1390 verlangen (§ 1371 Abs. 2 Halbs. 1).

42. Erich Ebert hatte mit seiner Ehefrau Agnes im Ehevertrag *Gütertrennung* vereinbart. Als er stirbt, leben außer Agnes die aus dieser Ehe hervorgegangenen Kinder Markus, Klaus und Edith.
Wie wird Erich Ebert beerbt?

Seine Ehefrau Agnes erhält nach § 1931 Abs. 1 eine Erbquote von ¼; ein zusätzlicher Erbteil nach § 1371 Abs. 1 steht ihr nicht zu, weil sie mit ihrem verstorbenen Ehemann im Güterstand der Gütertrennung gelebt hatte. Die Kinder erhalten die restlichen ¾ zu gleichen Teilen (§ 1924 Abs. 4), also jedes Kind ¼.

43. Wie wäre Ericht Ebert (Fall 42) beerbt worden,

Hinterläßt der Erblasser, der mit seinem Ehegatten im Güterstand der Gütertren-

wenn aus seiner Ehe nur die Söhne Markus und Klaus hervorgegangen wären?

nung gelebt hat, neben seinem Ehegatten *ein oder zwei Kinder,* so erben nach § 1931 Abs. 4 der überlebende Ehegatte und jedes Kind zu gleichen Teilen. Agnes würde damit eine Erbquote von einem Drittel zustehen. § 1931 Abs. 4 ist durch das Gesetz über die rechtliche Stellung der nichtehelichen Kinder vom 19. 8. 1969 (BGBl. I S. 1243) angefügt worden; hierdurch sollte erreicht werden, daß ein Ehegatte, der im Güterstand der Gütertrennung lebt, mindestens einen ebenso großen Erbteil erhält wie die Kinder des Erblassers. Hat der Erblasser mehr als zwei Kinder hinterlassen, bleibt dem Ehegatten als Mindesterbteil das Viertel des § 1931 Abs. 1 erhalten.

44. Die Eheleute Jochen und Christine Kupp hatten *Gütertrennung* vereinbart. Wie ist Jochen beerbt worden, wenn beim Tode des Jochen Kupp seine Ehefrau und
a) die Tochter Anke seines Sohnes Peter aus erster Ehe leben,
b) seine beiden Brüder Bernd und Bruno leben?
c) Wie wäre die gesetzliche Erbfolge in beiden Fällen, wenn die Eheleute Kupp keinen Güterstand vereinbart hätten?

a) Anke ist Abkömmling des Erblassers (Kindeskind) und gehört daher zu den gesetzlichen Erben der ersten Ordnung (§ 1924 Abs. 1). Die Tatsache, daß der Sohn Peter nicht gemeinsamer Sohn mit seiner Ehefrau Christine ist, sondern aus der ersten Ehe des Erblassers hervorgegangen ist, ändert nichts daran, daß Anke ein Kindeskind des Erblassers Jochen Kupp ist. Neben einem einzigen gesetzlichen Erben der ersten Ordnung erbt die Ehefrau im Fall der Gütertrennung zu gleichen Teilen (§ 1931 Abs. 4). Christine und Anke erhalten also je die Hälfte des Nachlasses.

b) Bernd und Bruno sind gesetzliche Erben der zweiten Ordnung (§ 1925 Abs. 1). Neben Verwandten der zweiten Ordnung ist der überlebende Ehegatte (Christine) zur Hälfte der Erbschaft als gesetzlicher Erbe berufen (§ 1931 Abs. 1 S. 1). Daher erbt Christine die Hälfte und Bernd und

Bruno je ¼ (§§ 1925 Abs. 3 S. 1, 1924 Abs. 4).

c) Im Fall a) ist zu beachten, daß § 1931 Abs. 4 beim Güterstand der Zugewinngemeinschaft nicht gilt. Das gesetzliche Erbrecht der Ehefrau Christine richtet sich bei der Zugewinngemeinschaft nach § 1931 Abs. 1 Danach erbt Christine neben Anke (Verwandte der ersten Ordnung, § 1924 Abs. 1) ¼. Dieser Erbteil erhöht sich nach § 1371 Abs. 1 um ein weiteres Viertel. Christine und Anke erhalten also je die Hälfte des Nachlasses.

Im Fall b) erhöht sich der Erbteil der überlebenden Ehefrau Christine um ¼ (§ 1371 Abs. 1). Christine erbt daher ¾, Bernd und Bruno erben je ⅛ (§ 1925).

45. Wie ist das Ehegattenerbrecht geregelt, wenn die Ehegatten *Gütergemeinschaft* vereinbart haben?

Haben die Ehegatten durch Ehevertrag *Gütergemeinschaft* vereinbart (§ 1415), gehört der Anteil des verstorbenen Ehegatten am Gesamtgut zum Nachlaß (§ 1428 S. 1). Der verstorbene Ehegatte wird nach den allgemeinen Vorschriften beerbt (§ 1482 S. 2). Daher richtet sich das Erbrecht des überlebenden Ehegatten nach § 1931, ohne daß eine Erhöhung des Erbteils nach § 1371 in Betracht kommt.

46. Welchen Einfluß hat die Vereinbarung einer *fortgesetzten Gütergemeinschaft* auf das Erbrecht des überlebenden Ehegatten?

Die durch Ehevertrag mögliche Vereinbarung der *fortgesetzten Gütergemeinschaft* bewirkt, daß nach dem Tode eines Ehegatten die Gütergemeinschaft zwischen dem überlebenden Ehegatten und den gemeinschaftlichen Abkömmlingen fortgesetzt wird (§ 1483 Abs. 1 S. 1). Die Gütergemeinschaft wird nur mit den gemeinschaftlichen Abkömmlingen fortgesetzt, die bei der gesetzlichen Erbfolge als Erben berufen sind (§ 1483 Abs. 1 S. 2). Der Anteil des verstorbenen Ehegatten am Gesamtgut gehört damit nicht zum Nachlaß (§ 1483 Abs. 1 S. 3); der überlebende Ehegatte und die Abkömmlinge des Erblassers bilden eine Gütergemeinschaft. Der überlebende Ehegatte erhält dabei die rechtliche Stellung des allein verwaltenden Ehegatten (§§ 1487 Abs. 1, 1422ff.), die anteilsberechtigten Abkömmlinge haben im übrigen die rechtliche Stellung des verstorbenen Ehegatten (§ 1487 Abs. 1). Durch die fortgesetzte Gütergemeinschaft wird der überlebende Ehegatte vor den Kindern bevorzugt, weil z.B. sie die Aufhebung dieser Gütergemeinschaft nur unter den besonderen Voraussetzungen des § 1495 erreichen können.

Der Nachlaß besteht bei der fortgesetzten Gütergemeinschaft nur aus dem Sonder- und Vorbehaltsgut des Erblassers; dieser wird nach den allgemeinen Vorschriften vererbt (§ 1483 Abs. 1 S. 3). (Zur fortgesetzten Gütergemeinschaft im einzelnen vgl. Beitzke/Lüderitz § 17).

47. Erich Ebert stirbt, ohne eine Verfügung von Todes wegen hinterlassen zu haben. Bei seinem Tod leben seine Ehefrau Agnes und die beiden ehelichen Kinder Bernd und Christiane. Zu welchen Erbteilen erben diese Angehörigen, wenn die Eheleute Ebert beim Erbfall in folgenden Güterständen gelebt haben:
a) in *Gütergemeinschaft*,
b) in Gütergemeinschaft, wobei aber ehevertraglich

a) Der Anteil des Erich Ebert am Gesamtgut gehört zum Nachlaß (§ 1482 S. 1). Dieser Anteil wird nach den allgemeinen Vorschriften vererbt (§ 1482 S. 2). Nach § 1931 Abs. 1 Satz 1 erbt die Ehefrau Agnes daher ¼. Der Rest (¾) wird nach gleichen Teilen zwischen Bernd und Christiane aufgeteilt (§ 1924 Abs. 4); Bernd und Christiane erhalten also je ⅜.

b) Zum Nachlaß gehört nur das Sonder- und Vorbehaltsgut. Dieser Nachlaß wird vererbt wie bei der Gütergemeinschaft (siehe oben a)); also erben Agnes ¼, Bernd ⅜ und Christiane ⅜.

Der Anteil des Erich Ebert am Gesamtgut

die *Fortsetzung der Gütergemeinschaft* vereinbart war?

gehört nicht zum Nachlaß; insoweit wird die Gütergemeinschaft mit den gemeinschaftlichen Abkömmlingen fortgesetzt, die bei gesetzlicher Erbfolge als Erben berufen sind (§ 1483 Abs. 1 S. 2). Also besteht in bezug auf den Anteil des Erich Ebert am Gesamtgut eine Gütergemeinschaft zwischen Agnes, Bernd und Christiane.

48. Wann ist, unabhängig von dem Güterstand, ein Ehegattenrecht ausgeschlossen?

a) Wenn die Ehe nicht vor einem Standesbeamten geschlossen ist, liegt eine *Nichtehe* vor (vgl. § 11 EheG). Der Überlebende ist dann nicht Ehegatte und kann daher auch nicht nach § 1931 gesetzlicher Erbe werden.

b) Wenn die Ehe vor dem Tod des Erblassers rechtskräftig *geschieden*, aufgehoben oder durch Schließung einer neuen Ehe nach Todeserklärung vor dem Tod des Erblassers aufgelöst worden ist, entsteht ebenfalls kein Ehegattenerbrecht.

c) Das Ehegattenerbrecht entfällt ausnahmsweise, wenn beim Erbfall zwar eine rechtsgültige Ehe bestand, aber die Voraussetzungen für die Scheidung der Ehe gegeben waren und der Erblasser die *Scheidung beantragt* oder ihr zugestimmt hatte (§ 1933 S. 1; dazu Fall 49). Das gleiche gilt, wenn der Erblasser auf Aufhebung der Ehe zu klagen berechtigt war und die Klage erhoben hatte (§ 1933 S. 2).

d) Wenn der überlebende Ehegatte *durch letztwillige Verfügung* von der gesetzlichen Erbfolge ausgeschlossen ist (§ 1938). Er bleibt dann pflichtteilsberechtigt (§ 2303 Abs. 2).

e) Wenn der Ehegatte auf sein Erbrecht *verzichtet* hat, scheidet er als gesetzlicher Erbe aus (§ 2346).

49. Maria hat ihren Ehemann Ulrich verlassen und lebt mit einem Freund ihres Mannes zusammen.
Ulrich beantragt die Scheidung der Ehe. Während des Scheidungsverfahrens stirbt er.
Steht Maria ein gesetzliches Erbrecht zu?

Nach § 1933 ist das Erbrecht des überlebenden Ehegatten – sowie das Recht auf den Voraus (§ 1932, vgl. Fälle 50ff.) – ausgeschlossen, wenn zur Zeit des Todes des Erblassers die Voraussetzungen für die Scheidung der Ehe gegeben waren und der Erblasser die Scheidung beantragt oder ihr zugestimmt hatte. Dabei ist es nicht ausreichend, daß der Scheidungsantrag bei Gericht eingereicht ist (vgl. § 622 ZPO); vielmehr ist dessen Zustellung (vgl. §§ 253, 271 ZPO) erforderlich (BGHZ 111, 329, 330ff.). – Vgl. die entsprechende Regelung bei gewillkürter Erbfolge: §§ 2077 Abs. 1 S. 2, 3; 2268 Abs. 2 –. Darüber, ob die Ehe im Sinne der §§ 1565ff. als gescheitert anzusehen war, hat das Nachlaßgericht im Erbscheinsverfahren zu befinden. Lagen diese Voraussetzungen vor, so ist Maria nicht gesetzliche Erbin ihres Ehemannes geworden.
Mit dem gesetzlichen Erbrecht (auch dem nach §§ 1931 Abs. 3, 1371 Abs. 1) entfällt auch der Pflichtteil des überlebenden Ehegatten (§ 2303 Abs. 2). Der Anspruch auf den Zugewinnausgleich bleibt aber erhalten (§ 1371 Abs. 2), sofern nicht die Voraussetzungen des § 1381 Abs. 1 vorliegen.

3. Der Voraus des Ehegatten

50. Welche Bedeutung hat der Voraus des Ehegatten?

Der *Voraus des Ehegatten* (§ 1932) soll den überlebenden Ehegatten möglichst in die Lage versetzen, den während der Ehe gewohnten gemeinsamen häuslichen Lebenszuschnitt wirtschaftlich und kulturell aufrecht zu erhalten. Daher sollen ihm die Gegenstände des Haushalts, soweit sie nicht Zubehör eines Grundstücks sind, und die Hochzeitsgeschenke allein verbleiben. Der Voraus bildet in vielen Ehen den Haupt-, wenn nicht gar den Gesamtwert des Nachlasses, so daß neben ihm das eigentliche gesetzliche Erbrecht des Ehegatten oft unbedeutend ist.

51. Ist der Voraus ein Sondererbrecht des Ehegatten?

Nein; der Voraus ist kein Sondererbrecht, sondern ein *gesetzliches Vorausvermächtnis* (§§ 1932 Abs. 2, 2150). Er ist daher nicht in den Erbschein aufzunehmen. Der Ehegatte erwirbt die Gegenstände des Voraus' nicht unmittelbar, er erhält mit dem Erbfall nur einen schuldrechtlichen Anspruch auf Verschaffung dieser Gegenstände (§§ 1932 Abs. 2, 2174).

52. Welches sind die Voraussetzungen des Voraus?

a) Bis zum Erbfall muß eine gültige Ehe bestanden haben.

b) Der überlebende Ehegatte muß als *gesetzlicher Erbe* zur Erbfolge berufen sein; ist er durch Verfügung von Todes wegen zum Erben eingesetzt, so entfällt ein Voraus nach § 1932.

c) Der Voraus steht dem Ehegatten nicht zu, wenn er als gesetzlicher Erbe die Erbschaft oder nur den Voraus ausgeschlagen hat (§§ 1953 Abs. 1, 2180).

53. Karin erhielt von ihren Eltern zu ihrer Hochzeit mit dem Rechtsreferendar Andreas Mann ein wertvolles 22-teiliges Tafelservice. Gemeinsame Freunde schenkten dem Brautpaar eine Tischdecke, ein 30-teiliges Besteck und einen Goldbarren. Andreas wurde Rechtsanwalt und erwarb

a) Karin ist Erbin zu ¾ (§§ 1931 Abs. 1, 1371 Abs. 1); Ernst ist Erbe zu ¼.

b) Als Voraus (§ 1932) kann Karin die ideelle Eigentumshälfte (§§ 741 ff., 1008) des Erblassers Andreas an den Hochzeitsgeschenken der Freunde verlangen. Der Voraus erstreckt sich auf „die zum ehelichen Haushalt gehörenden Gegenstände", also die Haushaltsgeräte. Karin erwirbt diese Gegenstände nicht unmittelbar, sondern hat nur einen schuldrechtlichen An-

deshalb nach und nach eine umfangreiche Fachbibliothek. Den Haushalt ihres später gebauten Einfamilienhauses statteten die Eheleute Karin und Andreas mit modernen Haushaltsgeräten aus.
Beim Tod des Andreas hinterläßt er seine Ehefrau Karin und seinen Vater Ernst.
a) Wie ist Andreas beerbt worden?
b) Karin beansprucht das Tafelservice, die Hochzeitsgeschenke, die Bibliothek und die Haushaltsgeräte für sich. Mit Recht?

spruch auf Eigentumsverschaffung (§§ 1932 Abs. 2, 2174).
Das Tafelservice gehört als „Ausstattung" im Sinne von § 1624 nicht zum Voraus. Ebensowenig kann Karin die Fachbibliothek des Andreas als Voraus beanspruchen, weil sie nicht dem gemeinschaftlichen Haushalt gedient hat.

54. Wie wäre es, wenn im Falle 53 Andreas außer seiner Ehefrau seinen Sohn, den Jurastudenten Heinz, hinterlassen hätte?

a) Karin und Heinz erben je zur Hälfte (§§ 1931 Abs. 1, 1371 Abs. 1, 1924 Abs. 1).
b) Neben Verwandten der ersten Ordnung gebühren dem überlebenden Ehegatten die Gegenstände des Voraus' nur, „soweit er sie zur Führung eines angemessenen Haushalts benötigt" (§ 1932 Abs. 1 S. 2). Das ist nicht der Fall, wenn er genügend Gegenstände dieser Art besitzt oder ihm der Erwerb mit verfügbaren eigenen Mitteln unter Berücksichtigung des Bedarfs der Abkömmlinge zuzumuten ist. Der Goldbarren gehört hier anders als im Fall 53 daher nicht zum Voraus.

4. Das Erbrecht des nichtehelichen Kindes

55. Ist ein nichteheliches Kind in gleicher Weise wie ein eheliches Kind nach sei-

Durch das am 1. 7. 1970 in Kraft getretene Nichtehelichengesetz vom 19. 8. 1969 (BGBl. I S. 1243) ist die Fiktion des § 1589

nem Vater und seinen väterlichen Verwandten zur gesetzlichen Erbfolge berufen?

Abs. 2 a.F.: „Ein uneheliches Kind und dessen Vater gelten nicht als verwandt" aufgehoben worden. Jetzt ist also ein nichteheliches Kind mit seinem Vater und dessen Verwandten ebenso verwandt wie schon vor dieser Neuregelung mit seiner Mutter und deren Verwandten. Daher erbt es grundsätzlich ebenso wie ein eheliches Kind innerhalb der jeweiligen Ordnung.

Hiervon macht das Gesetz in § 1934a Abs. 1 eine wichtige Ausnahme: Würde das nichteheliche Kind beim Tod seines Vaters oder beim Tod von väterlichen Verwandten neben ehelichen Abkömmlingen des Erblassers oder neben dem überlebenden Ehegatten des Erblassers zur gesetzlichen Erbfolge berufen sein, dann erhält es anstelle dieses Erbteils in Höhe des Wertes dieses Erbteils einen *Erbersatzanspruch*. Das nichteheliche Kind ist also in diesen Fällen nicht als Miterbe am Nachlaß beteiligt, es erhält vielmehr gegen den oder die Erben einen Anspruch auf Zahlung einer Geldsumme in Höhe des sonst bestehenden gesetzlichen Erbteils *(gesetzliches Vermächtnis)*. Der Gesetzgeber wollte mit dieser Regelung Spannungen vermeiden, die leicht auftreten können, wenn ein nichteheliches Kind mit nahen Angehörigen des Vaters, zu denen es häufig keine persönlichen Bindungen hat, eine Miterbengemeinschaft bildet.

Es ist fraglich, ob diese Ungleichbehandlung nichtehelicher Kinder gegenüber ehelichen Kindern noch mit Art. 3 Abs. 1, 6 Abs. 5 GG vereinbar ist.

Nach einem Referentenentwurf des Bundesministeriums der Justiz – Gesetzentwurf zur erbrechtlichen Gleichstellung nichtehelicher Kinder – Erbrechtsgleichstellungsgesetz – sollen die §§ 1934a–1934e, 2338a ersatzlos entfallen.

56. Gustav Fröhlich stirbt am 16. 2. 1992. Er hinterläßt seine Ehefrau Franziska, seine drei ehelichen Kinder Karl, Karla und Karin und seinen nichtehelichen Sohn Stefan (geboren am 1. 1. 1950) sowie dessen Mutter Rosi.
Wie ist Gustav beerbt worden?

Franzsika Fröhlich ist nach §§ 1931 Abs. 1 und 3, 1371 Abs. 1 zu ½ zur gesetzlichen Erbfolge berufen.
Wie die andere Hälfte zu verteilen ist, hängt davon ab, ob für diesen Erbfall bereits die Bestimmungen des Nichtehelichengesetzes (NEhelG) zugrunde zu legen sind. Das ist nach Art. 12 § 10 Abs. 2 NEhelG zu bejahen, weil der nichteheliche Sohn Stefan nach dem 30. 6. 1949 geboren und der Erbfall nach Inkrafttreten des Gesetzes (1. 7. 1970) eingetreten ist. Stefan steht damit den ehelichen Kindern des Erblassers gleich, so daß er als Erbe der ersten Ordnung nach § 1924 Abs. 1 und 4 ebenso wie die ehelichen Kinder Karl, Karla und Karin an sich mit einer Quote von ⅛ am Nachlaß seines nichtehelichen Vaters zu beteiligen wäre. Da Stefan aber neben der Ehefrau des Erblassers Franziska und den drei ehelichen Abkömmlingen zum Erben berufen wäre, steht ihm nach § 1934a Abs. 1 anstatt des Erbteils nur ein Erbersatzanspruch in Höhe von ⅛ des Nachlaßwertes zu. Die verbleibende Nachlaßhälfte ist daher zu gleichen Teilen (§ 1924 Abs. 4) auf die drei ehelichen Kinder zu verteilen, so daß sie mit je ⅙ an der Miterbengemeinschaft (§ 2032) beteiligt sind, die sie zusammen mit ihrer Mutter Franziska bilden. Der Erbersatzanspruch des Stefan richtet sich gegen alle Erben. Da die Kinder Karl, Karla und Karin aber durch die Umwandlung des Erbteils des Stefan in einen Erbersatzanspruch einen höheren Erbteil erhalten haben (⅙ anstatt ⅛) tragen sie in Höhe des

erlangten Vorteils nach §§ 1934b Abs. 2, 2320 im Innenverhältnis der Miterben die Last, diesen Erbersatzanspruch zu befriedigen.
Rosi erbt nicht weil sie mit dem Erblasser weder verwandt noch verheiratet war.

57. Bei seinem Tod hinterläßt Gustav Fröhlich
- seine Ehefrau Franziska,
- seinen Vater und seine Mutter,
- seinen nichtehelichen Sohn Kurt,
- die eheliche Tochter Else seines verstorbenen Sohnes Karl und dessen nichtehelichen Sohn Ernst und
- seine Tochter Helga und deren nichteheliche Tochter Erna.

a) Wie ist Gustav Fröhlich beerbt worden, wenn er im Güterstand der Zugewinngemeinschaft gelebt hat?
b) Wie wäre er beerbt worden, wenn er nur seine Eltern und seinen nichtehelichen Sohn Kurt hinterlassen hätte?
c) Wie wäre er beerbt worden, wenn er nur seinen nichtehelichen Sohn Kurt und die nichteheliche Tochter Erna seiner vorverstorbenen Tochter Helga hinterlassen hätte?

a) Die Ehefrau Franziska erhält nach §§ 1931 Abs. 1 und 3, 1371 Abs. 1 eine Erbquote von ½.
Die Eltern des Erblassers sind von der gesetzlichen Erbfolge ausgeschlossen, weil Erben erster Ordnung vorhanden sind (§ 1930). Die nichteheliche Tochter Erna scheidet als Erbin aus, weil ihre Mutter Helga noch lebt (§ 1924 Abs. 2).
Der nichteheliche Sohn Kurt und der an die Stelle des vorverstorbenen Sohnes Karl getretene nichteheliche Enkel Ernst, die nach § 1924 Abs. 1 und 3 zu ⅙ (Kurt) bzw. 1/12 (Ernst) zur gesetzlichen Erbfolge berufen wären, erhalten nach § 1934a Abs. 1 anstelle des Erbteils einen Ersatzanspruch in Höhe von ⅙ bzw. 1/12 des Nachlaßwerts.
Erben des Gustav Fröhlich werden daher neben der Ehefrau Franziska die Tochter Helga und die an die Stelle des verstorbenen Sohnes Karl getretene Enkeltochter Else zu je ¼ (§ 1924 Abs. 1, 3 und 4).
b) Kurt ist Alleinerbe des Gutstav Fröhlich. Als gesetzlicher Erbe der ersten Ordnung schließt er die Eltern (Erben der zweiten Ordnung) von der gesetzlichen Erbfolge aus (§ 1930).
c) Kurt und Erna wären an sich nach § 1924 Abs. 1, 3 und 4 zu je ½ als Erben berufen. Kurt erhält aber nach § 1934a Abs. 1 anstelle des Erbteils nur einen Erbersatzanspruch in Höhe des halben Nach-

laßwerts. Die Bestimmung setzt zwar voraus, daß das nichteheliche Kind (Kurt) neben ehelichen Abkömmlingen des Erblassers zur Erbfolge berufen sein würde. Die nichteheliche Enkeltochter Erna steht aber nach § 1934a Abs. 4 im Verhältnis zu ihrer Mutter Helga einem ehelichen Kind gleich, wenn es sich darum handelt, einen nichtehelichen Verwandten nach § 1934a Abs. 1 und 2 von der realen Erbfolge auszuschließen. Alleinerbin ist daher Erna.

58. Christoph Clasen hat einen 1952 geborenen nichtehelichen Sohn Sven. 1959 heiratet Doris. Aus dieser Ehe geht der 1960 geborene Sohn Theo hervor. Am 2. April 1990 verunglückt Christoph Clasen mit seinem Pkw tödlich. Sein Sohn Theo wird bei dem Unfall schwer verletzt und stirbt an den Unfallfolgen am 8. April 1990. Sven ist der Ansicht, er sei sowohl Erbe
a) seines Vaters Christoph als auch
b) seines Halbbruders Theo.

a) An dem Nachlaß des Christoph Clasen ist seine Witwe Doris zur Hälfte beteiligt (§§ 1931 Abs. 1 und 3, 1371 Abs. 1). Der eheliche Sohn Theo, der zu dieser Zeit noch lebte, hat die andere Hälfte geerbt (§ 1924 Abs. 1). Sven hatte gegen die Erben seines Vaters nach § 1934a Abs. 1 einen Erbersatzanspruch in Höhe von ¼ des Nachlaßwerts.

b) Problematisch ist, wie Theo beerbt worden ist. Da Erben der ersten Ordnung (§ 1924) nicht vorhanden sind, würde Theo von seiner Mutter Doris (§ 1925 Abs. 1) und seinem Bruder Sven, der an die Stelle seines Vaters Christoph getreten ist (§ 1925 Abs. 3), zu je ½ beerbt werden. Da zum Nachlaß des Theo auch dessen Miterbenanteil am Nachlaß seines Vaters Christoph gehört, wäre nunmehr entgegen der gesetzlichen Wertung des § 1934a Abs. 1 neben der Ehefrau des Christoph Clasen auch sein nichtehelicher Sohn an der Erbengemeinschaft nach seinem Vater beteiligt. Diese Fallgestaltung wird von dem Wortlaut des § 1934a nicht erfaßt. § 1934a Abs. 1 muß hier aber nach seinem Sinn und Zweck analog angewendet werden (str.; vgl die Nachweise bei Schlüter,

§ 1934a Rdnr. 16). Sven steht daher auch an dem Nachlaß seines Halbbruders Theo nur ein Erbersatzanspruch in Höhe der Hälfte des Nachlaßwerts zu.

59. Der unverheiratete Gerhard Erdmann ist Vater des 1955 geborenen Klaus. Gerhard verstirbt am 3. 6. 1969. Am 4.10. 1971 verstirbt auch der Vater von Gerhard Erdmann, der verwitwete Fritz Erdmann, der keine weiteren Abkömmlinge hinterläßt.
Ist Klaus Erbe seines Vaters und seines Großvaters geworden?

Klaus ist nicht Erbe seines Vaters geworden. Nach Art. 12 § 10 Abs. 1 NEhelG bleiben, wenn der Erblasser vor dem 1. 7. 1970 verstorben ist, für die erbrechtlichen Verhältnisse die bisherigen Vorschriften maßgebend. Danach war das nichteheliche Kind nach seinem Vater nicht erbberechtigt (vgl. § 1589 Abs. 2 a. F.). Nach § 1712 Abs. 1 S. 2, Abs. 2 S. 1 a. F. ging allerdings die Unterhaltsverpflichtung des Vaters eines nichtehelichen Kindes auf die Erben über, die das nichteheliche Kind mit dem Betrag abfinden konnten, der ihm, wenn es ehelich wäre, als Pflichtteil gebühren würde. Seinen erst nach Inkrafttreten des NEhelG verstorbenen Großvater Fritz Erdmann hat Klaus dagegen als Erbe erster Ordnung kraft Gesetzes beerbt (Art. 12 §§ 1, 10 Abs. 1 NEhelG, 1924 Abs. 1 und 3). (Dazu BGH FamRZ 1977, 388).

60. Beerbt der Vater sein nichteheliches Kind?

Ja; grundsätzlich ist der Vater gesetzlicher Erbe sowohl seines nichtehlichen als auch seines ehelichen Kindes. In den Fällen des § 1934a Abs. 2 und 3 tritt an die Stelle des gesetzlichen Erbrechts des Vaters und der väterlichen Verwandten ein Erbersatzanspruch.

61. Der 26jährige Konrad Bergmann verstirbt im Januar 1989. Er war der nichteheliche Sohn der Berta Bergmann und des Alexander Arnold.

Da Konrad nach dem 1. 7. 1949 geboren ist, sind für die erbrechtlichen Verhältnisse die §§ 1934a ff. maßgebend (Art. 12 § 10 Abs. 2 NEhelG).
Seine Mutter Berta ist seine Alleinerbin. Nach § 1925 Abs. 2 wären zwar beide El-

Wie ist er beerbt worden?

tern zu je ½ zur gesetzlichen Erbfolge berufen. Nach § 1934a Abs. 2 erhält aber der Vater anstelle des Erbteils nur einen Erbersatzanspruch, wenn er neben der Mutter des nichtehelichen Kindes Miterbe würde.

62. Markus Meier ist 1953 als nichteheliches Kind der Wilma Meier und des Otto Schulze geboren. Seine Eltern sind 1988 verstorben. Wilma Meier hatte ein weiteres, von einem anderen Mann stammendes nichteheliches Kind, den 1957 geborenen Klaus, hinterlassen. Aus der Ehe des Otto Schulze mit der Maria Schulze war der 1956 geborene Norbert hervorgegangen. Markus ist 1990 verstorben. Wie ist er beerbt worden?

Nach § 1925 Abs. 1 und 3 würden Klaus Meier und Norbert Schulze als gesetzliche Erben zweiter Ordnung anstelle ihrer vorverstorbenen Eltern ihren Halbbruder Markus Meier zu je ½ beerben. Norbert als Abkömmling des Otto Schulze erhält nach § 1934a Abs. 2 aber nur einen Erbersatzanspruch. § 1934a Abs. 2 setzt für die Umwandlung des gesetzlichen Erbteils in einen Erbersatzanspruch zwar voraus, daß die Abkömmlinge des Vaters des nichtehelichen Kindes mit der Mutter des nichtehelichen Kindes oder deren *ehelichen* Abkömmlingen in einer Erbengemeinschaft zusammentreffen würden. Hier würde Norbert nur mit einem *nichtehelichen* Abkömmling (Klaus) der Mutter Miterbe sein. Nach § 1934a Abs. 4 steht aber ein nichteheliches Kind im Verhältnis zu seiner Mutter einem ehelichen Kind insoweit gleich. Alleinerbe des Markus Meier ist daher Klaus Meier; Norbert Schulze erhält einen Erbersatzanspruch in Höhe des halben Nachlaßwerts.

63. Der 26jährige nichteheliche Konrad Bergmann verunglückt bei einem Verkehrsunfall im April 1989 tödlich. Er hinterläßt seine Witwe Carola Bergmann und seinen Vater Alexander Arnold.

Nach §§ 1931 Abs. 1 und 3, 1371 Abs. 1 würde Carola Bergmann ¾ und nach § 1925 Abs. 1 und 2 Alexander Arnold das restliche Viertel erben. Da Alexander Arnold aber als Vater eines nichtehelichen Kindes neben dem überlebenden Ehegatten des nichtehelichen Kindes erben würde, erhält er nach § 1934a Abs. 3 einen

Wie ist Konrad Bergmann beerbt worden?

Erbersatzanspruch in Höhe des Werts seines Erbteils. Alleinerbin ist daher Carola Bergmann.

64. Der 22jährige Johannes ist der nichteheliche Sohn eines wohlhabenden Schlagersängers, der wegen seiner vielen Auslandsreisen nur noch wenig Kontakt mit seinem Sohn hat. Johannes benötigt dringend Geld, um sein Studium finanzieren zu können und fragt, ob er schon vor dem Tode seines Vaters seinen „Erbteil" verlangen könne.

Johannes kann natürlich nicht zu Lebzeiten seines Vaters dessen „Erbe" sein. Da aber nichteheliche Kinder anders als eheliche regelmäßig nicht in der Familie des Vaters aufwachsen und daher auch nicht größere vorweggenommene Erbzuwendungen erwarten können, wenn sie sich eine berufliche Existenz aufbauen oder eine Ehe schließen wollen, sieht § 1934d einen *vorzeitigen Erbausgleich des nichtehelichen Kindes* vor. Nach § 1934d Abs. 1 ist ein nichteheliches Kind, welches das 21., aber noch nicht das 27. Lebensjahr vollendet hat, berechtigt, von seinem Vater seinen vorzeitigen Erbausgleich in Geld zu verlangen. Der Ausgleichsbetrag beläuft sich auf das dreifache des Unterhalts, den der Vater dem Kinde im Durchschnitt der letzten fünf Jahre, in denen es voll unterhaltsbedürftig war, jährlich zu leisten hatte (§ 1934d Abs. 2 S. 1). Eine Anpassung an die Verhältnisse des Einzelfalls ist nach § 1934d Abs. 2 S. 2 möglich. § 1934d ist mit Art. 3 und 6 GG vereinbar (BVerfG NJW 1982, 565).

65. Der nichteheliche Anton hat sein 21. Lebensjahr vollendet.
Ist damit sein Anspruch auf einen vorzeitigen Erbausgleich entstanden?

Die Frage, wann der Anspruch auf vorzeitigen Erbausgleich entsteht, ist umstritten (vgl. Erman/Schlüter, § 1934d Rdnr. 4ff.). Das nichteheliche Kind erwirbt den Anspruch auf den vorzeitigen Erbausgleich als „verhaltenen" Anspruch kraft Gesetzes. „Verhaltene" Ansprüche sind jederzeit, aber nur auf Verlangen des Gläubigers, zu erfüllen (vgl. Erman/Schlüter, § 1934d Rdnr. 4f.). Die Erfüllung dieses

Anspruchs kann aber erst nach Vollendung des 21. Lebensjahrs und nur vor Vollendung des 27. Lebensjahrs verlangt werden. Verlangt das Kind in dieser Zeit keinen vorzeitigen Erbausgleich, so geht der „verhaltene" Anspruch unter. Verlangt es aber in diesem Zeitraum Erfüllung, so verwandelt sich der bis dahin „verhaltene" Anspruch in einen jederzeit zu erfüllenden, im übrigen aber identischen Anspruch.

66. Der 20jährige nichtehelich geborene Albrecht will in Brasilien für ein deutsches Unternehmen arbeiten. Einen Tag vor seiner Abreise am 1. August 1980 macht er seinen Anspruch auf vorzeitigen Erbausgleich bei seinem Vater geltend. Dieser ist damit grundsätzlich einverstanden; zu einer notariellen Beurkundung einer entsprechenden Vereinbarung kommt es nicht mehr. Nach 8jähriger Tätigkeit im Ausland kehrt Albrecht im August 1988 nach Deutschland zurück und verlangt von seinem Vater den Erbausgleich.
a) Zu Recht?
b) Ändert sich die Rechtslage, wenn Albrecht im Jahre 1985 von seinem Vater brieflich den vorzeitigen Erbausgleich verlangt hätte?
c) Wie wäre es, wenn Albrecht mit seinem Vater 1985

a) Nach § 1934d Abs. 1 kann der vorzeitige Erbausgleich nur nach Vollendung des 21. Lebensjahrs und vor Vollendung des 27. Lebensjahrs verlangt werden. Das Verlangen des Albrecht war daher ohne rechtliche Bedeutung, weil es vor der Auslandsreise zu früh und nach der Rückkehr aus dem Ausland zu spät ausgesprochen wurde. Als 28jähriger konnte Albrecht den vorzeitigen Erbausgleich nicht mehr verlangen, der „verhaltene" Anspruch war in diesem Zeitpunkt nach § 1934d Abs. 1 bereits untergegangen.
b) Hätte Albrecht den vorzeitigen Erbausgleich als 25jähriger erneut verlangt, so hätte sich der „verhaltene" Anspruch nach § 1934d Abs. 1 in einen jederzeit zu erfüllenden – im übrigen mit dem aus § 1934d Abs. 1 identischen – Anspruch verwandelt. Albrecht hätte daher von diesem Zeitpunkt an seinen Vater auf Zahlung des vorzeitigen Erbausgleichs verklagen können, wobei sich die Höhe des Anspruchs nach § 1934d Abs. 2 gerichtet hätte. Dieser Zahlungsanspruch verjährt nach § 1934d Abs. 3 erst, wenn Albrecht das 30. Lebensjahr vollendet hat (also 1990).
c) Bei dieser Vereinbarung handelte es sich

eine notariell beurkundete Vereinbarung über den vorzeitigen Erbausgleich getroffen hätte?

um einen Vergleich im Sinne von § 779 (str.). Erfüllt der Vater seine Verpflichtungen aus dieser Vereinbarung nicht, so kann ihn Albrecht auf Erfüllung verklagen. Der Anspruch aus dieser Vereinbarung verjährt nach den allgemeinen Vorschriften in 30 Jahren (§§ 194, 195, 198, 218) und nicht in der Frist des § 1934d Abs. 3 (vgl. dazu oben b)).

67. Der nichtehelich geborene Albrecht hatte, als er 25 Jahre alt war, mit seinem Vater eine notarielle Vereinbarung über den vorzeitigen Erbausgleich getroffen. Im Alter von 28 Jahren bereut er das und nimmt deshalb sein Verlangen auf den vorzeitigen Erbausgleich schriftlich zurück.
Ist das möglich?

Albrecht kann das Verlangen nur bis zur notariellen Beurkundung zurücknehmen (§ 1934d Abs. 4 S. 2). Mit Abschluß der notariellen Vereinbarung über den vorzeitigen Erbausgleich treten die Rechtsfolgen des § 1934e ein: Albrecht und seine Abkömmlinge werden beim Tod des Vaters und väterlicher Verwandter weder gesetzliche Erben noch pflichtteilsberechtigt. Umgekehrt steht auch dem Vater und dessen Verwandten beim Tod von Albrecht oder dessen Abkömmlingen kein Erb- und Pflichtteilsrecht zu.

68. Der 26jährige nichteheliche Johannes hat ein rechtskräftiges Urteil erlangt, in dem sein Vater zur Zahlung eines vorzeitigen Erbausgleichs verurteilt wurde.
a) Hat Johannes einen Pflichtteilsanspruch, wenn sein Vater stirbt?
b) Der Vater stirbt, bevor er den Ausgleichsbetrag an Johannes gezahlt hat. Ist Johannes Erbe seines Vaters?
c) Nachdem Johannes den

a) Die *Rechtsfolgen des vorzeitigen Erbausgleichs* sind in § 1934e geregelt: Danach ist Johannes weder gesetzlicher Erbe seines Vaters noch pflichtteilsberechtigt.
b) Nein; durch das rechtskräftige Urteil ist Johannes aus dem Kreis der gesetzlichen Erben ausgeschieden. Er kann aber Zahlung von den Erben verlangen (§ 1967).
c) Nein; grundsätzlich wird das nichteheliche Kind zwar auch von seinem Vater beerbt; unter den Voraussetzungen des § 1934a Abs. 2 und 3 steht dem Vater ein Erbersatzanspruch zu. Nach § 1934e ist der Vater aber nicht gesetzlicher Erbe, wenn dem nichtehelichen Kind durch

Ausgleichsbetrag erhalten und ein Grundstück von seinem Onkel geerbt hat, verunglückt er bei einem Verkehrsunfall tödlich. Ist sein Vater sein gesetzlicher Erbe?

rechtskräfiges Urteil ein vorzeitiger Erbausgleich zuerkannt worden ist.

69. Ist durch eine notariell beurkundete Vereinbarung über den vorzeitigen Erbausgleich das Erb- und Pflichtteilsrecht des nichtehelichen Kindes nach seinem Vater weggefallen, wenn das nichteheliche Kind im Zeitpunkt der Vereinbarung
a) 26 Jahre alt war?
b) 20 Jahre alt war?
c) 28 Jahre alt war?
(Macht es einen Unterschied, ob das nichteheliche Kind den vorzeitigen Erbausgleich erstmals vor oder nach Vollendung seines 27. Lebensjahrs von seinem Vater verlangt hat?)
d) 31 Jahre alt war?
(Macht es einen Unterschied, ob das nichteheliche Kind den vorzeitigen Erbausgleich erstmals vor oder nach Vollendung des 27. Lebensjahrs von seinem Vater verlangt hat?)

a) Ja, vgl. Fall 68.
b) Es ist umstritten, ob außerhalb der Altersgrenzen des § 1934d Abs. 1 eine notarielle Vereinbarung über einen vorzeitigen Erbausgleich die Rechtsfolgen des § 1934e auslösen kann (zum Meinungsstand: Erman/Schlüter, § 1934e Rdnr. 4). Die wohl überwiegende Meinung läßt die Rechtsfolgen des § 1934e, die sonst nur durch einen Erbverzicht (§ 2346) zu erreichen sind, nur eintreten, wenn zur Zeit des Abschlusses der notariell beurkundeten Vereinbarung ein Anspruch auf die Ausgleichsforderung bestand (Odersky, § 1934e II 3; Palandt/Edenhofer, § 1934d Rdnr. 8). Das ist aber nur der Fall, wenn das nichteheliche Kind innerhalb der Altersgrenzen des § 1934d Abs. 1 Erfüllung des „verhaltenen“ Anspruchs verlangt hat. Wird die Vereinbarung über den vorzeitigen Erbausgleich getroffen, bevor das Kind das 21. Lebensjahr vollendet hat, so greifen die Rechtsfolgen des § 1934e nicht ein (Soergel/Stein, § 1934d Rdnr. 35).
c) Entsprechendes gilt nach überwiegender Meinung, wenn das nichteheliche Kind den vorzeitigen Erbausgleich erstmals nach Vollendung des 27. Lebensjahrs geltend gemacht und mit seinem Vater eine notariell beurkundete Vereinbarung getroffen hat (a. A. Bosch, FamRZ 1972, 178; Brox, Rdnr. 88; Damrau, FamRZ 1969,

588; MünchKomm/Leipold, § 1934d Rdnr. 13). Der Anspruch auf vorzeitigen Erbausgleich war dann vor Abschluß der Vereinbarung untergegangen.

Anders ist es, wenn das nichteheliche Kind einen Anspruch zwischen Vollendung des 21. und 27. Lebensjahrs geltend gemacht hat, die Vereinbarung aber erst nach Vollendung des 27. Lebensjahrs abgeschlossen ist (arg. § 1934d Abs. 3). § 1934e greift hier ein.

d) Es gilt im Ergebnis das zu c) Ausgeführte. Der vor Vollendung des 27. Lebensjahrs geltend gemachte Anspruch ist zwar verjährt, sobald das nichteheliche Kind das 30. Lebensjahr vollendet hat (§ 1934d Abs. 3). Ein Anspruch besteht aber, er ist nur einredebehaftet. Wird über einen bestehenden Anspruch eine notariell beurkundete Vereinbarung getroffen, so werden damit nach h. M. die Rechtsfolgen des § 1934e ausgelöst (a. A. Lutter, § 3 II 1).

5. *Der Dreißigste*

70. Nach dem Tod seiner Ehefrau nahm der 60jährige Anton seinen Freund Bernhard in seiner Wohnung auf. Bernhard versorgte den Haushalt. Für die Reinigung der Wohnung war die Haushaltshilfe Hanna angestellt. Anton lebte von den Mieteinnahmen seiner Häuser und gab seinem Freund, der selbst über keine Einnahmen verfügte, monatlich 800 DM für seinen persönli-

a) Um sicherzustellen, daß diejenigen Personen, die mit dem Erblasser in einer Hausgemeinschaft zusammengelebt, dessen Wohnung mitbenutzt und von ihm Unterhalt bezogen haben, ihre Lebensführung nicht überstürzt umstellen müssen, sieht das Gesetz vor, daß der Erbe ihnen in den ersten dreißig Tagen nach dem Erbfall in demselben Umfang, wie es der Erblasser getan hat, Unterhalt zu gewähren und die Benutzung der Wohnung und der Haushaltsgegenstände zu gestatten hat (§ 1969 Abs. 1 S. 1). Dabei sind unter Familienangehörigen im Sinne des § 1969 nicht nur

chen Bedarf. Hanna erhielt ein festes Gehalt von 500 DM.
Anton kommt bei einem Verkehrsunfall am 10. Januar ums Leben. Alleinerbe ist sein Enkel Erik.
Erik kündigt den Mietvertrag über die Wohnung und den Arbeitsvertrag mit Hanna. Er verlangt von Bernhard, die Wohnung zum 20. Januar zu räumen.
a) Welche Rechte hat Bernhard?
b) Welche Rechte hat Hanna?

Personen zu verstehen, die mit dem Erblasser verwandt sind, sondern alle diejenigen, die wegen ihrer Zugehörigkeit zu dessen Hausstand und der daraus resultierenden sozialen Bindungen zur Familie des Erblassers gerechnet werden (Soergel/Stein, § 1969 Rdnr. 2; Erman/Schlüter, § 1969 Rdnr. 2). Bernhard kann daher verlangen, noch dreißig Tage lang (seit dem 10. Januar) in der Wohnung leben zu dürfen. Außerdem hat er einen Anspruch gegen Erik auf Zahlung des entsprechenden Unterhalts für diese Zeit. Dieser Anspruch auf den *Dreißigsten* ist ein gesetzliches Vermächtnis (vgl. § 1939); die Vorschriften über Vermächtnisse finden entsprechende Anwendung (§ 1969 Abs. 2).
b) Die Haushaltshilfe Hanna ist nach § 1969 nicht anspruchsberechtigt. Berechtigt sind nur Personen, die in der Haus- und Familiengemeinschaft gelebt haben, welcher der Erblasser vorstand. Erik kann den Arbeitsvertrag mit Hanna nach § 622 Abs. 2 S. 1 unter Einhaltung einer Kündigungsfrist von zwei Wochen kündigen; sie hatte gegen den Erblasser keinen Anspruch auf Unterhalt, sondern auf Arbeitslohn; außerdem waren ihr die Wohnung und die Haushaltsgegenstände nicht zur persönlichen Benutzung überlassen.

6. *Der Unterhalt der werdenden Mutter eines Erben*

71. Der Student Konrad ist bei einem Verkehrsunfall tödlich verunglückt. Seine Verlobte Martha, die selbst noch studiert, erwartet von ihm ein Kind. Konrad, der

a) Martha hat nach § 1963 gegen den Nachlaß einen eigenen *Anspruch auf angemessenen Unterhalt;* denn zur Zeit des Erbfalls ist die Geburt eines Erben zu erwarten (§§ 1924 Abs. 1, 1923 Abs. 2) und Martha ist außerstande, sich selbst zu un-

an dem Unternehmen seines Onkels als Gesellschafter beteiligt war, hinterläßt keine lebenden Abkömmlinge. Martha ist nicht imstande, für ihren Unterhalt zu sorgen.
a) Welche Ansprüche stehen Martha gegen den Nachlaß des Konrad zu?
b) Wie kann sie diese Ansprüche durchsetzen?

terhalten. Bei diesem Anspruch nach § 1963 handelt es sich um kein gesetzliches Vermächtnis, sondern um einen Unterhaltsanspruch, der eine gewöhnliche Nachlaßverbindlichkeit darstellt. Mit diesem Anspruch konkurriert teilweise der Anspruch der nichtehelichen Mutter nach §§ 1615l, 1615n, der in seinem Umfang zum Teil über den Unterhaltsanspruch nach § 1963 hinausgeht.
b) Da sich der Anspruch aus § 1963 gegen den Nachlaß richtet, kann Martha nach § 1961 beantragen, daß das Nachlaßgericht einen (Prozeß-)Nachlaßpfleger bestellt. Der Pfleger ist verpflichtet, als gesetzlicher Vertreter des (noch nicht geborenen) Erben den Nachlaß zu verwalten und den Unterhaltsanspruch der Martha aus dem Nachlaß zu erfüllen.

7. Der Unterhalt des geschiedenen Ehegatten

72. Erlischt der Unterhaltsanspruch des geschiedenen Ehegatten mit dem Tod des Unterhaltsverpflichteten?

Nach § 1586b Abs. 1 S. 1 geht die Unterhaltspflicht gegenüber dem geschiedenen Ehegatten mit dem Tod des Verpflichteten auf den Erben als Nachlaßverbindlichkeit über. Der Erbe haftet aber nach § 1586b Abs. 1 S. 3 nur bis zu dem Betrag, der dem Pflichtteil des Ehegatten entspräche, den dieser erhalten hätte, wenn die Ehe nicht geschieden worden wäre. Hat der Ehegatte auf den Pflichtteil verzichtet (§ 2346), entfällt auch die Unterhaltspflicht des Erben, weil er dann auch bei Fortbestehen der Ehe keinen Pflichtteil erhalten hätte (Erman/Dieckmann, § 1586b Rdnr. 2).
Da der Pflichtteil in der Hälfte des Wertes des gesetzlichen Erbteils besteht (§ 2303 Abs. 1 S. 2), die Höhe des gesetzlichen

Erbteils aber von dem jeweiligen Güterstand beeinflußt wird (vgl. §§ 1931 Abs. 3, 1371 Abs. 1, 1931 Abs. 4), könnten sich im Rahmen des § 1568b für den Erben unterschiedliche Haftungsquoten ergeben. Das wird durch § 1568b Abs. 2 verhindert, der für die Ermittlung des fiktiven Pflichtteils vorschreibt, daß güterrechtliche Besonderheiten außer Betracht zu bleiben haben. Maßgebend für die Berechnung des fiktiven Pflichtteils ist daher allein § 1931 Abs. 1 und 2.

Wird die Ehe nicht durch Scheidung, sondern durch Tod eines Ehegatten aufgelöst, so erlischt der Unterhaltsanspruch (§§ 1615 Abs. 1, 1360a Abs. 3). In diesem Fall findet der Ausgleich für den weggefallenen Unterhaltsanspruch über das Ehegattenerbrecht statt.

8. Das gesetzliche Erbrecht des Staates

73. Der unveheiratete Erich Erdmann hinterläßt bei seinem Tod keine Verwandten und hat kein Testament errichtet.
Wer wird sein Erbe?

Gesetzlicher Erbe des Erdmann ist der Fiskus des Bundeslands, dem Erdmann zur Zeit seines Todes angehört hat (§ 1936). Dem Staat fällt also die Aufgabe zu, als Fiskus eine lückenlose gesetzliche Erbfolgeordnung herzustellen, die erblose Verlassenschaften ausschließt. Erst wenn kein – auch noch so entfernter – Verwandter des Erblassers und kein Ehegatte vorhanden ist, tritt der Fiskus als gesetzlicher Zwangserbe ein. Das gilt allerdings nicht, wenn ein bestimmter Verwandter zwar vorhanden, sein Aufenthalt aber nicht zu ermitteln ist; hier hat das Gericht gegebenenfalls nach § 1960 einen Nachlaßpfleger zu bestellen.

Landesgesetzliche Vorschriften, nach denen im Fall des § 1936 anstelle des Fiskus eine Körperschaft, Stiftung oder Anstalt des öffentlichen Rechts gesetzlicher Erbe ist, bleiben unberührt (Art. 138 EGBGB).

74. Haftet der Fiskus als gesetzlicher Erbe für die Nachlaßverbindlichkeiten?

Auch der Fiskus haftet als gesetzlicher Erbe für die Nachlaßverbindlichkeiten (§ 1967). Er kann aber wie jeder andere Erbe seine Haftung auf den Nachlaß beschränken (dazu Fälle 403ff.). Als staatlichen Zwangserben trifft ihn allerdings keine Inventarpflicht (§ 2011); auch braucht er sich, anders als andere Erben, nicht die beschränkte Erbenhaftung im Urteil vorbehalten zu lassen.

75. Kann der Fiskus als gesetzlicher Erbe die Erbschaft ausschlagen, auf sie verzichten oder erbunwürdig sein?

Der Fiskus kann die ihm als gesetzlichem Erben angefallene Erbschaft nicht ausschlagen (§ 1942 Abs. 2). Das Recht zum Erbverzicht haben nur Verwandte des Erblassers und sein Ehegatte, nicht aber der Fiskus (§ 2346). Aus § 2329 ergibt sich, daß der Fiskus nicht erbunwürdig sein kann.

76. Kann ein Gläubiger des Erblassers schon allein auf Grund der Behauptung, daß ein anderer Erbe als der Fiskus nicht vorhanden sei, gegen den Fiskus auf Erfüllung einer Nachlaßverbindlichkeit klagen?

Nach § 1966 kann ein Recht gegen den Fiskus als gesetzlichen Erben erst geltend gemacht werden, nachdem vom Nachlaßgericht festgestellt worden ist, daß ein anderer Erbe nicht vorhanden ist. Der Feststellung hat eine öffentliche Aufforderung zur Anmeldung der Erbrechte unter Bestimmung einer Anmeldungsfrist vorauszugehen; die Art der Bekanntmachung und die Dauer der Anmeldungsfrist richten sich nach den für das Aufgebotsverfahren geltenden Vorschriften (§ 1965 Abs. 1 S. 1). Wenn ein Erbe nicht innerhalb einer den Umständen entsprechenden Frist ermittelt wird, hat das Nachlaßgericht festzustellen, daß ein anderer Erbe als der Fiskus nicht vorhanden ist (§ 1964 Abs. 1). Diese Feststellung begründet die – widerlegbare – Vermutung, daß der Fiskus gesetzlicher Erbe sei (§ 1964 Abs. 2).

77. Anton hat in seinem Testament erklärt: „Mein Sohn Bernd soll mein Erbe sein. Mein Auto soll er aber auf keinen Fall erhalten." Beim Tod des Anton sind andere gesetzliche Erben als Bernd nicht vorhanden.
Erbt der Staat das Auto?

Eine solche Regelung ist nach § 2149 S. 1 grundsätzlich ein Vermächtnis an den gesetzlichen Erben. Da aber der Fiskus nach § 2149 S. 2 nicht zu den gesetzlichen Erben im Sinne dieser Vorschrift gehört, erhält in diesem Fall dennoch Bernd das Auto.

9. Die Erbschaftsteuer

78. Welche Vorgänge sind nach dem Erbschaftsteuer- und Schenkungssteuergesetz steuerpflichtig?

Nach § 1 Abs. 1 des ErbStG (Erbschaftsteuer- und Schenkungssteuergesetz in der Fassung vom 1. 1. 1991) unterliegen der Erbschaftsteuer (Schenkungssteuer):
a) der Erwerb von Todes wegen,
b) die Schenkungen unter Lebenden,
c) die Zweckzuwendungen,
d) das Vermögen einer Stiftung, sofern sie wesentlich im Interesse einer Familie oder bestimmter Familien errichtet ist, und eines Vereins, dessen Zweck wesentlich im Interesse einer Familie oder bestimmter Familien auf die Bindung von Vermögen gerichtet ist, in Zeitabständen von je dreißig Jahren.

79. Welche Arten des Erwerbs von Todes wegen unterliegen der Erbschaftsteuer?

Als Erwerb von Todes wegen gilt:
a) Nach § 3 Abs. 1 Nr. 1 ErbStG: der Erwerb durch Erbanfall (§ 1922), aufgrund Erbersatzanspruch (§ 1934a ff.), durch

Vermächtnis (§§ 2147ff.) oder aufgrund eines geltend gemachten Pflichtteilsanspruchs (§§ 2303ff.).

b) Nach § 3 Abs. 1 Nr. 2 ErbStG: der Erwerb durch Schenkung auf den Todesfall (§ 2301). Als Schenkung auf den Todesfall gilt auch der auf einem Gesellschaftsvertrag beruhende Übergang des Anteils oder des Teils eines Anteils eines Gesellschafters bei dessen Tod auf die anderen Gesellschafter oder die Gesellschaft. Voraussetzung ist allerdings, daß der Wert, der sich für den übergehenden Anteil zur Zeit des Todes des Gesellschafters nach § 12 ErbStG ergibt, die Abfindungsansprüche Dritter übersteigt.

c) Nach § 3 Abs. 1 Nr. 3 ErbStG gelten als Erwerb von Todes wegen auch sonstige Erwerbe, auf welche die zivilrechtlichen Vermächtnisvorschriften anzuwenden sind (z. B.: der Voraus, § 1932; die Zuwendungen nach § 1514).

d) Nach § 3 Abs. 1 Nr. 4 ErbStG gilt als Erwerb von Todes wegen auch jeder Vermögensvorteil, der aufgrund eines vom Erblasser geschlossenen Vertrags bei dessen Tod von einem Dritten unmittelbar erworben wird (vgl. § 331).

e) Weitere Fälle vgl. § 3 Abs. 2 ErbStG (Übergang von Vermögen auf eine Stiftung; Erwerb infolge Vollziehung einer Auflage; Abfindung für einen Verzicht auf den entstandenen Pflichtteilsanspruch.

80. Franz hat dem Rentner Reiche das Leben gerettet. Als Belohnung soll er dafür ein Grundstück im Werte von 500.000 DM erhalten. Muß Franz Steuern zahlen,

Nach § 1 Abs. 1 Nr. 2 ErbStG sind auch *Schenkungen unter Lebenden* steuerpflichtig. Nach § 7 Abs. 1 Nr. 1 ErbStG gilt als Schenkung unter Lebenden jede freigebige Zuwendung unter Lebenden, soweit der Bedachte durch sie auf Kosten

wenn er nicht erst durch ein Testament bedacht wird, sondern bereits zu Lebzeiten des Reiche das Grundstück erhält?

des Zuwendenden bereichert wird. Die Steuerpflicht wird nicht dadurch ausgeschlossen, daß die Zuwendung zur Belohnung oder unter einer Auflage gemacht wird. Franz muß also die Schenkung des Grundstücks versteuern. Auch andere Zuwendungen gelten nach § 7 Abs. 1 ErbStG als Schenkungen unter Lebenden, die steuerpflichtig sind, z. B.:

a) die Bereicherung, die ein Ehegatte bei Vereinbarung der Gütergemeinschaft (§ 1415) erfährt;

b) die Abfindung für einen Erbverzicht (§§ 2346, 2352);

c) der vorzeitige Erbausgleich (§ 1934 d);

d) der Übergang von Vermögen aufgrund eines Stiftungsgeschäfts unter Lebenden.

81. Muß ausnahmslos für jeden geerbten Vermögenswert Erbschaftsteuer gezahlt werden?

Bei der Berechnung des zu versteuernden Werts sind *Steuerbefreiungen* und *Freibeträge* zu berücksichtigen.

Steuerfrei sind z. B. Hausrat in gewissem Umfang (§ 13 Abs. 1 Nr. 1 a ErbStG) und Zuwendungen an inländische Religionsgemeinschaften (§ 13 Nr. 16 a ErbStG) und politische Parteien im Sinne des § 2 des Parteiengesetzes (§ 13 Abs. 1 Nr. 18 ErbStG). Die Freibeträge sind in § 16 ErbStG geregelt. Danach bleibt steuerfrei z. B. der Erwerb des Ehegatten in Höhe von 250.000 DM (§ 16 Abs. 1 Nr. 1 ErbStG). Sowohl für den überlebenden Ehegatten als auch für die Kinder des Erblassers gibt es unter den besonderen Voraussetzungen des § 17 ErbStG noch zusätzlich einen *besonderen Versorgungsfreibetrag*.

82. Wonach richtet sich die Höhe der Erbschaftsteuer?

Die Höhe der Erbschaftsteuer richtet sich nach dem persönlichen verwandtschaftlichen Verhältnis des Erwerbers zum Erblasser oder Schenker. Hierzu werden die Erwerber in vier *Steuerklassen* eingeteilt (§ 15 ErbStG) (vgl. die Übersicht über die Steuerklassen bei Erman/Schlüter, Einl § 1922 Rdnr. 45ff.). In den einzelnen Steuerklassen sind die Steuersätze unterschiedlich hoch. Bei einem Wert des steuerpflichtigen Erwerbs bis zu 50.000 DM beträgt der Steuersatz in Steuerklasse I 3%. Bei einem Wert des steuerpflichtigen Erwerbs über 100.000 DM in Steuerklasse IV beträgt der Steuersatz 70% (§ 19 ErbStG; vgl. die Tabelle bei Erman/Schlüter, Einl § 1922 Rdnr. 50).

IV. Die gewillkürte Erbfolge

1. Die Testierfreiheit

83. Was versteht man unter „Testierfreiheit"?

Die *Testierfreiheit* gibt dem Erblasser das Recht, ohne Grund in beliebiger Weise von der gesetzlichen Erbfolgeordnung abzuweichen. Aufgrund der Testierfreiheit kann der Erblasser daher auch seine nächsten Angehörigen von der Erbfolge ausschließen (vgl. § 1938). Diesen wird aber durch das Pflichtteilsrecht (§§ 2303ff.) eine Mindestbeteiligung am Nachlaßvermögen gesichert. Das Pflichtteilsrecht schafft also einen Ausgleich zwischen den beiden Prinzipien der gesetzlichen Verwandtenerbfolge und der gewillkürten Erbfolge aufgrund privatautonomer Testierfreiheit.

84. Der kinderlose Witwer Weber hinterläßt bei seinem Tod ein (formgültiges) Testament, in dem es lediglich heißt: „Meine Schwester Sigrid Schön soll mich nicht beerben." Beim Tod des Weber leben außer dieser Schwester noch seine Brüder Bruno und Bernd und Sigrids Sohn Felix. Die beiden Brüder meinen, daß nur sie Erben seien, während Felix der Ansicht ist, er sei anstelle seiner Mutter Miterbe zu ⅓ geworden. Felix beantragt einen dementspre-

Das Nachlaßgericht wird den beantragten Erbschein erteilen. Nach § 1938 kann der Erblasser einen Verwandten von der gesetzlichen Erbfolge ausschließen. Die Frage, ob sich eine solche *Enterbung auch auf die Abkömmlinge* des Enterbten *erstreckt,* ist – wenn sich aus dem Testament nicht etwas anderes ergibt – zu verneinen. Felix würde bei gesetzlicher Erbfolge an die Stelle seiner Mutter getreten sein, wenn diese vor ihm verstorben wäre (§§ 1925 Abs. 3, 1924 Abs. 3). Eine gesetzliche Regelung wie beim Erbverzicht (§ 2349) – im Zweifel Erstreckung der Wirkung des Verzichts auf die Abkömmlinge – ist für eine Enterbung nicht getroffen. Es spricht auch keine tatsächliche Vermutung (kein Erfah-

chenden Erbschein; die Brüder widersprechen. Wie wird das Nachlaßgericht entscheiden?

rungssatz) für einen Willen des Erblassers, daß die Enterbung sich auf die Abkömmlinge des Enterbten erstrecken solle. Allerdings kann sich im Einzelfall ein solcher Wille aus dem sonstigen Inhalt des Testaments ergeben (vgl. BGH LM Nr. 1 zu § 1938 BGB = JZ 1959, 444).

85. Welche Grenzen bestehen für die Testierfreiheit?

Eine Verfügung von Todes wegen kann – wie jedes andere Rechtsgeschäft – nach §§ 134, 138 *nichtig* sein. (Zur Nichtigkeit eines Testaments nach § 138 Vgl. Fall 121). Sie ist aber nicht allein schon deshalb nichtig, weil der Erblasser seine nächsten Angehörigen enterbt hat, denn das Gesetz geht davon aus, daß die Enterbung naher Angehöriger zulässig ist (§§ 1938, 2303 ff.).

Die Testierfreiheit steht dem Erblasser *nur persönlich* zu; er kann es daher nicht vom Willen eines anderen abhängig machen, ob seine Verfügung gelten soll oder nicht (§ 2065 Abs. 1). Ebensowenig kann er es einem anderen überlassen, die Person des Bedachten oder den zuzuwendenden Gegenstand zu bestimmen (§§ 2065 Abs. 2, 2279 Abs. 1). Diese Regelung gilt allerdings nur für die Erbeinsetzung. Sie ist durch Ausnahmen für das Vermächtnis und noch weitergehend für die Auflage, die Erbauseinandersetzung und die Ernennung von Testamentsvollstreckern durchbrochen (§§ 2151–2154, 2156, 2192, 2193, 2198, 2200, 2048 S. 2).

86. Kann der Erblasser seine Testierfreiheit rechtsgeschäftlich einschränken oder sie sogar aufheben?

Der Erblasser kann sich nicht verpflichten, eine Verfügung von Todes wegen zu errichten oder nicht zu errichten, ebensowenig kann er sich verpflichten, sie aufzuheben oder nicht aufzuheben (§ 2302). Die

Vereinbarung einer Vertragsstrafe zur Sicherung einer solchen Verpflichtung ist unwirksam (§ 344).

87. Der Landwirt Kluge verstirbt kinderlos. In seinem Testament hat er angeordnet: „Meine Nichte Nora soll unter ihren Söhnen Anton, Bernd und Christian denjenigen als meinen Erben auswählen, den sie als den geeignetsten erachtet, unter den heutigen schwierigen Verhältnissen mein Gut zu bewirtschaften und in sozialem Geiste zu wirken. Mein Grundbesitz soll in der Familie erhalten werden. Da er größere Belastungen nicht mehr tragen kann, kann ich leider nicht alle bedenken, die mir nahe stehen".
Nora benennt Christian als Erben.
Eine Großnichte des Kluge, die bei gesetzlicher Erbfolge zu 1/27 erben würde, hält das Testament für nichtig.
Zu Recht?

Fraglich ist, ob die Testamentsanordnung des Kluge wegen Verstoßes gegen § 2065 Abs. 2 nichtig ist. Hiernach kann der Erblasser die Bestimmung der Person, die eine Zuwendung erhalten soll, nicht anderen überlassen. Wann ein Verstoß gegen § 1065 Abs. 2 gegeben ist, ist umstritten (vgl. RGZ 159, 296; BGHZ 15, 199; BGH NJW 1965, 2201; Schlüter, § 14 IV 4). Das Reichsgericht (RGZ 159, 296, 299) hat es für zulässig erachtet, daß der Erblasser einen begrenzten Personenkreis bezeichnet, aus dem ein Dritter den Erben nach bestimmten sachlichen Gesichtspunkten (z.B. Eignung für eine besondere Aufgabe) bindend auswählt. Es verlangt aber, daß der Erblasser den Personenkreis so eng begrenzt und die Gesichtspunkte für die Auswahl so genau festlegt, daß für eine Willkür des Dritten kein Raum bleibt.
Der Bundesgerichtshof (BGHZ 15, 199) unterstreicht noch stärker als das Reichsgericht den Grundsatz, daß der Erblasser selbst vor seinem Gewissen die Verantwortung für die Auswahl des Erben zu tragen hat. Er soll sich selbst über den Inhalt aller wesentlichen Teile seines letzten Willens schlüssig werden. Deshalb verlangt der Bundesgerichtshof, daß die *Bestimmung* der Person des Bedachten (und des Gegenstands der Zuwendung) nach dem Inhalt der letztwilligen Verfügung unter Berücksichtigung von außerhalb der Testamentsurkunde liegenden Umständen, auf die in der Urkunde verwiesen ist, ohne weiteres erfolgen könne. Dem Drit-

ten dürfe lediglich die *Bezeichnung* der Person des Bedachten überlassen werden. Im Ergebnis bedeutet das: Der Erblasser muß die Kriterien für die Auswahl des Erben so konkret wählen, daß der Dritte den Erben durch bloßen Subsumtionsschluß ermitteln kann. Über die Person des Erben und den Gegenstand der Zuwendung dürfen nicht die „subjektive Auffassung und Wertung" des Dritten entscheiden.
Diese enge Auffassung entspricht am besten dem Grundsatz, daß der Erblasser ein Testament nur persönlich errichten kann (§ 2064). Hiernach verstößt die Bestimmung des Kluge in seinem Testament gegen § 2065 Abs. 2 und ist daher nichtig. Christian ist deshalb nicht testamentarischer Erbe geworden; es tritt die gesetzliche Erbfolge ein.

88. In seinem Testament hat der Landwirt Bräsig angeordnet: „Wenn mein zum alleinigen Erben eingesetzter Sohn kinderlos stirbt, ist Nacherbe derjenige Sohn meines Neffen Lutz, der am besten für die Landwirtschaft geeignet ist."
Bestehen Bedenken gegen die Gültigkeit dieser Bestimmung?

Nach der Rechtsprechung des Bundesgerichtshofs (BGH NJW 1965, 2201) verstößt dieses Testament schon deshalb gegen § 2065 Abs. 2, weil der Erblasser nicht einmal die Person benannt hat, die an Hand bestimmter Kriterien den Nacherben auszuwählen hat. Anders wäre es nur, wenn sich in dem Testament Anhaltspunkte dafür finden ließen, welche Person oder Stelle nach dem Willen des Erblassers diese Auswahl treffen soll.

89. Kunze setze seine Ehefrau zur Vorerbin und seinen Neffen Franz zum Nacherben ein. Er bestimmt aber, daß seine Ehefrau eine andere Person zum Nacherben einsetzen und über-

Hier liegt kein Verstoß gegen § 2065 vor. Vielmehr handelt es sich um eine Anordnung einer Nacherbschaft für Franz unter der Bedingung, daß Frau Kunze nicht anders letztwillig verfügt. Das ist zulässig (BGHZ 2, 36; BGH LM Nr. 2 zu § 2065 BGB = JZ 1954, 98).

haupt frei über den Nachlaß unter Lebenden und von Todes wegen verfügen dürfe.
Ist diese Bestimmung des Testaments gültig?

2. *Die Testierfähigkeit*

90. Wer ist testierfähig?

Die *Testierfähigkeit* beginnt *mit der Vollendung des 16. Lebensjahrs* (§ 2229 Abs. 1). Für einen jüngeren Minderjährigen kann nicht dessen gesetzlicher Vertreter verfügen (§ 2064). Ein Minderjähriger, der das 16. Lebensjahr vollendet hat, braucht zur Errichtung eines Testaments weder die Zustimmung des gesetzlichen Vertreters noch die des Vormundschaftsgerichts (§ 2229 Abs. 2).

Der *Minderjährige* kann sein Testament aber nur als öffentliches Testament durch mündliche Erklärung oder Übergabe einer offenen Schrift errichten (§ 2233 Abs. 1). (Grund: Er soll durch die Urkundsperson beraten werden können).

Testierunfähig sind diejenigen, die wegen krankhafter Störung der Geistestätigkeit, wegen Geistesschwäche oder wegen Bewußtseinsstörung nicht in der Lage sind, die Bedeutung einer von ihnen abgegebenen Willenserklärung einzusehen und nach dieser Einsicht zu handeln (§ 2229 Abs. 4).

91. Fridolin Frei ist 17 Jahre alt und elternlos. Kann er selbständig ein Testament errichten oder bedarf er dazu der Zustimmung seines Vormunds?

Da Fridolin Frei das 16. Lebensjahr vollendet hat, ist er testierfähig (§ 2229 Abs. 1). Er kann allerdings nur ein öffentliches Testament, und dieses auch nur durch mündliche Erklärung oder Übergabe einer offenen Schrift, errichten (§ 2233

Abs. 1). Dagegen kann er weder ein eigenhändiges Testament (§ 2247 Abs. 4) noch ein öffentliches Testament durch Übergabe einer verschlossenen Schrift errichten (§ 2233 Abs. 1)

92. Für Gold ist wegen einer psychischen Krankheit nach § 1896 Abs. 1 ein Betreuer bestellt worden, dessen Aufgabenkreis die Vornahme sämtlicher Rechtsgeschäfte für den Betreuten umfaßt. Das Vormundschaftsgericht hat weiterhin nach § 1903 Abs. 1 in diesem Umfang einen Einwilligungsvorbehalt angeordnet.
a) Kann Gold ohne Einwilligung seines Betreuers letztwillig verfügen?
b) Wie wäre es, wenn Gold an einer schweren Schizophrenie leidet?

a) Ja. Der Einwilligungsvorbehalt bewirkt nach § 1903 Abs. 1 zwar, daß der Betreute zu einer Willenserklärung, die den Aufgabenkreis des Betreuers betrifft, dessen Zustimmung bedarf. § 1903 Abs. 2 bestimmt jedoch, daß sich der Einwilligungsvorbehalt nicht auf Verfügungen von Todes wegen erstrecken kann. Derart höchstpersönliche Erklärungen des Betreuten sollen in ihrer Wirksamkeit nicht von der Zustimmung Dritter abhängig gemacht werden können.
b) Die Verfügung des Gold ist nach § 2229 Abs. 4 unwirksam, sofern er wegen dieser Erkrankung nicht in der Lage ist, die Bedeutung einer von ihm abgegebenen Willenserklärung einzusehen und nach dieser Einsicht zu handeln.

3. Die Arten der Verfügung von Todes wegen

93. Besteht ein Unterschied zwischen den Begriffen „letztwillige Verfügung" und „Verfügung von Todes wegen"?

Unter einer *Letztwilligen Verfügung* ist eine einseitige Vermögensverfügung für den Todesfall – also ein Testament (§ 1937) – zu verstehen. Der Begriff *Verfügung von Todes wegen* bezeichnet dagegen sowohl eine einseitige wie eine mehrseitige Verfügung, also sowohl ein Testament als auch einen Erbvertrag (§§ 2274ff.).

4. Die verschiedenen Testamentsarten

94. Welche Testamentsformen sind im BGB geregelt?

Das BGB unterscheidet zwischen ordentlichen und außerordentlichen Testamenten (§§ 2231, 2249 ff.):

a) Die *ordentlichen Testamente* können jederzeit ohne besonderen Anlaß errichtet werden. Zu den ordentlichen Testamenten (§ 2231) gehören

(1) das *öffentliche Testament* (§§ 2231 Nr. 1, 2232) und

(2) das *eigenhändige Testament* (§ 2247).

b) Die *außerordentlichen Testamente* können nur aus besonderem Anlaß errichtet werden. Zu den außerordentlichen Testamenten gehören die *Nottestamente:*

(1) Bürgermeistertestament (§ 2249),

(2) Dreizeugentestament (§ 2250) und

(3) das Seetestament (§ 2251).

95. Erwin hat ein öffentliches Testament errichtet. Kann er es durch ein eigenhändiges Testament widerrufen?

Der Widerruf eines Testaments durch ein anderes Testament ist zulässig (§ 2254). Auf die Form des widerrufenen und des widerrufenden Testaments kommt es nicht an. Erwin hätte das ordentliche Testament auch durch ein außerordentliches Testament widerrufen oder abändern können und umgekehrt. Alle Testamentsformen haben den gleichen Rang.

96. Wie unterscheiden sich hinsichtlich der Dauer ihrer Wirksamkeit das ordentliche und das außerordentliche Testament?

Das ordentliche Testament bleibt wirksam, bis es vom Erblasser widerrufen wird (§§ 2253 ff.). Das außerordentliche Testament wird dagegen unwirksam („gilt als nicht errichtet"), wenn seit der Errichtung (bzw. dem Wegfall der Zwangslage) drei Monate verstrichen sind und der Erblasser noch lebt (§ 2252).

a) Das öffentliche Testament

97. Uwe Knopf überlegt, ob er ein öffentliches oder ein eigenhändiges Testament errichten soll. Welche Vorteile hätte das öffentliche Testament?

Der entscheidende Vorteil des öffentlichen Testaments besteht in der rechtskundigen Beratung durch den Notar, zu der dieser bei der Errichtung eines öffentlichen Testaments verpflichtet ist (§§ 17, 30 BeurkG); hierdurch kann verhindert werden, daß Formfehler unterlaufen oder der Wille des Erblassers unklar oder mehrdeutig zum Ausdruck kommt; dieses Ziel läßt sich nur erreichen, wenn der Erblasser seinen Willen dem Notar mündlich erklärt oder ihm eine offene und nicht eine verschlossene Schrift mit seinem letzten Willen übergibt (§ 2232). Außerdem hat der Notar zu veranlassen, daß ein öffentliches Testament unverzüglich in besondere amtliche Verwahrung gebracht (§ 34 Abs. 1 S. 4 BeurkG) und damit vor Vernichtung oder Verlust bewahrt wird. Eigenhändige Testamente können (§ 2248), müssen aber nicht in besondere amtliche Verwahrung gebracht werden.

Den Vorteilen des öffentlichen Testaments steht der Nachteil gegenüber, daß die Beurkundung durch den Notar Kosten verursacht (§§ 46, 140ff. KostO).

98. Wer wirkt bei der Errichtung eines öffentlichen Testaments mit?

Das öffentliche Testament ist zur Niederschrift eines Notars zu errichten (§ 2231 Nr. 1) Außer dem *Notar* als Urkundsperson (§ 9 Abs. 1 Nr. 1 BeurkG) muß der *Erblasser* mitwirken (§ 6 Abs. 2 BeurkG). Weiter kommen zur Mitwirkung in Betracht:

Überwachungspersonen (§§ 22, 29 BeurkG), sofern der Erblasser es verlangt oder taub, stumm oder blind ist;

eine *Vertrauensperson* (§ 24 Abs. 1 S. 2 BeurkG), wenn eine Verständigung mit dem Erblasser nicht hinreichend möglich ist; ein *Zeuge* oder ein *zweiter Notar* (§ 25 BeurkG), wenn ein Beteiligter seinen Namen nicht schreiben kann.

99. Blass erscheint beim Notar Dr. Neumann, um ein öffentliches Testament zu errichten.
Muß der Notar zwei Zeugen hinzuziehen?

Der Notar muß keine Zeugen hinzuziehen. Er soll jedoch bis zu zwei Zeugen oder einen zweiten Notar hinzuziehen, wenn Blass es verlangt (§ 29 BeurkG).
Wenn der Erblasser nach seinen Angaben oder nach Überzeugung des Notars nicht hinreichend zu hören, zu sprechen oder zu sehen vermag, soll der Notar einen Zeugen oder einen zweiten Notar hinzuziehen (§ 22 Abs. 1 S. 1 BeurkG).

100. Erläutern Sie die drei Arten, in denen ein öffentliches Testament errichtet werden kann.

Nach § 2232 kann das öffentliche Testament durch mündliche Erklärung oder durch Übergabe einer offenen oder einer verschlossenen Schrift errichtet werden.
a) Die persönliche *mündliche Erklärung* des letzten Willens des Erblassers vor dem Notar braucht nicht in zusammenhängender Rede zu erfolgen. Es reicht auch aus, daß er mit lautlicher Wortbildung auf Fragen oder Vorlesen des Notars seinen Willen erklärt (Schlüter, § 17 III 3a m.w.N.).
b) Ein öffentliches Testament kann auch errichtet werden, indem der Erblasser dem Notar eine *offene Schrift* übergibt und mündlich erklärt, daß sie seinen letzten Willen enthalte. Diese Schrift muß der Erblasser nicht selbst verfaßt und unterschrieben haben. Er muß aber in der Lage sein, sie an sich zu nehmen, den Inhalt kennen und seinen Übergabewillen sprachlich erklären. Der Notar soll von dem Inhalt Kenntnis nehmen und den

Erblasser auf Bedenken gegen den Inhalt hinweisen (§§ 30 S. 4, 17 BeurkG).
c) Der Erblasser kann dem Notar auch eine *verschlossene Schrift* übergeben mit der Erklärung, daß sie seinen letzten Willen enthalte. Der Notar ist berechtigt, aber nicht verpflichtet, den Erblasser über den Inhalt zu befragen, um auf mögliche Bedenken gegen den Inhalt hinweisen zu können (z.B.: Verbot der Mitwirkung bestimmter Personen. §§ 26, 27 BeurkG).

101. Anton Weber liegt schwer erkrankt im Krankenhaus. Er bespricht mit seiner Ehefrau, einer Spanierin, den Inhalt seines letzten Willens. Sie stenographiert in spanischer Sprache die Wünsche ihres Mannes. In dem umfangreichen Schreiben werden die Erbeinsetzung und eine Reihe von Vermächtnissen festgelegt. Dieses Schreiben, das kein Datum enthält und das Weber weder gelesen noch unterschrieben hat, übergibt er dem ins Krankenhaus gerufenen Notar Dr. Zimmermann mit den Worten: „Meine Frau hat hier meinen letzten Willen festgehalten. Herr Notar, walten sie Ihres Amtes“.
Hat Herr Weber ein wirksames Testament errichtet?

Weber hat ein wirksames öffentliches Testament durch Übergabe einer offenen Schrift errichtet (§ 2232). Die erforderliche Erklärung, daß diese Schrift seinen letzten Willen enthalte, hat Weber abgegeben. Die Abfassung in Stenographie und in fremder Sprache ist zulässig. Es ist nicht erforderlich, daß Weber das Schreiben selbst gelesen und unterschrieben hat; es reicht aus, daß er den Inhalt kennt (vgl. Schlüter, § 17 III 3b).

102. Was muß der Notar unternehmen, nachdem ihm

Der Notar muß über die Verhandlung eine *Niederschrift* anfertigen (§ 8 BeurkG).

der Erblasser seinen letzten Willen in einer der drei zulässigen Formen erklärt hat?

Über den Inhalt der Niederschrift enthält das BeurkG einige Muß- und Sollvorschriften (§ 9 BeurkG). Die Niederschrift muß in Gegenwart des Notars vorgelesen, vom Erblasser genehmigt und eigenhändig unterschrieben werden (§ 13 BeurkG). Auch der Notar muß die Niederschrift eigenhändig unterschreiben (§ 13 Abs. 3 BeurkG); das gleiche gilt für einen hinzugezogenen Zeugen oder einen zweiten Notar (§ 25 S. 3 BeurkG).

Die Niederschrift soll außerdem von den übrigen Beteiligten unterschrieben (§§ 22 Abs. 2, 29 S. 2, 24 Abs. 1 S. 3, 16 Abs. 3 S. 5 BeurkG) und nach Maßgabe des § 34 Abs. 1 BeurkG verschlossen werden; danach soll der Notar veranlassen, daß das Testament unverzüglich in besondere amtliche Verwahrung gebracht wird (§ 34 Abs. 1 S. 4 BeurkG). Der Erblasser erhält einen Hinterlegungsschein (§ 2258b Abs. 3).

b) Das eigenhändige Testament

103. Ernst wird nach einem schweren Unfall ins Krankenhaus eingeliefert. Da er zum Schreiben bereits zu schwach ist, diktiert er einer Krankenschwester sein Testament. Nur die Unterschrift vollzieht er selbst.

Hat Ernst ein wirksames Testament errichtet?

Nach § 2247 Abs. 1 kann der Erblasser ein Testament „durch eine eigenhändig geschriebene und unterschriebene Erklärung" errichten. Durch diese qualifizierte Schriftform soll ein sicherer Schriftvergleich möglich werden, der nach dem Tod des Erblassers besondere Beweisbedeutung hat. Gleichzeitig wird die Urkunde vor Verfälschungen und die Willensfreiheit des Erblassers vor Beeinflussungen geschützt. Da Ernst sein Testament nicht eigenhändig niedergeschrieben hat, fehlt es an einer wesentlichen Voraussetzung des § 2247 Abs. 1, so daß das Testament unwirksam ist.

104. Der Kaufmann König schreibt sein Testament auf einen Geschäftsbriefbogen in der Weise nieder, daß er hinter die in der rechten oberen Ecke vorgedruckte Bezeichnung des Ortes „Berlin, den ...“ das Datum schreibt.
Ist das Testament wirksam?

Bei einem eigenhändigen Testament ist die Angabe des Errichtungsortes und der Errichtungszeit kein zwingendes Erfordernis, sondern nur Sollvorschrift (§ 2247 Abs. 2).

105. Erich Sommer sendet seinem Sohn Karl aus seinem Urlaub einen handschriftlich abgefaßten Brief nach Freiburg, in dem er von einem Ferienaufenthalt berichtet. Der Brief beginnt mit der Anrede: „Mein lieber Sohn“. Weiter heißt es: „Mein alleiniger Erbe bist Du“. Der Brief ist unterschrieben: „Herzlichst Dein Vater“. Das Datum und den Aufenthaltsort des Vaters enthält der Brief nicht.
Nach dem Tod von Erich Sommer streiten seine Kinder und die überlebende Ehefrau um den Nachlaß.
Wer ist Erbe?

Karl Sommer, an den der Brief gerichtet war, ist Erbe geworden. Eine eigenhändig geschriebene und unterschriebene Erklärung liegt vor (§ 2247 Abs. 1). Die Tatsache, daß der Brief auch andere Mitteilungen enthält, ändert nichts daran, daß es sich um ein wirksames Testament handelt; vor allem ist es nicht erforderlich, daß es als „Testament“ bezeichnet wird; entscheidend ist, daß aus dem Schriftstück der Wille des Schreibers ersichtlich ist, letztwillig zu verfügen (BayOblG FamRZ 1981, 402). Die Angabe des Datums und des Ortes, an dem die Erklärung niedergeschrieben worden ist, ist nicht zwingend vorgeschrieben; sie wird dem Erblasser nur empfohlen (§ 2247 Abs. 2). (Beachte aber § 2247 Abs. 5). Zwar ist Karl nicht namentlich als Erbe genannt; er ist jedoch eindeutig identifizierbar („Sohn“, Anschrift Freiburg). Das reicht aus. Nach § 2247 Abs. 3 S. 1 soll die Erklärung des Erblassers seinen Vornamen und Familiennamen enthalten. Wenn er aber in anderer Weise unterschreibt und diese Unterzeichnung zur Feststellung der Urheberschaft des Erblassers und der Ernstlichkeit seiner Erklärung ausreicht, so ist das Testament dennoch gültig (§ 2247 Abs. 3

S. 2). Durch die Unterschrift „Dein Vater" ist die Feststellung der Urheberschaft eindeutig möglich (BayObLG Rpfleger 1983, 11). An der Ernstlichkeit der Erklärung besteht kein Zweifel; daher liegt ein wirksames Testament vor.

106. Erdmann verfaßt ein mehrseitiges Testament, das er nicht unterschreibt, und verschließt es in einem Briefumschlag. Auf diesem steht: „Mein letzter Wille. Friedrich Erdmann".
Ist das Testament wirksam?

Fraglich ist hier, ob die Erklärung des Erdmann im Sinne des § 2247 Abs. 1 „unterschrieben" ist.
Die eigenhändige Unterschrift des Erblassers soll erkennen lassen, von wem die Erklärung stammt und klarstellen, daß mit ihr eine bestimmte rechtsverbindliche Erklärung abgeschlossen ist. Die Unterschrift muß die ganze Testamentserklärung abschließen. Sie muß erkennen lassen, daß der Erblasser die Verantwortung für die davor stehenden Erklärungen übernimmt. Sie ist also nicht Identitätserklärung, die auch am Anfang der Urkunde stehen könnte, sondern verantwortliche Abschlußunterschrift (vgl. die Nachweise bei Schlüter, § 18 I 2). Die Unterschrift auf dem das Testament enthaltenden Briefumschlag genügt nur, wenn sie die Erklärung in dem Testament erkennbar fortsetzt (vgl. OLG Frankfurt, NJW 1971, 1811).
Erdmann hat durch seine Erklärung auf dem Briefumschlag deutlich gemacht, daß nur die in dem verschlossenen Umschlag befindlichen Blätter sein Testament darstellen sollen. Daher ist die Unterschrift wirksam, da sie logisch den Abschluß des Testaments darstellt (OLG Frankfurt, NJW 1971, 1811, 1812; BayObLG FamRZ 1982, 1137).

107. Anton setzt in seinem eigenhändig geschriebenen

Christian kann von Bernd die Herausgabe der Bücher verlangen, wenn ihn Anton

Testament Bernd zum Alleinerben ein. Einige Tage später fügt er unter seine Unterschrift folgenden handschriftlichen Zusatz: „Christian soll meine Bücher erhalten."
Nach dem Tod von Anton verlangt Christian von Bernd die Herausgabe der Bücher.

wirksam mit einem Vermächtnis bedacht hat (§§ 2147, 2174). Die Zuwendung eines Vermögensvorteils durch ein Vermächtnis erfolgt durch Testament (§ 1939). Fraglich ist hier, ob die Form des § 2247 Abs. 1 auch hinsichtlich der Vermächtnisanordnung gewahrt ist. Der Zusatz ist zwar eigenhändig von Anton geschrieben, aber nicht unterschrieben. Er wird von der Unterschrift räumlich nicht gedeckt; diese bezieht sich nur auf den Text davor. Änderungen oder Zusätze vor der Unterschrift wären wirksam (vgl. BGH NJW 1974, 1083), ein Zusatz nach der Unterschrift genügt jedoch nicht der Form des § 2247 Abs. 1 (OLG Hamm, Rpfleger 1982, 474). Christian hat daher keinen Anspruch auf Herausgabe der Bücher.

108. Wie kann ein eigenhändig geschriebenes Testament vor Verlust und Fälschung geschützt werden?

Der Erblasser kann sein eigenhändiges Testament beim Amtsgericht in besondere amtliche Verwahrung geben (§ 2248). Die Zuständigkeit des Gerichts und das Verfahren bei der besonderen amtlichen Verwahrung ergeben sich – ebenso wie beim öffentlichen Testament – aus den §§ 2258a, 2258b. Der Erblasser erhält darüber einen Hinterlegungsschein (§ 2248 S. 2). Das eigenhändige Testament wird durch die besondere amtliche Verwahrung nicht zu einem öffentlichen Testament. Nimmt es der Erblasser aus der Verwahrung zurück, so bleibt es – anders als das öffentliche – wirksam.

c) Das Nottestament

109. Worin besteht die praktische Bedeutung von Nottestamenten?

Nottestamente können errichtet werden, *wenn der Erblasser* vor seinem Tod voraussichtlich *kein ordentliches öffentliches*

Testament errichten kann. Sie sind nicht ausgeschlossen, wenn der Erblasser noch ein eigenhändiges Testament abfassen könnte. Für das Nottestament besteht in diesem Fall aber in aller Regel kein praktisches Bedürfnis, weil in den meisten Fällen ein eigenhändiges Testament ausreicht. Der Erblasser ist nur in den seltenen Fällen auf die erleichterte Form des Nottestaments angewiesen, in denen er, z.B. wegen einer Verletzung oder Schwäche, nicht mehr schreiben kann und ein Notar nicht mehr rechtzeitig erreicht werden kann.

110. Unter welchen Voraussetzungen kann ein Erblasser ein Nottestament vor dem Bürgermeister errichten?

Ein *„Bürgermeistertestament“* nach § 2249 ist möglich,
a) wenn objektiv die Gefahr besteht, daß der Erblasser früher sterben wird als die Errichtung eines Testaments vor einem Notar möglich ist oder
b) wenn zwar objektiv diese Gefahr nicht besteht, der Bürgermeister aber nach pflichtgemäßem Ermessen von der nahen Todesgefahr überzeugt ist (vgl. § 2249 Abs. 2 S. 2) oder
c) wenn der Erblasser sich an einem Ort aufhält, der durch außergewöhnliche Umstände (z.B. Überschwemmung, Kriegshandlung) so abgesperrt ist, daß ein öffentliches Testament zur Niederschrift eines Notars nicht oder nur unter erheblichen Schwierigkeiten errichtet werden kann. In diesem Fall kann der Erblasser wählen zwischen einem Bürgermeistertestament (§ 2249) und einem Dreizeugentestament (§ 2250).

111. Auf einer Expedition im Gebirge hat sich der Arzt

a) Nach § 2250 kann der Erblasser in besonderen Fällen ein Nottestament errich-

Dr. Weiß lebensgefährlich verletzt. Der Rückweg ist durch Lawinen versperrt. Dr. Weiß und seine Begleiter sind sicher, sein Leben nicht mehr retten zu können.

a) Kann Dr. Weiß, der nicht mehr schreiben kann, noch ein Testament errichten?

b) Wäre das Testament wirksam, wenn die Niederschrift über die Errichtung des Nottestaments von drei Zeugen und außerdem von dem von Dr. Weiß eingesetzten Alleinerben Arnold unterschrieben worden wäre?

c) Wie wäre es, wenn sich sein Gesundheitszustand erst im Krankenhaus lebensgefährlich verschlechtert hätte und weder ein Bürgermeister noch ein Notar erreichbar wäre?

ten, wenn er sich an einem Ort aufhält, der infolge außerordentlicher Umstände so abgesperrt ist, daß die Errichtung vor einem Notar nicht möglich oder erheblich erschwert ist. Dieses Testament kann durch Bürgermeistertestament oder durch *mündliche Erklärung vor drei Zeugen* errichtet werden. Dr. Weiß kann daher vor drei Begleitern eine mündliche Erklärung seines letzten Willens abgeben. Über die Errichtung dieses Testaments muß eine Niederschrift angefertigt werden (§ 2250 Abs. 3 S. 1). Die nach § 2250 Abs. 3 geltenden Bestimmungen des BeurkG über die Ausschließung bestimmter Personen von der Mitwirkung (§ 6 Abs. 1 Nr. 1–3 BeurkG) und die Aufnahme und den Inhalt der Niederschrift sind zu beachten. Daher müßte nach § 13 Abs. 1 S. 1 BeurkG die Niederschrift Dr. Weiß vorgelesen und von ihm eigenhändig unterschrieben werden. Durch § 2250 Abs. 3 S. 2 wird aber § 2249 Abs. 1 S. 6 ausdrücklich als entsprechend anwendbar erklärt. Daher reicht es aus, daß die fehlende Unterschrift von Dr. Weiß durch die Feststellung ersetzt wird, daß er nach eigenen Angaben oder nach Überzeugung der Zeugen seinen Namen nicht schreiben konnte.

Dr. Weiß kann also ein wirksames *„Dreizeugentestament“* errichten.

b) Nach § 2250 Abs. 3 S. 2 i.V.m. § 2249 Abs. 1 S. 5 muß die Niederschrift des Nottestaments auch von den Zeugen unterschrieben werden. Als Zeugen kommen nach § 2250 Abs. 3 S. 2 i.V.m. §§ 7 Nr. 1, 27 BeurkG Personen nicht in Betracht, die in einer Verfügung von Todes wegen bedacht werden. Danach konnte Arnold nicht Zeuge sein.

Problematisch ist, ob seine Unterschrift neben den Unterschriften von drei von der Mitwirkung nicht ausgeschlossenen Zeugen zur Unwirksamkeit des Testaments führt. Früher wurde das teilweise mit dem Hinweis auf eine mögliche Willensbeeinflussung bejaht (vgl. OLG Frankfurt, MDR 1981, 673). Der Bundesgerichtshof (BGHZ 115, 169, 176) hält demgegenüber die zusätzliche Mitwirkung einer ausgeschlossenen Person neben drei Zeugen für unschädlich. Nach seiner Ansicht sind die Ausschlußvorschriften nicht geeignet, eine Beeinflussung durch den Bedachten zu verhindern, weil dieser seinen Einfluß auch ausüben könne, ohne als Beurkundungszeuge beim Nottestament mitzuwirken und die Niederschrift zu unterschreiben. Durch die Annahme der Unwirksamkeit eines solchen Testaments könnten andererseits redliche Personen betroffen werden, die den Inhalt nicht beeinflußt und möglicherweise geglaubt haben, durch ihre Unterschrift einer vermeintlichen Zeugenpflicht zu genügen.

Danach ist das Testament trotz der Unterschrift des Arnold wirksam.

c) Auch bei naher Todesgefahr kann Dr. Weiß durch mündliche Erklärung vor drei Zeugen ein Testament errichten, wenn voraussichtlich die Errichtung eines Testaments nach § 2249 nicht mehr möglich ist (§ 2250 Abs. 2). Das Verfahren über die Errichtung und die erforderliche Niederschrift richtet sich ebenfalls nach § 2250 Abs. 3. Dieses Testament tritt, wie jedes Nottestament, außer Kraft, wenn der Erblasser drei Monate nach Errichtung noch lebt (§ 2252 Abs. 1).

112. Der Manager Kurt Kaufmann unternimmt eine Kreuzfahrt auf dem deutschen Schiff „Regina Maris“. Auf dem Atlantik, acht Tage vor der Ankunft im nächsten Hafen, möchte er ein Testament errichten. Er ist weder krank noch besteht eine sonstige Notlage. Kann er sein Testament auch durch mündliche Erklärung errichten?

Abgesehen von der Möglichkeit, ein eigenhändiges Testament nach § 2247 zu errichten, kann Kurt Kaufmann auch ohne jede Notlage ein *Seetestament* nach § 2251 errichten. Voraussetzung dafür ist, daß er sich während einer Seereise an Bord eines deutschen Schiffes außerhalb eines inländischen Hafens befindet. Kurt Kaufmann kann daher ein Testament durch mündliche Erklärung vor drei Zeugen nach § 2250 Abs. 3 errichten.

5. Der Widerruf des Testaments

113. a) Kann der Erblasser sein Testament widerrufen?
b) Wie kann das geschehen?

a) Der Erblasser kann sein Testament grundsätzlich *jederzeit grundlos* widerrufen (§ 2253 Abs. 1). Der Widerruf kann sich auf das ganze Testament oder auch nur auf einzelne Verfügungen des Testaments erstrecken. Auch der *Widerruf ist eine letztwillige Verfügung*, die in verschiedenen Formen vorgenommen werden kann. Der Widerruf kann *nur persönlich* (§ 2064) und von einem Testierfähigen erklärt werden. Er braucht nicht in der Form niedergelegt zu werden, in der das widerrufene Testament errichtet war. *Ausnahmen* von der jederzeitigen Widerruflichkeit von Testamenten bestehen beim Erbvertrag (dazu Fälle 127ff.) und beim gemeinschaftlichen Testament (dazu Fälle 142ff.).
b) (1) Das Testament kann durch ein Testament widerrufen werden (§ 2554), das sich auf den Widerruf beschränkt *(Widerrufstestament).*
(2) Der Erblasser kann aber auch ein *neues Testament* errichten; durch dieses wird ein

früheres Testament insoweit aufgehoben, als das spätere Testament mit dem früheren in Widerspruch steht (§ 2558 Abs. 1).
(3) Der Erblasser kann sein Testament schließlich dadurch widerrufen, daß er die Testamentsurkunde in der Absicht, seine Verfügung aufzuheben, vernichtet, durchstreicht, zerreißt, verbrennt oder an ihr andere Veränderungen vornimmt, aus denen auf seinen Willen geschlossen werden kann, die schriftliche Verfügung aufzuheben (§ 2255 S. 1). Eine Vernichtung des Testaments ohne den Willen des Erblassers oder die versehentliche Vernichtung durch ihn hebt die Verfügung allerdings nicht auf.
(4) Ein *öffentliches Testament* oder ein nach § 2249 errichtetes Testament gilt als widerrufen, wenn die in amtliche Verwahrung genommene Urkunde dem Erblasser zurückgegeben wird (§ 2256 Abs. 1 S. 1). Die Rückgabe kann der Erblasser jederzeit verlangen (§ 2256 Abs. 2 S. 1).

114. Braun hinterläßt ein eigenhändig geschriebenes und unterschriebenes Testament in einem Briefumschlag. Auf diesem steht ohne Unterschrift der von Braun stammende handschriftliche Vermerk „Gilt nicht".
Ist das Testament wirksam widerrufen?

Ein Testament kann nach § 2255 dadurch widerrufen werden, daß der Testator in Aufhebungs- (oder Abänderungs-)Absicht die Urkunde vernichtet, zerreißt oder den Text durchstreicht. Auch der Vermerk auf der Urkunde: „Gilt nicht" kann einen Widerruf darstellen. Ein solcher Vermerk lediglich auf dem Briefumschlag, in dem sich das Testament befindet, reicht jedoch nicht aus; der Umschlag ist nicht Teil des Testaments. Er wäre es auch nicht, wenn er den Vermerk „Testament" getragen hätte. Anders wäre zu entscheiden, wenn die Erklärung auf dem Briefumschlag selbst ein neues Testament darstellte (§ 2254); das trifft hier aber nicht zu, weil Braun seine Erklärung auf dem Briefumschlag nicht unterschrieben hat (§ 2247 Abs. 1). (Vgl. BayObLGZ 1963, 31 = NJW 1963, 1622).

115. Blass läßt sich das 1957 vor einem Notar errichtete öffentliche Testament, das in die besondere amtliche Verwahrung des Amtsgerichts genommen war, 1978 zurückgeben. Er will prüfen, ob er die darin ausgesetzten Vermächtnisse bestehen lassen kann. Nach drei Tagen gibt er das Testament unverändert wieder in besondere amtliche Verwahrung.
a) Ist es noch gültig?
b) Wie wäre es, wenn er ein eigenhändiges Testament in die besondere amtliche Verwahrung gegeben hätte?

a) Das *öffentliche Testament* gilt als widerrufen, wenn es aus der amtlichen Verwahrung dem Testator zurückgegeben wird. Hierbei kommt es nicht darauf an, ob der Testator einen Aufhebungswillen hatte (§ 2256 Abs. 1). Auch nach der Rückgabe bleibt die eingetretene Widerrufswirkung bestehen.
b) Ein *eigenhändiges Testament* ist vom Amtsgericht in besondere amtliche Verwahrung zu nehmen, wenn es der Testator verlangt (§ 2248). Dadurch wird das Testament nicht zu einem öffentlichen Testament. Blass kann sich das Testament jederzeit zuruckgeben lassen (§ 2256 Abs. 3); ein Widerruf liegt darin nicht. Das Testament bleibt gültig.

116. Im Jahre 1976 setzt Claudia Bremer in einem formgültigen eigenhändigen Testament ihren Sohn Felix als Alleinerben ein. 1977 schreibt sie handschriftlich auf einen Briefbogen: „Ich widerrufe mein Testament aus dem Jahre 1976. Claudia Bremer." 1978 schreibt und unterschreibt sie folgende Erklärung: „Meinen Widerruf aus dem Jahre 1977 nehme ich zurück. Claudia Bremer."

Felix ist Alleinerbe geworden, wenn das Testament von 1976 gültig ist. Zwar ist das Testament 1977 wirksam widerrufen worden, dieser Widerruf ist aber durch das Testament von 1978 wiederum widerrufen worden.
Nach § 2257 ist beim *Widerruf des Widerrufs* im Zweifel die ursprüngliche Verfügung wirksam, wie wenn sie nicht widerrufen worden wäre. Da hier keine Anhaltspunkte dafür vorliegen, daß Claudia Bremer das Testament von 1976 nicht gelten lassen wollte, ist dieses Testament wirksam. Felix ist daher Alleinerbe geworden.

Ist Felix nach ihrem Tod ihr Alleinerbe geworden?

117. Monika Meier ist bei der Rückgabe ihres öffentlichen mit Schreibmaschine geschriebenen Testaments aus der amtlichen Verwahrung darauf hingewiesen worden, daß das Testament mit der Rückgabe als widerrufen gilt. Das Testament wurde mit dem Vermerk versehen: „Dieses Testament gilt durch die Rückgabe aus der amtlichen Verwahrung als widerrufen". Monika Meier hatte das Testament trotz Belehrung aus der Verwahrung genommen, weil sie glaubte, die Wirkung der Rückgabe durch einen gegenteiligen Vermerk beseitigen zu können. Sie durchkreuzte noch am selben Tag den Vermerk auf dem Testament und schrieb darunter eigenhändig: „Das Testament hat Gültigkeit! Monika Meier." Nach dem Tod von Monika Meier streiten sich der im Testament eingesetzte Alleinerbe Franz und die gesetzlichen Erben darüber, wer Erbe geworden ist. Was muß Franz unternehmen, um sich die Erbschaft zu verschaffen?

Nach § 2256 Abs. 1 S. 1 gilt das öffentliche Testament als widerrufen, wenn die in amtliche Verwahrung genommene Urkunde dem Erblasser zurückgegeben wird. Danach ist das öffentliche Testament der Monika Meier nicht wirksam.

Fraglich ist aber, ob sie ein neues Testament zugunsten von Franz errichtet hat oder ob der durch die Rückgabe erfolgte Widerruf durch Monika Meier wirksam widerrufen worden ist, mit der Folge, daß das Testament nach der Auslegungsregel des § 2257 gültig ist. Ein neues Testament hat sie nicht errichtet. Es fehlt an einem eigenhändig geschriebenen Testament. Eine Bezugnahme auf den vorliegenden maschinenschriftlichen Text des öffentlichen Testaments reicht nicht aus (§ 2247 Abs. 1). Aus § 2257 ergibt sich, daß nur der Widerruf „durch Testament" nicht aber der Widerruf durch Vernichtung (§ 2255) oder durch Rücknahme eines öffentlichen Testaments aus amtlicher Verwahrung (§ 2256) widerrufen werden kann.

Franz kann aber, da er nach § 2080 Abs. 1 anfechtungsberechtigt ist, *die Rücknahme* des Testaments aus amtlicher Verwahrung *anfechten.* Der Anfechtungsgrund ergibt sich aus § 2078 Abs. 2. Da die Rückgabe als Widerruf gilt, wird sie hinsichtlich der Anfechtung (und auch der Testierfähigkeit) als Willenserklärung behandelt (str., Schlüter, § 21 II 2b m.w.N.). Deshalb ist die Rücknahme eines öffentlichen Testaments aus der besonderen amtlichen Verwahrung anfechtbar, wenn der Erblasser zu ihr durch die Vorstellung bestimmt worden ist, er könne den nach § 2256 Abs. 1 fingierten Widerruf durch eine gegenteilige testamentarische Verfügung aufheben und damit dem aus der amtlichen Verwahrung zurückgenommenen Testament wieder Gültigkeit verschaffen (KG NJW 1970, 612; RGZ 102, 69; a.A. Merle AcP 171, 486, 503ff.). Monika Meier ist durch die irrige Annahme, der Eintritt der Rechtsfolge des § 2256 Abs. 1 könne durch einen entsprechenden Vermerk verhindert werden, zur Rücknahme des Testaments bestimmt worden. Nach der Anfechtung der Rücknahme ist das Testament zugunsten des Franz daher wirksam.

6. *Die Auslegung letztwilliger Verfügungen*

118. Der Kunsthändler Petermann hatte viele Jahre von seiner Ehefrau getrennt gelebt und sich intensiv dem Aufbau und der geselligen Benutzung eines wertvollen, privaten Weinkellers gewidmet. In seinem Freundeskreis wurde dieser nur als „die Bibliothek" bezeichnet. Kurz vor seinem Tod hat sich Petermann mit seiner Frau wieder ausgesöhnt. Er zeigte ihr ein Testament, wonach sie Alleinerbin und dem Freund Florian „die Bibliothek" vermacht war. Frau Petermann wußte nicht, daß mit der „Bibliothek" der Weinkeller ge-

Florian kann die Übereignung der Weinflaschen von Frau Petermann verlangen, wenn sie ihm in dem Vermächtnis zugewandt sind (§§ 2147, 2174). Fraglich ist, ob unter der Bezeichnung „Bibliothek" die (wenigen) Bücher des Petermann oder die (zahlreichen) Weinflaschen vermacht sind. Bei der Testamentsauslegung ist anders als bei der Auslegung von Rechtsgeschäften unter Lebenden ausschließlich der *wirkliche Erblasserwille* zu ermitteln. Es kommt nicht darauf an, welchen Erklärungswert die letztwillige Verfügung aus dem Empfängerhorizont (hier aus der Sicht der Erbin Petermann oder des Vermächtnisnehmers Florian) hat. Bezeichnungen, Satzwendungen und Rechtsbegriffe sind ausschließlich aus den persönlichen Vorstellungen des Erblassers heraus auszulegen. (BGHZ 86, 41, 46). Bei Testa-

meint war. Als Florian nach dem Tod seines Freundes die Übereignung der Weinflaschen verlangt, wendet die Witwe ein, sie habe gerade mit Rücksicht auf den Wert des Weinkellers, den sie verkaufen wollte, einige Anschaffungen gemacht. Kann Florian von Frau Petermann die Übereignung der im Weinkeller befindlichen Weinflaschen verlangen?

menten entfällt jeder Vertrauensschutz für den Bedachten: Er ist nicht Erklärungsempfänger, er erwirbt unentgeltlich und wird in seinem Vetrauen auf Bestand und Inhalt eines Testaments nicht geschützt, weil der Erblasser das Testament jederzeit widerrufen kann (vgl. Schlüter, § 22 I 3). Demgegenüber stehen Erbverträge (§§ 2274 ff.) und wechselbezügliche Verfügungen in gemeinschaftlichen Testamenten (§ 2270 Abs. 1) stärker unter den Auslegungsgrundsätzen der Verträge, weil hier der andere Teil in seinem Vertrauen geschützt werden muß (also Auslegung aus dem Empfängerhorizont). Dem im vorliegenden Fall allein maßgeblichen Willen des Erblassers Petermann entsprach es, seinem Freund Florian den Bestand an Weinflaschen zu vermachen. Daher kann Florian nach § 2174 die Übereignung der Weinflaschen von Frau Petermann verlangen.

119. Gutmütig hat in seinem Testament ein Vermächtnis von 1.000 DM seinem „Neffen Franz" ausgesetzt. Gutmütig hatte aber zwei Neffen mit diesem Vornamen. Beide erheben Anspruch auf das Vermächtnis. Es ergeben sich keine Anhaltspunkte dafür, welchen der beiden Neffen der Erblasser gemeint hat.

a) Ist das Vermächtnis gültig?

b) Wie wäre es, wenn Gutmütig bestimmt hätte: „Entweder mein Neffe Franz

a) § 2073 enthält für einen derartigen Fall, in dem sich infolge mehrdeutiger Bezeichnung des Bedachten nicht mehr ermitteln läßt, wen der Erblasser bedenken wollte, eine Regelung: Diejenigen Personen, auf welche die Bezeichnung im Testament paßt, gelten als zu gleichen Teilen bedacht. Die beiden Neffen Franz erhalten also jeder 500,– DM. (vgl. die ähnliche gesetzliche Regelung in § 920 Abs. 1 S. 2).

b) In diesem Fall ist die Bezeichnung des Vermächtnisnehmers nicht mehrdeutig, so daß § 2073 nicht eingreift. Nach § 2152 ist aber anzunehmen, daß der Beschwerte (Erbe) bestimmen soll, wer von beiden das Vermächtnis erhält.

oder meine Neffe Fritz soll 1.000 DM erhalten“ und kein anderer Neffe vorhanden war?

120. Der Schneidermeister Zwirn hat seine Ehefrau Petra in seinem Testament als Alleinerbin eingesetzt. Seinen Sohn Stephan hat er mit dem Hinweis auf dessen unsoliden Lebenswandel enterbt. Fünf Jahre nach dem Tod seiner Frau heiratet er Erika. Zwirn stirbt, ohne sein Testament aufgehoben oder geändert zu haben; er hat aber kurz vor seinem Tod mehrfach mündlich erklärt, Erika soll seine Erbin sein. Ist Erika auf Grund des Testaments Alleinerbin geworden?

Das Testament könnte so auszulegen sein, daß jetzt Erika als Alleinerbin eingesetzt ist. Denkbar ist aber auch, daß sie gesetzliche Alleinerbin oder gesetzliche Miterbin neben Stephan geworden ist, wenn das Testament teilweise oder ganz unwirksam ist. Für die Auslegung des Testaments ist in erster Linie der *wirkliche Wille des Erblassers* zur Zeit der Testamentserrichtung maßgebend. Dieser Wille muß, um formgültig geäußert zu sein, im Testament einen, wenn auch nur geringen *Anhalt* gefunden haben (BGHZ 80, 242). Er kann auch unter Zuhilfenahme von Umständen außerhalb des Testaments, auch von allgemeinen Erfahrungssätzen, festgestellt werden (BGHZ 94, 36, 38). Läßt sich ein wirklicher (oder mutmaßlicher) Wille des Erblassers zur Zeit der Testamentserrichtung über die Gestaltung der Erbfolge bei sachlichen und persönlichen Veränderungen zwischen Testamentserrichtung und Erbfall nicht feststellen, so kann eine *ergänzende Testamentauslegung* stattfinden; es ist zu ermitteln, was der Erblasser gewollt hätte (und zwar zur Zeit der Testamentserrichtung, RGZ 142, 171, 175), wenn er vorausschauend die künftige Entwicklung in Betracht gezogen hätte. Es ist also der hypothetische Wille des Erblassers festzustellen (vgl. auch BGH LM Nr. 5 zu § 2084 BGB; BGHZ 26, 204, 211).

Hier läßt sich weder ein wirklicher noch ein mutmaßlicher noch ein hypothetischer Wille des Erblassers zur Zeit der Testa-

mentserrichtung darüber ermitteln, wie sich Zwirn die Erbfolge gedacht hätte, wenn er seine erste Ehefrau überleben und wieder heiraten würde. Es besteht kein Erfahrungssatz, daß ein Ehemann bei Einsetzung seiner Ehefrau, die er noch dazu namentlich benennt, die Ersatzberufung einer späteren Ehefrau, also die seiner jeweiligen Ehefrau gewollt haben würde (RGZ 134, 277, 281). Eine etwaige spätere – lediglich mündlich geäußerte – Willensrichtung des Zwirn (nach seiner Wiederverheiratung) ist jedenfalls nicht entscheidend, weil sich im Testament selbst kein „Anhalt" findet.
Erika ist daher nicht testamentarische Alleinerbin geworden.
Fraglich ist, ob Erika gesetzliche Alleinerbin oder gesetzliche Miterbin neben Stephan geworden ist. Da Stephan ausdrücklich wegen seines unsoliden Lebenswandels enterbt worden ist und diese Enterbung mit der Erbeinsetzung der Petra in keinem Zusammenhang steht, gilt die Enterbung nach § 2085 auch dann, wenn die Erbeinsetzung der Petra gegenstandslos ist. Daher bleibt die Enterbung des Stephan wirksam, so daß Erika *gesetzliche* Alleinerbin geworden ist.

7. *Die Nichtigkeit letztwilliger Verfügungen*

121. Erich Kunz lebt von seiner Ehefrau Susanne getrennt; er lebt mit Gisela Schulz – mit der er sexuelle Beziehungen unterhält – zusammen.
Um zu erreichen, daß Gisela die sexuellen Beziehungen

Das Testament ist nicht schon deshalb *sittenwidrig* und damit nichtig (§ 138), weil Erich Kunz seine Ehefrau Susanne von der Erbfolge ausgeschlossen hat. Der Grundsatz der Testierfreiheit erlaubt es dem Erblasser, seinen Ehegatten und seine nächsten Verwandten von der Erbfolge auszuschließen (vgl. §§ 1938, 2303 ff.).

weiterhin mit ihm fortsetzt, setzt Erich sie zu seiner Alleinerbin ein.
Ist das Testament wirksam?

Grundsätzlich kommt es daher auch nicht darauf an, welche Beweggründe den Erblasser veranlaßt haben, bei der Verteilung seines Nachlasses von der gesetzlichen Erbfolge abzuweichen (BGHZ 53, 369, 374).
Wenn aber der Gesamtcharakter des Testaments nach Inhalt, Beweggrund und Zweck gegen die durch § 138 geschützte Sittenordnung verstößt, ist dieses Testament sittenwidrig. Das ist jedenfalls dann anzunehmen, wenn die Erbeinsetzung allein dazu dient, die geschlechtliche Hingabe zu entlohnen oder die Fortsetzung sexueller Beziehungen zu erreichen (ständige Rechtsprechung: BGHZ 53, 369, 375f.; BGH NJW 1983, 674).

122. Erich Kunz war mit seiner Ehefrau Susanne seit 1971 verheiratet. Im Lauf der Jahre trat zwischen den Eheleuten eine Entfremdung ein, die dazu führte, daß Erich 1982 zu seiner Freundin Gisela Schulz zog und seither mit ihr zusammenlebte. Gisela unterstützte Erich in seinem Geschäft und pflegte ihn, als er für einige Monate schwer erkrankt war.
Dennoch hatte sich Susanne, die immer noch an ihrem Mann hing, immer wieder darum bemüht, daß er zu ihr zurückkehrte. Erich setzte in seinem Testament aus dem Jahr 1985 Gisela Schulz „zum Dank für ihre

Gisela Schulz ist nur dann Alleinerbin, wenn das Testament nicht (ganz oder teilweise) sittenwidrig ist. Bei der Beurteilung der Sittenwidrigkeit eines Testaments kommt es wesentlich auf dessen Inhalt, Motiv und Zweck und nicht zuletzt auf seine Auswirkungen für die Betroffenen an. Anders als im vorigen Fall kann hier keine Rede davon sein, daß der Erblasser Gisela Schulz durch die Erbeinsetzung ausschließlich für die geschlechtliche Hingabe belohnen wollte. Der Bundesgerichtshof sieht in derartigen Fällen, in denen durchaus achtenswerte Gründe für die Erbeinsetzung sprechen können, das sogenannte „Geliebtentestament" nicht ohne weiteres als sittenwidrig an. Er verlangt, daß bei der notwendigen Würdigung des Gesamtcharakters des Testaments vor allem zu berücksichtigen sei, wer zugunsten der Bedachten zurückgesetzt werde, in welcher Beziehung der Erblasser zu den

große Hilfe während einer schweren Zeit" als Alleinerbin ein. Als Erich 1986 stirbt, leben seine beiden Neffen Karl und Gustav, zu denen Erich schon seit 20 Jahren keinen Kontakt mehr hatte, seine auf fremde Pflege angewiesene schwerkranke Ehefrau Susanne und Gisela Schulz. Gisela Schulz beantragt einen Erbschein als Alleinerbin. Karl, Gustav und Susanne Kunz beantragen jeweils einen Teilerbschein in Höhe ihres gesetzlichen Erbteils.
Wie ist zu entscheiden?

Zurückgesetzten gestanden habe und wie sich die letztwillige Verfügung für die Zurückgesetzten auswirke. Das Gericht hält es für entscheidend, ob es den Zurückgesetzten zugemutete werden kann, die Bedachte, so wie sie eingesetzt ist (als Alleinerbin, Miterbin oder Vermächtnisnehmerin) anzuerkennen. Dabei soll die Zurücksetzung in der Regel umso schwerer wiegen, je enger das familienrechtliche Verhältnis des Erblassers zu dem Zurückgesetzten ist (BGHZ 53, 369, 377). Erforderlich ist also, wie bei jeder Anwendung des § 138, eine umfassende Gesamtwürdigung (BGH NJW 1983, 674).

Hier ist zunächst einmal die Sittenwidrigkeit des Testaments insoweit zu verneinen, als Erich Kunz die ihm verwandtschaftlich und persönlich fernstehenden Neffen Karl und Gustav zugunsten von Gisela enterbt hat.

Hinsichtlich der Enterbung der Ehefrau Susanne dürfte eine Sittenwidrigkeit jedenfalls insoweit anzunehmen sein, als ihr der gesetzliche Erbteil in Höhe von ¾ (§§ 1931 Abs. 1, 1371 Abs. 1) zugunsten von Gisela entzogen ist. Hierbei ist zu berücksichtigen, daß Susanne zum Erblasser in einem engen familienrechtlichen Verhältnis stand, daß sie trotz der Entfremdung sich immer um eine Wiederherstellung der ehelichen Lebensgemeinschaft bemüht hat und daß sie vor allem wegen ihres Gesundheitszustandes und ihrer finanziellen Lage dringend auf die Mittel des Nachlasses angewiesen ist. Demnach ist davon auszugehen, daß das Testament jedenfalls insoweit nichtig ist, als Susanne von der gesetzlichen Erbfolge (¾) ausgeschlossen ist.

Fraglich ist aber, ob es auch hinsichtlich der Gisela demnach verbleibenden Erbquote von ¼ sittenwidrig ist. Das wäre nur anzunehmen, wenn es Susanne nicht zuzumuten wäre, sich mit der Freundin ihres verstorbenen Mannes in einer Erbengemeinschaft auseinanderzusetzen (§§ 2042 ff.). Dafür bestehen hier keine Anhaltspunkte. Das hinsichtlich der Enterbung der Witwe Susanne nach § 138 nichtige Testament bleibt also hinsichtlich des restlichen Teils wirksam (§ 2085), so daß Gisela als testamentarische Erbin mit ¼ und Susanne als gesetzliche Erbin mit ¾ am Nachlaß beteiligt sind.

8. Die Anfechtbarkeit letztwilliger Verfügungen

123. Aus welchen Gründen kann eine letztwillige Verfügung angefochten werden?

Eine letztwillige Verfügung kann angefochten werden:

a) bei einem *Irrtum* des Erblassers *über die Erklärungshandlung* (§ 2078 Abs. 1, 2. Fall): Der Erblasser wollte eine Erklärung in dieser äußeren Form nicht abgeben;

b) bei einem *Irrtum* des Erblassers *über die Erklärungsbedeutung* (§ 2078 Abs. 1, 1. Fall): Der Erblasser wollte zwar eine Erklärung in dieser Handlungsform abgeben, verband mit ihr aber eine andere Bedeutung. In den Fällen a) und b) muß hinzukommen, daß der Erblasser die Erklärung bei Kenntnis der Sachlage nicht abgegeben hätte;

c) bei einem *Irrtum* des Erblassers bei der Willensbildung im *Verfügungsmotiv* (§ 2078 Abs. 2, Motivirrtum): Der Erblasser muß zu der Verfügung durch die Annahme oder Erwartung des Eintritts oder Nichteintritts eines Umstands bestimmt sein;

d) bei *widerrechtlicher Drohung* (§ 2078 Abs. 2);
e) bei Übergehen eines zur Zeit des Erbfalls vorhandenen Pflichtteilsberechtigten, dessen Vorhandensein dem Erblasser bei der Errichtung der Verfügung nicht bekannt war oder erst nach der Errichtung geboren oder pflichtteilsberechtigt geworden ist (§ 2079 Abs. 1 S. 1).

124. Welches sind die wichtigsten Unterschiede zwischen der Anfechtung einer letztwilligen Verfügung nach den §§ 2078ff. und der Anfechtung einer sonstigen Willenserklärung nach den §§ 119ff.?

a) Bei der Testamentsanfechtung kommt es nicht – wie nach § 119 Abs. 1 – darauf an, ob der Erblasser die Erklärung bei verständiger Würdigung des Falles nicht abgegeben haben würde; es ist nur seine *subjektive Auffassung* und nicht der objektive Maßstab entscheidend (§ 2078 Abs. 1).
b) Ein *Irrtum im Beweggrund* ist bei der Testamentsanfechtung in erheblich weiterem Umfang (§§ 2078 Abs. 2, 2079) beachtlich als nach § 119 Abs. 2.
c) Eine Verpflichtung zum *Ersatz des Vertrauensschadens* nach § 122 besteht bei der Testamentsanfechtung nicht (§ 2078 Abs. 3).
d) *Zur Anfechtung* nach §§ 119ff. ist nur der Erklärende *berechtigt*, zur Anfechtung von Testamenten dagegen nicht der Erklärende (der Erblasser, der sein Testament jederzeit widerrufen kann), sondern in der Regel nur derjenige Dritte, dem die Aufhebung des Testaments unmittelbar zustatten kommen würde (§ 2080 Abs. 1). Nur ausnahmsweise ist der Erblasser selbst zur Anfechtung berechtigt (§ 2281).
e) Die Anfechtung einer letztwilligen Verfügung ist nicht dem Anfechtungsgegner, sondern *dem Nachlaßgericht gegenüber zu erklären* (§ 2081).
f) Während die Anfechtung einer sonsti-

gen Willenserklärung wegen Irrtums unverzüglich zu erfolgen hat (§ 121, s. aber § 124 Abs. 1), kann die Anfechtung einer letztwilligen Verfügung *binnen Jahrefrist* erfolgen (§ 2082 Abs. 1).

125. Der Gutsbesitzer Reichlich ist schwer krank. Seine Frau bringt ihm Tinte, Feder und Papier und sagt: „Vermache mir das Gut, sonst kümmere ich mich nicht mehr um dich!" Reichlich setzt sie daraufhin durch eigenhändiges Testament zu seiner Alleinerbin ein.
a) Ist dieses Testament gültig?
b) Müssen sich Reichlichs Kinder zufrieden geben, wenn ihnen die Mutter lediglich den Pflichtteil auszahlt?

a) Ein Nichtigkeitsgrund liegt nicht vor; das Testament ist gültig.
b) Die Kinder können das Testament ihres Vaters anfechten, denn Reichlich ist von seiner Ehefrau widerrechtlich *durch Drohung* zur Errichtung des Testaments *bestimmt* worden (§ 2078 Abs. 2). Dabei kommt es nicht darauf an, ob Reichlich nicht ohnehin die Absicht hatte, bei anderer Gelegenheit zugunsten seiner Ehefrau letztwillig zu verfügen.
Außerdem könnten die Kinder *den Erbschaftserwerb anfechten* (§§ 2340ff.); denn eine Ehefrau, die ihrem Ehemann widerrechtlich durch Drohung bestimmt hat, eine Verfügung von Todes wegen zu errichten, ist nach § 2339 Abs. 1 Nr. 3 erbunwürdig.

126. Kurt Meier war kinderlos verheiratet. Er setzt testamentarisch seine Ehefrau Brigitte zur Alleinerbin ein. Nach Errichtung des Testaments wurde Brigitte Meier schwanger. Vor der Geburt des Kindes Egon starb sein Vater Kurt Meier.
a) Wer ist Erbe, wenn Egon drei Monate nach dem Erbfall geboren wurde?
b) Kann Egon, nachdem er volljährig geworden ist, das Testament seines Vaters anfechten?

a) Hätte Kurt Meier kein Testament errichtet, so würden seine Witwe und sein Sohn Egon nach der gesetzlichen Erbfolge erben (§§ 1923, 1924, 1931). Die testamentarische Bestimmung schließt aber die gesetzliche Erbfolge aus. Alleinerbin ist daher die Witwe Brigitte Meier.
b) Egon ist berechtigt, das Testament seines Vaters anzufechten (§ 2079). Eine letztwillige Verfügung kann immer dann angefochten werden, wenn der Erblasser einen zur Zeit des Erbfalls vorhandenen Pflichtteilsberechtigten, wozu auch der nasciturus gehört (§ 1923 Abs. 2), übergangen hat, der erst nach der Errichtung des Testaments geboren oder pflichtteils-

berechtigt geworden ist, es sei denn, daß der Erblasser auch bei Kenntnis der Sachlage die letztwillige Verfügung mit demselben Inhalt errichtet hätte. Das Anfechtungsrecht steht dem Pflichtteilsberechtigten (also Egon) zu (§ 2080 Abs. 3).

Die Anfechtung kann aber nur *binnen eines Jahres* erfolgen, berechnet von dem Zeitpunkt an, in welchem der Anfechtungsberechtigte von dem Anfechtungsgrund Kenntnis erlangt (§ 2082 Abs. 1, Abs. 2 S. 1). Die Anfechtungsfrist ist eine Ausschlußfrist. Ist, wie hier, der Anfechtungsberechtigte minderjährig, so kommt es für die Kenntnis auf die des gesetzlichen Vertreters an. Bis zur Volljährigkeit des Egon war dessen Mutter seine gesetzliche Vertreterin. Von dem Anfechtungsgrund (Nichtberücksichtigung des Kindes in dem Testament) hat sie alsbald nach dem Tod ihres Mannes durch die Testamentseröffnung Kenntnis erhalten. Trotzdem ist die Anfechtungsfrist nicht versäumt. Auf dem Lauf der Anfechtungsfrist finden die §§ 203, 206, 207 entsprechende Anwendung (§ 2082 Abs. 2 S. 2). Nach § 206 wird eine gegen eine nicht voll geschäftsfähige Person, die ohne gesetzlichen Vertreter ist, laufende Verjährung nicht vor dem Ablauf von sechs Monaten seit der Erlangung der vollen Geschäftsfähigkeit oder dem Eintritt gesetzlicher Vertretung vollendet. Nun hatte zwar Egon immer einen gesetzlichen Vertreter, aber die Mutter war selbst nicht in der Lage, die Anfechtung zu erklären (§ 181(, weil sie die wahre Erklärungsempfängerin für die Anfechtungsklage war, wenn auch nach § 2081 die Anfechtung dem Nachlaßgericht gegenüber zu erklären ist. Das Nachlaßgericht hat aber die Erklärung an denjenigen weiterzuleiten, dem die angefochtene Verfügung unmittelbar zustatten kommt (RGZ 143, 350, 352). Egon war daher bis zur Volljährigkeit zwar gesetzlich vertreten, jedoch war seine gesetzliche Vertreterin hier nicht in der Lage, ihn bei der Anfechtung zu vertreten. Hinsichtlich der Anfechtung war Egon also ohne gesetzlichen Vertreter. Daher ist der Ablauf der Frist für die Anfechtung gehemmt gewesen (§ 206), und Egon ist noch innerhalb von sechs Monaten seit seiner Volljährigkeit zur Anfechtung des Testaments berechtigt. Die Anfechtung des Testaments bewirkt, daß es nicht vollständig, sondern nur insoweit unwirksam ist, weil Egon zur gesetzlichen Erbfolge berufen wäre (½). Im übrigen bleibt die testamentarische Erbeinsetzung seiner Mutter Brigitte (zu ebenfalls ½) wirksam (str., wie hier OLG Köln, NJW 1956, 1522; a.A. BayObLG NJW 1971, 1565, das eine Nichtigkeit des ganzen Testaments annimmt).

9. *Der Erbvertrag*

127. Was ist unter einem Erbvertrag zu verstehen?

Ein Erbvertrag (§§ 2274ff.) ist ein Rechtsgeschäft, in dem der Erblasser zugunsten des Vertragspartners oder eines Dritten *vertragsmäßig* von Todes wegen verfügt.

128. Worin unterscheidet sich der Erbvertrag vom Testament?

Das *Testament* ist grundsätzlich *frei widerruflich* (§§ 2253ff., Ausnahme: § 2271 Abs. 2); der *Erbvertrag* ist hinsichtlich der vertragsmäßigen Verfügungen grundsätzlich *unwiderruflich*. Er führt zu einer erbvertraglichen Bindung des Erblassers, die darin besteht, daß der Erblasser keine anderweitigen mit dem Erbvertrag in Widerspruch stehenden Verfügungen von Todes wegen treffen kann (§ 2289 Abs. 1 S. 2). Der Erblasser kann sich, soweit nicht ausnahmsweise ein Anfechtungsrecht nach § 2281 oder ein Rücktrittsrecht nach §§ 2293 ff. gegeben ist, nicht einseitig vom Erbvertrag lösen.

129. Wie unterscheidet sich der einseitige vom gemeinschaftlichen Erbvertrag?

Der Erbvertrag ist als Vertrag zwar immer ein zweiseitiges Rechtsgeschäft, das aus mindestens zwei empfangsbedürftigen Willenserklärungen besteht. Beim *einseitigen Erbvertrag* verfügt nur ein Vertragspartner (als Erblasser) vertragsmäßig bindend von Todes wegen. Beim zweiseitigen oder *gemeinschaftlichen Erbvertrag* verfügen beide Vertragspartner (als Erblasser) vertragsmäßig bindend (vgl. § 2298 Abs. 1); nicht erforderlich ist es, daß die Erblasser sich gegenseitig bedenken (dann *gegenseitiger Erbvertrag*), vielmehr ist es auch möglich, daß sie einen Dritten vertragsmäßig bindend bedenken.

130. Markus und Felicitas Egner haben in einem Erbvertrag ihre Tochter Theodora zur Alleinerbin eingesetzt. Da Theodora dringend Geld benötigt, möchte sie zur Sicherung eines Darlehens ihre durch den Erbvertrag begründeten Rechte verpfänden. Ist das möglich?

Durch den Abschluß des Erbvertrags hat Theodora weder ein betagtes noch bedingtes Recht, sondern lediglich die *tatsächliche Aussicht* erlangt, eines Tages ihre Eltern zu beerben. Der Erbvertrag stellt keinen Vertrag zugunsten Dritter i.S. von § 328 dar, aus dem sich für den Dritten (hier Theodora) zu Lebzeiten des Erblassers Rechte ergeben (BGHZ 12, 115, 118). Durch eine Verfügung von Todes wegen wird, auch wenn sie erbvertragsmäßig getroffen ist, kein Anspruch gegen den Erblasser begründet. Für Theodora entstehen erst Erbrechte mit dem Erbfall. Vorher hat sie keine vermögenswerte, verpfändbare Rechtsposition erlangt.

131. Der betagte Andreas Redlich bittet den Notar Dr. Neumann, an sein Krankenlager zu kommen, weil er einen Erbvertrag abschließen wolle. Durch diesen soll die minderjährige Maria Lohse, die ihn während seiner Krankheit mit großer Selbstlosigkeit gepflegt hat, zur Erbin seines halben Vermögens eingesetzt werden.
Kann der Erbvertrag beurkundet werden, wenn
a) die minderjährige Maria selbst als anderer Vertragspartner auftritt,
b) Redlich eine von Maria ausgestellte privatschriftliche Vollmacht vorlegt, die ihn zum „Selbstkontrahieren" ermächtigt, und den Erbvertrag mit sich selbst als Vertreter Marias abschließen will?

a) Nach § 2275 Abs. 1 kann einen Erbvertrag *als Erblasser* nur schließen, wer *unbeschränkt geschäftsfähig* ist. Eine Ausnahme macht § 2275 Abs. 2 und 3 für Ehegatten und Verlobte; sie können sich auch als beschränkt Geschäftsfähige mit Zustimmung ihres gesetzlichen Vertreters erbvertraglich binden.
Dagegen kann der andere Vertragspartner, der im Erbvertrag keine Verfügung von Todes wegen trifft (also nicht Erblasser ist), auch beschränkt geschäftsfähig sein. Da Maria durch den Erbvertrag mit Redlich lediglich einen rechtlichen Vorteil erlangt, ist sogar eine Zustimmung ihres gesetzlichen Vertreters entbehrlich (§ 107).
b) Lediglich der *Erblasser* kann einen Erbvertrag *nur persönlich* schließen (§ 2274); er kann sich also nicht vertreten lassen. Der andere Vertragspartner, der – wie Maria – nur Erklärungen des Erblassers entgegennimmt, ohne selbst von Todes wegen zu verfügen, kann sich hingegen beim Abschluß des Erbvertrags vertreten lassen. § 2276 Abs. 1 S. 1 schreibt nur gleichzeitige, nicht aber gleichzeitige persönliche Anwesenheit dieses Vertragspartners vor. Die Vollmacht bedarf nicht der Form des § 2276 (§ 167 Abs. 2). Maria kann Redlich auch ein „Selbstkontrahieren" i.S. von § 181 gestatten. Der Erbvertrag kann daher auch bei dieser Fallgestaltung beurkundet werden.

132. Die kinderlosen Eheleute Max und Frieda Eilert haben einen Erbvertrag geschlossen. In der Erbvertragsurkunde ist folgendes niedergelegt:

Nicht jede Verfügung, die in eine Erbvertragsurkunde aufgenommen wird, ist deshalb schon für den oder die Erblasser vertragsmäßig bindend. Aus § 2299 Abs. 1 ergibt sich, daß die Vertragsschließenden auch in einem Erbvertrag einseitige (also

a) Die Eheleute setzen sich gegenseitig zu Alleinerben ein.
b) Sie bestimmen den Neffen Fritz (Sohn der Schwester von Max) und den Neffen Ulrich (Sohn der Schwester von Frieda) zu je ½ zu Erben des Zuletztversterbenden.
c) Sie setzen dem Roten Kreuz ein Geldvermächtnis in Höhe von 100,– DM aus.
d) Sie ordnen eine Testamentsvollstreckung an, bis Fritz und Ulrich das 25. Lebensjahr vollendet haben.
Handelt es sich bei diesen Verfügungen (a–d) um vertragsmäßig bindende Verfügungen?

nicht vertragsmäßige) Verfügungen treffen können, die jederzeit grundlos widerrufen werden können wie Verfügungen in einem Testament. Ob die Parteien des Erbvertrags die darin getroffenen Verfügungen vertragsmäßig bindend (§ 2278 Abs. 1) anordnen wollten, ist durch Auslegung zu ermitteln.
a) Eine vertragsmäßige Verfügung i. S. von § 2278 Abs. 1 ist in aller Regel dann anzunehmen, wenn der Erblasser den Vertragspartner selbst bedenkt (BGHZ 26, 204, 208). Deshalb ist die gegenseitige Erbeinsetzung der Eheleute Eilert vertragsmäßig bindend angeordnet.
b) Wird nicht der Vertragspartner selbst, sondern ein Dritter (hier die Neffen Fritz und Ulrich) vom Erblasser bedacht, so ist eine Bindung des Erblassers in der Regel nur dann gewollt, wenn der Vertragspartner an der Zuwendung an den Dritten ein eigenes Interesse hat. Ein solches Interesse ist in der Regel dann gegeben, wenn der Dritte mit dem Vertragspartner des Erblassers verwandt ist oder ihm sonst nahesteht. Als Vertragspartner haben sowohl Max als auch Frieda ein Interesse daran, daß ihr Ehegatte zugunsten ihrer Verwandten vetragsmäßig bindend verfügt. Nur auf diese Weise können sie verhindern, daß der Überlebende über sein und das von dem anderen ererbte Vermögen nachträglich ausschließlich zugunsten seiner eigenen Verwandten letztwillig verfügt. Die Eheleute hatten aber nicht den Willen, sich selbst hinsichtlich der Einsetzung des mit ihnen verwandten Neffen vertragliche Bindungen aufzuerlegen. Jeder wollte seinem Partner insoweit freie Hand lassen. Der Bundesgerichtshof (LM

Nr. 2 zu § 2270 BGB) hat in einem ähnlich gelagerten Fall deshalb mit Recht angenommen, daß nur die Erbeinsetzung der Verwandten des erstversterbenden Ehegatten vertragsmäßig, die der Verwandten des überlebenden Ehegatten dagegen einseitig getroffen ist. Überlebt Max seine Frau, so ist die Einsetzung von Ulrich, überlebt Frieda ihren Mann, so ist die Einsetzung von Fritz vertragsmäßig i.S. von § 2278 Abs. 1.

c) Hinsichtlich des geringfügigen Vermächtnisses zugunsten des Roten Kreuzes dürften die Ehegatten keine vertragsmäßige Bindung gewollt haben, weil keiner von ihnen hieran ein erkennbares Interesse hat.

d) Die Anordnung der Testamentsvollstreckung konnte nicht vertragsmäßig bindend getroffen werden; § 2278 Abs. 2 beschränkt vertragsmäßige Verfügungen auf Erbeinsetzungen, Vermächtnisse und Auflagen.

133. Der am 2. 3. 1988 verstorbene Justus Erbrecht hat mehrere Verfügungen von Todes wegen hinterlassen:
a) Ein privatschriftliches Testament aus dem Jahre 1984, in dem er seine Frau Felicitas zu ½ zur Erbin eingesetzt hat,
b) einem mit seinem Sohn Siegfried geschlossenen Erbvertrag aus dem Jahre 1985, in dem er diesen zum Alleinerben bestimmt hat,
c) einen mit seinem Fußballverein F.C. Kickers e.V. geschlossenen Erbvertrag von

Durch den Abschluß eines Erbvertrags wird nach § 2289 Abs. 1 eine frühere letztwillige Verfügung (= Testament) des Erblassers und eine spätere Verfügung von Todes wegen (Testament, Erbvertrag) insoweit unwirksam als sie das Recht des vertragsmäßig Bedachten beeinträchtigen würde. Anders als in § 2258 stellt das Gesetz hier nicht darauf ab, ob die früheren oder späteren Verfügungen mit der vertragsmäßigen Verfügung des Erbvertrags im Widerspruch stehen; eine Beeinträchtigung i.S. von § 2289 Abs. 1 liegt bereits dann vor, wenn die Rechtsstellung, die der Bedachte nach dem Erbvertrag mit dem Erbfall erhalten soll, rechtlich und nicht wirtschaftlich (so aber mißverständlich

1987, in dem er diesem ein Vermächtnis in Höhe von 50.000 DM ausgesetzt hat. Welche erbrechtliche Stellung habe die Beteiligten?

BGHZ 26, 204, 214) verschlechtert ist; das kann dadurch geschehen, daß die frühere oder spätere Verfügung einen ungünstigeren Erbanteil vorsieht oder Beschränkungen oder Beschwerungen anordnet.

Da Siegfried in dem Erbvertrag von 1985 vertragsmäßig zum Alleinerben eingesetzt ist, wird die frühere Erbeinsetzung von Felicitas in dem Testament von 1984 unwirksam (§ 2289 Abs. 1 S. 1); gleiches gilt für die erbvertragliche Vermächtnisanordnung von 1987 zugunsten des Fußballvereins F.C. Kickers e.V. (§ 2289 Abs. 1 S. 2) weil sie den Alleinerben Siegfried beschwert.

134. Ändert sich die Rechtslage im Fall 133, wenn Siegfried seine Erbschaft ausschlägt?

Durch die Ausschlagung ist Siegfried wegen der fiktiven Rückwirkung des § 1953 Abs. 1 niemals Erbe seines Vaters gewesen. Ein vertragsmäßiges Recht, das durch die Verfügungen von 1984 oder 1987 hätte beeinträchtigt werden können, ist nicht gegeben, so daß diese Verfügungen auch nicht nach § 2289 Abs. 1 unwirksam sind (Schlüter, § 25 V 4 a; Brox, Rdnr. 156).

Das Testament von 1984 wäre aber nach § 2289 Abs. 1 S. 1 unwirksam, wenn es die Rechte des in dem Erbvertrag von 1987 bedachten Fußballvereins F.C. Kickers e.V. beeinträchtigen würde. Das ist nicht der Fall. Der Vermächtnisanspruch (§ 2174) wird nicht dadurch berührt, daß ganz oder teilweise gesetzliche oder testamentarische Erbfolge eintritt; er ist unabhängig davon, wer Erbe ist. Schlägt Siegfried die Erbschaft aus, so sind daher beide Verfügungen wirksam.

135. Otto Schöne hat in einem Ehevertrag seine

Aufgrund der Vertragsfreiheit kann dem Erblasser im Erbvertrag das Recht vorbe-

Schwester Sibylle zur Alleinerbin eingesetzt. Später schließt er mit seinem Bruder Franz einen Erbvertrag, in dem er diesem ein Vermächtnis von 10.000 DM aussetzt.
a) Hat Franz nach dem Tod von Otto einen Vermächtnisanspruch, wenn sich Otto im Erbvertrag mit Sibylle vorbehalten hätte:
(1) letztwillige Vermächtnisse anzuordnen,
(2) seinem Bruder letztwillig ein Vermächtnis bis zur Höhe von 10.000 DM auszusetzen?
b) Hätte sich Otto im Erbvertrag mit Sibylle wirksam vorbehalten können, seinen Bruder zu ¼ zum Erben einzusetzen?

halten werden, abweichende einseitige Verfügungen von Todes wegen zu treffen. Ein solcher Vorbehalt muß aber einen fest bestimmten Inhalt haben, die Rechte des vertragsmäßig Bedachten müssen klar abgegrenzt sein. Der Vorbehalt darf nicht so weit gehen, daß der Erblasser von jeder vertraglichen Bindung befreit wird, weil ihm sonst unter Ausschaltung der §§ 2293 ff. ein unbeschränktes Rücktrittsrecht eingeräumt würde (h. M., BGHZ 26, 204, 208; a. A. Brox, Rdnr. 160).
Daher ist der Vorbehalt zu a) (1) unwirksam, der zu a) (2) dagegen wirksam; wirksam ist auch der Vorbehalt zu b).

136. Theodor Leicht hat durch Erbvertrag seinem Freund Lothar sein gesamtes Vermögen vermacht. Später zerbricht die Freundschaft.
a) Theodor verschenkt nach und nach nahezu sein gesamtes Vermögen an seine Geschwister, damit Lothar später leer ausgeht.
Welche Ansprüche stehen Lothar nach dem Tod von Theodor gegen dessen Geschwister zu?
b) Theodor verkauft ein

a) Herausgabeansprüche nach § 985 kommen nicht in Betracht, weil Theodor durch den Abschluß des Erbvertrags mit Lothar nach wie vor berechtigt war, über sein Vermögen durch *Rechtsgeschäfte unter Lebenden* frei zu verfügen (§ 2286). Die früheren Versuche der Rechtsprechung, lebzeitige Verfügungen des Erblassers unter bestimmten Voraussetzungen wegen „Aushöhlung" eines Erbvertrags für nichtig zu erklären, sind mit Recht aufgegeben worden (BGHZ 59, 343; s. auch Fall 162). Lothar kann aber von den durch Theodor beschenkten Geschwistern nach § 2287 Abs. 1 *Herausgabe* der Geschenke *nach Bereicherungsrecht* verlangen, wenn Theo-

wertvolles Gemälde weit unter Wert zum Preis von 1.000 DM an seinen Freund Friedrich; beide waren sich darüber einig, daß das Bild mindestens 3.000 DM wert war.
Welche Ansprüche hat Lothar gegen Friedrich?

dor die Schenkungen in der Absicht gemacht hat, den Vertragserben (Lothar) zu beeinträchtigen. Nach der zutreffenden neueren Rechtsprechung des Bundesgerichtshofs (BGHZ 59, 343; 83, 44) setzt § 2287 Abs. 1 nicht voraus, daß die Absicht, dem Vertragserben die Vorteile der Erbeinsetzung zu entziehen oder zu schmälern, das einzige oder das mindestens treibende Motiv für die Schenkung gewesen ist. Die Beeinträchtigungsabsicht ist bereits zu bejahen, wenn kein „lebzeitiges Eigeninteresse des Erblassers" erkennbar und die lebzeitige Verfügung ersichtlich darauf angelegt ist, anstelle des Vertragserben einem anderen das wesentliche Vermögen ohne angemessenes Äquivalent zuzuwenden.
Diese Voraussetzungen liegen hier vor, so daß Lothar von den Geschwistern des Erblassers die als Geschenk erhaltenen Gegenstände herausverlangen kann.
b) Bei einer hier vorliegenden gemischten Schenkung ist es umstritten, ob der Vertragserbe einen Geldanspruch in Höhe des Werts der unentgeltlichen Leistung (2.000 DM) oder auf Herausgabe des Gegenstands (Gemälde) gegen Erstattung der Gegenleistung (1.000 DM) hat. Der Bundesgerichtshof (NJW 1953, 501) gibt bei einer gemischten Schenkung den Anspruch auf Übertragung des geschenkten Gegenstands nur, wenn der unentgeltliche Charakter des Geschäfts überwiegt, während er in den übrigen Fällen nur einen Anspruch auf die Wertdifferenz gewährt. Hiernach kann Lothar von Friedrich das Gemälde gegen Erstattung der gezahlten 1.000 DM verlangen.

136a. Kann Lothar (Fall 136) den vom Erblasser beschenkten Freund Friedrich mit Erfolg auf Auskunft verklagen, wenn er vermutet, daß ihm der Erblasser noch weitere Geschenke gemacht hat?

§ 2287 gewährt dem Vertragserben keinen solchen *Auskunftsanspruch*. Im BGB ist keine allgemeine Auskunftspflicht geregelt. Es muß ein die Auskunft rechtfertigendes Rechtsverhältnis vorliegen (BGHZ 18, 67, 69); ein solches Rechtsverhältnis wird nicht schon dadurch begründet, daß der Erblasser einmal oder mehrfach in Beeinträchtigungsabsicht Schenkungen vorgenommen hat.

137. Bernd Martens hat 1990 mit seinen drei Söhnen aus erster Ehe einen Erbvertrag geschlossen, durch den er sie zu gleichen Teilen zu seinen Erben eingesetzt hat. Mit seiner zweiten Ehefrau Herta hatte Bernd zwei Jahre zuvor einen Erbverzicht vereinbart. 1991 überläßt Bernd seiner Frau 100.000 DM zur freien Verfügung. Nach seinem Tod fordern seine Söhne von Herta Herausgabe der 100.000 DM. Mit Recht?

Ein Herausgabeanspruch nach § 2287 Abs. 1 wäre nur dann begründet, wenn in der Zuwendung der 100.000 DM eine Schenkung im Sinne der §§ 2287, 516 zu erblicken wäre. Betrachtet man die Zuwendung des Erblassers an seine Ehefrau isoliert, so scheint eine Schenkung vorzuliegen. Hier besteht jedoch die Besonderheit, daß der Erblasser und seine zweite Frau einen Erbverzicht nach § 2346 vereinbart hatten, der von ihnen jederzeit durch Vertrag wieder aufgehoben werden konnte (§ 2351). Eine Aufhebung des Erbverzichts ist selbst dann möglich, wenn der Erblasser, wie hier, in der Zwischenzeit die Erbfolge durch Erbvertrag geregelt hat. Mit dem Aufhebungsvertrag erhält der Verzichtende wieder die erbrechtliche Stellung, die er vor dem Erbverzicht hatte. Er ist dann, falls er durch Erbvertrag enterbt ist und zu dem Personenkreis des § 2303 gehört, pflichtteilsberechtigt. Hätten Bernd und Herta den Erbverzicht aufgehoben, so wäre Herta gegenüber ihren Stiefkindern nach § 2303 Abs. 2 pflichtteilsberechtigt gewesen. Wegen dieses potentiellen Pflichtteilsanspruchs hat der Bundesgerichtshof in der Zuwendung an den Dritten nur insoweit eine Schenkung erblickt, wie sie diesen potentiellen Pflichtteilsanspruch betragsmäßig übersteigt (BGHZ 77, 264, 270). Herta ist also nach § 2287 Abs. 1 nur zur Herausgabe des etwaigen Differenzbetrags zwischen den erhaltenen 100.000 DM und ihrem etwaigen Pflichtteilsanspruch verpflichtet.

138. Die Eheleute Karl und Meta Jensen haben 1975 in einem Erbvertrag sich gegenseitig zu Alleinerben und ihre Kinder Hein und Jens zu Erben des Zuletztversterbenden eingesetzt. Außerdem hat Karl gegen den Protest von Meta seinem Fußballverein ein Vermächtnis in Höhe von 1.000 DM ausgesetzt. Meta verstirbt 1985. 1987 heiratet Karl die geschiedene Frauke Olsen und adoptiert deren sechs Kinder. Jensen möchte wissen, ob er
a) die Erbeinsetzung seiner Kinder Hein und Jens und
b) die Anordnung des Vermächtnisses
mit Erfolg anfechten kann.

a) Nach § 2281 Abs. 1 kann auch der Erblasser (abweichend von § 2080 Abs. 1) den Erbvertrag unter den Voraussetzungen der §§ 2078, 2079 anfechten. Dieses *Anfechtungsrecht* steht ihm aber nur hinsichtlich der *vertragsmäßigen Verfügungen,* also der für ihn bindenden Verfügungen zu, die er nicht mehr frei widerrufen kann. Die Erbeinsetzung der Kinder Hein und Jens war vertragsmäßig. Nach §§ 2281 Abs. 1, 2079 kann der Erblasser diese Erbeinsetzung anfechten, wenn er Pflichtteilsberechtigte übergangen hat, die erst nach der Errichtung des Erbvertrags pflichtteilsberechtigt geworden sind. Sowohl seine zweite Frau Frauke als auch die adoptierten Kinder sind pflichtteilsberechtigt geworden (§§ 2303, 1931, 1924 Abs. 1, 1754 Abs. 1).

b) Die nicht vertragsmäßig getroffene Anordnung des Vermächtnisses zugunsten des Fußballvereins kann Karl Jensen nicht anfechten, sondern nur durch Testament widerrufen (§ 2254).

139. Die Eheleute Alfons und Berta Krause haben sich als Verlobte in einem Erbvertrag gegenseitig zu Erben eingesetzt. Als ihr Sohn Stephan geboren wird, möch-

a) Nach § 2290 durch einen *Aufhebungsvertrag* in der Form des Erbvertrags.

b) Nach § 2292 durch *Errichtung eines gemeinschaftlichen Testaments* (auch in der erleichterten Form des § 2267); diese Möglichkeit besteht entgegen dem Wort-

ten sie ihre Verfügung von Todes wegen aufheben. Auf welche Weise können sie das?

laut des § 2292 auch, wenn die Ehe erst nach Abschluß des Erbvertrags geschlossen ist (OLG Köln, FamRZ 1974, 51).

140. Unter welchen Voraussetzungen kann der Erblasser von seiner vertragsmäßigen Verfügung in einem Erbvertrag zurücktreten?

Der Erblasser kann vom Erbvertrag zurücktreten:

a) wenn er sich den *Rücktritt vorbehalten* hat (§ 2293);

b) wenn sich der *Bedachte* (nicht notwendig der Vertragspartner) einer *Verfehlung* i.S. von § 2333 *schuldig gemacht* hat (§ 2294);

c) wenn die vertragsmäßige Verfügung mit Rücksicht auf eine rechtsgeschäftliche Verpflichtung des Bedachten getroffen ist, dem Erblasser für dessen Lebenszeit wiederkehrende Leistungen zu entrichten, insbesondere Unterhalt zu gewähren, *(Verpfründungsvertrag)* und die *Verpflichtung* vor dem Tod des Erblassers *aufgehoben wird* (§ 2295).

141. Die Eheleute Martin und Feodora Paul haben sich zu Beginn ihrer Ehe durch Erbvertrag gegenseitig zu Alleinerben eingesetzt.

a) Im Dezember 1989 wird die Ehe rechtskräftig geschieden. Martin verstirbt im Januar 1990 ohne vom Erbvertrag zurückgetreten zu sein.

Wie ist er beerbt worden?

b) Ändert sich die Rechtslage, wenn die Ehegatten seit 1985 getrennt gelebt hatten und Martin im Dezember

a) Mit der Rechtskraft des Scheidungsurteils ist der Erbvertrag nach §§ 2279 Abs. 2, 2077 Abs. 1 S. 1 unwirksam geworden. Eines Rücktritts bedurfte es nicht. Etwas anderes gilt nach § 2077 Abs. 3 nur, wenn anzunehmen ist, daß der Erblasser die Erbeinsetzung von Feodora auch für den Fall der Scheidung getroffen haben würde, was hier abzulehnen ist. Es tritt also regelmäßig gesetzliche Erbfolge ein, zu der der geschiedene Ehegatte nicht berufen ist.

b) Nach §§ 2279 Abs. 1, 2077 Abs. 1 S. 2 ist der Erbvertrag auch unwirksam, wenn im Zeitpunkt des Erbfalls die Voraussetzungen für eine Scheidung (Scheitern der Ehe, §§ 1565, 1566 Abs. 2) gegeben waren

1989 die Scheidung beantragt hatte?

und der Erblasser die Scheidung beantragt (§§ 622, 253, 271 ZPO) oder ihr zugestimmt hatte. Der Erbvertrag ist also auch hier unwirksam geworden.

10. Das gemeinschaftliche Testament

142. Was verstehen Sie unter einem gemeinschaftlichen Testament?

Ein gemeinschaftliches Testament liegt dann vor, wenn mehrere Erblasser ihren letzten Willen gemeinschaftlich erklären; trotz der Gemeinschaftlichkeit der Errichtung verfügt jeder von ihnen einseitig für den Fall seines Todes über sein Vermögen.

143. Fritz Müller und Erika Meier sind verlobt.
Können sie
a) ein gemeinschaftliches Testament errichten,
b) einen Ehevertrag oder
c) einen Erbvertrag
schließen?

a) Nein, ein gemeinschaftliches Testament können *nur Ehegatten* errichten (§ 2265).
b) Ja, wenn das Gesetz in § 1408 Abs. 1 hervorhebt, daß die Ehegatten „auch nach" der Eingehung der Ehe den Güterstand aufheben oder ändern können, so folgt daraus, daß ein Ehevertrag schon vor der Ehe von den Verlobten geschlossen werden kann.
c) Ja, einen Erbvertrag kann als Erblasser jeder voll Geschäftsfähige schließen, Ehegatten und Verlobte auch als Minderjährige (§§ 2274, 2275).

144. Welche rechtlichen Besonderheiten gelten für das gemeinschaftliche Testament?

a) Das Gesetz sieht in den §§ 2266, 2267 *Formerleichterungen* für die Errichtung des gemeinschaftlichen Testaments vor. Die Ehegatten brauchen aber bei der Errichtung eines gemeinschaftlichen Testaments nicht von diesen Formerleichterungen Gebrauch zu machen, sondern können das Testament in jeder Form des ordentlichen öffentlichen Testaments (§ 2232) oder auch als eigenhändiges Testament (§ 2247) oder als Nottestament (§§ 2249ff.) errichten.

b) Ein gemeinschaftliches Testament kann nur von beiden Ehegatten aus der besonderen amtlichen Verwahrung *zurückgenommen* werden (§ 2272).

c) Für die *Eröffnung* eines gemeinschaftlichen Testaments gelten Besonderheiten (§ 2273).

d) § 2269 stellt für gemeinschaftliche Testamente, in denen sich die Ehegatten gegenseitig bedacht haben *(gegenseitiges = reziprokes gemeinschaftliches Testament)* bestimmte Auslegungsregeln auf.

e) Eine rechtliche Sonderstellung nehmen vor allem die gemeinschaftlichen Testamente mit wechselbezüglichen (= korrespektiven) Verfügungen ein. Bei diesen gemeinschaftlichen Testamenten sind die Verfügungen der Ehegatten in ihrem Bestand voneinander abhängig (§ 2270 Abs. 1). Der Widerruf solcher wechselbezüglichen Verfügungen ist erschwert oder ausgeschlossen (§ 2271 Abs. 1 und 2).

145. Die Eheleute Martin und Friederike Erdmann errichten 1988 gleichzeitig vor dem Notar Dr. Neumann ein öffentliches Testament, in dem Martin seinen Bruder Fritz und Friederike ihre Schwester Carola jeweils zum alleinigen Erben einsetzen. Das Testament wird in besondere amtliche Verwahrung gebracht. Im Januar 1989 erscheint Friederike beim Nachlaßgericht und will das Testament aus der

Nach § 2272 kann ein gemeinschaftliches Testament mit der Wirkung des § 2256 nur von beiden Ehegatten zurückgenommen werden. Obwohl die Verfügungen der Eheleute Erdmann inhaltlich in keinem Zusammenhang stehen, ist das von ihnen vor dem Notar gemeinsam errichtete Testament ein gemeinschaftliches Testament i.S. von § 2272. Diese Bestimmung setzt anders als § 2269 Abs. 1 kein gegenseitiges gemeinschaftliches Testament oder anders als §§ 2270f. kein wechselbezügliches gemeinschaftliches Testament voraus.

besonderen amtlichen Verwahrung zurücknehmen. Kann sie das?

146. Die kinderlosen Eheleute Martin und Friederike Erdmann möchten erreichen, daß der Überlebende von ihnen Alleinerbe des Zuerstversterbenden wird. Am 2. 1. 1986 setzt Martin auf einem von ihm eigenhändig geschriebenen und unterschriebenen Blatt Friederike zu seiner Alleinerbin ein. Friederike bestimmt auf einem anderen Blatt in gleicher Weise Martin zu ihrem Alleinerben. Anschließend tauschen sie beide Testamente aus, damit jeder das ihn begünstigende in seinem Schreibtisch aufbewahren kann. Ein Jahr später errichtet Martin ohne Wissen seiner Frau ein weiteres eigenhändiges Testament, in welchem er seine Schwester Sigrid zu seiner Alleinerbin bestimmt. Nach seinem Tod im Januar 1989 streiten sich Friederike und Sigrid darum, wer Martin beerbt hat.

Sigrid wäre Erbin ihres Bruders (§ 1937), wenn das Testament aus dem Jahre 1986 durch die Errichtung des Testaments aus dem Jahre 1987 wirksam nach §§ 2253, 2254, 2258 Abs. 1 widerrufen wäre. Hätte es sich bei den letztwilligen Verfügungen der Eheleute Erdmann vom 2. 1. 1986 um ein gemeinschaftliches Testament mit wechselbezüglichen Verfügungen gehandelt, dann hätte Martin seine Verfügung nicht mehr einseitig durch eine neue Verfügung von Todes wegen aufheben können (§ 2271 Abs. 1 S. 2). Es kommt also entscheidend darauf an, ob die Testamente von Martin und Friederike wegen ihrer gleichzeitigen Errichtung als *gemeinschaftliche* Testamente anzusehen sind, m. a. W., ob durch die gleichzeitige Errichtung der für ein gemeinschaftliches Testament notwendige *Errichtungszusammenhang* hergestellt ist (dazu eingehend: Battes, S. 282).

Die Feststellung der Gemeinschaftlichkeit ist unproblematisch, wenn die Ehegatten ihr Testament in der Form des § 2267 oder in der Form eines öffentlichen Testaments (§ 2232) errichtet haben. Schwierigkeiten ergeben sich jedoch dann, wenn die Eheleute ihre letztwillige Verfügung in der Form des § 2247, gegebenenfalls noch auf gesonderten Blättern, niedergelegt haben.

a) Nach der Rechtsprechung des Reichsgerichts (RGZ 50, 308, 309; 72, 204, 205) ist in diesen Fällen der notwendige Errichtungszusammenhang nur anzunehmen, wenn die Erklärungen *äußerlich in einer*

Urkunde, wenn auch auf mehreren Bögen oder Blättern, zusammengefaßt sind. Der Inhalt der letztwilligen Verfügungen, ihr innerer Zusammenhang, die Gleichzeitigkeit des Errichtungsakts sowie die Absichten der Erblasser sind hiernach unerheblich *(objektive Auffassung).*

Hiernach stellten die letztwilligen Verfügungen der Eheleute Erdmann kein gemeinschaftliches Testament dar.

b) Der Oberste Gerichtshof für die Britische Zone (OGHZ 1, 333, 337) und ein Teil des neueren Schrifttums (Brox, Rdnr. 174) stellen demgegenüber darauf ab, ob die Ehegatten den *Willen* haben, gemeinsam ihre Vermögensverhältnisse für die Zeit nach ihrem Tod zu regeln. Dieser Wille soll nach allgemeinen Auslegungsgrundsätzen auch durch Umstände außerhalb der Urkunde ermittelt werden; als nicht erforderlich angesehen wird es, daß dieser Wille aus den Erklärungen der Erblasser selbst erkennbar ist *(subjektive Auffassung).*

Nach dieser Meinung wären die letztwilligen Verfügungen der Eheleute Erdmann als gemeinschaftliches Testament anzusehen.

c) Eine vermittelnde Meinung vertritt der Bundesgerichtshof (BGHZ 9, 113, 115ff.). Er will zwar auch auf den Willen der Ehegatten, gemeinsam zu verfügen, abstellen; dieser Wille muß aber aus der Testamentsurkunde jedes Erblassers deutlich erkennbar hervorgehen. Im Hinblick auf die Sonderregelung für die gemeinschaftlichen Testamente, vor allem im Hinblick auf die §§ 2272, 2273 und die §§ 2270, 2271 verdient diese Ansicht den Vorzug (dazu Schlüter, § 26 V 2b cc). Hiernach ist das

Testament der Eheleute Erdmann kein gemeinschaftliches Testament, so daß Martin nicht durch § 2271 Abs. 1 S. 2 daran gehindert war, 1987 seine frühere letztwillige Verfügung zu widerrufen.

147. Der Schneidermeister Zacharias Zwirn will mit seiner Ehefrau Konstanze ein Testament errichten. Zacharias schreibt: „Mein letzter Wille! Zur alleinigen Erbin setze ich meine Ehefrau Konstanze ein. Zacharias Zwirn."
Darunter setzt er:
„Mein letzter Wille! Zu meinem alleinigen Erben bestimme ich meinen Ehemann Zacharias."
Frau Zwirn unterschreibt. Liegt ein formgültiges *gemeinschaftliches* Testament vor?

Nach § 2267 genügt es, wenn einer der Eheleute die letztwillige Verfügung niederschreibt und der andere Ehegatte die *gemeinschaftliche Erklärung* eigenhändig mitunterzeichnet. Das Testament der Eheleute Zwirn wäre daher gültig gewesen, wenn Zacharias geschrieben hätte: „Wir setzen uns gegenseitig zu Erben ein" und beide Eheleute unterzeichnet hätten oder wenn bei der nebenstehenden Fassung Zacharias seinen Namen nicht nur unter seine eigene Verfügung, sondern an den Schluß beider Verfügungen gesetzt hätte. Die Unterschriften beider Eheleute müssen beide Erklärungen decken (BGH NJW 1958, 547; OLG Hamm, MDR 1972, 241). Machen die Eheleute nicht von der erleichterten Form des § 2267 Gebrauch oder halten sie diese Form nicht ein, so muß jede ihrer Erklärungen der Form des § 2247 entsprechen. Hieran fehlt es aber vorliegend, weil Konstanze ihre Erklärung nicht selbst geschrieben hat.

148. Fritz und Erika Silber errichten nach ihrer Heirat ein gemeinschaftliches Testament folgenden Inhalts: „Berlin, den 15. Mai 1982. Wir, die Eheleute Fritz und Erika Silber, setzen uns gegenseitig zu Erben ein. Fritz und Erika Silber"
Das Testament, einschließ-

Das gemeinschaftliche Testament ist wegen Nichteinhaltung der Form des § 2267 ungültig. Es fragt sich jedoch, ob es als letztwillige Verfügung wenigstens des Fritz aufrechterhalten werden kann, weil dieser eigenhändig die Einsetzung seiner Ehefrau letztwillig verfügt hat, so daß den Formerfordernissen des § 2247 genügt ist. Nach § 140 ist eine Aufrechterhaltung der von einem Ehegatten getroffenen letztwil-

lich der Unterschriften von Fritz geschrieben. Im August 1989 verunglückt Fritz bei einem Verkehrsunfall tödlich.
Ist Erika seine testamentarische Alleinerbin oder tritt gesetzliche Erbfolge ein?

ligen Verfügungen im gemeinschaftlichen Testament an sich möglich. Wenn sich aber die Eheleute, wie hier, gegenseitig zu Erben eingesetzt haben, so ist im Zweifel Wechselbezüglichkeit anzunehmen (§ 2270 Abs. 2); dann hat die Nichtigkeit der Verfügung der Ehefrau auch die Nichtigkeit derjenigen des Ehemannes zwangsläufig zur Folge (§ 2270 Abs. 1); eine Aufrechterhaltung der von Fritz verfügten Einsetzung seiner Ehefrau ist daher nicht möglich (KG JFG 18, 8).

149. Könnte Erika Silber (Fall 148) nach dem plötzlichen Tod ihres Ehemannes Fritz dem gemeinschaftlichen Testament dadurch Gültigkeit verleihen, daß sie nunmehr ihre eigene Unterschrift unter das Testament setzt?

Es ist nicht notwendig, daß beide Ehegatten das von dem einen Geschriebene am selben Tag unterzeichnen. Aber es muß immer noch ein gemeinsamer Entschluß vorliegen; die spätere Beifügung der Unterschrift muß mit Wissen und Willen des anderen Teils erfolgen, sie hat keine Rückwirkung auf den Zeitpunkt, in dem die Haupterklärung niedergelegt wurde (Staudinger/Kanzleiter, § 2267 Rdnr. 17 m.w.N.; a.A. KG KGJ 51 A 82). In jedem Fall muß bei der Unterzeichnung durch den zweiten Ehegatten der erste noch leben; nach dem Tod des Ehegatten, der die ursprüngliche Verfügung errichtet hatte, besteht keine Ehe mehr; die Beitrittserklärung kann nicht mehr mit Wissen und Willen des anderen Teils abgegeben werden (KG KGJ 35 A 100; 51 A 82). Mit dem Tod von Fritz Silber ist das gemeinschaftliche Testament endgültig ungültig geworden.

150. Die Geschwister Klara und Minna Müller haben folgendes Testament errichtet:

Als *Nichtehegatten* konnten die Geschwister Müller kein gemeinschaftliches Testament errichten (§ 2265). Sie konnten daher auch nicht in der nur für Ehegatten zuge-

„Wir, die Schwestern Klara und Minna Müller bestimmen für den Fall unseres Todes, daß eine jede von uns als Alleinerbin der anderen eingesetzt wird.

Berlin, den 9. 2. 1990

Klara Müller

Minna Müller“

Bis auf die Unterschrift von Minna hat Klara den gesamten Text eigenhändig geschrieben. Klara verstirbt am 24. 5. 1990. Ist sie von Minna aufgrund des Testaments beerbt worden?

lassenen Form des § 2267 testieren. Es fragt sich aber, ob ihre letztwilligen Verfügungen nach § 140 aufrechterhalten werden können, soweit sie der für Einzeltestamente vorgeschriebenen Form (§ 2247) entsprechen. Diese Form ist für die letztwillige Verfügung von Klara gewahrt; denn der gemeinsam formulierte Text enthält sowohl eine einseitige letztwillige Verfügung von Klara als auch von Minna. Klara hat diesen von ihr geschriebenen Text auch eigenhändig unterschrieben.

Das Reichsgericht hat in einem ähnlich gelagerten Fall eine Umdeutung eines gemeinschaftlichen Testaments von Nichtehegatten in Einzeltestamente abgelehnt und es unter Berufung auf § 2265 „seinem ganzen Inhalt nach“ als nichtig angesehen (RGZ 87, 33; ebenso OLG Neustadt, NJW 1958, 1785).

Ein Teil des Schrifttums (vgl. Lutter, FamRZ 1959, 273) hält im Gegensatz dazu eine Umdeutung in Einzeltestamente für möglich, wenn die Testamentsform für jedes Einzeltestament gewahrt ist. Allerdings sollen wechselbezügliche Verfügungen in einem gemeinschaftlichen Testament nicht aufrechterhalten werden können, weil sonst erhebliche Auslegungsschwierigkeiten auftreten, die anders als beim Ehegattentestament nicht mit Hilfe der §§ 2266 bis 2273 gelöst werden können (so KG FamRZ 1969, 172 m. w. N.). Demgegenüber wollen das Kammergericht (NJW 1972, 2133) und das OLG Frankfurt (MDR 1976, 667) auch wechselbezügliche Verfügungen in gemeinschaftlichen Testamenten grundsätzlich aufrechterhalten, sofern sie der für Einzeltestamente vorgeschriebenen Form entsprechen. Die

Gerichte erblicken in § 2265 wohl mit Recht kein Verbot für Nichtehegatten, gemeinschaftlich zu testieren. § 2265 stellt lediglich klar, daß die §§ 2266ff. nur für Ehegattentestamente gelten. Ob letztwillige Verfügungen von Nichtehegatten als Einzelverfügungen aufrechtzuerhalten sind, läßt sich nicht allgemein beantworten, sondern richtet sich nach dem hypothetischen Erblasserwillen, der im Testament einen Anhalt gefunden haben muß (Schlüter, § 22 I 2). Ergibt die Auslegung nach dem hypothetischen Erblasserwillen, daß Klara auch in Kenntnis der Nichtigkeit der letztwilligen Verfügung von Minna ihre Schwester zur Alleinerbin eingesetzt hätte, so kann ihre letztwillige Verfügung als Einzeltestament aufrechterhalten werden.

151. a) Was versteht man unter wechselbezüglichen (korrespektiven) Verfügungen?
b) Worin besteht ihre rechtliche Besonderheit?

a) *Wechselbezüglich* sind diejenigen Verfügungen von Ehegatten in einem gemeinschaftlichen Testament, von denen anzunehmen ist, daß die Verfügung des einen Ehegatten nicht ohne die Verfügung des anderen getroffen sein würde, sie also beide in einem wechselseitigen Abhängigkeitsverhältnis zueinander stehen. Sie brauchen nicht notwendig gegenseitig zu sein (siehe § 2270 Abs. 2).
b) Die Nichtigkeit oder der Widerruf der einen hat die *Unwirksamkeit* der anderen *kraft Gesetzes* zur Folge (§ 2270 Abs. 1); die eine Verfügung ist also in ihrem Bestand von der anderen abhängig.

152. Die Eheleute Fritz und Erika Silber errichten ein gemeinschaftliches Testament mit folgendem Inhalt: Fritz setzt seine Ehefrau

Im Zweifel ist nach § 2270 Abs. 2 *Wechselbezüglichkeit* anzunehmen:
a) wenn sich die Ehegatten gegenseitig bedenken (wenn auch nur mit Vermächtnissen),

Erika zu seiner Alleinerbin ein. Erika bestimmt zu ihrem Alleinerben einen Neffen ihres Ehemannes Fritz. Sind beide Verfügungen wechselbezüglich?

b) wenn der eine Ehegatte (hier: Fritz) den anderen bedenkt und der andere (hier: Erika) für den Fall seines Überlebens eine Person bedenkt, die mit dem bedenkenden Ehegatten (Fritz) verwandt ist oder ihm sonst nahesteht (Freund).
Die Verfügungen sind also wechselbezüglich.

153. Fritz und Erika Silber haben sich gegenseitig zu Alleinerben und ihren Sohn Lothar zum Erben des Zuletztversterbenden eingesetzt. Die Eheleute Silber möchten wissen, ob und wie sie dieses Testament gemeinsam widerrufen können.

Die Verfügungen der Eheleute Silber sind wechselbezüglich (§ 2270 Abs. 2). Derartige Verfügungen können nicht durch einfache Testamente jedes Ehegatten widerrufen werden (§ 2271 Abs. 1 S. 2). Ein *Widerruf* ist aber *möglich:*
a) *durch* ein *neues gemeinsames Testament,*
b) *durch* eine *Veränderung der Urkunde* auf Grund eines gemeinschaftlichen Entschlusses (z.B. Durchstreichung) und
c) *durch Erbvertrag* (§ 2292 analog).
d) Wären in dem gemeinschaftlichen Testament auch Vermächtnisse und Auflagen angeordnet worden, könnte sie jeder Ehegatte analog § 2291 durch einfaches Testament mit beurkundeter Zustimmung des anderen widerrufen.

154. Könnte Erika Silber ihre in dem gemeinschaftlichen Testament enthaltenen letztwilligen Verfügungen einseitig widerrufen
a) bei Lebzeiten ihres Ehemannes Fritz,
b) nach seinem Tod?

a) Ein Ehegatte kann *bei Lebzeiten* des anderen wechselbezügliche Verfügungen eines gemeinschaftlichen Testaments nicht etwa durch eine neue Verfügung von Todes wegen (§§ 2253, 2254) oder durch Veränderung oder Vernichtung der Urkunde (§ 2255) aufheben und damit ohne Wissen des Ehepartners dessen letztwillige Verfügung gleichzeitig zu Fall bringen. Aus Gründen der Rechtssicherheit und der Verhinderung eines heimlichen Widerrufs schreibt § 2271 Abs. 1 vor, daß ein Widerruf nur *nach den für den Rücktritt von einem Erbvertrag* geltenden Vorschriften des § 2296 möglich ist: Der Widerrufende muß die Urschrift oder eine Ausfertigung der persönlichen notariell beurkundeten Widerrufserklärung dem anderen Ehegatten zugehen oder zustellen lassen (§§ 2296 Abs. 2, 130, 132).

b) *Nach dem Tod* des einen Ehegatten hat der überlebende Ehegatte kein Widerrufsrecht (§ 2271 Abs. 2 S. 1), sofern ihm dieses Recht in dem gemeinschaftlichen Testament nicht vorbehalten ist. Eine Aufhebung oder Änderung ohne eine solche Erlaubnis ist nach dem Tod des Erstverstorbenen *nur* noch *unter zwei Voraussetzungen möglich:*

Erika könnte ihre letztwillige Verfügung widerrufen, wenn sie das ihr von Fritz Zugewendete innerhalb von sechs Wochen *ausschlüge* (§§ 2271 Abs. 2 S. 1, 1944 Abs. 1) oder wenn sich Lothar einer *Verfehlung schuldig gemacht* hätte, die Erika dazu berechtigte, ihm den *Pflichtteil zu entziehen* oder aus guter Absicht zu beschränken (§§ 2271 Abs. 2 S. 2, Abs. 3; 2294; 2289 Abs. 2; 2338).

155. Die Eheleute Oskar und Helene Grantig haben sich in einem formgültigen gemeinschaftlichen Testament gegenseitig zu Alleinerben eingesetzt. In notariell beurkundeter Form hat einige Jahre darauf der Ehemann Oskar das Testament widerrufen; gleichzeitig hat er den Notar beauftragt, die Ausfertigung der notariellen

Monika wäre nur dann Erbin, wenn Oskar das gemeinschaftliche Testament wirksam *widerrufen* hätte (§ 2271 Abs. 1). Bei Anwendung des § 130 Abs. 2, wonach es auf die Wirksamkeit einer Willenserklärung ohne Einfluß ist, wenn der Erklärende nach der Abgabe stirbt, wäre der Widerruf des Oskar Grantig wirksam. Da Oskar aber den Widerruf absichtlich erst nach seinem Tod der Ehefrau hat zugehen lassen, kann er nicht als wirksam angesehen werden; sonst würde der Wille des Geset-

Urkunde nicht sofort, sondern erst nach seinem Tod seiner Ehefrau Helene zustellen zu lassen. Am gleichen Tag hat er in einem öffentlichen Testament seine Tochter Monika aus erster Ehe zur Alleinerbin eingesetzt. Nach dem Tod des Oskar läßt der Notar die Widerrufserklärung Helene zustellen.

Diese hält den Widerruf für unbeachtlich und beantragt beim Nachlaßgericht die Ausstellung eines Erbscheins auf sich. Monika beantragt ihrerseits einen Erbschein, der sie als Alleinerbin ausweist. Wem wird das Nachlaßgericht den Erbschein erteilen?

zes, daß ein gemeinschaftliches Testament nicht hinter dem Rücken des anderen Ehegatten widerrufen werden kann, vereitelt. Der andere Ehegatte muß von einem Widerruf erfahren, damit er seinerseits unter Umständen anders testieren kann. Dieser Gesichtspunkt liegt auch der Bestimmung des Gesetzes zugrunde, daß kein Ehegatte einseitig durch Testament seine wechselbezüglichen Verfügungen des gemeinschaftlichen Testaments aufheben darf (§ 2271 Abs. 1 S. 2). Helene Grantig ist daher aufgrund des gemeinschaftlichen Testaments Alleinerbin ihres Mannes geworden (dazu BGHZ 9, 233).

156. Wie wäre es (Fall 155), wenn Oskar Grantig seiner Ehefrau zu seinen Lebzeiten nur eine beglaubigte Abschrift der notariellen Widerrufsurkunde hätte zustellen lassen?

Auch hier wäre der *Widerruf* unwirksam. Nach h.M. muß der Widerrufende die Urschrift oder eine Ausfertigung der persönlichen, notariell beurkundeten Widerrufserklärung dem anderen Ehegatten zugehen oder zustellen lassen (BGHZ 31, 5ff.; 36, 201; 48, 377; a.A. KG DNotZ 1964, 721).

157. Wie wäre es (Fall 155), wenn Oskar Grantig durch die unrichtige Behauptung, ihm sei der Aufenthalt seiner Ehefrau nicht bekannt, eine öffentliche Zustellung erschlichen hätte, so daß Helene zu Lebzeiten ihres Mannes nichts von dem Widerruf erfahren hat?

Der Bundesgerichtshof hält eine solche *erschlichene öffentliche Zustellung des Widerrufs* eines wechselbezüglichen gemeinschaftlichen Testaments für wirksam (BGHZ 64, 5); gegenüber demjenigen, der Rechte aus einem nach dem Widerruf errichteten Testament herleitet (hier die Tochter Monika), kann jedoch der Einwand der unzulässigen Rechtsausübung erhoben werden (§ 242).

158. Die kinderlosen Eheleute Moritz und Frieda Ebner setzen sich durch gemeinschaftliches Testament gegenseitig zu Erben ein und ordnen an, daß nach dem Tod des Überlebenden der Nachlaß an die drei Nichten Anne, Beate und Christa zu gleichen Teilen fallen soll; ferner wird bestimmt: „Wenn das Verhalten der bedachten Nichten dem überlebenden Gatten Anlaß zu Beschwerden geben sollte, kann dieser die Erbeinsetzung ändern".
Nach dem Tod von Moritz Ebner hebt Frieda Ebner, nachdem sie die Erbschaft angenommen hat, die Erbeinsetzung der Beate durch Testament auf. Als auch sie gestorben ist, klagt Beate gegen Anne und Christa auf Feststellung ihres Erbrechts; sie hält die Anordnung der Frieda Ebner als Verstoß gegen § 2065 und § 2271 für nichtig. Hat sie recht?

a) Ein Verstoß gegen § 2065 liegt deshalb nicht vor, weil Frieda Ebner als Vollerbin ihres Mannes nur über ihren Nachlaß letztwillig verfügt hat.
b) Auch die Aufhebung der Erbeinsetzung von Beate verstößt nicht gegen § 2271 Abs. 2. Allerdings war nicht nur die gegenseitige Erbeinsetzung der Eheleute Ebner, sondern auch die Einsetzung der Nichten zu Schlußerben wechselbezüglich i.S. von § 2270 Abs. 2. Bei Anwendung des § 2271 Abs. 2 hätte Frau Ebner die Einsetzung der Beate nicht mehr frei widerrufen können. *§ 2271 Abs. 2 enthält aber nachgiebiges Recht.* Die Ehegatten können frei darüber bestimmen, ob und inwieweit ihre letztwilligen Verfügungen wechselbezüglich sein sollen. Wenn sie die Wechselbezüglichkeit gänzlich ausschließen können, so können sie auch die Widerruflichkeit über den im Gesetz vorgesehenen Rahmen erweitern, und daher dem Überlebenden auch andere als die gesetzlichen Widerrufsgründe oder sogar ein völlig freies Widerrufsrecht einräumen (BGHZ 2, 35, 37; 30, 261, 265f.; siehe auch BGH NJW 1964, 2056; 1982, 441).

159. Die Eheleute Max und Franziska Blass errichten ein gemeinschaftliches Testament, in dem sie ihre Kinder zu Erben einsetzen und sich gegenseitig den lebenslänglichen Nießbrauch am Nachlaß des zuerst versterbenden Ehegatten ver-

Trotz des anderslautenden gemeinschaftlichen Testaments der Eheleute Blass ist das neue einseitige Testament von Max gültig; die darin enthaltene Verfügung ändert nämlich die Bestimmung des gemeinschaftlichen Testaments *lediglich zum Vorteil* der überlebenden Franziska. Es kann in aller Regel davon ausgegangen werden, daß die Ehegatten sich insoweit

machen. Später errichtet Max Blass ein einseitiges Testament, in dem er unter Aufhebung seiner früheren Verfügung Franziska zur alleinigen Vollerbin einsetzt. Max Blass verstirbt; von wem wird er beerbt?

das Recht zum Widerruf oder der Abänderung wechselbezüglicher Verfügungen einräumen wollen, wie sie durch die neue letztwillige Verfügung gegenüber den Regelungen des gemeinschaftlichen Testaments besser gestellt werden. Neue einseitige letztwillige Verfügungen eines Ehegatten sind nach h.M. daher nur insoweit ausgeschlossen, als sie früheren wechselbezüglichen Anordnungen widersprechen und den anderen Teil beeinträchtigen (KG DNotZ 1943, 276; BGHZ 30, 261, 264ff.). Die als Erben eingesetzten Kinder haben deshalb hier kein unentziehbares Recht auf den Erbschaftserwerb. Max Blass ist daher von seiner Ehefrau Franziska als alleinige Vollerbin beerbt worden.

160. Die Eheleute Hubert und Elfriede Erichson errichten 1962 ein gemeinschaftliches notarielles Testament, durch das sie sich gegenseitig zu Erben einsetzen, ohne weitere letztwillige Anordnungen zu treffen. 1974 errichtet Hubert ein privatschriftliches Testament, worin er seinem Neffen Nepomuk seine Bibliothek vermacht. 1985 nehmen sich die Eheleute Erichson das Leben. Nepomuk klagt gegen ihren Sohn Max Erichson auf Feststellung, daß das Testament von 1974 rechtswirksam ist. Max Erichson stellt das mit Rücksicht auf die Bindung an die wechselbezüglichen

a) Wenn beide Eheleute gleichzeitig gestorben sind, so konnte keiner den anderen beerben. Damit ist die gegenseitige Erbeinsetzung im Testament von 1962 gegenstandslos geworden. Folglich steht das Testament von 1974 mit früheren wechselbezüglichen Verfügungen der Ehegatten nicht in Widerspruch. § 2271 Abs. 1 S. 2 schränkt weder die Testierfähigkeit der Ehegatten ein, noch hat er die formelle Nichtigkeit späterer einseitiger Verfügungen zur Folge. Diese Bestimmung schließt nur die Wirksamkeit einseitiger Verfügungen eines Ehegatten aus, die mit früheren wechselbezüglichen Verfügungen in Widerspruch stehen. Werden diese wechselbezüglichen Verfügungen gegenstandslos, so steht der Wirksamkeit des späteren einseitigen Testaments nichts im Wege (RGZ 149, 201). Das Vermächtnis an Nepomuk ist mithin wirksam.

b) Wenn Hubert Erichson vor seiner Frau

Verfügungen im Testament von 1962 in Abrede.
Wie ist zu entscheiden,
a) wenn beide Eheleute Erichson gleichzeitig gestorben sind,
b) wenn der Ehemann zuerst,
c) wenn die Ehefrau zuerst gestorben ist?

verstorben ist, hat ihn diese aufgrund des gemeinschaftlichen Testaments beerbt. Das einseitige Testament des Ehemanns ist dann unwirksam, weil es mit dem früheren gemeinschaftlichen Testament in Widerspruch steht (§ 2271 Abs. 1 S. 2).
c) Wenn Elfriede Erichson vor ihrem Mann verstorben ist, so ist die von diesem im gemeinschaftlichen Testament verfügte Erbeinsetzung seiner Ehefrau gegenstandslos geworden. Er ist mithin an das gemeinschaftliche Testament nicht mehr gebunden, so daß das neue Testament wirksam ist.

161. Die Eheleute Martin und Friederike Erhard setzen sich in einem gemeinschaftlichen Testament gegenseitig zu Alleinerben und ihren Sohn Siegfried zum Erben des Überlebenden ein. Gleichzeitig ordnen sie eine Testamentsvollstreckung an, bis Siegfried das 25. Lebensjahr vollendet hat. Zum Testamentsvollstrecker ernennen sie ihren Prokuristen Treu. Friederike verstirbt 1989. Kurz darauf widerruft Martin die Testamentsvollstreckung in einem privatschriftlichen Testament. Als Martin 1991 stirbt, ist Siegfried 22 Jahre alt.
Treu beantragt die Erteilung eines Testamentsvollstreckerzeugnisses.
Ist es zu erteilen?

Das Nachlaßgericht dürfte Treu nach § 2368 Abs. 1 das Testamentsvollstreckerzeugnis nicht erteilen, wenn das gemeinschaftliche Testament der Eheleute durch das spätere einseitige Testament von Martin hinsichtlich der Anordnung der Testamentsvollstreckung nach §§ 2253, 2254 wirksam widerrufen wäre. Das Widerrufsrecht von Martin ist nach § 2271 Abs. 2 nicht eingeschränkt worden, weil die *Anordnung einer Testamentsvollstreckung* nach § 2270 Abs. 3 mit einer Verfügung in dem gemeinschaftlichen Testament nicht im Verhältnis der Wechselbezüglichkeit stehen kann, wie es § 2271 voraussetzt; denn § 2270 Abs. 3 läßt eine Wechselbezüglichkeit nur für Erbeinsetzungen, Vermächtnisse und Auflagen zu (vgl. die entsprechende Bestimmung für den Erbvertrag in § 2278 Abs. 2). Martin war also durch das gemeinschaftliche Testament nicht gehindert, die Anordnung der Testamentsvollstreckung zu widerrufen (dazu KG FamRZ 1977, 485 m.w.N.).

162. Die Eheleute Manfred und Frauke Erdmann haben sich gegenseitig zu Alleinerben und ihre Tochter Tina zur alleinigen Schlußerbin des Überlebenden eingesetzt. Frauke verstirbt 1987. Manfred überwirft sich mit seiner Tochter Tina. Damit diese im Fall seines Tods möglichst wenig erbt, verschenkt er den Schmuck, den er von Frauke geerbt hat, an seine Nichte Nora. Außerdem verkauft er Nora weit unter dem Marktwert sein Haus und gibt den Erlös für eine Weltreise aus. 1988 verstirbt Manfred. Tina ist der Meinung, daß die lebzeitigen Verfügungen ihres Vaters Manfred über den Nachlaß nichtig sind. Sie erhebt Anfang 1993 Klage auf Herausgabe des Schmucks und des Hauses. Nora hält diese Herausgabeansprüche für unbegründet, jedenfalls aber für verspätet.

Wegen der Wechselbezüglichkeit der Erbeinsetzung von Tina in dem gemeinschaftlichen Testament der Eheleute Erdmann konnte Manfred Erdmann nach dem Tod seiner Ehefrau nicht mehr die Erbeinsetzung von Tina durch Verfügung von Todes wegen widerrufen (§ 2271 Abs. 2). Er war aber nicht gehindert, über sein Vermögen, zu dem auch der Nachlaß der zuvor verstorbenen Ehefrau gehörte, durch *Rechtsgeschäft unter Lebenden* zu verfügen (vgl. § 2286, der hier analog anzuwenden ist). Der Bundesgerichtshof hatte früher den Schlußbedachten eines gemeinschaftlichen Testaments durch seine Rechtsprechung zur *Aushöhlungsnichtigkeit* schützen wollen (vgl. BGHZ 26, 274, 282; BGH NJW 1960, 524; 1971, 188). Diese Rechtsprechung hat der nunmehr zuständige 4. Zivilsenat aufgegeben (BGHZ 59, 343), weil sie mit § 2286 nicht vereinbar war und zu großer Rechtsunsicherheit geführt hatte (dazu Schlüter, § 26 VII 5). Der Schlußbedachte eines gemeinschaftlichen Testaments ist nur durch eine analoge Anwendung der §§ 2287, 2288 geschützt (BGHZ 82, 274, 276). Die „aushöhlenden Verfügungen“ des überlebenden Ehegatten Manfred sind zwar wirksam, die Schlußerbin Tina kann aber von der beschenkten Nora die Herausgabe des Geschenks nach den Vorschriften über die Herausgabe einer ungerechtfertigten Bereicherung verlangen, wenn der überlebende Ehegatte Schenkungen in der Absicht gemacht hat, den Schlußbedachten zu beeinträchtigen. Im vorliegenden Fall ist der Anspruch gegen Nora aber nach § 2287 Abs. 2 verjährt.

163. Fritz und Erika Silber haben in einem gültigen gemeinschaftlichen Testament außer der gegenseitigen Erbeinsetzung auch bestimmt, daß nach dem Tod des zuletzt Versterbenden ihr Sohn Lothar den beiderseitigen Nachlaß erhalten soll.
1978 stirbt Fritz, 1990 stirbt Erika. Wen hat Lothar
a) im Jahre 1978,
b) im Jahre 1990
beerbt?

a) Beim Tod seines Vaters ist Lothar nicht Erbe geworden; zu seiner Alleinerbin hatte Fritz seine Ehefrau Erika eingesetzt. Lothar ist auch nicht Nacherbe geworden; denn die Testamentsbestimmung, daß Lothar nach dem Tod des zuletzt versterbenden Elternteils den beiderseitigen Nachlaß erhalten soll, läßt erkennen, daß Lothar erst beim Tod seiner Mutter erben, daß diese also Vollerbin ihres Mannes Fritz sein sollte. Selbst wenn Zweifel hinsichtlich der Auslegung des Testaments bestünden, würde kraft der gesetzlichen Auslegungsregel des *§ 2269 (sog. Berliner Testament)* keine Vor- und Nacherbeinsetzung anzunehmen sein. Der Nachlaß von Fritz vereinigt sich also bei seinem Tod mit dem Vermögen Erikas.

b) Lothar beerbt 1990 seine Mutter; auch sie hatte ihren Ehemann Fritz zum Vollerben und – für den Fall, daß dieser vor ihr sterben sollte – ihren Sohn Lothar zum Ersatzerben (§ 2096) eingesetzt. Lothar erhält jetzt also als Schlußerbe den Nachlaß seiner Mutter, zu dem auch das von Fritz vererbte Vermögen, soweit es noch vorhanden ist, gehört. Man spricht hier vom *Einheitsprinzip*.

164. Hätte im vorigen Fall Lothar beim Tod seines Vaters den Pflichtteil verlangen können?

Lothar ist als Abkömmling des Erblassers pflichtteilsberechtigt, weil er durch das Testament von der Erbfolge ausgeschlossen ist (§ 2303).

165. Fritz und Erika Silber, die im gesetzlichen Güterstand leben, haben außer ihrem Sohn Lothar noch eine Tochter Hannelore. Sie haben sich gegenseitig zu Er-

Lothar muß sich den erhaltenen *Pflichtteil nicht* auf seinen Erbteil als Erbe seiner Mutter anrechnen lassen. Die Folge ist, daß Lothar im Ergebnis besser steht als seine Schwester. Betrug z.B. der Nachlaß seines Vaters Fritz 32.000 DM, so hätte

ben und ihre beiden Kinder zu Erben des Überlebenden eingesetzt. Nach dem Tod von Fritz im Jahre 1978 verlangt und erhält Lothar den Pflichtteil vom Nachlaß seines Vaters. Als die Mutter Erika 1990 stirbt, verlangt Hannelore, daß sich Lothar bei der Teilung des Nachlasses der Mutter den Betrag anrechnen läßt, den er als Pflichtteil erhalten hatte. Mit Recht?

Lothar als Pflichtteil die Hälfte des Wertes seines gesetzlichen Erbteils (dieser beträgt ¼), also ⅛ von 32.000 DM = 4.000 DM erhalten. Abzüglich dieses Pflichtteilsanspruchs betrug der Wert des Nachlasses nach Fritz Silber also 28.000 DM. Hatte Erika 20.000 DM eigenes Vermögen, so hat sich dieses durch den Erbfall im Jahre 1978 auf 48.000 DM erhöht. Bei ihrem Tod erhalten hiervon, wenn sich das Vermögen nicht durch Ausgaben vermindert hat, Lothar und Hannelore je ½, also jeder 24.000 DM. Lothar hat also insgesamt aus dem Nachlaß seiner Eltern 28.000 DM erhalten.

166. Hätte Erika Silber (Fall 165), weil sie diese Bevorzugung des Lothar nach Erhalt des Pflichtteils voraussah, nach Annahme der Erbschaft ihres Ehemannes testamentarisch verfügen können, daß sich nach ihrem Tod Lothar auf seinen Erbteil die als Pflichtteil erhaltene Summe von 4.000 DM anrechnen zu lassen hat?

Das ist nicht möglich, weil Erika nach § 2271 Abs. 2 an ihre eigene, im gemeinschaftlichen Testament getroffene letztwillige Verfügung gebunden war; die Einsetzung der Kinder durch Erika als ihre Erben (genauer: als Ersatzerben für den Fall, daß der in erster Linie eingesetzte Ehemann Fritz vor ihr verstürbe) steht in Wechselbezüglichkeit zu der von Fritz verfügten Einsetzung der Erika. Ein auch nur teilweiser Widerruf ihrer Verfügung war also ausgeschlossen. Hätte sie verfügt, daß Lothar sich die als Pflichtteil erhaltene Summe von 4.000 DM auf seinen Erbteil anrechnen lassen muß, so stünde diese den Lothar beeinträchtigende letztwillige Verfügung zu ihrer früheren im gemeinschaftlichen Testament getroffenen Verfügung in Widerspruch und wäre daher nach § 2271 Abs. 2 unwirksam.

167. Hätten Fritz und Erika (Fall 165) in ihrem gemeinschaftlichen Testament die

Diese Benachteiligung hätten sie durch eine Bestimmung im Testament vermeiden können, daß ein Kind, welches das ge-

Benachteiligung ihrer Tochter Hannelore für den Fall, daß Lothar den Pflichtteil nach dem zuerst versterbenden Elternteil verlangt, verhindern können?

meinschaftliche Testament „nicht anerkenne" (d.h. den Pflichtteil verlange), auch beim Tod des Überlebenden auf den Pflichtteil gesetzt wird. Danach würde sich in dem Beispielsfall ergeben: Lothar steht hinsichtlich des Nachlasses seines Vaters ein Pflichtteilsanspruch in Höhe von 4.000 DM zu. Hinsichtlich des Nachlasses seiner Mutter (Wert 48.000 DM) beträgt sein Pflichtteilsanspruch 12.000 DM (¼ des Nachlaßwerts). Lothar ist also am Nachlaß seiner Eltern mit insgesamt 16.000 DM beteiligt. Hannelore erhält 48.000 DM – 12.000 DM = 36.000 DM.

Da in dem von der Mutter hinterlassenen Vermögen auch der Nachlaß des Vaters enthalten ist, erhält Lothar vom Nachlaß des Vaters tatsächlich zweimal den Pflichtteil. Dieses Ergebnis zuungunsten der testamentstreuen Hannelore wird offensichtlicher, wenn die Mutter geringfügiges Vermögen hat. Betrüge der Nachlaß des Vaters 32.000 DM, das eigene Vermögen der Mutter hingegen nur 100 DM, dann würde Lothar als Pflichtteil beim Tod des Vaters 4.000 DM, beim Tod der Mutter ¼ von 28.100 DM = 7.025 DM, zusammen also 11.025 DM erhalten. Hannelore würde dagegen 21.075 DM erben. Um diese doppelte Berücksichtigung des väterlichen Nachlasses zugunsten des den Pflichtteil verlangenden Erben zu verhindern, hätten die Eltern testieren können: „Wenn ein Kind beim Tod des zuerst Versterbenden den Pflichtteil fordert, soll das andere Kind ein aus dem Vermögen des zuerst Versterbenden zu entrichtendes, aber erst beim Tod des Überlebenden fälliges Vermächtnis in Höhe des Geldbetrages erhalten, der dem Wert des gesetzlichen Erbteils entspricht". (*Jastrowsche Formel*, vgl. Jastrow in DNotZ 1904, 424).

168. Fritz und Erika Silber haben sich gegenseitig zu Vorerben und die beiden Kinder Lothar und Hannelore zu Nacherben eingesetzt. Beim Tod des Vaters verlangt Lothar den Pflichtteil und erhält diesen auch von seiner Mutter Erika ausgezahlt. Bei deren Tod entsteht unter den Geschwistern Streit über die Beteiligung am Nachlaß.
Wie ist die Rechtslage?

Hier gilt das *Trennungsprinzip:* Der Nachlaß des Vaters Fritz verschmilzt nicht mit dem Erbfall in der Hand der Mutter Erika zu einer rechtlichen Einheit mit deren Vermögen. Vielmehr steht ihr der Nachlaß nur als Vorerbin zu. Mit ihrem Tod fällt er an die Kinder als Nacherben. Jedes Kind ist beim Tod des Vaters pflichtteilsberechtigt; denn wenn ein Pflichtteilsberechtigter anstatt als Vollerbe nur als Nacherbe eingesetzt ist, so ist das eine Beschränkung in der Erbeinsetzung (§ 2306 Abs. 2). Ist nun – wie hier – der hinterlassene Erbteil (½) größer als die Hälfte des gesetzlichen Erbteils (also des Pflichtteils), so kann der Nacherbe den Pflichtteil nur verlangen, wenn er den Erbteil ausschlägt (§ 2306 Abs. 1 S. 2). Lothar hätte also, um einen Anspruch auf den Pflichtteil nach seinem Vater erheben zu können, zunächst die Nacherbschaft ausschlagen müssen; hierzu war er schon beim Eintritt des Vorerbfalls berechtigt (§ 2142 Abs. 1). Er hätte dann beim Tod seiner Mutter nur noch diese zu ½ beerbt, während der gesamte Nachlaß des Vaters (abzüglich des ausgezahlten Pflichtteilsbetrags) an die Schwester gefallen wäre.
Hatte Erika Silber dem Sohn Lothar den Pflichtteilsbetrag ausgezahlt, ohne daß er zuvor die Nacherbschaft ausgeschlagen hatte, so erhält er beim Tod der Mutter (außer dem Erbteil nach dieser) als Nacherbe die Hälfte des übriggebliebenen Nachlasses des Vaters, muß sich aber den als Pflichtteil erhaltenen Betrag, um den er ungerechtfertigt bereichert ist, anrechnen

lassen (Palandt/Edenhofer, § 2306 Rdnr. 15; BayObLGZ 1973, 272, 275).

169. Fritz und Erika Silber haben sich gegenseitig zu Erben und ihre Kinder Lothar und Hannelore als Schlußerben (also nicht zu Nacherben) eingesetzt. Nach dem Tod von Fritz Silber verstirbt Lothar unter Hinterlassung seiner Witwe Wilma, mit der er im gesetzlichen Güterstand lebte, und seiner Kinder Ilse und Irene. Später stirbt Erika Silber.
a) Wer beerbt sie?
b) Wie würde die Erbfolge sein, wenn Erika zur Vorerbin, Lothar und Hannelore zu Nacherben eingesetzt worden wären?
c) Wie wäre im Fall b) die Erbfolge, wenn Lothar ein Testament hinterlassen hätte, wonach er zum Alleinerben seinen Freund Fridolin eingesetzt hätte?

a) Der Gesamtnachlaß von Erika Silber geht zu ½ auf Hannelore und zu je ¼ auf Ilse und Irene über. An die Stelle des vorverstorbenen Lothar sind nach § 2069 dessen Abkömmlinge getreten.
b) Hier ist zu unterscheiden zwischen dem Nachlaß von Fritz und Erika Silber. War das Nacherbenrecht nach § 2108 Abs. 2 vererblich (dazu BGH NJW 1963, 1150 und Fälle 336f.), so hat Lothar es auf seine Erben vererbt. Mithin geht der Nachlaß von Fritz Silber dann zu ½ auf Hannelore, zu ¼ auf Wilma (§§ 1931 Abs. 1, 1371 Abs. 1) und zu je ⅛ auf Ilse und Irene (§ 1924 Abs. 1 und 4) über. Der Nachlaß der Erika geht dagegen zu ½ auf Hannelore und zu je ¼ auf Ilse und Irene über (§ 1924 Abs. 1, 3 und 4).
c) Den Nachlaß von Fritz Silber würden dann zu je ½ Hannelore und Fridolin erhalten. Hierbei wird vorausgesetzt, daß das Nacherbenrecht von Lothar Silber nach § 2108 Abs. 2 vererblich ist, also nicht seine Kinder nach § 2069 zu Ersatznacherben nach ihrem Großvater Fritz Silber berufen sind. Den Nachlaß von Erika Silber erhalten zu ½ Hannelore und zu ¼ Ilse und Irene (§ 1924 Abs. 1, 3 und 4).

170. Die Eheleute Alma und Eckard Guttmann errichten 1970 ein gemeinschaftliches Testament, worin sie sich gegenseitig zu Alleinerben einsetzen; ihre beiden Kinder Beate und Klaus sollen nach dem Tod

a) Die Auslegung derartiger *Wiederverheiratungsklauseln* bereitet Schwierigkeiten. Es bestehen im wesentlichen folgende Möglichkeiten:
(1) Der überlebende Ehegatte ist und bleibt Alleinerbe, die Kinder erhalten gegen ihn im Falle seiner Wiederverheiratung nur ein Vermächtnis (§ 2174) in Hö-

des Überlebenden den dann vorhandenen Nachlaß teilen; sollte aber ein Ehegatte nach dem Tod des anderen wieder heiraten, so soll er sich mit den Kindern nach den Regeln der gesetzlichen Erbfolge auseinandersetzen. 1985 stirbt Alma Guttmann. Anfang 1987 heiratet Eckard Guttmann zum zweiten Mal. Alma Guttmann, die mit Eckard im gesetzlichen Güterstand gelebt hatte, hat nicht unerhebliches Vermögen hinterlassen.

a) Welche erbrechtliche Stellung haben die Beteiligten?

b) Kann Eckard Guttmann nach der Wiederheirat seine zweite Frau testamentarisch zur Alleinerbin seines Vermögens einsetzen?

he des Betrags, der ihrem gesetzlichen Erbteil entspricht. Diesen Weg haben die Eheleute Guttmann nicht gewählt. Im gemeinschaftlichen Testament ist davon die Rede, daß der überlebende Ehegatte sich mit den Kindern nach den Regeln der gesetzlichen Erbfolge „auseinandersetzen" soll. Da eine Auseinandersetzung nur unter Miterben stattfindet (vgl. §§ 2042ff.), haben die Eheleute vorausgesetzt, daß die Kinder im Fall der Wiederverheiratung neben dem überlebenden Ehegatten in Höhe ihrer gesetzlichen Erbteile Miterben und nicht nur Vermächtnisnehmer werden sollen.

(2) Eine Wiederverheiratungsklausel in einem gemeinschaftlichen Testament kann aber (nach dem Trennungsprinzip) auch bedeuten, daß der überlebende Ehegatte nur zum Vorerben und die gemeinsamen Kinder zu Nacherben eingesetzt sind; der Nacherbfall würde dann mit dem Tod (§ 2106) oder mit der Wiederverheiratung des Vorerben eintreten. Die Kinder wären bei dieser Auslegung gleichzeitig (Ersatz-) Erben des Überlebenden. Die Vor- und Nacherbschaft wäre unbedingt angeordnet, die Wiederverheiratung stellte das Ereignis dar, mit dem die Nacherbfolge eintreten soll (Nacherbfall). Auch diese Möglichkeit haben die Eheleute Guttmann nicht gewählt. Der überlebende Ehegatte sollte – jedenfalls solange er nicht erneut heiratet – nicht nur Vorerbe, sondern Vollerbe sein.

(3) Die h.M. (RGZ 156, 172, 180; Simshäuser, FamRZ 1972, 273 m.w.N.) legt daher ein gemeinschaftliches Testament, wie es die Eheleute Guttmann errichtet haben, wie folgt aus:

(a) Das Testament enthält zunächst eine Erbeinsetzung nach dem Einheitsprinzip i.S. von § 2269: Der überlebende Ehegatte ist und bleibt, solange er nicht erneut heiratet, Vollerbe, die Kinder sind hinsichtlich des gesamten elterlichen Nachlasses Schlußerben des Überlebenden. Die Alleinerbenstellung des überlebenden Elternteils ist aber durch die Wiederverheiratung auflösend bedingt (§§ 158 Abs. 2, 2075; BGHZ 96, 198, 204).

(b) Die Wiederverheiratungsklausel enthält daneben gleichzeitig für den Fall, daß der Überlebende eine neue Ehe eingeht, die Anordnung einer (aufschiebend bedingten) Vor- und Nacherbfolge (BGHZ 96, 198, 204); die gemeinschaftlichen Kinder sollen in Höhe ihrer gesetzlichen Erbteile (hier je ¼) als Nacherben am Nachlaß des zuerst Verstorbenen beteiligt sein. Heiratet der überlebende Ehegatte, so wird diese (aufschiebend bedingte) Anordnung der Vor- und Nacherbschaft wirksam (§ 158 Abs. 1); mit diesem Ereignis tritt gleichzeitig der Nacherbfall ein. Die Kinder werden also mit der Wiederverheiratung des überlebenden Elternteils nicht nur Nacherben ihres verstorbenen Elternteils, sondern, weil damit zugleich der Nacherbfall eingetreten ist (§ 2139), dessen endgültige Erben in Höhe ihres gesetzlichen Erbteils.

Beate und Klaus sind daher zu je ¼ neben ihrem Vater Eckard, der in Höhe von ½ Vollerbe geblieben ist, an der Erbengemeinschaft nach ihrer Mutter Alma beteiligt.

Nach herrschender und zutreffender Meinung gelten die Schutzvorschriften der §§ 2113ff. auch zugunsten der nur bedingt eingesetzten Nacherben. Im Zweifel ist allerdings davon auszugehen, daß der zum bedingten Vorerben eingesetzte überlebende Ehegatte die Stellung eines befreiten Vorerben (§§ 2136, 2137) hat (RGZ 156, 172, 180; Schlüter, § 26 VI 3).

b) Mit der Wiederverheiratung ist der überlebende Ehegatte im Zweifel nicht mehr an die testamentarische Verfügung über seinen Nachlaß (Einsetzung der gemeinsamen Kinder zu (Ersatz-)Erben) gebunden (h.M., Schlüter, § 26 VI 3 m.w.N.). Eine solche Fortdauer der Bindung an wechselbezügliche Verfügungen haben die Ehegatten in aller Regel nicht gewollt, weil hierfür kein einleuchtender sachlicher Grund mehr besteht, wenn der überlebende Ehegatte seine Rechtsstellung als Alleinerbe wegen der Wiederverheiratung verloren hat (BayObLG MDR 1962, 738). Das Kammergericht (NJW 1957, 1073; FamRZ 1968, 331) nimmt weitergehend sogar an, daß mit der Wiederverheiratung des Überlebenden dessen letztwillige Verfügungen in dem gemeinschaftlichen Testament sogar gegenstandslos geworden sind, ohne daß es eines Widerrufstestaments bedürfe. Folgt man dem, so würde nach dem Tod des Wiederverheirateten gesetzliche Erbfolge eintreten, zu der auch der zweite Ehegatte berufen wäre.

171. Erika hat mit ihrem Ehemann Fritz Egner ein gemeinschaftliches Testament errichtet, worin sie sich gegenseitig zu Erben und ihre Kinder zu Schlußerben eingesetzt haben. Nach dem Tod von Fritz

a) Nach einhelliger Meinung hat der überlebende Ehegatte bei einem gemeinschaftlichen Testament mit *wechselbezüglichen Verfügungen* in analoger Anwendung der für den Erbvertrag geltenden Bestimmungen (§§ 2281 ff.) ein Anfechtungsrecht nach §§ 2078, 2079 (BGHZ 37, 331, 333; RGZ 132, 1, 4; OLG Hamm, NJW 1972,

nimmt Erika die Erbschaft an. Zehn Monate später schließt sie eine neue Ehe mit dem Gastwirt Kröger. An eine solche Eheschließung hat sie bei der Testamentserrichtung nicht gedacht.

a) Kann sie das gemeinschaftliche Testament jetzt noch anfechten?

b) Erika ist nach dreijähriger Ehe mit Kröger verstorben, ohne das gemeinschaftliche Testament angefochten zu haben.

Kann ihr zweiter Ehemann Kröger als Pflichtteilsberechtigter das Testament anfechten?

1088 m.w.N.). Das Anfechtungsrecht ist auf wechselbezügliche Verfügungen, die bindend geworden sind, beschränkt (BGH FamRZ 1956, 83).

Es ist anzunehmen, daß Erika ihre Verfügungen im gemeinschaftlichen Testament bei Kenntnis der durch die Wiederverheiratung geschaffenen neuen Rechtslage (Pflichtteilsrecht des zweiten Ehegatten, § 2303) nicht getroffen haben würde. Daher kann sie *selbst* das Testament innerhalb eines Jahres seit Kenntnis des Anfechtungsgrundes (§ 2283 Abs. 1 und 2) *anfechten,* obwohl es sonst, wegen der Widerrufsmöglichkeit, eine Anfechtung des Testaments durch den Testator selbst nicht gibt. Mit der Anfechtung wird die letztwillige Verfügung, soweit sie wechselbezüglich ist, hinfällig (§ 2270 Abs. 1). Wechselbezüglich war aber nicht nur die Einsetzung des Ehegatten, sondern auch die der Kinder zu Schlußerben des zuletzt Versterbenden. Die Anfechtung der Verfügungen von Erika führt daher zur Nichtigkeit des gesamten gemeinschaftlichen Testaments (dazu OLG Hamm, NJW 1972, 1088). Nach der Anfechtung des gemeinschaftlichen Testaments tritt daher nach Fritz Egner gesetzliche Erbfolge ein.

b) Der Gastwirt Kröger kann das Testament nicht mehr anfechten. Wechselbezügliche Bestimmungen eines gemeinschaftlichen Testaments können, wenn der überlebende Teil eine neue Ehe geschlossen hat, von dessen überlebenden zweiten Ehegatten als Pflichtteilsberechtigtem nach § 2079 soweit angefochten werden, daß ihm der gesetzliche Erbteil zusteht. Der überlebende zweite Ehegatte ist aber zur Anfechtung nicht mehr befugt, wenn –

wie hier – das Anfechtungsrecht des Erblassers zur Zeit des Erbfalls bereits erloschen war.

11. Die Verwahrung, Eröffnung und Verkündung von Verfügungen von Todes wegen

172. Wann sind Verfügungen von Todes wegen in besondere öffentliche Verwahrung zu nehmen?

a) Bei *öffentlichen Testamenten* (§ 2232) hat der Notar zu veranlassen, daß sie unverzüglich in besondere amtliche Verwahrung gebracht werden (§ 34 Abs. 1 S. 4 BeurkG).
b) Ebenso hat der Notar bei *Erbverträgen* zu verfahren, wenn die Vertragsschließenden nicht die besondere amtliche Verwahrung ausschließen (§ 34 Abs. 2 BeurkG).
c) Das *eigenhändige Testament* kann der Erblasser in besondere amtliche Verwahrung geben (§ 2248).

173. Kasulzke hat seinen Jagdurlaub bei dem Gutsbesitzer Nobel in der Lüneburger Heide verbracht. Kurz nachdem er nach Berlin zurückgekehrt ist, verstirbt er. Nobel findet in dem von Kasulzke benutzten Zimmer ein von diesem verfaßtes Testament. Muß er es den Erben Kasulzkes herausgeben?

Wer ein Testament, das nicht in amtliche Verwahrung gebracht ist, in Besitz hat, ist verpflichtet, das Testament unverzüglich nach Kenntnis von dem Tod des Erblassers *an das Nachlaßgericht* (und nicht an die Erben) abzuliefern (§ 2259 Abs. 1). Der bloße Besitz begründet hier also ausnahmsweise eine Rechtspflicht. Das Nachlaßgericht kann die Ablieferung durch Ordnungsstrafen erzwingen (§ 83 Abs. 1 FGG).

174. Was hat das Nachlaßgericht mit dem von Nobel abgelieferten Testament zu tun, wenn auf dem Umschlag steht: „Mein Testament! Erst ein Jahr nach

Der nach § 3 Nr. 2c RPflG zuständige Rechtspfleger hat einen Eröffnungstermin anzuberaumen und hierzu die gesetzlichen und testamentarischen Erben sowie die sonstigen Beteiligten, soweit tunlich zu laden (§ 2260 Abs. 1). Im Termin ist das Te-

meinem Tod zu öffnen! Kasulzke"?

stament (falls es verschlossen war) zu öffnen und durch Verkündung an die Beteiligten zu eröffnen; diesen ist es auf Verlangen vorzulegen (§ 2260 Abs. 2).

Das Verbot des Kasulzke, das Testament nicht früher als ein Jahr nach seinem Tod zu öffnen, ist unwirksam (§ 2263). Nicht erschienenen Beteiligten, vor allem im Testament Bedachten, hat das Gericht von dem sie betreffenden Inhalt des Testaments schriftlich Kenntnis zu geben (§ 2262). Außerdem ist dem Finanzamt eine beglaubigte Abschrift der eröffneten Verfügungen von Todes wegen zu übersenden (§ 12 Abs. 1 ErbStDV vom 19. 1. 1962, BGBl. I S. 18).

V. Der Ausschluß von der Erbfolge

175. Wie kann der Erbe von der Erbfolge ausgeschlossen werden?

a) Der Erblasser kann durch Testament einen Verwandten oder den Ehegatten von der gesetzlichen Erbfolge ausschließen (§ 1938, *Enterbung*).
Der Ausschluß erfolgt durch den Erblasser ohne Rücksicht auf den Willen des Enterbten.
b) Mit dem *Erbverzicht* verzichtet ein künftiger Erbe durch Vertrag mit dem Erblasser vor dem Erbfall auf seine künftige Erbenstellung (§§ 2346ff.).
Der ausgeschlossene Erbe wirkt an seinem Ausschluß mit.
c) Wer sich durch sein Verhalten gegenüber dem Erblasser als erbunwürdig zeigt, ist von der Erbschaft ausgeschlossen. *Erbunwürdigkeit* besteht bei Angriffen auf das Leben, die Testierfähigkeit und die Testierfreiheit des Erblassers (§§ 2339ff.).

1. Die Enterbung

176. Der Kaufmann Karl Eilers, der mit seiner Ehefrau Frieda in Zugewinngemeinschaft lebt, verfügt in seinem Testament: „Meinen Sohn Ernst setze ich zu meinem Erben ein".
Erbt nach dem Tod des Karl Eilers seine Witwe die Hälfte des Nachlasses?

Ernst wird alleiniger Erbe, denn er wurde hierzu durch Testament bestimmt. Diese Erbeinsetzung enthält durch Ausschluß der gesetzlichen Erbfolge zugleich eine Enterbung der Ehefrau.
Die Enterbung muß nicht im Testament ausdrücklich betont werden, sondern sie kann auch konkludent durch Einsetzung einer dritten Person zugunsten des gesamten Nachlasses erfolgen. Ebenso ist eine Enterbung wirksam, wenn nicht zugleich

ein Dritter als Erbe eingesetzt wird (§ 1938). Frieda hat also keinen Anspruch auf die Hälfte des Nachlasses (§§ 1931, 1371). Als Pflichtteilsberechtigte kann sie jedoch von ihrem Sohn die Hälfte des Wertes ihres gesetzlichen Erbteils (§ 2303) und Ausgleich des Zugewinns (§ 1371 Abs. 2) verlangen.

177. In seinem Testament hat der Erblasser Erich Ernst folgende Regelung getroffen:
„Ich enterbe meine Tochter Trude". Nunmehr machen Anton und Berthold, die einzigen Kinder der Trude, Ansprüche auf den Nachlaß geltend.
Sind die beiden Erben?

Die Enterbung erstreckt sich im Zweifel nicht auf die Abkömmlinge des Enterbten. Erich Ernst hat über die Erbenstellung von Anton und Berthold keine Regelung getroffen, so daß die beiden trotz der Enterbung ihrer Mutter Erben geworden sind. Dieses Erbrecht der Abkömmlinge ist allgemein anerkannt, denn sie erben kraft eigenen Rechts und nicht kraft des Erbrechts ihres Vorfahrens (RGZ 61, 14; BGH JZ 1959, 111; BayObLG Rpfleger 1976, 290).

2. *Der Erbverzicht*

178. Wie erfolgt der Erbverzicht?

Der *Erbverzicht* kommt durch einen Vertrag zwischen dem Erblasser und dem künftigen Erben bzw. Pflichtteilsberechtigten oder Vermächtnisnehmer zustande. Die Erwerbsaussicht wird hierdurch so beseitigt, wie wenn der ursprünglich Berechtigte zur Zeit des Erbfalls nicht mehr leben würde (§ 2346 Abs. 1).
Bei dem Erbverzichtsvertrag handelt es sich um ein erbrechtliches, *abstraktes Verfügungsgeschäft.*

179. Welche Form ist beim Abschluß eines Erbverzichtsvertrags zu beachten?

Der Erbverzichtsvertrag bedarf der *notariellen Beurkundung* (§ 2348). Obwohl der Erbverzicht als Verfügungsgeschäft des künftigen Erben, Pflichtteilsberechtigten oder Vermächtnisnehmers keine Verfügung von Todes wegen des Erblassers darstellt, kann ein formnichtiger Verzicht, sofern die Testamentsform eingehalten ist, in eine letztwillige Verfügung des Erblassers (Enterbung, § 1938; Widerruf, §§ 2254 ff.) umzudeuten sein.

180. Hans Leicht hat während seines Studiums von seinem Vater Erich laufend Geldzahlungen erhalten. Seine Brüder Klaus und Gerhard sind dagegen bisher leer ausgegangen. Zum Ausgleich hat sich Hans gegenüber seinem Vater zum Abschluß eines Erbverzichtsvertrags verpflichtet. Vom Vater an diese Verpflichtung erinnert, verweigert er jedoch den Abschluß des Erbverzichtsvertrags. Nunmehr verklagt Erich seinen Sohn auf Abschluß dieses Vertrags.
Wird die Klage Erfolg haben?

Die Klage hat keinen Erfolg, wenn auch die Verpflichtung zum Abschluß eines Erbverzichtsvertrags wie der Erbverzicht selbst notariell beurkundet werden mußte. Der Erbverzicht als das *Verfügungsgeschäft* ist von dem ihm zugrundeliegenden verpflichtenden *Kausalgeschäft* zu unterscheiden. Diese Differenzierung war dem Gesetzgeber nicht bekannt, weil er davon ausging, daß der Erbverzicht den Rechtsgrund in sich trage. § 2348 bezieht sich seinem Wortlaut nach nur auf den Erbverzicht und nicht auf das ihm zugrundeliegende Verpflichtungsgeschäft. Könnte dieses Verpflichtungsgeschäft ohne Einhaltung der Form des § 2348 abgeschlossen werden, so würde die Warnfunktion dieser Bestimmung vereitelt. Der nur mündliche Abschluß des Verpflichtungsgeschäfts würde den Erblasser berechtigen, auf Erfüllung, nämlich Erklärung des Erbverzichts (§ 2346) zu klagen. Das würde dem Sinn der Formvorschrift des § 2348 nicht gerecht. Deshalb muß auch der schuldrechtliche Verpflichtungsvertrag analog § 2348 beurkundet werden (wie hier KG OLGZ 1974, 263 = MDR 1974, 46; a. A. Lange-Kuchinke, § 7 I 4b). Allerdings wird das Verpflichtungsgeschäft durch formgerechte Vornahme des Erbverzichts (Verfügungsgeschäft) in analoger Anwendung der §§ 313 S. 2, 518 Abs. 2, 766 S. 2 geheilt (Schlüter, § 5 II 5b).

181. Hans Hansen, der auf sein Erbrecht wirksam verzichtet hat, verlangt nach dem Tod seines Vaters den Pflichtteil.
Ist er hierzu berechtigt?

Hans hat kein Recht, einen Pflichtteil zu verlangen, denn durch den Erbverzicht ist auch das Pflichtteilsrecht erloschen (§ 2346 Abs. 1 S. 2 2. Halbs.).
Das Pflichtteilsrecht kann jedoch durch besondere Vereinbarung vom Erbverzicht ausgenommen werden, ebenso wie sich der Erbverzicht auch nur auf das Pflichtteilsrecht beschränken kann (§ 2346 Abs. 2).

182. Gustav Fröhlich verzichtet durch wirksamen Vertrag gegenüber seinem Vater Erich auf sein gesetzliches Erbrecht.
Wird nun Gustavs Sohn Bernhard nach dem Tod des Erich dessen Erbe?

Der Erbverzicht des Gustav Fröhlich führt auch zum Ausschluß seines Sohnes Bernhard von der Erbfolge.
Verzichten ein Abkömmling oder ein Seitenverwandter des Erblassers auf das gesetzliche Erbrecht, so erstreckt sich im Zweifel die *Wirkung des Verzichts auch auf die Abkömmlinge* des Verzichtenden (§ 2349). Es wird somit der ganze Stamm ausgeschlossen.
In der Regel wird für den Erbverzicht eine Abfindung gezahlt, so daß der verzichtende Stamm ausreichend berücksichtigt wird.

183. Gerhard Ernst vereinbart mit seinem Vater Erich, gegen Zahlung von 15.000 DM auf sein gesetzliches Erbrecht zu verzichten. Der Erbverzicht wird notariell beurkundet. Als Erich stirbt, ist die Abfindung noch nicht gezahlt. Kann Gerhard deswegen gegen die Erben seines Vaters vorgehen?

Die Verpflichtung des Erblassers Erich Ernst zur Zahlung der Abfindung ist zusammen mit der Verpflichtung des Erben Gerhard Ernst Bestandteil eines (gegenseitigen) Schuldvertrags, der in analoger Anwendung des § 2348 insgesamt notariell beurkundet werden mußte. Ein etwaiger Formmangel des obligatorischen Geschäfts war durch den formgerechten Abschluß des Verzichtsvertrags selbst geheilt (§§ 313 S. 2, 518 Abs. 2, 766 S. 2 analog). Für die Erfüllung der damit wirksam begründeten Verpflichtung des Erich Ernst zur Zahlung von 15.000 DM haben dessen Erben einzustehen (§ 1967).

184. Richard Erichson hat sich gegenüber seinem Vater Gustav wirksam zum Abschluß eines Erbverzichtsvertrags verpflichtet. Hierfür wurden ihm vereinbarungsgemäß als Abfindung 18.000 DM gezahlt. Bevor jedoch Richard vor dem Notar den Erbverzicht erklärt, verstirbt Gustav.
Ist Richard weiterhin zum Erbverzicht verpflichtet oder muß er die 18.000 DM zurückzahlen?

Da der Erbverzichtsvertrag nur zu Lebzeiten des Erblassers mit ihm selbst geschlossen werden kann, ist die von Richard Erichson geschuldete Leistung (Abschluß des Erbverzichtsvertrags, § 2346) mit dem Tod von Gustav Erichson unmöglich geworden; Richard ist daher von seiner Leistung frei geworden (dazu § 275; BGHZ 37, 319). Ist die Verpflichtung zum Abschluß des Erbverzichtsvertrags nach § 275 Abs. 1 untergegangen, so können die Erben ihrerseits nach §§ 323 Abs. 3, 818 Rückzahlung der Abfindung für den Erbverzicht verlangen (str.; Schlüter, § 5 II 7b bb (1)).
Lange-Kuchinke (§ 7 V 2b) will die (nicht erfüllte) Verpflichtung zum Verzicht u. U. in die Verpflichtung umdeuten, die angefallene Erbschaft auszuschlagen oder einen Pflichtteilserlaßvertrag abzuschließen.

3. Die Erbunwürdigkeit

185. Mathilde befürchtet, von ihrem Vater enterbt zu werden; um die Errichtung eines entsprechenden Testaments zu verhindern, schüttet sie in den Frühstückskaffee ihres Vaters ein geschmacklich nicht wahrnehmbares Gift, das ihn tötet.
Ist Mathilde durch ihre Tat von der Erbfolge ausgeschlossen?

Durch die vorsätzliche Tötung ihres Vaters hat sich Mathilde als *erbunwürdig* erwiesen (§ 2339 Abs. 1 Nr. 1). Unter diese Bestimmung fällt jede vollendete oder versuchte Tötung, nicht jedoch die Tötung auf Verlangen und die fahrlässige bzw. gerechtfertigte und entschuldigte Tötung. Behauptet der für erbunwürdig Erklärte, zur Tatzeit unzurechnungsfähig gewesen zu sein, so trägt er dafür nach § 827 die Beweislast (BGHZ 102, 227, 230).
Der Erbunwürdige ist aber nicht kraft Gesetzes von der Erbfolge ausgeschlossen,

die Erbunwürdigkeit muß vielmehr nach dem Anfall der Erbschaft durch eine *Anfechtungsklage geltend gemacht* werden (§ 2340 Abs. 1 und 2). Anfechtungsberechtigt sind diejenigen, denen der Fortfall des Erbunwürdigen, sei es auch nur mittelbar, zustatten kommt (§ 2341). Dazu gehören die gesetzlichen Erben des Getöteten.

Die erfolgreiche Anfechtung bewirkt, daß der Ausgeschlossene so gestellt wird, als sei er nie Erbe gewesen (§ 2344 Abs. 1). An seine Stelle tritt der nächste in der Erbfolge (§ 2344 Abs. 2).

Durch die Anfechtung wird nur die Berufung nach einem bestimmten Erblasser beseitigt. Der Ausgeschlossene wird nicht allgemein erbunfähig, so daß er andere Personen beerben kann.

Die *Anfechtung ist ausgeschlossen,* wenn
a) der Erblasser dem Erbunwürdigen verziehen hat (§ 2343), wobei die Verzeihung einen nach außen kundgemachten Entschluß des Erblassers, die erfahrenen Kränkungen als nicht mehr existent zu betrachten, voraussetzt (für § 532: BGHZ 91, 273f.),
b) oder der Anfechtungsberechtigte die einjährige Klagefrist versäumt hat (§§ 2340 Abs. 3, 2082).

186. Erika hat ihren Ehemann Valentin zum Vorerben und ihren Neffen Norbert zum Nacherben eingesetzt. Nach dem Tod von Erika erschlägt Norbert den Valentin.
Ist Norbert erbunwürdig?

Hinsichtlich der Erbfolge nach Erika ist Norbert nicht erbunwürdig, denn er ist nicht Erbe des Valentin, sondern der Erika (§ 2100). Es ist daher nicht § 2339 Abs. 1 Nr. 1, sondern allenfalls § 162 Abs. 2 (analog) anzuwenden, wonach der Eintritt des Nacherbfalls als nicht erfolgt zu gelten hat (so BGH NJW 1968, 2051).

187. In welchen weiteren Fällen ist eine Erbunwürdigkeit gegeben?

Der Erbe ist auch bei Angriffen auf die Testierfreiheit des Erblassers erbunwürdig. Hierzu gehören:
a) die vorsätzliche und widerrechtliche Hinderung des Erblassers, ein Testament zu errichten oder aufzuheben (§ 2339 Abs. 1 Nr. 2),
b) die Bestimmung des Erblassers durch arglistige Täuschung oder widerrechtlich durch Drohung, ein Testament zu errichten oder aufzuheben (§ 2339 Abs. 1 Nr. 3; vgl. Fall 125),
c) die Begehung eines Urkundendelikts im Zusammenhang mit der Verfügung von Todes wegen (§ 2339 Abs. 1 Nr. 4).
Die einzelnen *Unwürdigkeitsgründe* sind in § 2339 Abs. 1 Nr. 1–4 *erschöpfend* aufgezählt. Eine entsprechende Anwendung ist nicht möglich.

188. Emil Reich setzt in einem von ihm mit Schreibmaschine geschriebenen und eigenhändig datierten und unterschriebenen Testament seine Ehefrau Elisabeth zur Alleinerbin ein. Über die Bedenken seiner Frau gegen die Gültigkeit des Testaments setzt sich Emil hinweg. Elisabeth schreibt ein inhaltsgleiches Testament mit der Hand nieder und unterzeichnet es mit dem Namen ihres Mannes. Nach dessen Tod reicht sie dieses Testament als echt beim Nachlaßgericht ein.
Der gemeinsame Sohn Karl meint, seine Mutter sei we-

Gegen eine Erbunwürdigkeit i.S. von § 2339 Abs. 1 Nr. 4 wird vorgebracht, eine Verfehlung des Erben gegen den Erblasser, die allen Fällen der Erbunwürdigkeit gemeinsam sei, liege hier gerade nicht vor, weil es dem Erben darauf angekommen sei, den wirklichen Willen des Erblassers zu verwirklichen, nachdem dessen Testament wegen Formverstoßes (§ 2247 Abs. 1) ungültig war (so RGZ 72, 207; 81, 413; Brox, Rdnr. 272).
Lehnt man hier eine Erbunwürdigkeit ab, so wird die Fälschung von Testamenten begünstigt, weil der Fälscher bezüglich seines Erbrechts kein Risiko eingeht. Jede Fälschungshandlung ist ein Eingriff in den Testiervorgang. Für die Anwendung des § 2339 Abs. 1 Nr. 4 ist dieser Eingriff ausreichend, ohne daß es auf die Beweggründe des Fälschers ankommt; es ist unerheb-

gen Fälschung des Testaments erbunwürdig. Hat er recht?

lich, ob er aus achtenswerten Motiven gehandelt hat oder nicht (BGH NJW 1970, 197f.).

189. Kann nur der Erbe erbunwürdig sein?

Nein, auch *Vermächtnisnehmer und Pflichtteilsberechtigte* können unwürdig sein (§ 2345 Abs. 1 und 2). Es gelten im wesentlichen die gleichen Vorschriften wie für den Erben. Für die Anfechtung ist jedoch keine Klage erforderlich, es genügt vielmehr die Erklärung gegenüber dem Unwürdigen, um ihn auszuschließen (§ 2345 verweist nicht auf § 2342). Bezüglich des Pflichtteilsberechtigten ist zwischen der Anfechtung durch den Anfechtungsberechtigten (§ 2345) und der Entziehung des Pflichtteils durch den Erblasser (§§ 2333ff.) zu unterscheiden (dazu im einzelnen Schlüter, § 5 III 7).

Der Erbunwürdige kann also nicht nur sein Erbrecht, sondern auch sein Pflichtteilsrecht verlieren. Die Pflichtteilsunwürdigkeit muß jedoch gesondert geltend gemacht werden.

VI. Das Pflichtteilsrecht

1. Der ordentliche Pflichtteil

190. Ernst Egner hat seinen Neffen Norbert zu seinem Alleinerben eingesetzt. Nach seinem Tod beanspruchen seine Hinterbliebenen, und zwar
a) seine Witwe Wilma, mit der er im Güterstand der Gütertrennung gelebt hat,
b) seine Mutter Martha,
c) sein Sohn Siegfried,
d) seine nichteheliche Tochter Theres,
e) sein Enkel Erich (Sohn von Siegfried) und
f) sein Bruder Bruno den Pflichtteil.
In welchem Umfang sind sie am Nachlaß von Ernst Egner beteiligt?

Pflichtteilsberechtigte erlangen mit dem Erbfall keine Erbenstellung, sondern einen persönlichen Anspruch auf Zahlung einer bestimmten Geldsumme gegen den oder die Erben. Sie sind also nicht als Miterben am Nachlaß beteiligt, sondern Nachlaßgläubiger einer Geldforderung in Höhe der *Hälfte des Werts des gesetzlichen Erbteils* (§ 2303 Abs. 1).
Pflichtteilsberechtigt sind nach § 2303: die *Abkömmlinge*, der *Ehegatte* und die *Eltern* des Erblassers, wenn sie durch Verfügung von Todes wegen von der gesetzlichen Erbfolge ausgeschlossen sind. Für das Pflichtteilsrecht der Eltern und der entfernteren Abkömmlinge ist § 2309 zu beachten: Diese Personen sind insoweit nicht pflichtteilsberechtigt, als ein Abkömmling, der sie im Fall der gesetzlichen Erbfolge ausschließen würde, den Pflichtteil verlangen kann oder das ihm Hinterlassene annimmt.
Daraus ergibt sich für die Pflichtteilsansprüche der Beteiligten gegen Norbert folgendes:
a) Wilma ist als *Ehefrau* nach § 2303 Abs. 2 pflichtteilsberechtigt. Da ihre Erbquote bei gesetzlicher Erbfolge ⅓ betragen würde (§ 1931 Abs. 1, 4), steht ihr ein Pflichtteilsanspruch in Höhe von ⅙ des Nachlaßwerts zu (§ 2303 Abs. 1 S. 2).
b) Die *Mutter* Martha ist nach § 2309 nicht pflichtteilsberechtigt, weil Abkömmlinge

des Erblassers vorhanden sind (Siegfried und Theres), die sie im Fall gesetzlicher Erbfolge ausschließen würden (§ 1930).

c) Siegfried ist als *Abkömmling* nach § 2303 Abs. 1 pflichtteilsberechtigt; da ihm bei gesetzlicher Erbfolge eine Erbquote von ⅓ zustehen würde (§ 1924 Abs. 1, 4, § 1931 Abs. 4), beträgt sein Pflichtteilsanspruch ⅙ des Nachlaßwerts (§ 2303 Abs. 1 S. 2).

d) Theres ist als *nichteheliche Tochter* Abkömmling des Erblassers; § 2303 Abs. 1 setzt für den Pflichtteilsanspruch voraus, daß der Abkömmling durch Verfügung von Todes wegen von der gesetzlichen Erbfolge ausgeschlossen ist; Theres würde auch ohne das Testament ihres Vaters nach § 1934a Abs. 1 nur ein Erbersatzanspruch und kein gesetzlicher Erbteil zustehen. § 2338a ordnet aber an, daß ein Abkömmling auch dann pflichtteilsberechtigt ist, wenn ihm (nur) der Erbersatzanspruch durch Verfügung von Todes wegen entzogen ist. Theres steht daher ebenso wie ihrem Halbbruder Siegfried ein Pflichtteilsanspruch in Höhe von ⅙ des Nachlaßwerts zu (§ 2303 Abs. 1 S. 2).

e) Erich ist nach §§ 2309, 1924 Abs. 2 als *entfernterer Abkömmling* hier nicht pflichtteilsberechtigt.

f) Die *Geschwister* des Erblassers gehören nicht zu dem Kreis der nach § 2303 pflichtteilsberechtigten Personen.

191. Ernst Blass hat seine beiden Söhne aus erster Ehe Max und Moritz und seine zweite Ehefrau Eva zu je ⅓ zu Erben eingesetzt. Moritz, der sich mit seiner

Moritz hat keinen Pflichtteilsanspruch. Dieser Anspruch steht regelmäßig nur solchen Pflichtteilsberechtigten zu, die durch Verfügung von Todes wegen von der Erbfolge ausgeschlossen sind (§ 2303). Der in voller Höhe seiner gesetzlichen Erbquote

Stiefmutter nicht versteht, will dem befürchteten Ärger bei der Erbauseinandersetzung entgehen und schlägt deshalb die Erbschaft aus.
In welcher Höhe steht ihm ein Pflichtteilsanspruch zu?

und ohne Beschränkungen und Beschwerungen Eingesetzte kann also nach Ausschlagung der Erbschaft keinen Pflichtteilsanspruch geltend machen.
Eine Ausnahme hiervon macht § 1371 Abs. 3 für den verwitweten Ehegatten bei der Zugewinngemeinschaft (dazu Fall 215ff.).

192. Ernst Blass hat seine Ehefrau Eva zu $\frac{3}{4}$, seine Söhne Max und Moritz zu je $\frac{1}{8}$ zu Erben eingesetzt. Sind Max und Moritz pflichtteilsberechtigt, wenn die Eheleute Blass im Güterstand der Gütertrennung gelebt haben?

Beide Söhne haben hier einen Erbteil erhalten, der in seinem Wert geringer ist als es ihr Pflichtteilsanspruch wäre: Der gesetzliche Erbteil hätte nach §§ 1924 Abs. 1, 4, 1931 Abs. 4 je $\frac{1}{3}$, ihr Pflichtteilsanspruch also $\frac{1}{6}$ (= $\frac{4}{24}$) des Nachlaßwerts betragen (§ 2303 Abs. 1 S. 2). Deshalb können sie nach § 2305 zusätzlich zu ihrem Erbteil gegen ihre Mutter Eva als Miterbin einen *Pflichtteilsrestanspruch* geltend machen, der den hinterlassenen Erbteil auf den Wert des halben gesetzlichen Erbteils ergänzt. Max und Moritz sind also je zu $\frac{1}{8}$ (= $\frac{3}{24}$) Miterben und haben zusätzlich in Höhe von $\frac{1}{24}$ des Nachlaßwerts als Pflichtteilsrestanspruch eine Geldforderung gegen Eva. Dieser Anspruch ist eine Nachlaßverbindlichkeit.

193. Im vorangehenden Fall schlägt Moritz den ihm testamentarisch zugewendeten Erbanteil von $\frac{1}{8}$ aus und verlangt den Pflichtteil in Höhe von $\frac{1}{6}$ des Nachlaßwerts.
Mit Recht?

Nein; durch die Ausschlagung erhöht sich nicht der Pflichtteilsrestanspruch auf die volle Summe des gesetzlichen Pflichtteilsanspruchs nach § 2303 Abs. 1 S. 2. Moritz bleibt aber trotz der Ausschlagung der Anspruch auf den Pflichtteilsrestanspruch ($\frac{1}{24}$) erhalten (RGZ 93, 3, 9; 113, 45, 48).

194. Ernst Blass setzt seine mit ihm im Güterstand der Gütertrennung lebende

a) Hier ist jeder Sohn zu einem Erbteil eingesetzt, der der Hälfte seines gesetzlichen Erbteils (also seiner Pflichtteilsquote) ent-

Ehefrau Eva zu 2/3 und seine Söhne Max und Moritz zu je 1/6 zu Erben ein.
a) Den Rechtsanwalt Dr. Treu ernennt er zum Testamentsvollstrecker, der das Amt annimmt.
Was müssen Max und Moritz unternehmen, um der Beschränkung durch die Testamentsvollstreckung zu entgehen?
b) Ernst Blass setzt seinen Söhnen Max und Moritz zusätzlich zu dem Erbteil von je 1/6 ein Geldvermächtnis in Höhe von je 20.000 DM aus. Gleichzeitig vermacht er seinem Neffen Norbert einen Bauplatz. Nach dem Tod ihres Vaters schlagen Max und Moritz das Geldvermächtnis aus und nehmen die Erbschaft an. Sie weigern sich, bei der Auflassung des Grundstücks an Norbert mitzuwirken. Mit Recht?

spricht; ein Pflichtteilsrestanspruch nach § 2305 besteht also nicht. Max und Moritz sind aber durch die Anordnung der Testamentsvollstreckung beschränkt (vgl. §§ 2211 ff.). Nach § 2306 Abs. 1 S. 1 *gilt* die Testamentsvollstreckung *als nicht angeordnet, wenn* – wie hier – *der hinterlassene Erbteil die Hälfte des gesetzlichen Erbteils nicht übersteigt.* Gleiches gilt, wenn der als Erbe berufene Pflichtteilsberechtigte durch die Einsetzung eines Nacherben (§ 2100) oder eine Teilungsanordnung (§ 2048) oder durch ein Vermächtnis (§ 2147 ff.) oder eine Auflage (§§ 2192 ff.) beschwert ist.
Durch § 2306 Abs. 1 S. 1 ist also gewährleistet, daß der pflichtteilsberechtigte Erbe, der nur in Höhe seines halben gesetzlichen Erbteils zum Erben berufen ist, nicht mit Beschränkungen oder Beschwerungen belastet wird.
b) Der Anspruch des Norbert gegen Max und Moritz (§§ 2174, 2058, 1967 Abs. 2) besteht nicht. Das Vermächtnis gilt nach § 2306 Abs. 1 S. 1 als nicht angeordnet, weil durch eine Erfüllung des Vermächtnisses der Pflichtteil von Max und Moritz verkürzt würde. Ihr Erbteil von je 1/6 entspricht der Höhe nach ihrem Pflichtteil, nämlich der Hälfte des gesetzlichen Erbteils, der nach §§ 1924 Abs. 1, 4, 1931 Abs. 4 je 1/3 betragen würde. Das darüber hinausgehende Geldvermächtnis haben sie ausgeschlagen (§ 2180 Abs. 2), so daß § 2306 Abs. 1 S. 1 eingreift (BGH FamRZ 1981, 663).

195. Ernst Blass hat seine Ehefrau Eva, mit der er im Güterstand der Gütertren-

a) Max hat mit dem Nacherbenanteil von 1/8 (= 3/24) weniger als die Hälfte des gesetzlichen Erbteils (Pflichtteilsquote) er-

nung lebt, zur alleinigen Vorerbin, seinen Sohn Max zu ⅛ und seinen Sohn Moritz zu ⅞ zu Nacherben eingesetzt.
Können a) Max,
b) Moritz
nach dem Tod ihres Vaters den Pflichtteil verlangen?

halten, der ⅙ (= 4/24) des Nachlaßwerts beträgt (§§ 1924 Abs. 1, 4; 1931 Abs. 4). Nach § 2306 Abs. 1 S. 1, Abs. 2 gilt die Beschränkung, die hier darin liegt, daß Max nur als Nacherbe eingesetzt ist, als nicht angeordnet. Max ist kraft Gesetzes nicht Nacherbe, sondern mit der ihm testamentarisch zugewendeten Erbquote von ⅛ Vollerbe. Daneben steht ihm nach § 2305 ein Pflichtteilsrestanspruch in Höhe von 1/24 des Nachlaßwerts zu.

b) Moritz hat mit seinem Nacherbenanteil von ⅞ mehr als die Hälfte des gesetzlichen Erbteils erhalten. Nach § 2306 Abs. 1 S. 2, Abs. 2 hat er die Wahl: Er kann es bei der testamentarischen Bestimmung belassen; er kann aber auch die (Nach-)Erbschaft ausschlagen und den Pflichtteil in Höhe von ⅙ des Nachlaßwerts verlangen.

196. Ernst Blass setzt seine Ehefrau Eva, mit der er im Güterstand der Gütertrennung lebt, zur alleinigen Vollerbin ein. Seinen Söhnen Max und Moritz setzt er Vermächtnisse von je 5.000 DM aus. Der Wert des Nachlasses beträgt
a) 18.000 DM,
b) 36.000 DM.
Können Max und Moritz den Pflichtteil verlangen?

Nach § 2307 Abs. 1 können Max und Moritz den (vollen) Pflichtteil verlangen, wenn sie das Vermächtnis ausschlagen (§ 2180). Diese Möglichkeit besteht unabhängig davon, ob das Vermächtnis wertmäßig den Pflichtteil deckt oder gar übersteigt.

Max und Moritz könnten aber auch das Vermächtnis annehmen und – falls es den Wert des Pflichtteils nicht erreicht – den Differenzbetrag als Pflichtteilsrestanspruch (§§ 2305, 2307 Abs. 1) gegen Eva geltend machen. Gehen sie so vor, so haben sie einen Vermächtnisanspruch (§ 2174), der in 30 Jahren verjährt (§ 195) und daneben einen Pflichtteilsrestanspruch, der in 3 Jahren verjährt (§ 2332 Abs. 1).

a) Beträgt der Wert des Nachlasses ihres Vaters 18.000 DM, so werden Max und

Moritz das Geldvermächtnis von 5.000 DM nicht ausschlagen, sondern es dabei bewenden lassen, weil der Pflichtteilsanspruch nur 3.000 DM betragen würde (⅙ von 18.000 DM).

b) Hat der Nachlaß hingegen einen Wert von 36.000 DM, so daß der Pflichtteilsanspruch 6.000 DM betragen würde, können sie zusätzlich zu dem Vermächtnis von 5.000 DM weitere 1.000 DM als Pflichtteilsrestanspruch geltend machen oder aber das Vermächtnis ausschlagen und den vollen Pflichtteil von 6.000 DM verlangen.

197. Der 16jährige Franz Gold ist von seinem Vater auf den Pflichtteil eingesetzt worden.

a) Ist er damit beim Tod seines Vaters dessen Erbe?

b) Franz schlägt durch Erklärung gegenüber seinem Bruder Paul als dem alleinigen Erben den ihm zugewendeten Pflichtteil aus. Hat er damit seinen Anspruch auf den Pflichtteil verloren?

a) Nach der Auslegungsregel des § 2304 ist die Zuwendung des Pflichtteil *im Zweifel nicht als Erbeinsetzung* zu sehen. Sie bedeutet im Gegenteil den Ausschluß von der Erbfolge. In der Zuwendung des Pflichtteils kann allerdings die Anordnung eines Vermächtnisses zu erblicken sein; das dürfte zutreffen, wenn der Erblasser dem Pflichtteilsberechtigten nach dem Sinn seiner Verfügung noch etwas zuwenden und ihn nicht von allem ausschließen wollte, worauf er keinen unentziehbaren gesetzlichen Anspruch hatte (RGZ 129, 239, 241).

b) Der Berechtigte kann auf den (entstandenen) Pflichtteilsanspruch nicht wie auf eine Erbschaft oder ein Vermächtnis (§§ 1945, 2180 Abs. 2) durch einseitige Ausschlagungserklärung „verzichten"; erforderlich ist hierzu der Abschluß eines Erlaßvertrags (§ 397) mit dem Erben als dem Schuldner (RGZ 93, 297). Franz müßte sich also mit Paul über den Wegfall des Pflichtteilsanspruchs einigen. Zu diesem Erlaßvertrag bedürfte er der Zustimmung seiner Mutter als seiner gesetzlichen

Vertreterin (§§ 107, 1629 Abs. 1, 1681 Abs. 1 S. 1), die hierzu wiederum der Genehmigung des Vormundschaftsgerichts bedarf (§ 1643 Abs. 2).

198. Der 16jährige Franz Gold hatte, als sein Vater das Testament zugunsten seines Bruders Paul errichtete, seinem Vater ausdrücklich erklärt, daß er auf den Pflichtteil verzichte. Trotzdem verlangt er nach dem Tod des Vaters von Paul den Pflichtteil. Zu Recht?

Ein Pflichtteilsberechtigter kann zwar schon vor dem Erbfall wirksam auf sein Pflichtteilsrecht verzichten (§ 2346 Abs. 2). Ein solcher Verzichtsvertrag bedarf aber der notariellen Beurkundung (§ 2348) und, da Franz beschränkt geschäftsfähig ist, der Genehmigung seines gesetzlichen Vertreters (§§ 107, 108 Abs. 1) und des Vormundschaftsgerichts (§ 2347 Abs. 1). Da Franz nicht wirksam auf seinen Pflichtteil verzichtet hat, steht ihm gegen Paul der Pflichtteilsanspruch nach wie vor zu.

199. Der verwitwete Balthasar Todt hat fünf Kinder: Karl, Kurt, Käthe, Kunibert und Kunigunde. Kunibert hat durch Vertrag mit seinem Vater wirksam auf sein gesetzliches Erbrecht verzichtet. Die nichteheliche Tochter Käthe hat mit ihrem Vater eine wirksame Vereinbarung über den vorzeitigen Erbausgleich getroffen. Balthasar Todt setzt die Söhne Karl und Kurt zu gleichen Teilen zu Erben ein. Als Balthasar stirbt, schlägt Kurt die Erbschaft aus.
Wie hoch ist die Pflichtteilsquote von Kunigunde?

Nach § 2310 S. 1 sind bei der Feststellung des für die Berechnung des Pflichtteils maßgebenden Erbteils diejenigen mitzuzählen, die nach § 1938 enterbt sind oder die Erbschaft ausgeschlagen haben oder für erbunwürdig erklärt sind. Nicht zu berücksichtigen sind hingegen diejenigen, die nach § 2346 Abs. 1 auf ihr Erbrecht verzichtet (§ 2310 S. 2) oder durch Abschluß einer Vereinbarung über den vorzeitigen Erbausgleich (§ 1934 e) von der Erbfolge ausgeschlossen sind (Schlüter, § 46 III 1). Die Pflichtteilsquote von Kunigunde beträgt daher ⅙.

200. Ernst Blass hat seine zweite Ehefrau Eva, mit der er im Güterstand der Gütertrennung lebt, zur Alleinerbin eingesetzt. Die übergangenen Söhne Max und Moritz verlangen den Pflichtteil. Der Nachlaß besteht aus Wertpapieren, Bargeld, Möbeln und einem Grundstück, zusammen im Wert von 330.000 DM. Die Nachlaßverbindlichkeiten belaufen sich auf 30.000 DM.
Welchen Betrag können Max und Moritz von Eva Blass als Pflichtteilsanspruch verlangen?

Der Pflichtteilsanspruch ist ein reiner Geldanspruch, gerichtet auf Zahlung der Hälfte des Werts des gesetzlichen Erbteils (§ 2303 Abs. 1 S. 2). Der gesetzliche Erbteil von Eva, Max und Moritz würde nach § 1931 Abs. 4 je ⅓ betragen. Die Pflichtteilsquote von Max und Moritz beträgt daher ⅙ des Nachlaßwerts.
Maßgebend sind Bestand und Wert des Nachlasses zur Zeit des Erbfalls (§ 2311 Abs. 1 S. 1). Der Pflichtteilsanspruch berechnet sich nicht nach den Aktiva des Nachlasses, sondern nach dem *Wert des Nachlasses nach Abzug der Passiva.* Abzusetzen als Passiva sind Verbindlichkeiten, die bereits beim Erbfall entstanden waren und solche, deren Rechtsgrund und Notwendigkeit schon auf den Erbfall zurückzuführen sind. Hierzu gehören z.B. alle Erblasserschulden, die Kosten der Beerdigung, einer Inventarerrichtung, der Erhaltung und Sicherung des Nachlasses und einer Nachlaßpflegschaft. Sind die Nachlaßverbindlichkeiten von 30.000 DM dieser Art, so können Max und Moritz von ihrer Stiefmutter Eva Zahlung von je ⅙ von 300.000 DM (330.000 DM – 30.000 DM) = 50.000 DM verlangen.

201. Ernst Blass hat in seinem Testament im vorigen Fall seiner Mutter Viktoria ein Vermächtnis in Höhe von 30.000 DM ausgesetzt. Die den Pflichtteil fordernden Söhne Max und Moritz und die Erbin Eva können sich nicht darüber verständigen, ob bei der Berechnung der Pflichtteilsansprü-

Vermächtnisse gehören ebenso wie andere Erbfallschulden (z.B. Schulden aus anderen Pflichtteilsrechten, Auflagen) nicht zu den Passiva, die für die Ermittlung des Nachlaßwerts (§ 2311) vom Aktivnachlaß abzuziehen sind. Andernfalls könnte der Erblasser durch Anordnung von Vermächtnissen die Pflichtteilsberechtigten um ihren Mindestanteil am Nachlaß bringen. Vermächtnisse stehen den Pflichtteilsansprüchen – nicht nur im Konkurs (vgl.

che ein Nachlaßwert zugrunde zu legen ist, von dem zuvor der Betrag des Vermächtnisses abgezogen ist.
Wie ist der Streit zu entscheiden?

§ 226 Abs. 1, Abs. 2 Nr. 4, 5 KO) – dem Range nach. Max und Moritz behalten daher trotz des angeordneten Vermächtnisses jeder einen Pflichtteilsanspruch in Höhe von 50.000 DM.
Die Erbin Eva kann aber einen Teil der Pflichtteilslast auf die Vermächtnisnehmerin Viktoria abwälzen. Nach § 2318 Abs. 1 kann der Erbe die Erfüllung eines Vermächtnisses insoweit verweigern, daß die Pflichtteilslast von ihm und dem Vermächtnisnehmer verhältnismäßig getragen wird. Die Pflichtteilslast ist also im Verhältnis des dem Erben verbleibenden reinen Nachlaßwerts (also abzüglich des Vermächtnisses) zum Vermächtniswert aufzuteilen. Der Erbe kann den Vermächtnisanspruch um den auf den Vermächtnisnehmer entfallenden Anteil an der Pflichtteilslast kürzen. Beträgt der für die Berechnung der Pflichteilsansprüche (insgesamt 100.000 DM) zugrunde zu legende Wert des Nachlasses 300.000 DM, das Vermächtnis 30.000 DM, so ist die Pflichtteilslast von der Erbin Eva und der Vermächtnisnehmerin Viktoria im Verhältnis 270.000 zu 30.000 zu tragen, von Eva also in Höhe von $\frac{9}{10}$ (= 90.000 DM) und von Viktoria in Höhe von $\frac{1}{10}$ (= 10.000 DM). Eva braucht also ihrer Schwiegermutter Viktoria das Vermächtnis nur in Höhe von 20.000 DM auszuzahlen.

202. Der verwitwete Erich Gold hat seinem Sohn Franz auf dessen Bitten 10.000 DM zur Bezahlung von Schulden geschenkt, dabei aber bestimmt, daß diese Zuwendung auf seinen Erb-

Der Pflichtteilsberechtigte hat sich nach § 2315 Abs. 1 nur das auf den Pflichtteil anrechnen zu lassen, was ihm der Erblasser durch Rechtsgeschäft unter Lebenden freigebig mit der Bestimmung zugewendet hat, daß es *auf den Pflichtteil* angerechnet werden soll. Diese Erklärung muß vor

teil angerechnet werden soll. Muß sich der im Testament enterbte Franz diese 10.000 DM jetzt auf seinen Pflichtteil anrechnen lassen?

oder bei der Zuwendung gegenüber dem Pflichtteilsberechtigten abgegeben werden. Es genügt auch eine stillschweigende Anrechnungsbestimmung, deren Tragweite aber dem Pflichtteilsberechtigten bewußt geworden sein muß. Erich Gold hat nur eine Anrechnung auf den Erbteil, nicht auf den Pflichtteil bestimmt. Diese Erklärung kann nur dieselbe Wirkung entfalten, wenn die Auslegung ergibt, daß der Erblasser mit ihr auch eine Anrechnung auf den Pflichtteil gewollt hat und das dem Pflichtteilsberechtigten erkennbar geworden ist.

Davon kann hier nicht ausgegangen werden.

203. Als Erich Gold seinem Sohn Franz die 10.000 DM schenkte, hat er angeordnet, daß sie auf dessen Pflichtteil angerechnet werden sollten. Erich setzt seinen Sohn Paul zu seinem Alleinerben ein. Als Erich stirbt, hat der Nachlaß einen Wert von 120.000 DM.

Welchen Betrag kann Franz von seinem Bruder Paul als Pflichtteil verlangen?

Nach § 2315 Abs. 2 S. 1 ist bei der Bestimmung des Pflichtteils der Wert der Zuwendung (10.000 DM) dem Nachlaß (120.000 DM) hinzuzurechnen. Von den sich so ergebenden 130.000 DM hätte Franz ¼ als Pflichtteil zu beanspruchen, also 32.500 DM. Hiervon sind nach § 2315 Abs. 1 die erhaltenen 10.000 DM abzuziehen, so daß Franz von seinem Bruder Paul noch 22.500 DM zu beanspruchen hat.

204. Erich Gold hat seinen Freund Fridolin zum Alleinerben eingesetzt. Sein Sohn Franz hatte 10.000 DM, sein Sohn Paul 5.000 DM als Geschenk mit der Bestimmung erhalten, daß es auf den Pflichtteil angerechnet werden soll. Der

Anders als im Fall des § 2055 Abs. 1 sind hier nicht sämtliche anrechnungspflichtigen Vorempfänge zur Berechnung des Pflichtteils dem Nachlaßwert hinzuzurechnen; der fiktive Nachlaßwert ist vielmehr für jeden Pflichtteilsberechtigten gesondert festzustellen (§ 2315 Abs. 1). Die Pflichtteilsansprüche von Franz und Paul errechnen sich daher wie folgt:

Wert des Nachlasses beträgt 120.000 DM.
In welcher Höhe stehen Franz und Paul Pflichtteilsansprüche gegen Fridolin zu?

Franz: 120.000 DM + 10.000 DM = 130.000 DM, geteilt durch 4 = 32.500 DM, abzüglich 10.000 DM, also: 22.500 DM.
Paul: 120.000 DM + 5.000 DM = 125.000 DM, geteilt durch 4 = 31.250 DM, abzüglich 5.000 DM, also: 26.250 DM.

205. Erich Gold hatte seinem Sohn Franz zur Geschäftsgründung eine Ausstattung von 10.000 DM gegeben.
Wie hoch ist bei einem reinen Nachlaßwert von 120.000 DM sein Pflichtteil, wenn sein Bruder Paul zum Alleinerben eingesetzt ist?

§ 2316 Abs. 1 stellt für die Berechnung des Pflichtteils eines Abkömmlings besondere Regeln auf, wenn, wie hier, mehrere Abkömmlinge vorhanden sind und unter ihnen bei gesetzlicher Erbfolge eine Ausgleichspflicht bestehen würde. Der Pflichtteil eines Abkömmlings des Erblassers bestimmt sich danach, was auf den gesetzlichen Erbteil unter Berücksichtigung der Ausgleichspflichten (§§ 2050ff.) bei der Teilung entfallen würde. Bei gesetzlicher Erbfolge wären die 10.000 DM, die Franz als Ausstattung (§ 1624) erhalten hat, nach § 2050 Abs. 1 auszugleichen. Der Pflichtteilsanspruch ist danach wie folgt zu berechnen (dazu RGZ 93, 3, 5):
Der fiktive Nachlaß (reiner Nachlaßwert zuzüglich Ausstattung) würde 130.000 DM betragen; bei gesetzlicher Erbfolge würden hierauf auf Franz die Hälfte = 65.000 DM entfallen. Hiervon sind die als Ausstattung entfallenen 10.000 DM abzuziehen, so daß 55.000 DM verbleiben. Die Hälfte hiervon = 27.500 DM kann Franz als Pflichtteil fordern (§§ 2303 Abs. 1 S. 2, 2316 Abs. 1).

206. Erich Gold hatte seinen Freund Fridolin zum Alleinerben eingesetzt. Wie hoch sind bei einem reinen

Der fiktive Nachlaß beträgt für die Berechnung beider Pflichtteilsansprüche: 120.000 DM (reiner Nachlaß) zuzüglich 10.000 DM (Ausstattung Franz) zuzüglich

Nachlaßwert von 120.000 DM die Pflichtteilsansprüche seiner Söhne Franz und Paul, wenn Franz 10.000 DM und Paul 5.000 DM als Ausstattung erhalten haben?

5.000 DM (Ausstattung Paul) = 135.000 DM. Der gesetzliche Erbteil von Franz würde hiervon ½ = 67.500 DM, abzüglich der Ausstattung von 10.000 DM = 57.500 DM betragen. Die Hälfte hiervon = 28.750 DM steht ihm als Pflichtteil zu (§§ 2303 Abs. 1 S. 2, 2316 Abs. 1, 2050 Abs. 1, 2055).
Bei gesetzlicher Erbfolge würde Paul ebenfalls 67.500 DM abzüglich der Ausstattung von 5.000 DM = 62.500 DM erhalten.
Hiervon kann er die Hälfte = 31.250 DM als Pflichtteil beanspruchen.
Die beiden Pflichtteilsbeträge ergeben zusammen 60.000 DM, also die Hälfte des wirklichen Nachlasses.

207. Franz Gold hat im vorigen Fall bei der Zuwendung der beiden Ausstattungen bestimmt, daß sie auf den Pflichtteil anzurechnen seien.
Wie hoch sind jetzt die beiden Pflichtteilsansprüche von Franz und Paul?

Für diesen Fall bestimmt § 2316 Abs. 4, daß, wenn eine ausgleichspflichtige Zuwendung auf den Pflichtteil anzurechnen ist, sie auf diesen nur mit der Hälfte des Werts zur Anrechnung kommt. Hierdurch wird – bei *Zusammentreffen von Ausgleichs- und Anrechnungspflicht* – die Zuwendung nicht doppelt angerechnet.
Für die Pflichtteilsansprüche von Franz und Paul ergibt sich danach folgendes:
Gesetzlicher Erbteil des Franz = 67.500 DM – 10.000 DM (Vorempfang) = 57.500 DM. Pflichtteil davon ½ = 28.750 DM abzüglich der Hälfte des Vorempfangs 5.000 DM = 23.750 DM.
Gesetzlicher Erbteil des Paul = 67.500 DM – 5.000 DM (Vorempfang) = 62.500 DM. Davon ½ als Pflichtteil = 31.250 DM abzüglich der Hälfte des Vorempfangs 2.500 DM = 28.750 DM.

208. Balthasar Erichson, der mit seiner Ehefrau Friederi-

a) Der Pflichtteilsanspruch von Friederike wird durch etwaige Ausgleichspflichten

ke im Güterstand der Gütertrennung gelebt hat, hat außer seiner Frau die Kinder Arnold, Bernhard und Conrad hinterlassen. Zu seinem Alleinerben hat er seinen Freund Felix bestimmt. Arnold hatte von seinem Vater eine Ausstattung von 10.000 DM, Bernhard eine von 20.000 DM und Conrad eine von 30.000 DM erhalten.
Welche Pflichtteilsansprüche stehen den Beteiligten zu, wenn der Wert des Nachlasses 100.000 DM beträgt?

unter den Abkömmlingen nach § 2316 nicht berührt (vgl. § 2055 Abs. 1 S. 2). Da der gesetzliche Erbteil von Friederike ¼ betragen würde (§ 1931 Abs. 1), steht ihr ⅛ des Nachlaßwerts von 100.000 DM = 12.500 DM als Pflichtteilsanspruch zu.
b) Bei gesetzlicher Erbfolge würden von dem Nachlaß auf die Kinder 75.000 DM entfallen. Dem sind die ausgleichspflichtigen Zuwendungen an die Kinder (10.000 DM + 20.000 DM + 30.000 DM) in Höhe von insgesamt 60.000 DM hinzuzurechnen (§§ 2316 Abs. 1, 2055 Abs. 1), so daß sich ein fiktiver Nachlaßwert von 135.000 DM ergibt. Hierauf entfallen:
Auf Arnold: Der gesetzliche Erbteil beträgt ⅓ von 135.000 DM = 45.000 DM abzüglich der Ausstattung von 10.000 DM = 35.000 DM; der Pflichtteil beträgt davon ½ = 17.500 DM.
Auf Bernhard: Der gesetzliche Erbteil beträgt ebenfalls ⅓ von 135.000 DM = 45.000 DM abzüglich der Ausstattung von 20.000 DM = 25.000 DM; der Pflichtteil davon ½ = 12.500 DM.
Auf Conrad: Der gesetzliche Erbteil beträgt auch ⅓ von 135.000 DM = 45.000 DM abzüglich der Ausstattung von 30.000 DM = 15.000 DM; der Pflichtteil beträgt davon ½ = 7.500 DM.

209. Der verwitwete Karl Eder hinterläßt seine Söhne Alwin, Franz und Oskar. Alwin hat seinen Vater seit Jahren gepflegt und dessen Bauernhof unter Einsatz erheblicher eigener Mittel in seiner Freizeit bewirtschaftet. Der Wert seiner Lei-

Die Pflichtteilsansprüche von Alwin und Franz sind nach §§ 2316 Abs. 1, 2057a Abs. 4 wie folgt zu berechnen: Von dem Nachlaßwert von 250.000 DM sind der Ausgleichsbetrag für Alwin in Höhe von 40.000 DM abzuziehen, so daß sich ein rechnerischer Nachlaß im Wert von 210.000 DM ergibt. Hierauf würden bei gesetzlicher Erbfolge auf jeden der Söhne

stungen für den Vater und dessen Vermögen ist mit 40.000 DM zu veranschlagen. Zur großen Enttäuschung von Alwin hat Karl Eder Oskar zu seinem Alleinerben eingesetzt.
In welcher Höhe stehen Alwin und Franz gegen Oskar Pflichtteilsansprüche zu, wenn der Nachlaß einen Wert von 250.000 DM hat?

70.000 DM entfallen. Franz erhält hiervon als Pflichtteil ½ = 35.000 DM.
Alwin würde bei gesetzlicher Erbfolge zuzüglich zu den 70.000 DM den Ausgleichsbetrag von 40.000 DM, also insgesamt 110.000 DM erhalten; der Pflichtteilsanspruch beträgt hiervon ½ = 55.000 DM.

2. Der außerordentliche Pflichtteil

210. Der Bankier Erich Gold hat seinen Sohn Franz enterbt und seinen Sohn Paul zum Alleinerben eingesetzt. Erich Gold hatte drei Jahre vor seinem Tod seinem Neffen Fritz Weiß 10.000 DM geschenkt.
Wirkt sich diese Schenkung auf die Höhe des Pflichtteilsanspruchs von Franz gegen Paul aus?

Durch die Schenkung des Erblassers Erich Gold an Fritz Weiß ist der Nachlaßwert und damit der Pflichtteilsanspruch von Franz verringert worden. Durch derartige Schenkungen kann die Mindestbeteiligung naher Angehöriger am Nachlaß, die durch das Pflichtteilsrecht gewährleistet werden soll, ebenso verkürzt werden, wie wenn der Erblasser sie nicht oder zu gering bedenkt. Deshalb sieht § 2325 Abs. 1 *eine Ergänzung des Pflichtteils wegen Schenkungen* vor: Hat der Erblasser einem Dritten (Fritz Weiß) eine Schenkung gemacht, so kann der Pflichtteilsberechtigte (Franz Gold) als Ergänzung des Pflichtteils den Betrag verlangen, um den sich der Pflichtteil erhöht, wenn der verschenkte Gegenstand (10.000 DM) dem Nachlaß hinzugerechnet wird. Wären die verschenkten 10.000 DM noch Teil des Nachlasses, so würde sich der Pflichtteilsanspruch bei einer Quote von ¼ um 2.500 DM erhöhen. Diesen Betrag kann Franz von Paul als Pflichtteilsergänzung nach § 2325 Abs. 1 verlangen.

211. Der verwitwete Antiquitätenhändler Theodor Sommer hat seinem Sohn Amadeus am 7.5. 1975 mehrere Grundstücke, die damals einen Wert von 240.000 DM hatten, geschenkt und aufgelassen. Die Eintragung ist zwei Wochen später erfolgt. Am 5.7. 1975 heiratet er seine Mitarbeiterin Isolde Fröhlich, mit der er Gütertrennung vereinbart. Zu seiner Alleinerbin setzt er seine Enkelin Dorothee ein. Als Theodor Sommer am 3.4. 1985 verstirbt, hat das hinterlassene Vermögen einen Wert von 560.000 DM.

Welche Pflichtteilsansprüche stehen der Witwe Isolde zu?

Der Pflichtteilsanspruch von Isolde beträgt nach §§ 2303 Abs. 1, 1931 Abs. 1 und 4, 2311 zunächst ¼ von 560.000 DM = 140.000 DM.

Fraglich ist, ob ihr darüber hinaus nach § 2325 Abs. 1 wegen der Schenkungen an Amadeus ein Pflichtteilsergänzungsanspruch zusteht. Nach BGHZ 59, 210 sollen nur solche Schenkungen *Pflichtteilsergänzungsansprüche* auslösen, die zu einer Zeit gemacht worden sind, als das rechtliche Verhältnis schon bestand, das den Pflichtteilsanspruch begründet oder aus dem der Pflichtteilsberechtigte hervorgegangen ist. Ein Ehegatte könnte danach keine Pflichtteilsergänzungsansprüche aus Schenkungen herleiten, die vor der Eingehung der Ehe gemacht worden sind. Die Meinung des Bundesgerichtshofs steht im Widerspruch zum Wortlaut, der Entstehungsgeschichte und der bis dahin nahezu einhelligen Meinung; sie führt darüber hinaus zu Ungereimtheiten und einer Rechtsunsicherheit und ist deshalb abzulehnen (Bosch, FamRZ 1973, 90; Schlüter, § 47 II 2b m.w.N.). Da die *Zehnjahresfrist* des § 2325 Abs. 3, die nach der neueren Rechtsprechung des Bundesgerichtshofs (BGHZ 102, 289, 292) erst mit der Umschreibung im Grundbuch am 21.5. 1975 zu laufen begonnen hat, noch nicht verstrichen ist, steht Isolde ein Pflichtteilsergänzungsanspruch in Höhe von 60.000 DM (= ¼ von 240.000 DM) zu. Der verschenkte Gegenstand ist zwar grundsätzlich mit dem Wert in Ansatz zu bringen, den er zur Zeit des Erbfalls hat (§ 2325 Abs. 2 S. 1); hatte er hingegen zur Zeit der Schenkung einen geringeren Wert, wovon hier bei den ständig steigenden

Grundstückspreisen auszugehen ist, wird nur dieser geringere Wert in Ansatz gebracht (§ 2325 Abs. 2 S. 2). Stichtag für die Bewertung einer Grundstücksschenkung ist der Tag der Eintragung ins Grundbuch (BGH NJW 1975, 1831).

212. Der verwitwete Götz Huber hat seine einzige Tochter Sigrid zur Alleinerbin eingesetzt. Irgendwie nennenswerter Nachlaß findet sich nicht vor. Huber hatte drei Jahre vor seinem Tod sein Vermögen im Wert von 100.000 DM einem Kunstverein geschenkt. Kann Sigrid gegen diesen Verein irgendwelche Ansprüche geltend machen?

Obwohl Sigrid zur *Alleinerbin* eingesetzt ist (und daher nach § 2303, 2305 nicht pflichtteilsberechtigt ist), kann sie dennoch den *Pflichtteilsergänzungsanspruch* geltend machen (§ 2329 Abs. 1 S. 1 und 2). Das würde sogar gelten, wenn Sigrid die Erbschaft ausgeschlagen hätte (BGH NJW 1973, 995). Sigrid kann von dem beschenkten Verein in Höhe ihrer Pflichtteilsquote von ½, also in Höhe von 50.000 DM, Herausgabe der geschenkten Gegenstände nach den Bereicherungsvorschriften verlangen.

213. Gegen wen würde sich der Pflichtteilsergänzungsanspruch von Sigrid (Fall 212) richten, wenn ihr Vater seinen Freund Ferdinand zum Alleinerben eingesetzt hätte, der Nachlaß aber wegen der Schenkung an den Kunstverein völlig unzureichend wäre?

Schuldner des Pflichtteilsergänzungsanspruchs des Nichterben ist in erster Linie der Erbe (§ 1967). Nur soweit der Erbe zur Ergänzung des Pflichtteils nicht verpflichtet ist, kann der Pflichtteilsberechtigte von dem Beschenkten die Herausgabe des Geschenks nach den Bereicherungsvorschriften fordern (§ 2329 Abs. 1 S. 1). Hier ist Ferdinand nicht zur Ergänzung des Pflichtteils verpflichtet, wenn er die Einrede des § 1990 erhebt. Sigrid kann also auch hier gegen den Kunstverein vorgehen.

3. Die Besonderheiten des Pflichtteilsrechts beim gesetzlichen Güterstand der Zugewinngemeinschaft

214. Was ist unter dem „großen" und dem „klei-

a) Leben die Ehegatten im gesetzlichen Güterstand der Zugewinngemeinschaft, so nen" Pflichtteil zu verstehen?

erhält der Ehegatte neben dem gesetzlichen Erbteil des § 1931 Abs. 1 ein weiteres Viertel nach § 1371 Abs. 1. Diese Erhöhung des gesetzlichen Erbteils des Ehegatten um ¼ wirkt sich auch im Rahmen des Pflichtteilsrechts aus. Mit dem gesetzlichen Erbteil wird über § 2303 Abs. 1 S. 2 zugleich der Pflichtteil des Ehegatten erhöht *(sog. großer Pflichtteil)*, während auf der anderen Seite die Pflichtteilsansprüche der anderen Pflichtteilsberechtigten geschmälert werden.

Der große Pflichtteil ist daher beispielsweise zugrunde zu legen

(1) bei der Berechnung der Pflichtteilsansprüche der übrigen Pflichtteilsberechtigten,

(2) bei der Berechnung des Pflichtteilsrestanspruchs nach §§ 2305, 2307 Abs. 1 S. 2,

(3) im Falle des § 2306 Abs. 1 S. 1,

(4) bei der Berechnung des Pflichtteilsergänzungsanspruchs (§§ 2325 ff.).

b) Die Grundregel des § 2303 Abs. 1 S. 2, nach der der Pflichtteil in der Hälfte des Werts des gesetzlichen Erbteils besteht, wird im Güterstand der Zugewinngemeinschaft durch § 1371 Abs. 2 und 3 für einige Fälle durchbrochen: Wird der verwitwete Ehegatte weder Erbe noch (bedachter) Vermächtnisnehmer, so wird sein Pflichtteil nach dem nicht erhöhten gesetzlichen Erbteil berechnet, wie er sich aus § 1931 Abs. I ergibt *(sog. kleiner Pflichtteil)*. Der Ehegatte behält in den Fällen des § 1371 Abs. 2 und 3 neben dem kleinen Pflichtteil aber seinen Anspruch auf den Zugewinnausgleich.

215. Erich Erdmann hat keine Verfügung von Todes

a) Gesetzliche Erben sind: Wilma zu ½ (§§ 1931 Abs. 1, 1371 Abs. 1) und die

wegen errichtet. Er hinterläßt seine Frau Wilma, mit der er im gesetzlichen Güterstand gelebt hat, und seine Kinder Klaus, Thomas und Susanne. Welche erbrechtliche Stellung haben die Hinterbliebenen?

Kinder Klaus, Thomas und Susanne zu je 1/6 (§ 1924 Abs. 1 und 4).

b) Wilma kann nach § 1371 Abs. 3 aber die Erbschaft ausschlagen und neben dem kleinen Pflichtteil (1/8 des Nachlaßwerts) den Zugewinnausgleich (§§ 1373 ff.) verlangen. Diesen Weg wird sie wählen, wenn der Zugewinnausgleich höher ist als die Hälfte des Nachlaßwerts.

216. Wie wäre es (Fall 215), wenn Erich Erdmann seine Frau Wilma zur Alleinerbin eingesetzt hätte?

a) Wilma könnte (theoretisch) auch nach § 1371 Abs. 3 vorgehen. Damit würde sie aber weniger erhalten als ihr auf Grund des Testaments zukommt.

b) Die Kinder haben nach § 2303 Abs. 1 einen Pflichtteilsanspruch, bei dessen Berechnung von dem erhöhten gesetzlichen Erbteil des Ehegatten (§§ 1931 Abs. 1, 1371 Abs. 1) auszugehen ist (h. M., BGHZ 37, 58; a. A. Niederländer, NJW 1960, 1737). Der Pflichtteilsanspruch von Klaus, Thomas und Susanne beträgt daher je 1/12 des Nachlaßwerts (§ 2303 Abs. 1 S. 2).

217. Wie wäre es, wenn Erich Erdmann seine Frau Wilma zu 1/4 und seine drei Kinder ebenfalls zu je 1/4 zu Erben eingesetzt hätte?

a) Ein Pflichtteilsrestanspruch nach § 2305 steht Wilma nicht zu, weil der ihr hinterlassene Erbteil von 1/4 nicht geringer ist als die Hälfte des gesetzlichen Erbteils nach §§ 1931 Abs. 1, 1371 Abs. 1.

b) Sie kann aber nach § 1371 Abs. 3 die Erbschaft ausschlagen und neben dem Zugewinnausgleich den kleinen Pflichtteil (1/8 des Nachlaßwerts) verlangen. Dann ist sie aber nicht mehr gesamthänderisch am Nachlaß beteiligt.

c) Die Kinder sind zu je 1/4 Miterben. Schlägt ihre Mutter Wilma ihre Erbschaft aus, so wächst deren 1/4-Erbteil den Kindern zu je 1/12 an, so daß jedes Kind dann mit einer Erbquote von 1/3 am Nachlaß beteiligt ist (§ 2094 Abs. 1).

218. Erich Erdmann hat seiner Ehefrau Wilma ein Geldvermächtnis von 10.000 DM ausgesetzt und seine drei Kinder zu gleichen Teilen zu Erben eingesetzt. Der Nachlaßwert beträgt 100.000 DM. Welche Pflichtteilsansprüche hat Wilma?

a) Wilma kann nach § 2307 Abs. 1 S. 2 den Pflichtteilsrestanspruch in Höhe von 15.000 DM gegen die Kinder als Erben geltend machen, weil der Wert des Vermächtnisses (10.000 DM) geringer ist als der Wert des großen Pflichtteils (¼ von 100.000 DM = 25.000 DM).
b) Wilma kann aber auch nach § 1371 Abs. 3 vorgehen und das Vermächtnis ausschlagen (§ 2180). Dann kann sie neben dem kleinen Pflichtteil (⅛ von 100.000 DM = 12.500 DM) den Ausgleich des Zugewinns verlangen.

219. Erich Erdmann hat seine Ehefrau Wilma enterbt und seine drei Kinder zu gleichen Teilen zu Erben eingesetzt. Der Wert des Nachlasses beträgt 100.000 DM.
Welche Pflichtteilsansprüche hat Wilma Erdmann gegen ihre Kinder?

Wilma kann von den Kindern als Erben den „kleinen Pflichtteil" nach § 1371 Abs. 2, also 12.500 DM (⅛ von 100.000 DM), und daneben den Ausgleich des Zugewinns verlangen. Die Geltendmachung des „kleinen Pflichtteils" zuzüglich des Zugewinnausgleichs ist für den Ehegatten ungünstiger als die des „großen Pflichtteils" nach §§ 2303 Abs. 1, 1931 Abs. 1, 1371 Abs. 1, wenn der Zugewinn gering ist. Ein Wahlrecht des Ehegatten, der weder Erbe noch Vermächtnisnehmer geworden ist, zwischen dem „kleinen Pflichtteil" und dem Zugewinn einerseits und dem „großen Pflichtteil" andererseits lehnt der Bundesgerichtshof (BGHZ 42, 182 m.w.N.) gegen einen Teil der Literatur (Lange, NJW 1958, 288; Bärmann, AcP 157, 145, 187f.) unter Hinweis auf Wortlaut und Zweck des § 1371 Abs. 1 mit Recht ab.

4. Die gemeinsamen Regelungen für alle Pflichtteilsansprüche

220. Der enterbte Sohn Max des Fabrikanten Ernst Eg-

Der Pflichtteilsberechtigte hat nach §§ 2314, 260 gegen den Erben einen *An-*

ner verlangt von dem Erben Felix Vorlage der Bilanzen und der Gewinn- und Verlustrechnung des Unternehmens, um seinen Pflichtteilsanspruch beziffern zu können. Mit Recht?

spruch auf Auskunft und gegebenenfalls auf *Abgabe einer eidesstattlichen Versicherung* über den Bestand des Nachlasses. Er kann darüber hinaus auch die Vorlage der notwendigen Geschäftsunterlagen fordern, die ihn in den Stand setzen, die Ermittlung jener Werte selbst vorzunehmen. Zu den vorzulegenden Geschäftsunterlagen gehören auch die Bilanzen und die Gewinn- und Verlustrechnung des Unternehmens (BGH NJW 1975, 1774, 1776). Umstritten ist, ob der Pflichtteilsberechtigte von dem Erben auch verlangen kann, daß dieser den Wert eines zum Nachlaß gehörenden Handelsgeschäfts durch einen unparteiischen Sachverständigen ermitteln läßt (bejahend: BGH NJW 1975, 258 m. w. N.).

220a. Die am 24. 3. 1992 verstorbene Elisabeth Ernst hinterläßt ihre Kinder Heinz, Maria und Paul. Wenige Monate vor ihrem Tod hatte sie ihr Hausgrundstück an ihre Tochter Maria verschenkt und übereignet. Ihren Sohn Heinz hat sie zum Alleinerben eingesetzt.
a) Paul verlangt von Heinz Auskunft über den Bestand des Nachlasses und die von der Erblasserin vorgenommene Schenkung sowie Wertermittlung des Nachlasses und des verschenkten Hausgrundstücks auf Kosten des Nachlasses.
b) Paul verlangt von Maria Auskunft über die Schen-

a) Paul steht gegen Heinz ein Anspruch auf Auskunft über den Bestand des Nachlasses nach §§ 2314 Abs. 1 S. 1, 260 zu (vgl. Fall 220).
Bezüglich des an Maria verschenkten Hausgrundstücks konnte Paul gegen Heinz als Erben ein Pflichtteilsergänzungsanspruch nach § 2325 Abs. 1 S. 1 zustehen. Problematisch ist, ob sich der in § 2314 Abs. 1 geregelte Auskunftsanspruch auch auf Gegenstände bezieht, die zwar nicht zum Nachlaß gehören, aber nach § 2325 zum Nachlaß hinzuzurechnen sind. Es ist allgemein anerkannt, daß auch hinsichtlich dieses fiktiven Nachlaßbestands ein Auskunftsanspruch des Pflichtteilsberechtigten nach § 2314 Abs. 1 S. 1 besteht (BGHZ 89, 24, 27; MünchKomm/Frank, § 2314 Rdnr. 3; Soergel/Dieckmann, § 2314 Rdnr. 12).
Ein Anspruch des Paul gegen Heinz auf

kung und Ermittlung des Werts des Hausgrundstücks auf ihre Kosten.
Mit Recht?

Wertermittlung des Nachlasses ergibt sich aus § 2314 Abs. 1 S. 2. Dessen Kosten fallen nach § 2314 Abs. 2 dem Nachlaß zur Last. Wie schon der Auskunftsanspruch nach § 2314 Abs. 1 S. 1 bezieht sich auch der Wertermittlungsanspruch nach § 2314 Abs. 1 S. 2 gegen den Erben auf den fiktiven Nachlaß (BGHZ 107, 200, 201, 202), so daß Paul auch ein Wertermittlungsanspruch auf Kosten des Nachlasses hinsichtlich des an Maria verschenkten Grundstücks gegen Heinz zusteht.
b) Soweit Maria nach § 2329 Abs. 1 S. 1 in Anspruch genommen werden kann, weil Heinz als Erbe nicht zur Pflichtteilsergänzung verpflichtet ist, ist auch sie in entsprechender Anwendung des § 2314 Abs. 1 S. 1 zur Auskunft über die Schenkung des Erblassers verpflichtet (BGHZ 89, 24, 27; 107, 200, 203).
Wegen der begrenzten Haftung des Beschenkten ist Maria aber nicht dazu verpflichtet, die Kosten für die Ermittlung des Werts des geschenkten Hausgrundstücks zu tragen (BGHZ 107, 200, 203).

221. Franz Gold wird von seinem Gläubiger Pechmann hart bedrängt. Er tritt ihm daher seinen Pflichtteilsanspruch gegen den Erben Paul zur Sicherheit ab.
a) Ist die Abtretung wirksam?
b) Hätte Pechmann den Pflichtteilsanspruch des Franz Gold pfänden lassen können?

a) Nach § 2317 Abs. 2 ist der mit dem Eintritt des Erbfalls entstandene Pflichtteilsanspruch *vererblich* und *übertragbar*. Er ist also kein höchstpersönliches Recht.
b) Der Pflichtteilsanspruch ist hingegen der *Pfändung nicht unterworfen*, solange er nicht durch Vertrag anerkannt oder rechtshängig ist (§ 852 Abs. 1 ZPO). § 2317 ist damit eine Ausnahme von der allgemeinen Vorschrift des § 400, nach der eine Forderung nicht abgetreten werden kann, soweit sie der Pfändung nicht unterworfen ist.

222. Wann verjährt
a) der Pflichtteilsanspruch,
b) der Pflichtteilsergänzungsanspruch?

a) Der Pflichtteilsanspruch *verjährt* in drei Jahren von dem Zeitpunkt an, in welchem der Pflichtteilsberechtigte von dem Eintritt des Erbfalls und von der ihn beeinträchtigenden Verfügung von Todes wegen Kenntnis erlangt hat (§ 2332 Abs. 1).
b) Auch der Pflichtteilsergänzungsanspruch verjährt nach § 2332 Abs. 1 in drei Jahren. Die Verjährung beginnt nicht vor Kenntnis der beeinträchtigenden Schädigung und ihrer Rechtswirksamkeit (BGH NJW 1964, 297).

223. Karl Wilde unterhält seit Jahren ein Verhältnis zur Freundin seiner Ehefrau Selma. Diese will sich nicht scheiden lassen, entzieht ihrem untreuen Ehemann aber in einem Testament vom 1. 10. 1977 den Pflichtteil.
Ist der Pflichtteil wirksam entzogen?

Nein, es liegt keiner der in § 2335 Nr. 1–4 aufgeführten Gründe für die Entziehung des Ehegattenpflichtteils vor. § 2335 ist durch das 1. EheRG neu gefaßt worden. Nach dem bis zum 1. 7. 1977 geltenden Recht hätte Selma ihrem ungetreuen Ehemann Karl den Pflichtteil entziehen können, weil er sich einer Verfehlung schuldig gemacht hatte, die Selma nach §§ 42, 43 EheG a. F. berechtigt hatte, auf Scheidung zu klagen. Mit dem Übergang zum Zerrüttungsprinzip im Scheidungsrecht mußte § 2335 der neuen Rechtslage angepaßt werden.

224. Fritz ist der einzige Sohn der verwitweten Herta Böse. Trotz ihrer inständigen Bitten, sie zu besuchen, lehnt Fritz das ohne triftigen Grund ab. Er verbietet ihr auch das Betreten seiner Wohnung, weil er seine Ruhe haben wolle. Selbst nachdem seine Mutter einen Selbstmordversuch unternommen hat und in bedenk-

Fritz stünde der Pflichtteil nicht zu, wenn einer der in § 2333 genannten Pflichtteilsentziehungsgründe vorgelegen hätte. Nach § 2333 Nr. 2 kann der Erblasser einem Abkömmling den Pflichtteil entziehen, wenn dieser sich einer *vorsätzlichen körperlichen Mißhandlung* des Erblassers oder des Ehegatten des Erblassers schuldig gemacht hat. Hier lag keine körperliche, sondern eine seelische Mißhandlung vor. Seelische Mißhandlungen hat der Bundesgerichtshof nur dann als Grund für die Entziehung des

lichem Zustand im Krankenhaus liegt, besucht er sie nicht. Ihre vielen Briefe bleiben unbeantwortet. Daraufhin setzt sie in einem Testament ihren Neffen Karl, der sich um sie gekümmert hat, zum alleinigen Erben ein und entzieht Fritz wegen seines herzlosen Verhaltens ihr gegenüber den Pflichtteil. Wenige Tage später nimmt sie sich das Leben. Fritz verlangt von Karl den Pflichtteil. Mit Recht?

Pflichtteils angesehen, wenn dadurch auf die körperliche Gesundheit des Erblassers eingewirkt werden soll und eingewirkt wird (NJW 1977, 339). Der Bundesgerichtshof weist darauf hin, daß der Gesetzgeber in § 2333 Nr. 1–5 die Voraussetzungen, unter denen einem Abkömmling der Pflichtteil entzogen werden kann, *abschließend geregelt* hat. Der Gesetzgeber habe bewußt eine körperliche Mißhandlung verlangt; hierunter sei ebenso wie im Strafrecht ein unangemessenes, übles Behandeln, durch das das körperliche Wohlbefinden beeinträchtigt werde, zu verstehen. Ein Verhalten, das den Erblasser lediglich in seinem Seelenleben beeinträchtigt, bei ihm Ärger, Kummer oder gar Verzweiflung verursacht, könne eine Pflichtteilsentziehung nach § 2333 Nr. 2 solange nicht rechtfertigen, als es keine Auswirkungen auf das körperliche Befinden des Erblassers gehabt habe. Fritz kann daher von Karl den Pflichtteil verlangen.

224a. Max Berger, der nichteheliche Sohn des Konrad Wiegand, hat seit Jahren zu seinem Vater keinen Kontakt. Er nimmt ihn auf vorzeitigen Erbausgleich in Anspruch. Dieser verweigert den Erbausgleich unter Hinweis darauf, daß Max einige Monate ein Verhältnis zu einer verheirateten Frau unterhalten und deren Ehemann erschossen hatte. Er war deshalb zu einer sechsjährigen Jugendstrafe

Ein Vater kann sein nichteheliches Kind wie seine ehelichen Kinder von der Erbfolge ausschließen. Diesem bleibt dann lediglich der Pflichtteilsanspruch (§§ 2303, 2338a). Auch dieser Pflichtteilsanspruch kann dem nichtehelichen Kind unter den Voraussetzungen des § 2333 entzogen werden. Liegt ein Pflichtteilsentziehungsgrund vor, so kann der nichteheliche Vater dem Kind den vorzeitigen Erbausgleich einredeweise mit der Begründung verweigern, er hätte ihm den Pflichtteil entziehen können (BGHZ 76, 109, 117; Erman/Schlüter, § 1934 Rdnr. 14; MünchKomm/Leipold, § 1934d Rdnr. 14).

wegen Mordes verurteilt worden.
Kann Konrad Wiegand deshalb den vorzeitigen Erbausgleich verweigern?

§ 2333 Nr. 5 läßt eine Pflichtteilsentziehung zu, wenn der Abkömmling einen ehrlosen oder unsittlichen Lebenswandel wider den Willen des Erblassers führt. Der Abkömmling muß jedoch, wie bei den anderen Pflichtteilsentziehungsgründen, in den Interessenkreis des Erblassers eingreifen. Schutzgut ist insoweit die Familienehre (BGHZ 76, 109, 117; Erman/Schlüter, § 2333 Rdnr. 7; Palandt/Edenhofer, § 2333 Rdnr. 7). Eine Verletzung der Familienehre durch einen nichtehelichen Abkömmling soll nach Auffassung des Bundesgerichtshofs nur möglich sein, wenn zwischen ihm und der Familie des Vaters noch irgendwelche Beziehungen bestanden haben (BGHZ 76, 109, 118), was im vorliegenden Fall nicht zutraf. Deshalb konnte Konrad den vorzeitigen Erbausgleich nicht verweigern. Diese Auffassung erscheint sehr zweifelhaft, wenn selbst ein Mord nicht ausreichen soll, um dem Abkömmling die Mindestbeteiligung am Nachlaß zu entziehen. Entgegen der Auffassung des Bundesgerichtshofs steht dem nichtehelichen Vater bei derartigen Kapitalverbrechen das Recht zur Entziehung des Pflichtteils zu.

VII. Die Erbeinsetzung und die Erbenstellung

1. Die Erbeinsetzung

225. Das Testament des Gutsbesitzers Reich lautet: „Meiner Frau Martha vermache ich mein Landgut". Außer dem Gut hatte Reich kein wesentliches Vermögen. Nach seinem Tod nimmt ein Gläubiger die Kinder des Reich als Erben wegen einer Nachlaßverbindlichkeit in Anspruch. Mit Recht?

Die Kinder hätten nur dann für die Nachlaßverbindlichkeit nach § 1967 Abs. 1 einzustehen, wenn sie ihren Vater beerbt hätten. In dem Testament hat Reich aber seine Frau zur Alleinerbin eingesetzt. Hat der Erblasser sein Vermögen dem Bedachten zugewendet, so ist die Verfügung als Erbeinsetzung anzusehen, auch wenn der Bedachte nicht als Erbe bezeichnet ist (§ 2087 Abs. 1). Das gilt auch dann, wenn nicht das Vermögen als solches, sondern ein einzelner Vermögensgegenstand zugewandt wird, aus dem der Nachlaß im wesentlichen besteht (BGH FamRZ 1972, 561).

226. Ernst Gold hat in seinem Testament verfügt: „Mein Wertpapierdepot im Wert von 120.000 DM erbt mein Sohn Siegfried, mein Haus (Verkehrswert 240.000 DM) erhält meine Tochter Theres". Weiteres Vermögen besaß Gold nicht. Seine Witwe ist der Meinung, sie habe ihren Mann als gesetzliche Erbin zu ½ beerbt.

Erben des Gold sind entgegen der Auslegungsregel des § 2087 Abs. 2 ausschließlich seine Kinder Siegfried und Theres, weil die zugewendeten Gegenstände das ganze Vermögen des Erblassers ausmachen (dazu BGH FamRZ 1972, 561). Die Erbquoten bestimmen sich nach dem Wertverhältnis der zugewandten Gegenstände; danach hat Siegfried den Vater zu ⅓ und Theres zu ⅔, beerbt.

227. Hätte Gold in seinem Testament folgendes bestimmen können: „Die Hälfte meines Vermögens

Ja, in Ansehung der anderen Hälfte würde dann nach § 2088 Abs. 1 gesetzliche Erbfolge eintreten. Der römisch-rechtliche Satz: „nemo pro parte testatus, pro parte

soll meine Ehefrau erhalten. Über die andere Hälfte verfüge ich nicht"? intestatus decedere potest" (Verbot der gesetzlichen Erbfolge neben der gewillkürten) gilt nicht mehr.

2. Der Ersatzerbe, die Anwachsung

228. Was versteht man unter einem Ersatzerben?

Ersatzerbe ist derjenige, der vom Erblasser nur für den Fall eingesetzt ist, daß der gesetzliche oder in erster Linie eingesetzte Erbe nicht zur Erbfolge gelangt, weil er vor oder nach dem Eintritt des Erbfalls wegfällt (§ 2096). Anders als bei der Nacherbfolge tritt hier *nur einmal eine Rechtsnachfolge nach dem Erblasser* ein.

Beispiele für den Wegfall vor dem Erbfall: Tod (§ 1923 Abs. 1), Erbverzicht (§§ 2352, 2346 Abs. 1).

Beispiele für den Wegfall *nach* dem Erbfall: Ausschlagung (§ 1953 Abs. 1), Erbunwürdigkeitserklärung (§ 2344 Abs. 1), Nichterleben des Eintritts der aufschiebenden Bedingung (§ 2074).

Nicht hierher gehört der Tod des Erstberufenen nach dem Erbfall, weil dann der Erstberufene zunächst Erbe geworden und seinerseits beerbt worden ist.

229. Ernst Blass testiert: „Meine Erben sind meine Kinder Hans und Gabriele. Meine Ehefrau erhält den Nießbrauch am Nachlaß." Nach Errichtung des Testaments heiratet Gabriele den Fritz Freundlich. Aus dieser Ehe gehen die Kinder Marcus und Peter hervor. Gabriele stirbt vor ihrem Vater. Wie wird Ernst Blass beerbt?

Nach § 2094 Abs. 1 würde, weil Gabriele vor dem Erbfall als Erbin weggefallen ist, ihr Anteil ihrem Bruder Hans *anwachsen.* Nach der Auslegungsregel des § 2069 ist aber im Zweifel anzunehmen, daß die Kinder Gabrieles (als Ersatzerben) insoweit bedacht sind, als sie bei der gesetzlichen Erbfolge an ihre Stelle treten würden. *Das Recht des Ersatzerben geht dem Anwachsungsrecht vor* (§ 2099). Ernst Blass ist daher von Hans zu ½ und von Marcus und Peter, den beiden Kindern Gabrieles, zu je ¼ (§ 1924 Abs. 3) beerbt worden.

230. Karl Redlich setzt zu seiner Alleinerbin seine Tochter Inge ein. In dem Testament bestimmt er weiter, daß Inge, falls sie das zum Nachlaß gehörende Einfamilienhaus innerhalb von 15 Jahren nach dem Erbfall verkaufen sollte, die Hälfte des Erlöses an ihren Bruder Max auszahlen müsse. 13 Jahre nach dem Tod des Vaters verkauft Inge das Haus. Max ist inzwischen verstorben. Er hat seine Tochter Anne hinterlassen. Anne verlangt von ihrer Tante Inge die Hälfte des Erlöses, den diese bei der Veräußerung des Grundstücks erzielt hat.
Mit Recht?

Das Testament des Karl Redlich enthält ein Vermächtnis zugunsten des Vaters von Anne, und zwar unter der aufschiebenden Bedingung des Verkaufs des Hauses vor Ablauf von 15 Jahren nach dem Erbfall. Diese Bedingung ist erst nach dem Tod des bedachten Max eingetreten. Nach § 2074 ist bei einer letztwilligen Zuwendung unter einer aufschiebenden Bedingung im Zweifel anzunehmen, daß diese Zuwendung nur gelten soll, wenn der Bedachte den Eintritt der Bedingung erlebt. Nach dieser Auslegungsregel würde ein Anspruch von Anne nicht bestehen. Anders wäre es, wenn die Auslegungsregel des § 2069 eingriffe. Hiernach wäre Anne Ersatzvermächtnisnehmerin. Fraglich ist daher, in welchem Verhältnis die beiden Bestimmungen zueinander stehen. Der Bundesgerichtshof hat mit Recht ausgeführt, vor der Anwendung des § 2074 sei zu prüfen, wer überhaupt bedacht sei. Das ist nicht nur aus der letztwilligen Verfügung selbst, sondern auch an Hand der Auslegungsregel des § 2069 festzustellen, die immer dann eingreift, wenn ein vom Erblasser bedachter Abkömmling nach Testamentserrichtung weggefallen ist. Der Bedachte kann auch dadurch wegfallen, daß er die in der letztwilligen Verfügung gesetzte Bedingung nicht erlebt (BGH NJW 1958, 22). Anne ist daher ersatzweise als Vermächtnisnehmerin berufen, sofern nicht ein anderer Wille des Erblassers festzustellen ist. Hierfür wäre Inge beweispflichtig.

3. Die Annahme und Ausschlagung der Erbschaft

231. Der verwitwete Landwirt Fritz Bräsig stirbt. Sein einziger Sohn Karl hat nicht die Absicht, die Erbschaft anzunehmen, weil der Nachlaß seiner Ansicht nach überschuldet ist. Ist Karl trotzdem Erbe geworden?

Die Erbschaft ist nach § 1942 Abs. 1 auf Karl als gesetzlichen Erben (§ 1924 Abs. 1) mit dem Tod seines Vaters übergegangen *(Vonselbsterwerb)*.

232. Ist Karl Bräsig endgültig Erbe seines Vaters?

Obwohl die Erbschaft auf Karl übergegangen ist, kann er sie noch in der Frist des § 1944 Abs. 1 ausschlagen. Schlägt er sie aus, so gilt der Anfall als nicht erfolgt (§ 1953 Abs. 1), d.h. es wird so angesehen, als sei Karl nie Erbe geworden.

233. Welche Bedeutung hat die Annahme der Erbschaft?

Die Erbschaft *fällt* dem Erben kraft Gesetzes *an*, ohne daß es einer *Annahme* bedarf. Der Anfall der Erbschaft ist aber noch nicht endgültig. Es steht im Belieben des Erben, die Erbschaft innerhalb der Ausschlagungsfrist des § 1944 auszuschlagen. Mit der Annahme erklärt der (vorläufige) Erbe, daß er die Erbschaft (endgültig) behalten will, und verliert das Recht, die Erbschaft auszuschlagen (§ 1943).

234. Ist die Annahme der Erbschaft ein empfangsbedürftiges Rechtsgeschäft?

Die Annahme ist ein einseitiges, nicht empfangsbedürftiges Rechtsgeschäft.

235. Kann ein beschränkt Geschäftsfähiger die Erbschaft annehmen?

Da die Annahme dem beschränkt Geschäftsfähigen nicht nur einen rechtlichen Vorteil bringt, bedarf er hierzu der Einwilligung des gesetzlichen Vertreters (§ 107). Als einseitiges Rechtsgeschäft ist sie nicht genehmigungsfähig (§ 111). Im Gegensatz zur Ausschlagung (§ 1643 Abs. 2) braucht der gesetzliche Vertreter zu seiner Einwilligung keine Genehmigung des Vormundschaftsgerichts.

236. Bedarf die Annahme einer Form?

Nein, sie erfolgt formlos
a) entweder durch *ausdrückliche Erklärung* des Erben, daß er endgültig Erbe sein oder auf das Ausschlagungsrecht verzichten will;
b) oder durch *schlüssige Handlungen,* die nach der Verkehrsauffassung so gedeutet werden müssen, daß der Erbe den Willen habe, die Erbschaft endgültig zu behalten. Hierzu gehört z. B. die Stellung eines Erbscheinantrags (KGJ 38, A 51), die Geltendmachung des Erbschaftsanspruchs (§ 2018), Verfügungen über Erbteile. Die Abgrenzung derartiger schlüssiger Annahmehandlungen zu reinen Fürsorgemaßnahmen des vorläufigen Erben ist oft schwierig.

237. Karl Bräsig übernimmt sofort nach dem Tod seines Vaters die Verwaltung des Landguts und verkauft zwei Wochen später die Hälfte des gesamten Viehbestands.
a) Kann er die Erbschaft noch ausschlagen?
b) Wie wäre es, wenn Karl vor der Veräußerung des Viehbestands ausdrücklich erklärt hätte, daß er damit keinesfalls die Erbschaft annehmen wolle?

a) Durch die einschneidenden wirtschaftlichen Maßnahmen über den Nachlaß ist der Wille Karls, endgültig Erbe zu werden, eindeutig zum Ausdruck gelangt. Sein Verhalten wäre anders zu beurteilen, wenn er nur einzelne im Rahmen einer ordnungsmäßigen Wirtschaft liegende Verfügungen über Nachlaßgegenstände getroffen hätte; dann hätte er als Geschäftsführer ohne Auftrag fürsorgerisch für den endgültigen Erben gehandelt (§ 1959).
b) Auch in diesem Fall hätte Karl sein Ausschlagungsrecht verloren. Seine Erklärung, die Erbschaft nicht annehmen zu wollen, stünde zu seinem nach außen erkennbaren Verhalten in einem unlösbaren

Widerspruch und wäre als protestatio facto contraria nach § 242 unbeachtlich.

238. Als sein Vater starb, lag Karl Bräsig schwer krank im Krankenhaus. Der Tod des Vaters wird ihm erst mitgeteilt, als er nach einem Vierteljahr das Krankenhaus verläßt. Gleichzeitig wird ihm eröffnet, daß er durch Testament zum alleinigen Erben bestimmt ist. Kann er die Erbschaft noch ausschlagen?

Die in der Regel sechswöchige *Ausschlagungsfrist* (§ 1944 Abs. 1) *beginnt* erst zu laufen, wenn der Erbe vom Erbfall und vom Grund seiner Berufung erfahren hat (§ 1944 Abs. 2). Karl Bräsig kann also nach seiner Entlassung aus dem Krankenhaus noch ausschlagen. War das Testament seines Vaters noch nicht eröffnet, so beginnt die Ausschlagungsfrist erst mit der Testamentsverkündung durch das Nachlaßgericht (§ 1944 Abs. 2 S. 2).

239. Karl Bräsig erfährt von seinem Onkel Oskar Reichlich, daß er ihn zum Erben eingesetzt hat. Darauf erklärt Karl seinem Onkel und dessen Söhnen, daß er diese Erbschaft ausschlage, weil er seine Verwandten nicht um ihr gesetzliches Erbe bringen wolle.
Wer ist Erbe von Oskar Reichlich?

Karl hat seinen Onkel beerbt, weil seine Ausschlagung wirkungslos war. Nach § 1946 kann der Erbe die Erbschaft *frühestens* (annehmen oder) *ausschlagen, wenn der Erbfall eingetreten ist.* Vor dem Erbfall hätte Karl nur durch Vertrag mit seinem Onkel auf sein testamentarisches Erbrecht verzichten können (§ 2352). Will er nicht Erbe bleiben, so muß er nach dem Tod seines Onkels noch einmal ausschlagen.

240. Oskar Reichlich hat seine Söhne zu Vorerben und Karl Bräsig zum Nacherben eingesetzt.
Kann Karl nach dem Tod seines Onkels Oskar und vor Eintritt des Nacherbfalls die Erbschaft
a) ausschlagen,
b) annehmen

a) Dem Nacherben fällt die Erbschaft erst mit dem Nacherbfall an (§ 2139). Von diesem Zeitpunkt an läuft die Ausschlagungsfrist des § 1944. § 2142 Abs. 1 gewährt dem Erben aber das Recht, die Erbschaft schon nach dem Erbfall (und nicht erst nach dem Nacherbfall) auszuschlagen.
b) Über den Wortlaut des § 2142 hinaus gilt gleiches auch für die Annahme der Erbschaft. Hierfür spricht die Überlegung, daß der Nacherbe, der nach § 2142 Abs. 1

die Erbschaft vor dem Nacherbfall ausgeschlagen hat, diese Ausschlagung auch vor dem Nacherbfall anfechten kann (§ 1954); die Anfechtung der Ausschlagung gilt aber nach § 1957 als Annahme der Erbschaft. Wenn der Erbe die Erbschaft durch Anfechtung annehmen kann, so muß er es auch durch ausdrückliche Erklärung können.

241. Karl Bräsig, der von seinem Onkel Oskar Reichlich testamentarisch zum Alleinerben bestimmt ist, übergibt nach dem Tod seines Onkels seinen Vettern eine schriftliche Erklärung, nach der er die Erbschaft nach seinem Onkel ausschlägt.
Ist die Ausschlagung wirksam?

Nein. Die Ausschlagung ist, ebenso wie die Annahme, zwar ein einseitiges Rechtsgeschäft, im Gegensatz zur Annahme ist sie aber *empfangsbedürftig* (Erklärungsempfänger ist das Nachlaßgericht, § 1945 Abs. 1) und *formbedürftig* (sie muß zur Niederschrift des Nachlaßgerichts oder öffentlich beglaubigt abgegeben sein, § 1945 Abs. 1, 2).

242. Innerhalb welcher Frist müßte Karl Bräsig, der von dem ihn begünstigenden Testament schon vor dem Tod seines Onkels erfahren hatte, ausschlagen?

Die normale *Ausschlagungsfrist* beträgt sechs Wochen (§ 1944 Abs. 1). Sie beginnt aber, wenn die Erbeinsetzung auf einer Verfügung von Todes wegen beruht nicht vor deren Verkündung (§ 1944 Abs. S. 2), d.h. der Eröffnung des Testaments durch das Nachlaßgericht (§ 2260), und nicht schon mit der Kenntnis von dem Tod des Erblassers.

242. a) Wann würde die Ausschlagungsfrist beginnen, wenn Karl Bräsig die Ladung zur *Testamentseröffnung* verspätet zugeht, nachdem diese bereits stattgefunden hat?

Zwar braucht der Erbe im Verkündungstermin nicht zu erscheinen und die Verkündung nicht zu kennen, er muß jedoch zumindest geladen oder benachrichtigt sein. Unterbleibt eine Ladung, beginnt die Frist des § 1944 Abs. 1 erst zu laufen, wenn der Erbe von der Eröffnung Kenntnis erlangt (BGHZ 112, 229, 236).

243. Als das Testament von Oskar Reichlich eröffnet wird, befindet sich der Erbe Karl Bräsig in Tirol.
Ist dieser Umstand für den Beginn der Ausschlagungsfrist von Bedeutung?

Der *Auslandsaufenthalt* wirkt sich nicht auf den Beginn, aber auf die Dauer der Ausschlagungsfrist aus, sie beträgt sechs Monate (§ 1944 Abs. 3).

244. Erna Reichlich hat ihre Tochter Helene zu ¾ ihren Enkel Moritz, den Sohn ihres verwitweten Sohns Viktor, zu ¼ als Erben eingesetzt. Moritz ist beim Tod seiner Großmutter 16 Jahre alt. Die Ausschlagungsfrist läuft bis zum 20. 9. Am 18. 9. erklärt Viktor Reichlich als gesetzlicher Vertreter seines Sohns Moritz formgerecht dem Nachlaßgericht gegenüber die Ausschlagung. Nachdem er darüber belehrt worden ist, daß die Ausschlagung vormundschaftsgerichtlich genehmigt werden muß, beantragt er diese Genehmigung am 19. 9. Nach Abschluß der erforderlichen Ermittlungen wird sie erteilt, die Ausfertigung des Beschlusses geht Viktor am 6. 2. des folgenden Jahres zu. Am 7. 2. sendet er die Ausfertigung mit der Post an das Nachlaßgericht, dort trifft sie am 9. 2. ein.
Ist die Ausschlagung rechtzeitig erfolgt?

Die Ausschlagung bedurfte der *vormundschaftsgerichtlichen Genehmigung* (§ 1643 Abs. 2 S. 1). Diese Genehmigung und ihre Bekanntmachung an Viktor Reichlich war innerhalb der Ausschlagungsfrist dem Nachlaßgericht nachzuweisen (RGZ 118, 145, 148). Fraglich ist, ob die Frist auch dann verstrichen ist, wenn der gesetzliche Vertreter die Genehmigung wegen einer dem Vormundschaftsgericht zur Last fallenden Verzögerung nicht rechtzeitig beibringen kann. Nach h. M. (Staudinger/Otte/Marotzke, § 1944 Rdnr. 25 m. w. N.) stellt die *Verzögerung durch das Vormundschaftsgericht* für den gesetzlichen Vertreter des minderjährigen Erben eine Verhinderung durch höhere Gewalt dar, wenn die Wahrung der Ausschlußfrist nicht möglich war. Diese Frist ist zwar eine Ausschlußfrist, jedoch findet der für die Verjährung geltende § 203 entsprechende Anwendung (§ 1944 Abs. 2 S. 3). Nach § 203 ist die Frist gehemmt, solange der Berechtigte durch höhere Gewalt an ihrer Einhaltung gehindert ist. Nimmt man an, daß die Hemmung mit der Abgabe des Genehmigungsantrags begonnen hat, so stand Viktor Reichlich nur noch ein Tag zur Verfügung. Mit dem Zugang des Genehmigungsbeschlusses war die Hemmung entfallen, so daß die Ausschlagungsfrist am 7. 2. endete. Die Verzögerung durch die Post war nicht mehr höhere Gewalt. Die Ausschlagung war daher verspätet, es sei denn, daß es Viktor Reichlich wiederum infolge höherer Gewalt (z.B. wegen Krankheit) nicht möglich war, den Genehmigungsbeschluß auf andere Weise als durch die Post dem Nachlaßgericht rechtzeitig zuzuleiten (vgl. OLG Frankfurt, FamRZ 1966, 259).

245. Richard Blass ist am 1. 5. verstorben. Er hat seinen Sohn Erwin zum alleinigen Erben eingesetzt. Bevor Erwin die Annahme oder Ausschlagung der Erbschaft erklärt hat, fällt er am 5. 5. in Konkurs.
a) Kann der Konkursverwalter die Erbschaft annehmen oder ausschlagen?
b) Wie wäre es, wenn der Erblasser nicht am 1. 5., sondern nach der Konkurseröffnung am 10. 5. gestorben wäre?

a) Obwohl die Erbschaft in die Konkursmasse fällt und die Konkursgläubiger deshalb an der Annahme ein Interesse haben, verwehrt es § 9 KO dem *Konkursverwalter*, die Erbschaft anzunehmen oder auszuschlagen. Das Ausschlagungsrecht ist ein höchstpersönliches an die Erbenstellung gebundenes Gestaltungsrecht, das auch dann allein dem Erben vorbehalten bleibt, wenn er in Konkurs fällt.
b) Auch hier ist allein Erwin Blass und nicht der Konkursverwalter zur Annahme oder Ausschlagung berechtigt. Die Erbschaft ist hier nämlich nicht in die Konkursmasse (§ 1 KO) gefallen, so daß sie ohnehin nicht dem Verfügungsrecht des Konkursverwalters unterliegt.

246. Richard Blass hat seinen Sohn Erwin zum Alleinerben bestimmt und Dr. Treu zum Testamentsvollstrecker ernannt. Dieser hat das Amt angenommen. Ist Dr. Treu zur Annahme oder Ausschlagung der Erbschaft befugt, oder muß er diesen Rechtsgeschäften wenigstens zustimmen?

Die Annahme und Ausschlagung der Erbschaft unterliegen auch hier allein der Entscheidung des Erben. Der *Testamentsvollstrecker* braucht nicht einmal zuzustimmen; er hat auch kein Widerspruchsrecht. Entsprechendes gilt für den Nachlaßpfleger (§ 1960).

247. Erwin Blass hat die Ausschlagungsfrist ungenutzt verstreichen lassen, weil er die Erbschaft annehmen wollte. Wegen der vielen Zahlungsaufforderungen von Gläubigern merkt er, daß der Nachlaß überschuldet ist.
Kann er jetzt noch ausschlagen?

Der Erbe kann wegen Irrtums (§ 119), Drohung und arglistiger Täuschung (§ 123) nicht nur die Annahme oder die Ausschlagung der Erbschaft anfechten, sondern auch die *Versäumung der Ausschlagungsfrist,* die wie eine Annahme behandelt wird (§§ 1954, 1956). Die wirksame Anfechtung der Annahme gilt als Ausschlagung, die Anfechtung der Ausschlagung als Annahme der Erbschaft (§ 1957 Abs. 1). Wegen der Gleichbehandlung mit der Annahme gilt die Anfechtung der Versäumung der Ausschlagungsfrist als Ausschlagung (§§ 1957 Abs. 1, 1956). Zweifelhaft ist, ob Erwin nach § 119 Abs. 2 einen Grund für die Anfechtung der Fristversäumung hatte. Es ist in Rechtsprechung und Schrifttum anerkannt, daß unter dem Begriff Sache i.S. von § 119 Abs. 2 alle Gegenstande, wie Forderungen, Rechte und auch der Nachlaß fallen (RGZ 149, 235, 238; OLG Hamm, NJW 1966, 1080 m.w.N.). Als verkehrswesentliche Eigenschaften einer Sache i.S. von § 119 Abs. 2 kommen nicht nur die natürliche Beschaffenheit, sondern auch solche tatsächlichen und rechtlichen Verhältnisse in Betracht, die wegen ihrer Beschaffenheit und Dauer die Brauchbarkeit und den Wert der Sache beeinflussen (wertbildende Faktoren). Keine verkehrswesentlichen Eigenschaften i.S. von § 119 Abs. 2 sind der Wert des Gegenstands selbst (BGHZ 16, 54, 57) sowie solche Umstände, die nur mittelbar die Bewertung beeinflussen. Erwin befand sich in einem Irrtum über den Grad der Überschuldung und damit über wertbildende Faktoren. Seine irrtümliche Meinung bestand nicht nur in einer falschen Bewertung (bekannter) Aktiva und Passiva, sondern auf der Unkenntnis vom Vorhandensein bestimmter Nachlaßschulden (wertbildende Faktoren). Er kann daher nach §§ 119 Abs. 2, 1956 in der Frist des § 1954 Abs. 1 anfechten. Diese Anfechtung gilt als Ausschlagung (§ 1957 Abs. 1).

248. Richard Blass ist verstorben. Als nächste Angehörige hinterläßt er seine Witwe Wilma, seinen Sohn Erwin sowie seinen Bruder Bruno. Erwin erklärt formgerecht dem Nachlaßgericht gegenüber, daß er die Erbschaft ausschlage. Er nahm an, daß seine Mutter Alleinerbin geworden sei. Als er erfährt, daß sie aber nicht Alleinerbin geworden ist, sondern den Nachlaß mit seinem Onkel Bruno teilen muß, ficht er die Ausschlagung wegen Irrtums an.
Ist die Anfechtung berechtigt?

Die Entscheidung hängt davon ab, ob sich Erwin in einem nach § 119 Abs. 1 beachtlichen Irrtum über die Bedeutung seiner Erklärung oder nur in einem (unbeachtlichen) Irrtum im Beweggrund befunden hat. Nach der zutreffenden Meinung (RGRK/Johannsen, § 1954 Rdnr. 1) greift hier § 119 Abs. 1 nicht ein: Erwin hat sich nicht über die Bedeutung seiner Erklärung geirrt, sondern darüber, *welche Rechtsfolgen* seine *Ausschlagungserklärung hat.* Das aber ist nur ein unbeachtlicher Irrtum im Beweggrund. Das Kammergericht (JFG 17, 69) wollte subtil differenzieren: Hatte der Ausschlagende gewußt, daß, unabhängig von seinem Willen, die vom Gesetz nicht berufene Person an seiner Stelle Erbe wird, und hat er sich nur darüber getäuscht, welche Person Nächstberufener ist, so soll das ein unbeachtlicher Irrtum im Beweggrund sein. Hat dagegen der Ausschlagende angenommen, daß durch seine Ausschlagung und als unmittelbare gesetzliche Folge seines darauf gerichteten Willens die Erbfolge einer bestimmten anderen Person eintreten werde, so soll das ein nach § 119 Abs. 1 beachtlicher Irrtum über die Bedeutung der Erklärung sein. Diese Unterscheidung ist nicht gerechtfertigt und auch praktisch nicht durchführbar.
Erwin kann daher die Ausschlagung nicht anfechten.

249. Wäre im vorigen Fall anders zu entscheiden, wenn die Ausschlagungserklärung von Erwin gelautet hätte „Ich schlage die Erbschaft zugunsten meiner Mutter aus“?

Hier hat Erwin den Grund, der ihn zur Ausschlagung bestimmt hat, als Bedingung zum Bestandteil seiner Ausschlagungserklärung gemacht. Er wollte nur unter der Voraussetzung seine Erbenstellung aufgeben, daß seine Mutter Alleinerbin würde. Die Ausschlagung zugunsten der Mutter ist hier also echte Geschäftsbedingung i.S. von § 158 (dazu KG JW 1933, 2067). Nach § 1947 ist eine Ausschlagung, die unter einer Bedingung erfolgt, nichtig. Da Erwin also noch Miterbe geblieben ist, kann er seiner Mutter Wilma den gesamten Nachlaß dadurch zuwenden, daß er ihr seinen Erbteil überträgt (§ 2033 Abs. 1). (Zu der oft schwierigen Abgrenzung zwischen echter Geschäftsbedingung i.S. von § 158 und unschädlicher Rechtsbedingung siehe Schlüter, § 30 III 2e).

250. Bedarf ein beschränkt Geschäftsfähiger zur Ausschlagung der Erbschaft der Zustimmung des gesetzlichen Vertreters?

Die Ausschlagung bringt dem *beschränkt Geschäftsfähigen* nicht lediglich einen rechtlichen Vorteil und kann deshalb nur mit Einwilligung des gesetzlichen Vertreters erklärt werden (§ 107). Da sie ein einseitiges Rechtsgeschäft darstellt, ist eine Genehmigung nicht möglich (§ 111). Der gesetzliche Vertreter bedarf für seine Zustimmung (ebenso wie wenn er selbst im Namen des Minderjährigen die Ausschlagung erklärt hat) der vormundschaftsgerichtlichen Genehmigung (§§ 1643 Abs. 2, 1822 Nr. 2). Ist ein Elternteil gesetzlicher Vertreter, dann ist die vormundschaftsgerichtliche Genehmigung entbehrlich, wenn dieser Elternteil eine Erbschaft ausschlägt, die seinem Kind nur als nachberufenem Erben deshalb anfällt, weil er sie zuvor im eigenen Namen ausgeschlagen hat, nachdem sie ihm selbst angefallen war (§ 1643 Abs. 2 S. 2).

251. Richard Blass ist am 25. 3. in Berlin verstorben. Neben anderen Personen hat er seine 15jährige Nichte Margot Schön zur Erbin eingesetzt. Diese befindet sich zur Zeit des Erbfalls mit ihrer Mutter Mathilde, ihrer gesetzlichen Vertreterin, in Davos. Das Testament wird am 14. 4. in Berlin eröffnet. Frau Schön, nicht aber ihre Tochter ist zu diesem Termin in Deutschland. Sämtliche zu Erben eingesetzten Personen schlagen die offensichtlich überschuldete Erbschaft aus. Die für Margot abgegebene und vom Vormundschaftsgericht genehmigte Ausschlagungserklärung der Frau Schön geht am 30. 6. beim Nachlaßgericht Berlin ein.

Am 29. 7. ficht Rechtsanwalt Dr. Rasch als Bevollmächtigter von Frau Schön in deren Namen und im Namen von Margot die Versäumung der Ausschlagungsfrist mit der Begründung an, daß er und entsprechend seiner Belehrung auch Frau Schön der irrigen Ansicht gewesen seien, die Frist für die Ausschlagung betrage wegen des Aufenthalts der Erbin zur Zeit des Erbfalls und der Testa-

a) Die *Ausschlagungsfrist* beginnt mit dem Zeitpunkt der Testamentseröffnung (§ 1944 Abs. 2 S. 2). Für die Frage, ob die sechswöchige oder die sechsmonatige Frist (§ 1944 Abs. 3) gilt, kommt es nicht auf den Aufenthalt der Erbin, sondern auf den der gesetzlichen Vertreterin an (RGZ 143, 419, 420f.). Da Frau Schön sich zur Zeit der Testamentseröffnung in Berlin befunden hat, beträgt die Ausschlagungsfrist sechs Wochen.

b) *Anfechtbar* sind nicht nur Ausschlagung und Annahme einer Erbschaft, sondern auch die *Versäumung der Ausschlagungsfrist* (§§ 1956, 1954), die als Annahme der Erbschaft gilt (§ 1943, fingierte Willenserklärung).

c) Die Anfechtung der Annahme oder der Ausschlagung erfolgt *durch Erklärung gegenüber dem Nachlaßgericht;* die Erklärung ist zur Niederschrift des Nachlaßgerichts oder in öffentlich beglaubigter Form abzugeben (§§ 1955, 1945). Die Frist für die Anfechtung beträgt regelmäßig sechs Wochen seit Kenntnis des Anfechtungsgrunds (§ 1954 Abs. 1).

d) Annahme und Ausschlagung sowie die Anfechtung der Annahme und der Ausschlagung können *durch Bevollmächtigte* erfolgen. Die Vollmacht muß aber öffentlich beglaubigt und der Erklärung beigefügt sein oder innerhalb der Anfechtungsfrist nachgereicht werden (§§ 1955, 1945 Abs. 3).

e) Nach der früheren Rechtsprechung des Reichsgerichts (RGZ 58, 81) war eine Irrtumsanfechtung nach § 119 ausgeschlossen, wenn der Anfechtende nur über Lauf und Dauer der Ausschlagungsfrist geirrt hatte. Ein Irrtum i.S.d. § 119 sollte nur

mentseröffnung im Ausland sechs Monate.

a) Wie lang war die Ausschlagungsfrist?

b) Ist die Versäumung der Ausschlagungsfrist anfechtbar?

c) In welcher Form hat die Ausschlagung zu erfolgen?

d) Kann die Versäumung der Ausschlagungsfrist durch einen Bevollmächtigten angefochten werden?

e) Ist die Anfechtung begründet?

f) Was kann Mathilde Schön unternehmen, wenn sich später herausstellt, daß die Erbschaft entgegen der ursprünglichen Annahme nicht überschuldet war und Margot nun doch Erbin werden will?

dann vorliegen, wenn die Versäumung der Ausschlußfrist auf eine ausdrückliche oder schlüssige Willenserklärung des Erben zurückzuführen war: Der Erbe mußte einerseits den Lauf der Ausschlußfrist gekannt und andererseits die Ausschlagung in Kenntnis ihrer Folgen unterlassen haben. Nur wenn die in diesem Verhalten liegende Willenserklärung auf einem Irrtum beruhte, ließ das Reichsgericht eine Anfechtung nach § 119 Abs. 1 zu.

Da Frau Schön die Ausschlagungsfrist nur deshalb hat verstreichen lassen, weil ihr ihre Dauer nicht bekannt war, wäre nach dieser Rechtsprechung eine Anfechtung nicht möglich.

Das Reichsgericht hat diese Rechtsprechung später mit Recht aufgegeben (RGZ 143, 419), weil § 1956 sonst überflüssig wäre. Die Fälle, in denen die Versäumung der Ausschlagungsfrist auf einer ausdrücklichen oder schlüssigen Willenserklärung beruht, werden bereits von § 1954 erfaßt. Eine Anfechtung nach § 1956 ist demnach auch dann möglich, wenn der Erbe oder sein gesetzlicher Vertreter wie hier irrtümlich angenommen hat, es laufe anstatt der Sechswochenfrist eine Sechsmonatsfrist; entsprechendes gilt, wenn der Erbe überhaupt über den Bestand einer Frist, ihren Lauf oder die Folgen ihres Ablaufs geirrt hat. Danach war hier eine Anfechtung nach §§ 1956, 119 Abs. 1 möglich.

f) Mathilde als gesetzliche Vertreterin ihrer Tochter Margot kann die Anfechtungserklärung vom 29. 7. nach § 119 Abs. 2 in der Frist des § 121 anfechten, weil sie sich über die Überschuldung des Nachlasses geirrt hatte (dazu Fall 247). Mit der Nichtigkeit der Anfechtungserklärung nach

§ 142 Abs. 1 treten die Rechtsfolgen der §§ 1943, 1944 ein. Margot ist Erbin geworden (BayOblG DNotZ 1981, 54).

252. In welchen wesentlichen Punkten unterscheiden sich die Anfechtung der Annahme oder der Ausschlagung der Erbschaft (§ 1954 Abs. 1) sowie die Anfechtung der Fristversäumung (§ 1956) einerseits von der Anfechtung einer Willenserklärung nach den allgemeinen Vorschriften (§§ 119ff.) andererseits?

a) Durch die *Frist:*
Die Anfechtung nach § 119 ist unverzüglich (§ 121 Abs. 1, d.h. ohne schuldhaftes Zögern), die nach § 1954 in der Regel binnen sechs Wochen zu erklären (§ 1944 Abs. 1).
b) Durch die *Form:*
Die Anfechtung nach § 119 bedarf keiner Form, die nach § 1954 ist zur Niederschrift des Nachlaßgerichts oder in öffentlich beglaubigter Form abzugeben (§§ 1955, 1945).
c) Durch den *Adressaten der Anfechtungserklärung:*
Im Fall der §§ 119ff. ergibt sich der Anfechtungsgegner aus § 143, im Fall der §§ 1954, 1956 aus § 1955 (Nachlaßgericht).

253. Kurz nach dem Tod von Richard Blass ist dessen Sohn Erwin, sein einziger gesetzlicher Erbe, verstorben, ohne sich über die Annahme oder Ausschlagung der Erbschaft erklärt zu haben. Erwins Erben sind kraft gesetzlicher Erbfolge seine Witwe Wilma und sein Sohn Siegfried.
a) Können diese die Erbschaft nach Erwin annehmen, die nach Richard aber ausschlagen?
b) Wie wäre es, wenn Erwin die Erbschaft nach seinem

a) Als Erben nach Erwin können sie diese Erbschaft annehmen (§§ 1943, 1946). Als Erwins Erben sind sie in dessen vererbliche Rechtsstellung eingerückt (§ 1922 Abs. 1); da das Ausschlagungsrecht nach § 1952 Abs. 1 vererblich ist, ist auch dieses Recht, das Erwin hinsichtlich der Erbschaft nach seinem Vater zustand, auf Wilma und Siegfried übergegangen. Sie können daher als Rechtsnachfolger von Erwin die Erbschaft nach Richard ausschlagen. Die Ausschlagungsfrist endet nicht vor Ablauf der Ausschlagungsfrist, die ihnen hinsichtlich der Erbschaft nach Erwin zusteht (§ 1952 Abs. 2).
b) Hatte Erwin die Erbschaft nach seinem Vater bereits angenommen und damit das

Vater bereits angenommen hätte?

Ausschlagungsrecht verloren, so können seine Erben, Wilma und Siegfried, nur noch die Erbschaft nach Erwin annehmen oder ausschlagen.

254. Können im vorigen Fall Wilma und Siegfried die Erbschaft nach Erwin ausschlagen und die nach Richard annehmen?

Nein, denn durch die Ausschlagung sind sie nicht Erwins Erben geworden (§ 1953 Abs. 1); sie haben daher auch nicht dessen Ausschlagungsrecht hinsichtlich der Erbschaft nach Richard erworben.

4. Der vorläufige Erbe

255. Wie lange ist der Erbe vorläufiger Erbe?

Der Erbe ist so lange vorläufiger Erbe, wie ihm noch das Ausschlagungsrecht zusteht. Vorläufiger Erbe ist er also zwischen Erbschaftsanfall (§ 1942 Abs. 1) einerseits und Annahme (§ 1943) oder Ausschlagung andererseits.

256. Der Gastwirt Krüger hatte sich der Aktienbrauerei gegenüber verpflichtet, für die Dauer von drei Jahren monatlich zehn Hektoliter Bier abzunehmen. Zweieinhalb Jahre nach Vertragsschluß verstirbt er am 1.7. und wird von seinen betagten Tanten Luise und Wilhelmine testamentarisch beerbt. Das Testament wird am 19. 8. eröffnet. Da die Erbinnen nicht in der Lage sind, die Wirtschaft fortzuführen, schließen sie das Lokal und nehmen ab sofort trotz mehrfacher

a) Nach § 1958 kann vor der Annahme der Erbschaft ein Anspruch, der sich gegen den Nachlaß richtet, nicht gegen die Erben *gerichtlich geltend gemacht* werden. Mangels einer Annahmehandlung galt die Erbschaft erst mit dem Ablauf der Ausschlagungsfrist als angenommen (§ 1943); da das Testament erst am 19. 8. eröffnet worden ist, endete die Ausschlagungsfrist am 30. 9. (§ 1944 Abs. 2 S. 2). Bis dahin war eine Klage gegen die Erbinnen als unzulässig abzuweisen (wie hier RGZ 60, 179, 181; a.A. Brox, Rdnr. 306: fehlende Passivlegitimation, die nicht von Amts wegen zu berücksichtigen ist).

b) Nach Ablauf der Ausschlagungsfrist war die Aktienbrauerei durch § 1958 nicht mehr gehindert, gegen die Erbinnen vor-

Mahnungen der Aktienbrauerei kein Bier mehr ab.
a) Am 1. 9. erhebt die Aktienbrauerei Schadensersatzklage gegen Luise und Wilhelmine wegen Nichterfüllung des Bierlieferungsvertrags.
Mit Erfolg?
b) Wie wäre es, wenn die Schadensersatzklage erst am 2. 1. des folgenden Jahres erhoben worden wäre?

zugehen. Die Klage ist aber für die Monate Juli bis einschließlich September unbegründet, weil die Erbinnen die Nichterfüllung oder verspätete Erfüllung des Vertrags für diesen Zeitraum nicht zu vertreten haben; als vorläufige Erbinnen waren sie zur Fürsorge für den Nachlaß zwar berechtigt, aber nicht verpflichtet. Für die Zeit von Oktober bis Dezember ist der Anspruch auf Ersatz des Schadens wegen Nichterfüllung (§ 325 Abs. 1) oder Verspätung (§ 286 Abs. 1) begründet. Die Dreimonatseinrede des § 2014, die die Erben auch nach der Annahme der Erbschaft erheben können, gewährt den Erbinnen kein materiell-rechtliches Leistungsverweigerungsrecht und schließt daher Schadensersatzansprüche nicht aus (str., dazu Fall 442).

257. Ernst Meyer hat seinen Sohn Max als einzigen Erben hinterlassen. Vier Wochen nach dem Erbfall kündigt Grimmig, ein Gläubiger des Erblassers, Max gegenüber seine Darlehensforderung.
Kurz darauf schlägt Max die Erbschaft formgerecht aus. Die Erbschaft fällt nunmehr an den Neffen Felix.
Ist die Kündigung des Grimmig Felix gegenüber wirksam?

Die *außergerichtliche Geltendmachung* von Rechten, vor allem von Gestaltungsrechten (wie z.B. Kündigung, Anfechtung, Rücktritt, Aufrechnung) bleibt auch gegenüber dem endgültigen Erben wirksam, wenn sie dem vorläufigen Erben gegenüber vor der Annahme erfolgt. Das gilt sowohl, wenn der vorläufige Erbe durch Annahme zum endgültigen Erben wird, als auch dann wenn infolge der Ausschlagung ein anderer Erbe wird (§ 1959 Abs. 3).

258. Max Meyer ist einziger Erbe seines Vaters Ernst Meyer. Karl Grimmig, ein Gläubiger des Max, hatte

Nach § 778 Abs. 2 ZPO ist eine *Zwangsvollstreckung in den Nachlaß* vor der Annahme der Erbschaft wegen einer Eigenverbindlichkeit des Erben nicht zulässig.

gegen ihn ein vollstreckbares Urteil erwirkt. Bevor Max die Erbschaft angenommen hat, läßt Grimmig ein zum Nachlaß gehörendes Möbelstück pfänden. Muß Max diese Pfändung dulden?

Anderenfalls würde bei späterer Ausschlagung der Erbschaft durch den vorläufigen Erben der endgültige Erbe geschädigt werden. Der vorläufige Erbe kann sich gegen eine derartige Vollstreckung der Eigengläubiger in den Nachlaß wahlweise mit der Erinnerung (§ 766 ZPO) oder der Drittwiderspruchsklage (§ 771 ZPO) zur Wehr setzen.

259. Wie wäre es, wenn im vorigen Fall der Gläubiger Karl Grimmig gegen den Erblasser Ernst Meier ein vollstreckbares Urteil erwirkt hatte und nunmehr in das Eigenvermögen des Erben Max Meyer vollstreckt?

Solange der Erbe die Erbschaft nicht angenommen hat, ist eine Zwangsvollstreckung wegen eines Anspruchs, der sich gegen den Nachlaß richtet, nur in den Nachlaß und nicht in das Eigenvermögen des vorläufigen Erben zulässig (§ 778 Abs. 1 ZPO).

260. Ernst Meyer hat seinen Sohn Max zum Alleinerben eingesetzt. Wenige Tage nach dem Erbfall fällt in dem zum Nachlaß gehörenden Miethaus die Heizung aus. Max läßt die Reparatur durchführen, die 2.500 DM kostet. Drei Wochen nach dem Erbfall schlägt Max die Erbschaft formgerecht aus. Wer muß für die Reparaturkosten einstehen?

Der vorläufige Erbe ist nach § 1959 Abs. 1 berechtigt, vor der Ausschlagung erbschaftliche Geschäfte zu besorgen. Derartige Verpflichtungsgeschäfte für den Nachlaß, wie hier der Abschluß eines Werkvertrags (§ 631), verpflichten den vorläufigen Erben gegenüber dem Dritten persönlich mit seinem Eigenvermögen, es sei denn, daß er gegenüber dem Dritten bei Vertragsschluß erkennbar zum Ausdruck gebracht hat, daß er die Haftung auf den Nachlaß beschränken will.
Er erwirbt jedoch gegen den endgültigen Erben einen Befreiungs- oder nach Befriedigung des Gläubigers einen Erstattungsanspruch nach den Regeln der Geschäftsführung ohne Auftrag (§§ 1959 Abs. 1, 683, 670, 257). Dieser Anspruch nach § 1959 Abs. 1 ist eine Nachlaßverbindlichkeit. Da der Vertrag über die Reparatur der Heizung dem Interesse und mutmaßli-

chen Willen des endgültigen Erben entspricht, kann Max von ihm Erstattung seiner Aufwendung in Höhe von 2.500 DM verlangen.

261. Der Alleinerbe Max Meyer hat die Erbschaft nach seinem Vater Ernst Meyer angenommen. Wenige Tage danach veräußert Max verderbliche Ware an Karl Dreher. Ihm übereignet er auch gegen Zahlung von 5.000 DM die Briefmarkensammlung seines Vaters. Als sich nachträglich die völlige Überschuldung des Nachlasses herausstellt, ficht er die Annahme der Erbschaft an. Sind die Verfügungen über die Nachlaßgegenstände wirksam?

Da die Anfechtung der Annahme als Ausschlagung gilt (§ 1957 Abs. 1) und die Ausschlagung die Wirkung hat, daß der Anfall der Erbschaft an den Ausschlagenden als nicht erfolgt gilt, fehlte Max für seine Verfügungen die Verfügungsmacht. Nach § 1959 Abs. 2 wird die Wirksamkeit der Verfügung durch die Ausschlagung nicht berührt, wenn die Verfügung nicht ohne Nachteil für den Nachlaß verschoben werden konnte. Das trifft für die Veräußerung der verderblichen Ware zu.
Die Verfügung über die Briefmarkensammlung ist dagegen nur wirksam, wenn der endgültige Erbe sie genehmigt (§ 185 Abs. 2) oder der Erwerber nach §§ 929, 932 gutgläubig Eigentum erworben hat. Da eine Genehmigung nicht vorliegt, kommt hier nur ein gutgläubiger Erwerb in Betracht. Fraglich ist, ob hier nicht durch § 935 Abs. 1 ein gutgläubiger Erwerb ausgeschlossen ist, weil die Sache dem endgültigen Erben möglicherweise abhanden gekommen ist. Nach der Fiktion des § 1953 Abs. 1 gilt der Erbe, dem die Erbschaft nach der Ausschlagung angefallen ist, von Anfang an als Erbe, dem nach § 857 auch der unmittelbare Erbenbesitz angefallen ist. Ein Abhandenkommen, d.h. eine Entziehung des Besitzes ohne den Willen des endgültigen Erben, liegt aber deshalb nicht vor, weil der vorläufige Erbe nach § 1959 Abs. 1 oder in entsprechender Anwendung der Regeln der Geschäftsführung ohne Auftrag berechtigt

war, den Besitz an den Nachlaßgegenständen zu ergreifen (BGH NJW 1969, 1349 m.w.N.; a.A. Lange/Kuchinke, § 8 V 1 FN 104). Karl Dreher ist daher durch die vom vorläufigen Erben vorgenommene Veräußerung auch Eigentümer der Briefmarkensammlung geworden (§§ 929, 932).

5. *Die Fürsorge durch das Nachlaßgericht*

262.
Der Gastwirt Karl Krüger ist kinderlos verstorben. Das Nachlaßgericht bestellt Fritz Petersen zum Pfleger der noch unbekannten Erben. Die Tanten des Erblassers Luise und Wilhelmine behaupten beide, Alleinerbinnen geworden zu sein und führen deshalb einen Rechtsstreit über das Erbrecht. Luise hat einen Teil des Nachlasses in Besitz genommen. Kann Petersen von ihr Auskunft und Herausgabe der Nachlaßgegenstände verlangen?

Petersen ist als *Nachlaßpfleger* (§ 1960 Abs. 2) gesetzlicher Vertreter der noch unbekannten Erben, soweit der Nachlaß zu erhalten und zu verwalten ist. Weil er den Nachlaß sicherstellen soll, hat er auch das Recht und die Pflicht, die Nachlaßsachen in Besitz zu nehmen. Er kann deshalb Auskunft und Herausgabe der Nachlaßsachen verlangen. Diesen Anspruch hat der Nachlaßpfleger gegen jeden (auch den gutgläubigen) Erbprätendenten, ohne daß er dessen Nichtberechtigung nachzuweisen brauchte, es sei denn, daß dessen Erbrecht bereits rechtskräftig festgestellt ist (BGH NJW 1972, 1752). Es handelt sich hierbei nicht um einen Anspruch aus § 2018, sondern um einen Anspruch, der sich aus dem Recht des Nachlaßpflegers selbst ergibt; er könnte die ihm übertragenen Aufgaben nicht wahrnehmen, wenn ihm ein derartiger Herausgabeanspruch nicht zustünde.

263. Kaufmann Max Silber führt gegen den Gastwirt Karl Krüger einen Rechtsstreit vor dem Amtsgericht. Krüger hat sich bisher selbst vertreten.
Kann, nachdem Krüger ver-

Durch den Tod einer (nicht durch einen Prozeßbevollmächtigten vertretenen) Partei tritt nach §§ 239 Abs. 1, 246 Abs. 1 ZPO eine Unterbrechung des Verfahrens ein. Sie dauert an, bis das Verfahren von den Rechtsnachfolgern aufgenommen wird (§ 239 Abs. 1 ZPO) oder diese zur

storben ist, auf Antrag Silbers ein Versäumnisurteil ergehen?

Aufnahme und zugleich zur Verhandlung der Hauptsache geladen werden (§ 239 Abs. 2 ZPO).

264. Silber möchte den Prozeß nicht so lange ruhen lassen, bis sich die gesetzlichen Erben Krügers überlegt haben, ob sie die Erbschaft annehmen wollen, oder bis die Ausschlagungsfrist verstrichen ist.
Was kann er unternehmen?

Silber kann beim Nachlaßgericht beantragen, daß zum Zweck der gerichtlichen Geltendmachung seines Anspruchs, der sich nunmehr gegen die Erben richtet, ein Nachlaßpfleger bestellt wird. Diesem Antrag hat das Gericht nach § 1961 zu entsprechen. Dem Nachlaßpfleger kann Silber nach §§ 243, 241 ZPO seine Absicht anzeigen, das Verfahren fortzusetzen. Hiermit ist die Unterbrechung des Prozesses beendet.

265. Ist der Nachlaßpfleger in dem gegen ihn wegen einer Nachlaßverbindlichkeit geführten Prozeß selbst Partei?

Der Nachlaßpfleger vertritt die Erben und ist also gesetzlicher Vertreter der Partei, nicht selbst Partei (BGH NJW 1972, 1757; RGZ 76, 125). Demgegenüber sind der Nachlaßverwalter, der Nachlaßkonkursverwalter und der Testamentsvollstrecker Parteien kraft Amtes (Amtstreuhänder).

266. Petersen ist zum Nachlaßpfleger für den Nachlaß des Ernst Blass bestellt. Erwin Blass, ein Neffe des Erblassers, behauptet, er sei Erbe. Petersen will das nicht anerkennen. Erwin klagt daraufhin gegen Petersen auf Feststellung, daß er, Erwin, Erbe sei.
Ist die Klage zulässig?

Daß Petersen als Nachlaßpfleger gesetzlicher Vertreter der oder des Erben ist, steht der Klage nicht entgegen. Auch eine Klage des Vollmachtgebers gegen den Bevollmächtigten ist zulässig, wenn es sich um den Inhalt oder die Wirksamkeit der Vollmacht handelt. Erwin führt nicht etwa einen Rechtsstreit gegen sich selbst, vielmehr begehrt er die Feststellung, daß Petersen ihn im Rahmen seiner Befugnisse zu vertreten und ihm gegenüber die Pflichten zu erfüllen hat, die einem Nachlaßpfleger den Erben gegenüber obliegen (Erhaltung und Verwaltung des Nachlasses, Pflicht zur Herausgabe des Nachlasses und Rechnungslegung nach Aufhebung der Pflegschaft, §§ 1960, 1915, 1890). (Vgl. dazu BGH NJW 1951, 559; RGZ 106, 47.)

6. *Der Erbschein*

267. Welche Arten von Erbscheinen sind im BGB vorgesehen?

a) Der *Alleinerbschein*, der das Erbrecht eines Alleinerben bezeugt (§ 2353 1. Fall),
b) der *Teilerbschein*, der lediglich den Erbteil eines von mehreren Miterben bezeugt (§ 2353 2. Fall),
c) der *gemeinschaftliche Erbschein*, der das Erbrecht aller Miterben einer Miterbengemeinschaft und die Größe ihrer Erbteile ausweist (§ 2357),
d) der *gegenständlich beschränkte Erbschein*, der das Erbrecht nur für die im Inland befindlichen Gegenstände eines Nachlasses bezeugt (§ 2369).

268. Der Gutsbesitzer Oskar Reichlich ist verstorben. Sein Sohn Arthur will sich einen Erbschein erteilen lassen. Welche Angaben hat der Erbschein zu enthalten?

a) Den Namen des Erblassers,
b) den oder die Namen der Erben,
c) die Angabe der Größe der Erbteile,
d) gegebenenfalls die Ernennung eines Testamentsvollstreckers (§ 2364);
e) falls der Erbe nur Vorerbe ist (§ 2363):
(1) die Anordnung der Nacherbfolge und Ersatznacherbfolge,
(2) die Voraussetzungen, unter denen die Nacherbfolge eintritt,
(3) die Person des oder der Nacherben,
(4) die zulässige Befreiung von Beschränkungen (§ 2136),
(5) die Unvererblichkeit des Nacherbenrechts (RGZ 154, 330).

269. Das Nachlaßgericht erachtet die von Arthur Reichlich angegebenen Tatsachen als festgestellt und

Ein unrichtiger Erbschein ist nicht zu berichtigen, sondern durch das Nachlaßgericht von Amts wegen einzuziehen (§ 2361). Die Einziehung darf erst ange-

erteilt ihm einen Erbschein. Nach einem Jahr stellt sich heraus, daß ein zur Zeit des Erbfalls bereits lebender, auch erbberechtigter Enkel des Erblassers im Erbschein nicht mit angegeben ist. Kann Arthur Berichtigung des Erbscheins beantragen?

ordnet werden, wenn das Gericht nach Durchführung der erforderlichen Ermittlungen die Richtigkeit des Erbscheins nicht mehr als erwiesen erachtet. Mit der Einziehung wird der Erbschein nach § 2361 Abs. 1 S. 2 kraftlos. Kann er nicht sofort erlangt werden, so hat ihn das Nachlaßgericht durch Beschluß für kraftlos zu erklären (§ 2361 Abs. 2 S. 1). Nach der Einziehung können die Erben erneut einen Erbschein beantragen.

270. Welche Vermutung begründet der Erbschein?

Er begründet die *Vermutung der Richtigkeit und Vollständigkeit* (§ 2365): Es wird (widerlegbar) vermutet, daß denjenigen, die im Erbschein als Erben bezeichnet sind, das darin angegebene Erbrecht zusteht und daß sie nicht durch andere als die angegebenen Anordnungen (z.B. Nacherbfolge, Testamentsvollstreckung) beschränkt sind.

271. Die in einem gemeinschaftlichen Testament zur Erbin eingesetzte Ehefrau Eva Blass beantragt die Erteilung eines Erbscheins auf sich als alleinige Vollerbin nach ihrem Ehemann Ernst Blass. Das Nachlaßgericht legt das Testament, dessen Wortlaut nicht eindeutig ist, dahin aus, daß Eva Blass nur Vorerbin, die im Testament weiter erwähnten Kinder der Eheleute nicht Schlußerben des Überlebenden, sondern Nacherben des erstverstorbenen Ehegatten sind. Kann das Nachlaßgericht

Das Nachlaßgericht muß den Antrag auf Erteilung eines Erbscheins für Eva Blass als Vollerbin ablehnen. Erbscheinantrag und Erbschein müssen sich decken. Das Nachlaßgericht hat nur darüber zu befinden, ob der Antrag begründet ist oder nicht. Die erforderlichen Ermittlungen, auch Beweiserhebungen hat es hierbei von Amts wegen vorzunehmen (§ 2358). Hält es den Antrag für unbegründet, so muß es die Erteilung des beantragten Erbscheins verweigern. Es ist aber zulässig, daß der Erbe neben dem Hauptantrag einen Hilfsantrag stellt, über den nur dann zu entscheiden ist, wenn das Nachlaßgericht dem Hauptantrag nicht stattgibt (RGZ 156, 172, 180).

den Erbschein in der Weise erteilen, daß Eva Vorerbin und die Kinder Nacherben sind?

272. Karl Hurtig hat auf Grund eines Testaments seines Vaters, in dem er zum Alleinerben eingesetzt ist, einen Erbschein als Alleinerbe erhalten. Sein Bruder Kurt ist der Ansicht, das Testament sei ungültig und er sei zur Hälfte Miterbe geworden. Was kann er gegen den erteilten Erbschein unternehmen?

Gegen den vom Richter erteilten Erbschein (§ 16 Abs. 1 Nr. 6 RPflG zu unterscheiden vom Fall des § 3 Nr. 2c RPflG) ist die Beschwerde nach §§ 19ff. FGG zulässig. Diese kann aber nur das Ziel haben, den erteilten Erbschein für die Zukunft nach § 2361 einzuziehen. Ein Antrag, den Erbschein mit rückwirkender Kraft aufzuheben, wäre unbegründet. Der Grund für die Beschränkung der Beschwerde auf dieses Ziel besteht darin, daß mit der Erteilung des Erbscheins ein Vertrauenstatbestand und damit ein Gutglaubensschutz nach §§ 2365ff. begründet worden ist. Einem zwischenzeitlichen gutgläubigen Erwerb von Nachlaßgegenständen durch einen Dritten darf nicht durch eine rückwirkende Aufhebung des Erbscheins im Beschwerdeverfahren nachträglich der Boden entzogen werden (RGZ 61, 273, 276; KG OLGZ 71, 215f.).

Hat Kurt mit dem Antrag auf Einziehung des Erbscheins nach § 2361 Erfolg, wird der Erbschein mit Einziehung (§ 2361 Abs. 1) oder mit Fristablauf nach einer Kraftloserklärung (§ 2361 Abs. 2) für die Zukunft ungültig. (Vgl. die ähnliche Regelung für Rechtsmittel gegen Eintragungen im Grundbuch: Auch hier ist, soweit auf Grund der Eintragung im Grundbuch nach § 892 ein Gutglaubensschutz besteht, die Rechtspfleger-Erinnerung nach § 11 RPflG bzw. die Grundbuchbeschwerde nach § 71 Abs. 2 GBO nur zulässig, wenn sie auf die Eintragung eines Widerspruchs oder einer Löschung nach § 53 GBO beschränkt ist.)

273. Das Nachlaßgericht hat den Antrag auf Erteilung eines Erbscheins auf Eva Blass als Vollerbin abgelehnt. Hiergegen legt Eva Beschwerde ein. Kann das Beschwerdegericht, wenn es die Auffassung des Nachlaßgerichts nicht teilt, vielmehr den Antrag als begründet ansieht, den Erbschein erteilen?

Das Beschwerdegericht ist nicht dazu berufen, selbst einen Erbschein zu erteilen (BayObLGZ 1954, 71, 78); das ist allein Sache das Nachlaßgerichts (§ 2353). Das Beschwerdegericht muß daher den ablehnenden Beschluß des Nachlaßgerichts aufheben und dieses anweisen, den Erbschein nach Antrag zu erteilen (Erman/Schlüter, § 2353 Rdnr. 13).

274. Das Nachlaßgericht hat Eva Blass den Erbschein dahin erteilt, daß sie Alleinerbin ist. Einen späteren Antrag der Kinder auf Einziehung des Erbscheins wegen Unrichtigkeit hat es abgelehnt; die hiergegen gerichtete Beschwerde war erfolglos. Nunmehr erheben die Kinder vor dem Prozeßgericht Klage gegen die Mutter auf Feststellung, daß diese nur Vorerbin, die Kinder Nacherben seien.
Ist das Prozeßgericht an die Rechtskraft des Erbscheins gebunden?

Den Entscheidungen im Erbscheinsverfahren kommt keine materielle Rechtskraft zu (KG NJW 1955, 1074). Die Vermutung der Richtigkeit des Erbscheins (§ 2365) ist widerleglich. Das Prozeßgericht ist in keiner Weise an den Erbschein gebunden.

275. Bevor Eva Blass einen Erbscheinsantrag gestellt hat, ist es zum Prozeß zwischen ihr und den Kindern gekommen. Das Prozeßge-

An das Urteil ist zwar nach § 322 ZPO ein später über einen Rechtsstreit zwischen denselben Parteien (oder ihren Rechtsnachfolgern, § 325 ZPO) urteilendes Prozeßgericht gebunden, wenn in dem späte-

richt hat rechtskräftig festgestellt, daß Eva Blass nur Vorerbin ist. Nunmehr beantragt sie beim Nachlaßgericht die Ausstellung eines Erbscheins, in dem sie als Vollerbin ausgewiesen ist. Kann das Nachlaßgericht, wenn es die Entscheidung des Prozeßgerichts für unrichtig hält, den beantragten Erbschein erteilen?

ren Prozeß die Erbenstellung z.B. Vorfrage ist. Das Nachlaßgericht als Gericht der freiwilligen Gerichtsbarkeit ist aber an die Rechtskraft eines Urteils (außer bei Gestaltungsurteilen) nicht gebunden. Das folgt schon aus der Verschiedenheit der beiden Verfahren: Das Nachlaßgericht ermittelt von Amts wegen, das Prozeßgericht ist an das Parteivorbringen gebunden. Trotzdem ist es dem Nachlaßgericht hier verwehrt, Eva Blass einen Erbschein als Vollerbin zu erteilen. Würde ein solcher Erbschein erteilt, so könnten die Kinder vor dem Prozeßgericht gegen Eva Blass mit Erfolg auf Herausgabe des Erbscheins an das Nachlaßgericht klagen (§ 2362). Das Prozeßgericht ist an die rechtskräftige Feststellung des Erbrechts gebunden und müßte Eva zur Herausgabe des Erbscheins verurteilen. Die Herausgabe wirkt als Einziehung, damit wird der Erbschein kraftlos (§ 2361 Abs. 1 S. 2). Es geht aber nicht an, daß das Nachlaßgericht einen Erbschein erteilt, dessen Einziehung jederzeit durch Klage erwirkt werden kann.

276. Nach dem Tod von Oskar Reichlich wird seinem Sohn Arthur auf Grund eines Testaments aus dem Jahre 1990 ein Erbschein erteilt, der Arthur als Alleinerben ausweist. Arthur verkauft und übereignet die Briefmarkensammlung, die er im Nachlaß vorgefunden hat, an Kunz. Kurz darauf wird ein Testament aus dem Jahre 1991

Ein *gutgläubiger Eigentumserwerb* nach §§ 929, 932 Abs. 1 ist deshalb nicht möglich, weil die Briefmarkensammlung dem Erben Karl Bräsig i.S. von § 935 Abs. 1 abhanden gekommen war. Mit dem Erbfall war der Besitz, so wie er beim Erblasser Oskar Reichlich bestanden hatte (unmittelbarer Besitz), auf den Erben Karl Bräsig übergegangen (§ 857). Diesen Besitz an der Briefmarkensammlung hat Karl Bräsig ohne seinen Willen verloren.

Kunz hat die Briefmarkensammlung aber nach §§ 2366, 929 gutgläubig erworben.

aufgefunden, in dem Oskar Reichlich seinen Neffen Karl Bräsig zum Erben eingesetzt hat. Der Arthur erteilte Erbschein wird eingezogen. Hat Kunz Eigentum an der Briefmarkensammlung erworben?

§ 2366 fingiert die Richtigkeit des Erbscheins mit der Wirkung, daß der Erbscheinserbe gegenüber dem gutgläubigen Erwerber nicht nur als Eigentümer, sondern auch als Besitzer der Nachlaßgegenstände behandelt wird, die im Eigentum oder im Besitz des Erblassers standen. Wer vom Erbscheinserben erwirbt, erwirbt über § 2366 nach denselben Vorschriften, nach denen er die Gegenstände vom Erben erworben hätte (Schlüter, § 33 VI 1 a). Wäre die Briefmarkensammlung Kunz von dem wirklichen Erben Karl Bräsig übereignet worden, so hätte er nach § 929 Eigentum erworben. § 2366 geht über den Schutz der §§ 932ff. hinaus, weil er den Besitz- und Eigentumsschutz des wahren Erben, der durch die §§ 857, 935 begründet ist, ausschaltet.

Für den gutgläubigen Erwerb vom Erbscheinserben ist es unerheblich, ob sich der Erwerber den Erbschein hat vorlegen lassen oder nicht. Kunz ist also nach §§ 2366, 929 Eigentümer der Briefmarkensammlung geworden.

277. Hätte im vorigen Fall Kunz Eigentum an der Briefmarkensammlung erworben,
a) wenn sie nicht dem Erblasser, sondern dessen Freund Felix Arnold gehörte, der sie Oskar Reichlich zur Verwahrung übergeben hatte;
b) wenn sie dem Fabrikanten Eilers gestohlen war?

a) Hier ist ein Eigentumserwerb nur möglich, wenn sowohl die Voraussetzungen des § 2366 als auch die der §§ 929, 932 vorlagen. Der *Erbschein fingiert nur den Bestand des Erbrechts,* nicht aber die Zugehörigkeit eines Gegenstandes zum Nachlaß. Der Gutglaubensschutz des § 2366 bewirkt daher lediglich, daß der Erwerber Kunz so gestellt wird, als ob er vom wirklichen Erben Karl Bräsig erworben hätte. Da der wirkliche Erbe nicht Eigentümer war, hätte Kunz auch von ihm nur unter den Voraussetzungen der §§ 929, 932 Abs. 1 gutgläubig Eigentum erwerben können. Kunz muß also ohne grobe Fahrlässigkeit angenommen haben, daß die Briefmarkensammlung, die sich im Nachlaß befand, Eigentum des Erblassers bzw. seines Erben war. Davon ist hier auszugehen, so daß Kunz auch hier Eigentümer der Briefmarkensammlung geworden ist.

b) Ein gutgläubiger Eigentumserwerb scheidet hier aus, weil die Briefmarkensammlung i.S. von § 935 Abs. 1 abhanden gekommen war. Kunz hätte auch vom wirklichen Erben Karl Bräsig nicht gutgläubig, Eigentum erwerben können.

278. Der Erbscheinserbe Arthur Reichlich tritt eine Darlehensforderung, die dem Erblasser Oskar Reichlich zustand, an den gutgläubigen Fritz Zander ab. Zwei Jahre später stellt sich heraus, daß Karl Bräsig der wirkliche Erbe ist.
Ist Fritz Zander Gläubiger der Darlehensforderung geworden?

Zu den Erbschaftsgegenständen, die nach § 2366 vom Erbscheinserben gutgläubig erworben werden können, gehören auch Forderungen (ein *gutgläubiger Forderungserwerb* ist sonst, sieht man von § 405 ab, nicht möglich). Da Zander nach § 2366 so zu stellen ist, als ob der wirkliche Erbe Karl Bräsig ihm die Forderung nach § 398 abgetreten hätte, ist er Gläubiger der Darlehensforderung geworden.

279. Auf den Namen des Erblassers Oskar Reichlich ist im Grundbuch eine Hypothek eingetragen, mit der eine Darlehensschuld des Grundstückseigentümers Eigner gesichert war. Eigner hat diese Darlehensschuld schon vor Jahren getilgt. Der Erbscheinserbe Arthur Reichlich tritt die Hypothek

Durch den Gutglaubensschutz nach § 2366 wird Zander lediglich so gestellt, als ob er die Hypothek vom wirklichen Erben erworben hätte. Da auch der wirkliche Erbe die Hypothek nicht erworben hätte, weil die gesicherte Forderung nicht mehr bestand, hätte er die Hypothek auch nicht nach § 1154 abtreten können. Die Hypothek war mit der Tilgung der Forderung zu einer Eigentümergrundschuld geworden (§ 1163 Abs. 1 S. 2). Zander hat aber

an den gutgläubigen Fritz Zander ab. Hat Zander die Hypothek erworben?

nach § 2366 i.V.m. §§ 1138, 892 gutgläubig das dingliche Verwertungsrecht ohne die Darlehensforderung erworben.

280. Arthur Reichlich ist im Erbschein als alleiniger Testamentserbe seines Vaters bezeichnet. Er tritt eine auf den Namen seines Vaters im Grundbuch eingetragene Buchhypothek an Franz Silber ab. Kurz darauf wird der Erbschein eingezogen. Einen Tag später wird die Abtretung der Buchhypothek im Grundbuch eingetragen. Ist Franz Silber Hypothekengläubiger geworden?

Eine Buchhypothek wird nach §§ 1154 Abs. 3, 873 Abs. 1 erst erworben, wenn die Abtretung der Hypothekenforderung im Grundbuch eingetragen ist. Franz Silber konnte die Buchhypothek deshalb nicht mehr nach § 2366 gutgläubig vom Erbscheinserben Arthur Reichlich erwerben, weil mit der Einziehung des Erbscheins die Grundlage für den Gutglaubensschutz entfallen war. Anders als bei § 892 Abs. 2 reicht es bei § 2366 nicht aus, daß der Dritte bei Stellung des Eintragungsantrags gutgläubig gewesen ist. Die Voraussetzungen des § 2366 (Erbschein, guter Glaube des Dritten) müssen in dem Zeitpunkt vorliegen, in dem sich der Rechtserwerb vollendet. Da der Erbschein vor der Eintragung im Grundbuch eingezogen worden ist, ist Franz Silber nicht Hypothekengläubiger geworden.

281. Der Kaufmann Walter Groß schuldet dem Erblasser Oskar Reichlich für eine Warenlieferung 5.000 DM. Er zahlt den Betrag an Arthur Reichlich, der sich durch einen Erbschein als alleiniger Erbe seines Vaters ausweist. Nachdem der Erbschein eingezogen ist, verlangen die Erben von Oskar Reichlich nochmalige Zahlung dieses Betrags. Mit Recht?

Wenn an denjenigen, der in einem Erbschein als Erbe bezeichnet ist, aufgrund eines zur Erbschaft gehörenden Rechts (hier das Forderungsrecht gegen Groß) eine Leistung bewirkt wird, so gilt zugunsten des Leistenden der Inhalt des Erbscheins als richtig (§§ 2367, 2366). Die *Leistung an den Erbscheinserben* Arthur Reichlich hat danach die gleiche Wirkung wie die an die wahren Erben von Oskar Reichlich. Groß hätte nur dann nochmals zu leisten, wenn er bei der Zahlung die Unrichtigkeit des Erbscheins gekannt oder gewußt hätte, daß das Nachlaßgericht den Erbschein wegen seiner Unrichtigkeit zurückverlangt hatte.

282. Nach dem Tod von Oskar Reichlich hat das Nachlaßgericht seinem Sohn Arthur Reichlich einen Erbschein erteilt, der ihn als Alleinerben ausweist. Ohne diesen unrichtigen Erbschein einzuziehen, hat das Nachlaßgericht dem wahren Erben Karl Bräsig ebenfalls als Alleinerben einen Erbschein erteilt.
Können Dritte, die von Arthur Reichlich Nachlaßgegenstände erwerben, sich auf den öffentlichen Glauben des Erbscheins berufen?

Bei mehreren einander widersprechenden Erbscheinen entfällt für jeden Erbschein, soweit ein Widerspruch besteht, nicht nur die Vermutung für seine Richtigkeit, sondern auch die Wirkung des öffentlichen Glaubens (BGHZ 33, 314, 316; 58, 105, 108). Lange/Kuchinke (§ 41 II 5b FN 69) will den Dritten dann schützen, wenn er nicht weiß, daß noch ein anderer widersprechender Erbschein vorhanden ist. Diese Meinung ist abzulehnen, weil der Schutz des guten Glaubens nicht davon abhängt, ob ein Erbschein vorgelegt wird, seine Existenz oder sein Inhalt bekannt ist und ob ein ursächlicher Zusammenhang zwischen dem Vertrauen auf die beurkundete Rechtslage und dem geschützten Geschäft besteht (BGHZ 33, 314).

7. Der Erbschaftsanspruch

283. Der Kaufmann Jakob Blass hat sein Lebensmittelgeschäft an Klein verpachtet. Als Blass gestorben und der Pachtvertrag abgelaufen ist, weigert sich Klein, das Geschäftsunternehmen dem Erben Felix Guttmann herauszugeben. Er will nur den Sohn des Erblassers Hans Blass als Erben anerkennen.
Welche Ansprüche hat der Erbe Guttmann gegen Klein?

Ihm steht nur der Eigentumsherausgabeanspruch (§ 985, rei vindicatio) und der Rückgabeanspruch des Verpächters (§§ 581 Abs. 2, 556 Abs. 1) und nicht der Erbschaftsanspruch (§ 2018, hereditatis petitio) zu. Der Erbschaftsanspruch steht dem Erben nur gegen einen solchen Besitzer von Erbschaftsgegenständen zu, der sich selbst eines ihm nicht oder nicht in dem behaupteten Umfang zustehenden Erbrechts berühmt.

284. Worin besteht die rechtliche und praktische Besonderheit des Erbschaftsanspruchs?

Er ist ein einheitlicher Anspruch *(Gesamtanspruch)* des Erben gegen den Erbschaftsbesitzer. Der Erbe braucht als Kläger nicht zu behaupten (und gegebenenfalls zu beweisen), welche rechtlichen Beziehungen der Erblasser zu den einzelnen in den Besitz des Beklagten gelangten Nachlaßsachen hatte. Er stützt sich darauf, daß der Besitz des Erblassers auf den Erben übergegangen ist (§ 857). Der Anspruch geht auf Herausgabe des aus der Erbschaft Erlangten als Ganzes; die Klage ist eine *Universalklage* (im Gegensatz zur Singularklage etwa aus § 985). Der Kläger hat lediglich zu behaupten und im Streitfall zu beweisen, daß er Erbe geworden ist und daß der Beklagte aufgrund eines vermeintlichen Erbrechts etwas aus dem Nachlaß erlangt hat. Der Beklagte muß gegebenenfalls beweisen, daß er den Besitz nicht mehr hat (vgl. § 2021).

285. Jakob Blass hat nicht nur Felix Guttmann, sondern auch seinen Sohn Hans Blass zu Erben eingesetzt. Guttmann nimmt das Geschäft in seinen Alleinbesitz und erkennt das Erbrecht von Hans Blass nicht an. Kann dieser aus § 2018 klagen?

Die *Erbschaftsklage nach § 2018* kann nicht nur von Erben gegen Nichterben, sondern auch von Miterben gegen andere Miterben erhoben werden. Dieser Anspruch besteht, wenn sich ein Miterbe den Alleinbesitz von Erbschaftsgegenständen verschafft und sich ein über sein wirkliches Miterbenrecht hinausgehendes Erbrecht anmaßt (RGZ 81, 293). Hans kann aber nur Einräumung des Mitbesitzers verlangen.

286. Könnte Hans Blass den Erbschaftsanspruch auch dann gegen Guttmann geltend machen, wenn dieser das Geschäft vor dem Erbfall als Pächter in seinem Besitz gehabt hätte?

Zwar ist nur derjenige nach § 2018 Erbschaftsbesitzer und damit richtiger Beklagter für eine Erbschaftsklage, der „etwa aus der Erbschaft erlangt hat", während Guttmann hier den Besitz zu Lebzeiten von Jakob Blass aus dessen Vermögen erhalten hat, als es also noch keine Erbschaft darstellte. Die Stellung eines Erbschaftsbesitzers hat Guttmann aber dadurch erlangt, daß er nach dem Tod des Erblassers in Anmaßung eines über sein wirkliches Recht hinausgehenden Erbrechts die Herausgabe des Geschäfts an den Miterben Hans verweigert hat und so seinen Fremdbesitz (als Pächter) in Eigenbesitz (als angeblicher Alleinerbe) umgewandelt hat (dazu RGZ 81, 293; KG MDR 1974, 317f.).

287. Oskar Bolle ist Witwer und lebt mit seiner Wirtschafterin Frieda Los zusammen. Er verfaßt ein Testament, durch das er Frieda zu seiner alleinigen Erbin einsetzt. Nach seinem Tod nimmt Frieda das aus dem Nachlaß stammende Geld an sich und schafft sich dafür Garderobe an. 1.000 DM gibt sie für eine Urlaubsreise aus. Bald darauf wird ein später verfaßtes Testament des Erblassers aufgefunden, in dem er seinen Sohn Karl Bolle zu seinem Alleinerben einsetzt.
a) Wer ist Eigentümer der angeschafften Kleider?
b) Kann Karl Ersatz der 1.000 DM verlangen, die Frieda für ihre Urlaubsreise ausgegeben hat?

a) Da durch das spätere Testament die Erbeinsetzung von Frieda widerrufen ist, war sie nicht Erbin, sondern nur Erbschaftsbesitzerin. Erbe ist Karl Bolle. Er ist auch Eigentümer der Kleidungsstücke, die Frieda mit Nachlaßmitteln angeschafft hat. Nach § 2019 Abs. 1 gilt auch das als aus der Erbschaft erlangt, was der Erbschaftsbesitzer durch Rechtsgeschäft mit Mitteln der Erbschaft erwirbt (Grundsatz der dinglichen Ersetzung, *Surrogation*). Frieda ist, obwohl nach den Vereinbarungen mit dem Verkäufer das Eigentum auf sie übergehen sollte, nicht Eigentümerin geworden; das Eigentum ist vielmehr unmittelbar ohne Durchgangserwerb nach § 2019 auf Karl Bolle als Erben übergegangen.
b) Soweit der Erbschaftsbesitzer zur Herausgabe von Erbschaftsgegenständen außerstande ist, bestimmt sich nach § 2021 seine Herausgabepflicht nach Bereicherungsrecht. Da Frieda die 1.000 DM verbraucht hat, ohne daß ein Gegenwert an deren Stelle getreten ist, ist sie nicht mehr bereichert und die Verpflichtung zur Herausgabe entfallen (§ 818 Abs. 3).

288. Wie wäre es im vorigen Fall, wenn Frieda vor ihrer

In diesem Fall hätte sie die 1.000 DM zu ersetzen. Erfährt der Erbschaftsbesitzer,

Urlaubsreise erfahren hätte, daß Karl Bolle Erbe ist?

daß er nicht Erbe ist, so haftet er von diesem Zeitpunkt an nach §§ 2024 S. 2, 2023 Abs. 1 wie der Besitzer dem Eigentümer von der Rechtshängigkeit des Eigentumsherausgabeanspruchs an, also grundsätzlich für jede verschuldete Unmöglichkeit der Herausgabe (§ 989).

289. Wie kann sich Karl Bolle als Erbe Gewißheit darüber verschaffen, daß die ihm von der Erbschaftsbesitzerin Frieda Los übergebenen Vermögensgegenstände die gesamte Erbschaft darstellen?

Der Erbschaftsbesitzer ist nach § 2027 verpflichtet, dem Erben über den Bestand der Erbschaft und den Verbleib der Erbschaftsgegenstände *Auskunft* zu erteilen. Er kann verlangen, daß Frieda ihm ein Verzeichnis der Nachlaßgegenstände vorlegt und u. U. die Vollständigkeit ihrer Angaben an Eides Statt versichert (§ 260). Frieda Los ist darüber hinaus auch nach § 2028 zur Auskunft verpflichtet, weil sie sich mit dem Erblasser in häuslicher Gemeinschaft befunden hat.

290. Muß der Erbe Karl Bolle, wenn er gegen Frieda Los die Erbschaftsklage erhebt, im Klageantrag die einzelnen Nachlaßgegenstände aufführen oder genügt es, wenn er den Klageantrag stellt: „Die Beklagte zu verurteilen, die in ihren Besitz gelangte Erbschaft des Oskar Bolle an den Kläger herauszugeben"?

Der Erbschaftsanspruch ist zwar auf Herausgabe der Erbschaft als solcher gerichtet; indessen würde eine Verurteilung auf Herausgabe der Erbschaft keinen für die Zwangsvollstreckung geeigneten Titel darstellen. Der Titel muß genau angeben, welche bestimmten Sachen der Beklagte herausgeben muß, weil sonst der Gerichtsvollzieher nicht weiß, welche Gegenstände er dem Schuldner wegzunehmen hat (vgl. § 883 ZPO).

Bei der Erhebung der Erbschaftsklage ist der Erbe häufig nicht in der Lage, die einzelnen Nachlaßgegenstände zu bezeichnen. Er kann deshalb die *Herausgabeklage mit der Klage auf Auskunftserteilung* (§ 2027) *verbinden* (Stufenklage i. S. von § 254 ZPO). Hierbei kann er zunächst die Bezeichnung der einzelnen herausverlangten Gegenstände offenlassen. Erreicht er eine Verurteilung des Erbschaftsbesitzers zur Auskunftserteilung und wird daraufhin diese Auskunft nach § 260 erteilt, so kann der Erbe die einzelnen Nachlaßgegenstände im Klageantrag genau bezeichnen (§ 253 Abs. 2 Nr. 2 ZPO).

291. Guttmann hat aufgrund eines – wie sich später herausstellt – ungültigen Testaments ein zum Nachlaß gehöriges Grundstück und einen Kraftwagen in Besitz genommen. Kann der Erbe Hans Blass wegen der beiden Nachlaßsachen anstelle des Erbschaftsanspruchs (§ 2018) den Eigentumsherausgabeanspruch (§ 985) geltend machen?

Dem Erben steht es frei, ob er nach § 2018 (hereditatis petitio) oder nach § 985 (rei vindicatio) vorgeht. Diese Ansprüche unterscheiden sich aber nicht nur in den Voraussetzungen, sondern auch in den Rechtsfolgen. So muß der gutgläubige Erbschaftsbesitzer nach § 2020, anders als der Besitzer aus dem Eigentümerbesitzverhältnis nach § 993 Abs. 1, alle Nutzungen herausgegeben. Seine Haftung ist allerdings durch § 2021 begrenzt. Andererseits hat der Erbschaftsbesitzer in weiterem Umfang (§ 2022) als der Besitzer aus dem Eigentümerbesitzerverhältnis (§§ 994, 996) einen Anspruch auf Ersatz seiner Verwendungen. Im übrigen ist der gutgläubige Erbschaftsbesitzer vor Rechtshängigkeit von jeder Haftung für sein Verhalten befreit.

Um zu vermeiden, daß der Erbe durch die Wahl der Einzelklage nach § 985 die Lage des Erbschaftsbesitzers verschlechtert, schreibt § 2029 vor, daß sich die Haftung des Erbschaftsbesitzers auch in diesem Fall nach den Vorschriften über den Erbschaftsanspruch richtet.

292. Welche andere Gesamtklage ist der Erbschaftsklage nachgebildet?

Die Klage desjenigen, der fälschlich für tot erklärt oder für tot gehalten worden ist, gegen denjenigen, der sein Vermögen als vermeintlicher Erbe an sich genommen hat (§ 2031).

VIII. Die Miterbengemeinschaft

1. Die Miterbengemeinschaft als Gesamthandsgemeinschaft und der Miterbenanteil

293. Jakob Blass ist gestorben. Sein Vermögen bestand im wesentlichen aus einem Grundstück. Sein Sohn Hans erscheint beim Grundbuchamt, legt einen Erbschein vor, nach dem er und seine Schwester Gabriele je zur Hälfte Erben ihres Vaters sind, und beantragt die Berichtigung des Grundbuchs dahin, daß nunmehr Gabriele und er Grundstückseigentümer je zur Hälfte seien.
Wird das Grundbuchamt diesem Antrag stattgeben?

Nein. Hinterläßt der Erblasser mehrere Erben, so erwerben sie nicht an den einzelnen zum Nachlaß gehörenden Gegenständen Miteigentum zu Bruchteilen (§ 1008), sondern den Nachlaß gemeinschaftlich zur gesamten Hand (§ 2032). Soll dieses *Gesamthandseigentum* in Bruchteilseigentum umgewandelt werden, so ist, auch wenn die Bruchteile den Erbteilen entsprechen, eine Auflassung zwischen der aus Hans und Gabriele bestehenden Gesamthandsgemeinschaft einerseits und Hans und Gabriele als Einzelpersönlichkeiten andererseits sowie eine (rechtsbegründende, nicht berichtigende) Eintragung ins Grundbuch erforderlich. Sie müßte die Auflassung gleichzeitig vor einem Notar erklären (§ 925). An dieser Auflassung sind Hans und Gabriele also einerseits als Träger des gesamthänderisch gebundenen Sondervermögens (Nachlaß) und andererseits als Träger ihres ungebundenen Privat- oder Eigenvermögens beteiligt.

294. Hans und Gabriele Blass sind als Miterben in ungeteilter Erbengemeinschaft als Eigentümer des zum Nachlaß gehörenden Grundstücks eingetragen worden. Hans bewilligt in einer öffentlich beglaubigten Urkunde die Eintragung

Das Grundbuchamt darf diesem Antrag von Hans nicht stattgeben. Ein Miterbe kann nach § 2033 Abs. 1 nur über seinen Anteil am Nachlaß (über seinen Miterbenanteil), *nicht* aber über etwaige *Anteile an den* zum Gesamthandsvermögen Nachlaß gehörenden *einzelnen Gegenständen* verfügen (§ 2033 Abs. 2). Daher ist die Eintragung einer Hypothek und damit auch

einer Vormerkung zur Sicherung des Anspruchs seines Gläubigers Grimmig auf Eintragung eines Hypothek auf dem Anteil des Hans an dem Grundstück.
Wird das Grundbuchamt die Vormerkung eintragen?

die Eintragung einer auf ihre Bestellung gerichteten Vormerkung rechtlich unzulässig (RGZ 88, 21, 26). Eine trotzdem erfolgte Eintragung müßte als inhaltlich unzulässig gelöscht werden (§ 53 Abs. 1 S. 2 GBO).

295. Hätte Hans seinen „Anteil" am Nachlaßgrundstück mit Zustimmung seiner Schwester Gabriele belasten oder veräußern können?

Eine Verfügung über einen „Anteil" eines zum Nachlaß gehörenden Gegenstands ist auch mit Zustimmung der Miterben nicht möglich. Das *Verfügungsverbot des § 2033 Abs. 2* besteht schlechthin. Es bezweckt, die Gläubiger vor Zersplitterung des Nachlasse zu schützen. Hans und Gabriele müßten ihr Gesamthandseigentum an dem Grundstück durch Auflassung in Bruchteilseigentum (§ 1008) verwandeln. Danach kann jeder über seinen Bruchteil verfügen (§ 747).

296. Kann über einen Nachlaßgegenstand verfügt werden, solange die Miterben den Nachlaß nicht geteilt haben und daher alle Nachlaßgegenstände im Gesamthandseigentum der Miterben stehen?

§ 2033 Abs. 2 verbietet nur die Verfügung über „Anteile" an einzelnen Nachlaßgegenständen, nicht aber Verfügungen über die Gegenstände selbst. Allerdings erfordert eine solche Verfügung die Mitwirkung aller Miterben (§ 2040 Abs. 1).

297. Kann sich ein Miterbe ohne Zustimmung der anderen Miterben verpflichten,
a) seinen „Anteil" an einem zum ungeteilten Nachlaß gehörigen Grundstück oder
b) das Grundstück selbst zu übertragen?

a) Die Verpflichtung, über einen „Anteil" an einem Nachlaßgegenstand zu verfügen, ist auf eine objektiv unmögliche Leistung gerichtet und daher nach § 306 nichtig.
b) Verpflichtungsgeschäfte, die ein Miterbe im eigenen Namen über einen Nachlaßgegenstand abschließt, sind wirksam, weil sie nicht auf eine objektiv unmögliche Leistung gerichtet sind. Der Miterbe kann diese Verpflichtung allerdings nur mit Zu-

stimmung der anderen Miterben erfüllen (§ 2040 Abs. 1); verweigern die Miterben ihre Zustimmung zu der Verfügung, so hat der Miterbe seinem Vertragspartner wegen der anfänglich subjektiven Unmöglichkeit Schadensersatz wegen Nichterfüllung zu leisten.

298. Zum Nachlaß des Jakob Blass gehört ein Handelsgeschäft. Seine Erben Hans und Gabriele führen das väterliche Geschäft als offene Handelsgesellschaft fort. Hans beantragt, das Grundbuch dahin zu berichtigen, daß nunmehr die offene Handelsgesellschaft Eigentümerin des Geschäftsgrundstücks ist. Der Grundbuchbeamte erklärt, die offene Handelsgesellschaft könne nur aufgrund einer Auflassung als Eigentümerin eingetragen werden. Hans hält das für entbehrlich, weil sowohl die Erbengemeinschaft als auch die offene Handelsgesellschaft Gemeinschaften zur gesamten Hand seien; ein Eigentumswechsel habe nicht stattgefunden, weil sowohl er als auch seine Schwester Eigentümer zu den gleichen Anteilen geblieben seien. Ist die Grundbuchberichtigung vorzunehmen?

Trotz der Identität der natürlichen Rechtsträger handelt es sich bei der Erbengemeinschaft und der offenen Handelsgesellschaft um zwei voneinander getrennte Sondervermögen. Beide sind zwar Gesamthandsgemeinschaften, sie dienen aber jeder für sich einem besonderen Gesamthandszweck, vor allem einer besonderen Schuldenhaftung. Hinzu kommt, daß sich beide Gesamthandsgemeinschaften in ihrer rechtlichen Ausgestaltung wesentlich voneinander unterscheiden: Während etwa bei der Miterbengemeinschaft zur Verfügung über ein Nachlaßgrundstück die Mitwirkung aller Miterben erforderlich ist (§ 2040 Abs. 1), ist bei der offenen Handelsgesellschaft jeder vertretungsberechtigte Gesellschafter in der Lage, mit Wirkung gegen alle Gesellschafter Gesellschaftsgrundstücke zu veräußern und zu belasten (§§ 125, 126 HGB). Jeder Miterbe kann seinen Anteil am Gesamthandsvermögen ohne Zustimmung der anderen Gesamthänder übertragen (§ 2033 Abs. 1); ein ähnliches Recht ist dem Gesellschafter einer offenen Handelsgesellschaft nicht eingeräumt (§§ 105 Abs. 2 HGB, 719 Abs. 1). Ist eine offene Handelsgesellschaft im Grundbuch eingetragen (§ 124 Abs. 1 HGB), so können die Gesellschafter wechseln, ohne daß das im Grundbuch vermerkt werden müßte.

Daher ist die Übertragung des Eigentums an einem Grundstück von der Erbengemeinschaft auf eine offene Handelsgesellschaft, auch wenn sie aus denselben Personen gebildet wird, nur durch rechtsgeschäftliche Übertragung, d.h. Auflassung und Eintragung (§§ 873, 925) möglich. Der Grundbuchbeamte hat deshalb mit Recht eine berichtigende Eintragung abgelehnt.

299. Jakob Blass wird von seinen Kindern Hans und Gabriele beerbt. Welcher Form bedarf ein Vertrag, durch den Hans seinen Miterbenanteil
a) an Dreher verkauft,
b) auf Dreher überträgt?

a) Der Kaufvertrag bedarf der notariellen Beurkundung (§§ 1922 Abs. 2, 2371).
b) Die Verfügung über den Miterbenanteil bedarf ebenfalls der notariellen Beurkundung (§ 2033 Abs. 1).

300. Der Kaufvertrag zwischen Hans Blass und Dreher ist schriftlich abgeschlossen worden. Kurz darauf wird der Miterbenanteil in einem notariell beurkundeten Vertrag übertragen.
Kann Hans Blass Rückübertragung des Miterbenanteils verlangen?

Ein solcher Anspruch stünde Hans Blass gegen Dreher nach § 812 Abs. 1 S. 1 zu, wenn der zunächst formnichtige Kaufvertrag (§§ 1922 Abs. 2, 2371, 125 S. 1) nicht nachträglich durch die formgerechte Übertragung des Erbteils (§ 2033 Abs. 1) geheilt worden wäre. Anders als bei § 313 S. 2 fehlt hier eine ausdrückliche Heilungsvorschrift. Die Rechtsprechung lehnt deshalb eine Heilung ab (RGZ 137, 171, 175; BGH NJW 1967, 1128; WM 1970, 1319). Demgegenüber bejaht ein Teil des Schrifttums mit Recht eine Analogie zu den §§ 313 S. 2, 518 Abs. 2, 766 S. 2. Ebenso wie bei § 313 S. 2 wird durch die nachträgliche Einschaltung der Urkundsperson beim Leistungsvollzugsgeschäft (§ 2033 Abs. 1) die Warnfunktion des § 2371 gewahrt. Lehnt man eine Heilung ab, so werden die Miterben um ihr Vorkaufsrecht nach § 2034 gebracht, das einen wirksamen Kaufvertrag voraussetzt (BGH DNotZ 1960, 551). Aus dem gleichen Grund würde eine Haftung des Käufers gegenüber den Nachlaßgläubigern (§§ 1922 Abs. 2, 2382, 2385) entfallen. (Vgl. dazu Schlüter, JuS 1969, 10.)

301. Gabriele, die als Miterbin zur Hälfte am Nachlaß ihres Vaters Jakob Blass beteiligt ist, möchte nur einen Bruchteil (¼) ihres Erbteils auf Dreher übertragen. Ist das möglich?

Nach herrschender und zutreffender Auffassung kann ein Miterbe nicht nur über seinen Erbteil im ganzen, sondern auch zu einem Bruchteil nach § 2033 Abs. 1 verfügen (BGH NJW 1963, 1610).

302. Kann die Miterbin Gabriele ihren Erbteil an ihren Gläubiger Grimmig verpfänden?

Die Verpfändung ist eine Verfügung über den Erbteil und daher nach § 2033 Abs. 1 zulässig. Sie bedarf der notariellen Beurkundung (§ 2033 Abs. 1 S. 2).

303. Kann der Gläubiger Grimmig den Anteil der Miterbin Gabriele pfänden lassen?

Der Anteil eines Miterben an dem Nachlaß ist nach § 859 Abs. 2 ZPO der Pfändung unterworfen.

304. Gabriele Blass veräußert ihren Miterbenanteil an Dreher. Kann dieser verlangen, daß der Erbschein auf ihn ausgestellt oder umgeschrieben wird?

Dreher ist mit der Übertragung des Erbanteils zwar Gesamthänder, nicht aber Miterbe geworden. Die Verfügung über den Miterbenanteil bewirkt nicht, daß das Erbrecht als solches auf den Erwerber übergeht. Der Erwerber erlangt hierdurch vielmehr nur die vermögensrechtliche Stellung eines Gesamthänders. Im Erbschein ist nach wie vor Gabriele anzugeben (dazu RGZ 64, 173). Der Erwerber Dreher nimmt als Gesamthänder an der gemeinschaftlichen Verwaltung, Verfügung und Nutzung teil (§§ 2038, 2040) und kann die Auseinandersetzung und das Auseinandersetzungsguthaben verlangen. Gegen ihn richtet sich der Erbschaftsanspruch (§§ 1922 Abs. 2, 2018), er haftet für die Nachlaßverbindlichkeiten (§§ 2382, 2385).

305. Wird Dreher Eigentümer des zum Nachlaß des Jakob Blass gehörenden Grundstücks, wenn die beiden Erben Hans und Gabriele Blass ihm ihre Erbanteile übertragen?

Mit dem rechtsgeschäftlichen Erwerb aller Erbanteile (§ 2033 Abs. 1) durch Dreher hat sich in dessen Person das bisherige Gesamthandseigentum kraft Gesetzes in Alleineigentum umgewandelt. Der Eigentumserwerb ist also die gesetzliche Folge des rechtsgeschäftlichen Erwerbs sämtlicher Erbanteile. Das Grundbuch, das Hans und Gabriele als Eigentümer in ungeteilter Erbengemeinschaft ausweist, ist damit unrichtig geworden. Es ist zu berichtigen, ohne daß es einer Auflassung (§§ 873, 925) bedarf.

306. Kann Hans Blass widersprechen, wenn seine Schwester und Miterbin Gabriele ihren Erbteil an Dreher
a) verkauft,
b) verschenkt?

Hans Blass kann in keinem Fall widersprechen. Gabriele steht es frei, ob sie den Erbteil behalten, verkaufen oder verschenken will.

a) Beim Verkauf des Erbteils steht Hans jedoch ein gesetzliches *Vorkaufsrecht* zu (§ 2034 Abs. 1). Hierdurch kann der Miterbe das Eindringen eines Fremden in die Erbengemeinschaft verhindern. Die Frist für die Ausübung des Vorkaufsrechts beträgt zwei Monate (§ 2034 Abs. 2 S. 1) seit Mitteilung des Vertragsinhalts an Hans; hierzu ist Gabriele verpflichtet (§ 510 Abs. 1).

Mit der Ausübung des Vorkaufsrechts entsteht zwischen dem vorkaufsberechtigten Miterben (Hans) und dem verkaufenden Miterben (Gabriele) ein *gesetzliches Schuldverhältnis,* das nach Kaufrecht zu beurteilen ist (§ 505 Abs. 2). Der Verkäufer ist verpflichtet, den Erbteil auf den be-

rechtigten Miterben durch Rechtsgeschäft nach § 2033 Abs. 1 zu übertragen. Der verkaufte Miterbenanteil geht also nicht kraft Gesetzes mit der Ausübung des Vorkaufsrechts auf den Verkaufsberechtigten über (BGH LM Nr. 1 zu § 2034 BGB). Haben mehrere Miterben das Vorkaufsrecht gemeinsam ausgeübt (§ 513 S. 1; dazu Fall 310a), so wächst ihnen mit der Übertragung nach § 2033 Abs. 1 der Erbteil in analoger Anwendung der §§ 1935, 2094 im Verhältnis ihrer Erbteile an (Erman/Schlüter, § 2035 Rdnr. 4; BayObLG NJW 1981, 830). Auf Grund des mit der Ausübung des Vorkaufsrechts entstandenen gesetzlichen Schuldverhältnisses sind die berechtigten Miterben verpflichtet, an den Verkäufer den mit dem Dritten (Dreher) vereinbarten Kaufpreis zu entrichten.
b) Verschenkt Gabriele ihren Erbanteil an Dreher, so sieht Hans kein Vorkaufsrecht zu; dieses besteht nur bei einem Verkauf, nicht bei einer Schenkung.

307. Gabriele Blass verkauft und überträgt ihren Miterbenanteil formgerecht an Dreher. Kann Hans auch jetzt noch das Vorkaufsrecht ausüben?

Ist der verkaufte Miterbenanteil bereits auf den Käufer übertragen, so können die Miterben das ihnen normalerweise dem Verkäufer gegenüber zustehende Vorkaufsrecht nunmehr dem Käufer gegenüber ausüben (§ 2035 Abs. 1 S. 1). Es gewährt Hans Blass gegen Dreher einen Anspruch auf Übertragung des Erbanteils gegen Erstattung des Kaufpreises und etwaige Aufwendungen sowie gegen Befreiung von übernommenen Verbindlichkeiten.

308. Gabriele Blass hat ihren Miterbenanteil an Dreher formgerecht übertragen. Dieser hat den Miterbenan-

Das Vorkaufsrecht wirkt auch *gegenüber einem Rechtsnachfolger* des ersten Käufers (§ 2037). Das Vorkaufsrecht von Hans Blass erlischt jedoch, wenn es nicht inner-

teil seinerseits an Zander weiter übertragen. Kann Hans auch jetzt noch sein Vorkaufsrecht ausüben?

309. Gesetzliche Erben des Anton Alt sind seine fünf Kinder: Albrecht, Bruno, Christa, Dora und Egon.
a) Albrecht verkauft seinen Erbteil an Bruno.
b) Albrecht verkauft seinen Erbteil an seinen Sohn Friedrich, „weil Friedrich ihn doch einmal beerben werde".
c) Nachdem Albrecht den Erbteil an Friedrich verkauft hat, verkauft auch Bruno seinen Erbteil an seinen Neffen Friedrich.
d) Albrecht veräußert seinen Erbteil an Dreher. Die Miterben üben das Vorkaufsrecht nicht aus, Dreher veräußert den Erbteil weiter an Zander.
e) Dreher erwirbt nach dem Kauf des Erbteils von Albrecht den Erbteil von Bruno hinzu.
f) Dreher hat die Erbteile von Albrecht, Bruno, Christa und Dora erworben, ohne daß die Miterben ihr Vorkaufsrecht ausgeübt haben. Schließlich erwirbt er den noch verbleibenden Erbteil von Egon.
g) Albrecht fällt in Kon-

halb von zwei Monaten ausgeübt wird, nachdem ihm Gabriele erstmals den Inhalt des Kaufvertrags mitgeteilt hat (§§ 2034 Abs. 2, 510 Abs. 1).

a) Ein Vorkaufsrecht der anderen Miterben besteht nicht, weil § 2034 voraussetzt, daß der Miterbenanteil an einen Dritten und nicht an einen Miterben verkauft wird.
b) Ein Vorkaufsrecht entfällt nach der auch hier anwendbaren Auslegungsregel des § 511; danach erstreckt sich das Vorkaufsrecht im Zweifel nicht auf einen Verkauf, der mit Rücksicht auf ein künftiges Erbrecht an einen gesetzlichen Erben erfolgt (BGH JZ 1965, 617).
c) Friedrich ist nicht als Dritter i.S. von § 2034 anzusehen. Er gehört zur Familie; das Vorkaufsrecht nach § 2034 soll dazu dienen, „Familienfremde" von der Miterbengemeinschaft fernzuhalten (BGH JZ 1965, 617).
d) Nach dem Sinn und Zweck des § 2034 ist ein Vorkaufsrecht abzulehnen. Die Miterben haben es hingenommen, daß der familienfremde Dreher eine Mitgliedschaft in der Gesamthandsgemeinschaft erlangt hat. Deshalb besteht kein Bedürfnis, ihnen beim Verkauf des Erbteils durch Dreher erneut ein Vorkaufsrecht einzuräumen. Die Miterben haben kein schutzwürdiges Interesse daran, lediglich die Person des jeweiligen Erwerbers zu beanstanden, wenn sie sich bereits damit abgefunden haben, einen Dritten mit dieser Beteiligungsquote in die Gesamthandsgemeinschaft aufzunehmen (BGHZ 56, 115, 119 m.w.N.).
e) § 2034 hat auch den Sinn, einer Über-

kurs; der Konkursverwalter veräußert den Miterbenanteil freihändig.

Haben in den Fällen a) bis f) die anderen Miterben ein Vorkaufsrecht?

fremdung des Nachlasses durch weitere Zukäufe des Erbteilserwerbers vorzubeugen, deshalb steht den Miterben das Vorkaufsrecht auch zu, wenn der Erbteilserwerber weitere Erbanteile aufkauft (BGHZ 56, 115).

f) In diesem Fall ist nach Sinn und Zweck des § 2034 ein Vorkaufsrecht zu verneinen. Von einer Überfremdung des Nachlasses durch Erwerb des letzten noch verbleibenden Miterbenanteils kann keine Rede sein, wenn die Miterben zuvor auf die Ausübung des Vorkaufsrechts verzichtet haben und geduldet haben, daß Dreher schon mehrere Erbanteile erworben hat (dazu BGHZ 86, 379, 381).

g) Nach dem auch hier entsprechend anwendbaren § 512 entfällt ein Vorkaufsrecht, wenn der Konkursverwalter einen zur Masse gehörenden Miterbenanteil verkauft (BGH NJW 1977, 37).

310. Im vorigen Fall stirbt kurz nach dem Tod von Anton Alt auch sein Sohn Albrecht Alt. Er wird von seinen Kindern Siegfried und Theres beerbt. Theres verkauft den Erbteil nach ihrem Vater Albrecht an Dreher. Haben die am Nachlaß von Anton Alt beteiligten Miterben Bruno, Christa, Dora und Egon deshalb ein Vorkaufsrecht?

Ein Vorkaufsrecht nach § 2034 würde ihnen nur dann zustehen, wenn ein am Nachlaß von Anton Alt beteiligter Miterbe seinen Anteil verkaufen würde. Der Umstand allein, daß Albrecht Alt seinen Anteil an der Miterbengemeinschaft seines Vaters Anton Alt auf seine Kinder weitervererbt hat, so daß diese Beteiligung nunmehr Gegenstand seines Nachlasses ist, gewährt den Miterben nach Anton Alt kein Vorkaufsrecht (BGH NJW 1975, 445).

310a. Albrecht verkauft und überträgt seinen Erbteil an Dreher. Bruno möchte gegen den Willen der ande-

Das Vorkaufsrecht (§§ 2034, 2035) steht nicht einem einzelnen Miterben, sondern den verbleibenden Erben gemeinschaftlich zur gesamten Hand zu (Erman/Schlüter,

ren drei Miterben das Vorkaufsrecht allein ausüben. Kann er das?

§ 2034 Rdnr. 3). Sie können es also grundsätzlich nur gemeinschaftlich ausüben (§ 513 S. 1). Etwas anderes gilt, wenn einzelne Miterben auf ihr Vorkaufsrecht verzichten oder es durch Fristablauf (§ 2034 Abs. 2 S. 1) verloren haben. In diesem Fall können es die übrigen ohne Mitwirkung der nichtinteressierten Miterben (gemeinsam) ausüben (§ 513 S. 2; BGH FamRZ 1982, 164).
Bruno wäre also nur zur alleinigen Ausübung des Vorkaufsrechts berechtigt, wenn Christa, Dora und Egon (u. U. formlos) auf ihr Recht verzichtet hätten oder die für jeden Miterben gesondert laufende Frist des § 2034 Abs. 2 S. 1 verstrichen wäre.

2. Die Verpflichtungs-, Erwerbs- und Verfügungsgeschäfte der Miterbengemeinschaft

311. Jakob Blass hat in seinem Testament zu gleichen Teilen seine Ehefrau Wilma und seine Kinder Hans und Gabriele zu Erben eingesetzt. Zum Nachlaß gehört ein Wohnhaus. Kurz nach dem Erbfall wird bei einem Sturm das Dach des Hauses zum Teil abgedeckt.
a) Hans erteilt, ohne seine Mutter und Schwester zu fragen, für die Erbengemeinschaft den Auftrag, das Dach zu reparieren. Wilma und Gabriele sind der Ansicht, für die Reparaturkosten habe allein Hans aufzu-

a) Das Gesetz hat die Verpflichtungsgeschäfte der Miterbengemeinschaft nicht geregelt. Damit die Erben mit dem Nachlaß verpflichtet werden können, müssen sie in aller Regel bei derartigen Verpflichtungsgeschäften selbst mitwirken. Ihre Erklärungen müssen sich zu einer einheitlichen Verpflichtungserklärung der Gesamthandsgemeinschaft ergänzen. Im Normalfall hat kein Miterbe Vertretungsmacht für die Erbengemeinschaft. Eine Ausnahme besteht für die sog. *Notverpflichtungsgeschäfte.* Nach § 2038 Abs. 1 S. 2 Halbs. 2 kann jeder Miterbe die zur Erhaltung des Nachlasses notwendigen Maßregeln ohne Mitwirkung der anderen treffen. Diese Bestimmung hat nach h. M. nicht nur Innen-, sondern auch Außenwir-

kommen, die Erbengemeinschaft sei durch seine Eigenmächtigkeiten nicht verpflichtet worden.
b) Kurz darauf beauftragt Hans im Einverständnis mit seiner Mutter, aber gegen den Willen seiner Schwester, den Malermeister Uhrig, für die Erbengemeinschaft den Außenanstrich des Gebäudes zu erneuern. Gabriele ist der Meinung, die Erbengemeinschaft habe mit diesem Vertrag nichts zu tun.

kung; jeder Miterbe hat beim Abschluß von Notverpflichtungsgeschäften gesetzliche Vertretungsmacht für die Miterbengemeinschaft (BGHZ 6, 76, 83f.; a.A. OLG Neustadt MDR 1962, 574).
Hans war also berechtigt, namens der Erbengemeinschaft den für die Erhaltung des Hauses notwendigen Reparaturauftrag zu erteilen.
b) Fraglich ist, ob auch der Auftrag zur Erneuerung des Außenanstrichs gegen den Willen der Miterbin Gabriele mit Wirkung für die Erbengemeinschaft erteilt werden konnte. Nach § 2038 Abs. 1 S. 1 steht die Verwaltung des ungeteilten Nachlasses den Miterben gemeinschaftlich zu. Jeder Miterbe ist den anderen gegenüber allerdings verpflichtet, an Maßregeln mitzuwirken, die zur ordnungsgemäßen Verwaltung erforderlich sind (§ 2038 Abs. 1 S. 2). Die Erben können die Verwaltung durch Vereinbarung regeln. Kommt eine Einigung nicht zustande, so entscheidet die Mehrheit (§§ 2038 Abs. 2, 745). Die Mehrheit ist nach der Größe der Erbteile zu bestimmen. Da Hans und seine Mutter Wilma mit der Maßnahme einverstanden waren, haben sie mit einer Zweidrittelmehrheit Gabriele überstimmt. Umstritten ist es, ob ein derartiger Mehrheitsbeschluß über eine ordnungsmäßige Verwaltung nicht nur Wirkung im Innenverhältnis entfaltet, sondern gleichzeitig die Mehrheit der Miterben zur Vertretung auch der überstimmten Miterben berechtigt. Die h.M. bejaht das (BGHZ 56, 47; Brox, Rdnr. 482; Lange/Kuchinke, § 45 III 6c). Da die Erneuerung des Außenanstrichs eine zur ordnungsgemäßen Verwaltung erforderliche Maßregel war, konnten Hans

und Wilma nach h.M. aufgrund des Mehrheitsbeschlusses die Erbengemeinschaft und damit auch Gabriele verpflichten. Die h.M. kann sich aber weder auf den Wortlaut, die Entstehungsgeschichte noch den systematischen Zusammenhang stützen, in den § 2038 gestellt ist. Da nach h.M. die Maßnahme zunächst durchgeführt werden kann, ist die überstimmte Minderheit auf Schadensersatzansprüche beschränkt, was dem Grundgedanken des § 2038 nicht entspricht (wie hier Jülicher, AcP 175, 143, 147ff.; v. Lübtow, 2. Bd. S. 803, 806). Nach der Mindermeinung sind Hans und Wilma darauf angewiesen, gegen Gabriele auf Mitwirkung zu der Verwaltungsmaßnahme und zur Erteilung der notwendigen Vollmacht zu klagen; mit Rechtskraft des Urteils gilt die Vollmacht als erteilt (§ 894 Abs. 1 ZPO). Erst dann hätte für die Erbengemeinschaft der Werkvertrag mit Uhrig abgeschlossen werden können.

312. Zum Nachlaß des Jakob Blass gehört eine Holzhandlung. Miterben sind Wilma, Hans und Gabriele Blass zu je ⅓, Hans und Gabriele verkaufen im ordnungsgemäßen Geschäftsgang eine Partie Bauholz an den Unternehmer Kunz. Wilma ist damit nicht einverstanden.

a) Kann Kunz Erfüllung verlangen?

b) Können Hans und Gabriele das gekaufte Holz an Kunz übereignen?

a) Nach h.M. wäre der Kaufvertrag wirksam zustandegekommen, weil der Mehrheitsbeschluß (§§ 2038 Abs. 2, 745) gleichzeitig Vertretungsmacht zur Verpflichtung der Erbengemeinschaft verleiht (dazu voriger Fall). Nach der zutreffenden Mindermeinung ist eine Verpflichtung der Erbengemeinschaft aus dem Kaufvertrag zu verneinen.

b) Nach § 2040 Abs. 1 können die Erben über einen Nachlaßgegenstand nur gemeinschaftlich verfügen. Damit das Holz auf Kunz übereignet werden kann, müßte danach auch Wilma der Verfügung zustimmen. Der Mehrheitsbeschluß gewährt der Mehrheit keine Vertretungsmacht zur Verfügung über Nachlaßgegenstände (BGHZ 56, 47).

313. Hans Blass kündigt mit dreimonatiger Frist eine Hypothek, als deren Gläubiger er, seine Mutter Wilma und seine Schwester Gabriele als Erben von Jakob Blass eingetragen sind.
a) Ist die Kündigung wirksam?
b) Können Wilma und Gabriele die Kündigung genehmigen?

a) Auch die Kündigung eines Darlehens ist eine Verfügung i.S. von § 2040 Abs. 1; Verfügung ist ein Rechtsgeschäft, durch das ein bereits bestehendes Recht übertragen, belastet, aufgehoben oder inhaltlich verändert wird. Wilma und Gabriele hätten also ebenfalls kündigen oder wenigstens in die Kündigung von Hans einwilligen müssen (dazu RGZ 65, 5).
b) Eine Genehmigung durch Wilma und Gabriele würde der Kündigung nicht die Unwirksamkeit nehmen. Die Kündigung ist ein einseitiges Rechtsgeschäft; die Wirksamkeit derartiger Rechtsgeschäfte, die einseitig in den Rechtskreis des Erklärungsempfängers eingreifen, kann nicht bis zur Erteilung der Genehmigung nach § 184 Abs. 1 mit der Folge der Rückwirkung in der Schwebe bleiben. Sie sind, wie § 182 Abs. 3 erkennen läßt, schlechthin wirkungslos (vgl. auch §§ 111, 180 S. 1).

314. Schulte, dem der Erblasser Jakob Blass ein Darlehen gewährt hat, zahlt nach dem Erbfall diesen Betrag freiwillig an den Miterben Hans Blass; die anderen Miterben Wilma und Gabriele erfahren davon nichts. Ist durch die Zahlung des Schulte die Nachlaßforderung erloschen?

Nein, in der Annahme der Zahlung als Erfüllung durch Hans ist eine Verfügung über die Forderung, also über einen Nachlaßgegenstand i.S. von § 2040 Abs. 1 zu erblicken (Erman/Schlüter, § 2040 Rdnr. 1), die die Erben nur gemeinschaftlich treffen können.

315. Hans Blass verklagt im eigenen Namen Egon Schulte auf Rückzahlung eines Darlehens, das der Erblasser Jakob Blass ihm gewährt hatte. Schulte macht gel-

Nach § 2039 S. 1 kann jeder Miterbe eine Nachlaßforderung im eigenen Namen geltend machen, er muß allerdings Leistung an alle Erben fordern. Im Prozeß ist der Miterbe Kläger kraft gesetzlicher *Prozeßstandschaft.* Hans klagt also im eigenen

tend, der Anspruch könne nur von allen Miterben gemeinschaftlich, also auch von Wilma und Gabriele Blass rechtlich durchgesetzt werden.
Hat er recht?

Namen und ist nicht Vertreter der anderen Miterben.

3. Die Auseinandersetzung und Nachlaßteilung

316. Jakob Blass hat in seinem Testament bestimmt, daß das zum Nachlaß gehörende Grundstück während der Lebzeit seiner Kinder Hans und Gabriele in deren ungeteiltem Besitz bleiben solle.
Ist diese Anordnung wirksam?

Ein solches *Verbot der Auseinandersetzung* kann durch letztwillige Verfügung wirksam angeordnet werden (§ 2044 Abs. 1). Diese Verfügung wird aber unwirksam, wenn seit dem Erbfall 30 Jahre verstrichen sind (§ 2044 Abs. 2 S. 1). Ein solches Auseinandersetzungsverbot kann einmal die Bedeutung haben, daß der Erblasser hiermit den Anspruch des einzelnen Miterben gegen die übrigen auf Erbauseinandersetzung (§ 2042 Abs. 1) ausschließen wollte. Bei dieser Auslegung widerspricht es nicht dem Willen des Erblassers, wenn die Erbauseinandersetzung im Einverständnis aller Miterben durchgeführt wird. Das Auseinandersetzungsverbot kann aber auch den Inhalt haben, daß der Erblasser eine Auseinandersetzung selbst dann ausschließen wollte, wenn alle Erben sie wünschen. Dieses Verbot kann nach § 137 S. 1 die Verfügungsbefugnis nicht dinglich beschränken, es wirkt nur obligatorisch, ohne die Rechtsmacht zur Auseinandersetzung auszuschließen. Die Erben können sich also über diese Pflicht einstimmig wirksam und ohne Nachteile hinwegsetzen (BGHZ 40, 115, 117).

317. Auf welche Weise kann der Erblasser die Aus-

Um das zu erreichen, müßte er einen Testamentsvollstrecker einsetzen, der bei der

einandersetzung des Nachlasses auch bei allseitigem Einverständnis der Miterben verhindern?

Auseinandersetzung des Nachlasses Verbote nach § 2044 zu beachten hat (§ 2204 Abs. 1). Der Testamentsvollstrecker kann, muß sich aber nicht über ein derartiges Auseinandersetzungsverbot hinwegsetzen, wenn alle Erben zustimmen (BGHZ 40, 115). Der Erblasser kann aber auch bestimmen, daß die Erbeinsetzung wegfallen soll, wenn die Erben entgegen seiner Anordnung die Auseinandersetzung vornehmen.

318. Jakob Blass hat in seinem Testament bestimmt, daß bis zum Ablauf von 30 Jahren nach seinem Tod eine Auseinandersetzung nicht stattfinden darf. Der Gläubiger Grimmig, dem die Miterbin Gabriele ein Darlehen schuldet, pfändet deren Erbteil und verlangt Aufhebung der Erbengemeinschaft.
Mit Recht?

Hat ein Gläubiger die Pfändung des Anteils eines Miterben erwirkt, so kann er nach §§ 2044 Abs. 1 S. 2, 751 S. 2 ohne Rücksicht auf eine entgegenstehende letztwillige Anordnung des Erblassers die Auseinandersetzung verlangen, sofern nicht sein Titel nur vorläufig vollstreckbar ist.

319. Jakob Blass hat in seinem Testament bestimmt, daß ihn seine Kinder Hans und Gabriele zu gleichen Teilen beerben sollen, daß Hans aber das Geschäft mit dem Grundstück übernehmen und für Gabriele eine mit 6% verzinsliche Hypothek in Höhe des Werts ihres Erbteils eingetragen werden soll. Muß sich Gabriele damit abfinden?

Die vom Erblasser getroffene Regelung ist eine *Teilungsanordnung.* Derartige letztwillige Anordnungen sind für die Erben bindend (§ 2048 S. 1). Sie verpflichten die Erben *schuldrechtlich* zu ihrer Durchführung. Gabriele hätte allerdings die Möglichkeit, nach § 2306 Abs. 1 S. 2 die Erbschaft auszuschlagen und den Pflichtteil zu verlangen.

320. Worin unterscheidet sich eine Auseinandersetzungsanordnung von einem Vorausvermächtnis?

Eine *Auseinandersetzungsanordnung* liegt vor, wenn der Erbschaftsgegenstand, den der Erblasser einem Miterben durch Verfügung von Todes wegen zugewiesen hat, voll auf dessen Miterbenanteil angerechnet werden soll; der Miterbe soll insgesamt also nicht mehr und nicht weniger als seinen Erbteil erhalten (RG DR 1942, 977).

Ein *Vorausvermächtnis* ist gegeben, wenn der Wert des zugewiesenen Gegenstands bei der Verteilung des übrigen Nachlasses unter den Miterben nicht berücksichtigt, wenn dieser so geteilt werden soll, als sei der Gegenstand einem Dritten zugewiesen worden.

Die Abgrenzung ist oft schwierig (vgl. auch Fall 397). Wird einem Miterben hinsichtlich eines Nachlaßgegenstandes ein Übernahmerecht eingeräumt, so kann auch bei einem objektiv vollwertigen Übergabepreis über eine Auseinandersetzungsanordnung hinaus ein Vermächtnis vorliegen (BGHZ 36, 115). Ein Vermächtnis liegt dann vor, wenn nach dem Willen des Erblassers der Übernahmeberechtigte durch das Übernahmerecht einen Vermögensvorteil gegenüber den übrigen Miterben erhalten sollte; eine reine Teilungsanordnung ist gegeben, wenn ein solcher Begünstigungswille fehlt (dazu Schlüter, § 43 III 2 a cc).

321. Worin besteht der wesentliche rechtliche Unterschied zwischen einer Teilungsanordnung und einem Vorausvermächtnis?

a) Der Vorausvermächtnisnehmer kann seinen Anspruch auf Leistung des vermachten Gegenstands gegen die Erbengemeinschaft schon mit dem Erbfall (§§ 2174, 2176) geltend machen, auch wenn er als Miterbe noch nicht die Auseinandersetzung verlangen kann.

b) Nur ein Vermächtnis, nicht aber eine

Teilungsanordnung kann in einem gemeinschaftlichen Testament wechselbezüglich (§§ 2270, 2271) oder in einem Erbvertrag vertragsmäßig bindend angeordnet werden.
c) Das Vorausvermächtnis kann ausgeschlagen werden (§ 2180), die Teilungsanordnung nicht.
d) Der Vermächtnisnehmer hat mit seiner Forderung einen besseren Rang. Er kann Vollzug des Vermächtnisses verlangen, bevor der Nachlaß unter den Miterben unter Berücksichtigung der Auseinandersetzungsanordnung geteilt wird (§ 2046).

322. Nach welchen gesetzlichen Vorschriften ist die Auseinandersetzung durchzuführen?

a) Zunächst sind die *Nachlaßverbindlichkeiten* zu *berichtigen* (§ 2046 Abs. 1 S. 1); reichen die Barmittel des Nachlasses hierzu nicht aus, so ist der Rest in Geld umzusetzen.
b) Der danach *verbleibende Überschuß* gebührt den Miterben nach dem Verhältnis ihrer Erbteile (§ 2047 Abs. 1). Können sich die Erben nicht über die Verteilung einig werden, so sind die ohne Wertminderung teilbaren Gegenstände in Natur zu teilen (§§ 2042 Abs. 2, 752), unteilbare bewegliche Sachen nach den Vorschriften über den Pfandverkauf und unteilbare Grundstücke zum Zweck der Aufhebung der Erbengemeinschaft zu versteigern (§§ 2042 Abs. 2, 753; 180ff. ZVG).

323. Auf welche Weise kann die Auseinandersetzung durchgesetzt werden?

Können sich die Miterben nicht über die Auseinandersetzung einigen, so ist jeder Miterbe berechtigt, gegen die übrigen Miterben die *Auseinandersetzungsklage* zu erheben (§ 2042). Sie ist darauf gerichtet, die anderen Miterben zur Einwilligung in einen Auseinandersetzungsplan zu verurteilen. Dieser Auseinandersetzungsplan ist aufzustellen nach den bindenden Vereinbarungen der Miterben, den Anordnungen des Erblassers (§ 2048 S. 1), nach der Bestimmung eines Dritten, die dieser auf Grund einer Anordnung des Erblassers nach billigem Ermessen getroffen hat (§ 2048 S. 2 und 3) und schließlich nach den gesetzlichen Auseinandersetzungs- und Teilungsregeln. Die Auseinandersetzungsklage ist eine Leistungsklage.

324. Kann ein Miterbe auch gegen den Willen der anderen Miterben eine Teilauseinandersetzung erzwingen?

Die Auseinandersetzung unter den Erben hat sich in der Regel auf den gesamten Nachlaß zu erstrecken. Sie kann jedoch, wenn alle Erben einverstanden sind, auf einen Teil des Nachlasses beschränkt werden. Eine Teilauseinandersetzung ist auch dann möglich, wenn besondere Gründe hierfür vorliegen und die Belange der Erbengemeinschaft nicht beeinträchtigt werden (BGH MDR 1963, 578).

325. Wann wird das Nachlaßgericht im Auseinandersetzungsverfahren tätig und worin besteht diese Tätigkeit?

Das Nachlaßgericht wird nur auf Antrag tätig (§ 86 FGG). Es kann nur zwischen den Beteiligten vermitteln, nicht gestaltend vollziehen. Funktionell zuständig ist im wesentlichen der Rechtspfleger (§§ 3 Nr. 2c, 16 Abs. 1 Nr. 8 RPflG). Das Gericht stellt zunächst einen Teilungsplan auf; sind alle Erben mit diesem einverstanden, so hat das Gericht die Auseinandersetzung zu beurkunden (§ 93 Abs. 1 S. 2 FGG). Dieser Auseinandersetzungsplan ist damit für die Erben bindend. Widerspricht ein Erbe, so muß der Streit im Erkenntnisverfahren ausgetragen werden, dem Nachlaßgericht steht keine Entscheidungsgewalt zu.

4. Der Ausgleich von Vorempfängen

326. Was versteht man unter der Ausgleichspflicht (Kollationspflicht) der Miterben?

Die Ausgleichspflicht (§§ 2050ff.) ist die Verpflichtung eines Miterben, bei der Erbteilung bestimmte Vermögenszuwendungen, die er von dem Erblasser zu dessen Lebzeiten erhalten hat, den übrigen Miterben gegenüber zur Ausgleichung zu bringen, damit die Miterben im Ergebnis möglichst gleichgestellt sind.

327. Arthur Reichlich hat nach dem Tod der Eltern seine jüngeren Brüder Benno und Christian betreut. Für das Studium von Benno wendete er 10.000 DM auf. Christian blieb zu Hause und half seinem Bruder Arthur bei der Bewirtschaftung des Gutes. Nach einigen Jahren stirbt Arthur. Der Wert des Nachlasses beträgt 50.000 DM.
Wie ist der Nachlaß unter den beiden gesetzlichen Erben Benno und Christian zu verteilen?

Benno und Christian erhalten je 25.000 DM. Benno ist nicht ausgleichspflichtig. Eine *Ausgleichspflicht* besteht *nur unter Abkömmlingen,* die als gesetzliche Erben zur Erbfolge gelangen (§ 2050 Abs. 1); eine Ausgleichspflicht besteht ebenfalls, wenn der Erblasser ihre Erbteile so bestimmt hat, wie sie ihnen bei gesetzlicher Erbfolge anfallen würden (§ 2052). Eine gesetzliche Ausgleichspflicht unter Erben, die, wie hier, nicht Abkömmlinge sind, besteht deshalb nicht.

328. Der Kaufmann Groll hinterläßt ein Vermögen von 15.000 DM. Von seinen drei Kindern, seinen einzigen gesetzlichen Erben, ist die älteste Tochter Anna noch unverheiratet. Hans hatte zur Gründung eines eigenen Geschäfts von seinem Vater 10.000 DM erhalten. Seiner Tochter Ga-

Da Hans und Gabriele Abkömmlinge des Erblassers und als gesetzliche Erben zur Erbfolge gelangt sind, müssen sie nach § 2050 Abs. 1 das, was sie von ihrem Vater bei dessen Lebzeiten als Ausstattung (§ 1624) erhalten haben, bei der Auseinandersetzung untereinander zur Ausgleichung bringen. Daher haben sich Hans die 10.000 DM und Gabriele die 20.000 DM nach § 2055 Abs. 1 S. 1 auf den Erbteil anrechnen zu lassen. Der auf jeden Erben

briele hatte der Erblasser bei ihrer Heirat mit Christian Redlich eine Ausstattung im Wert von 20.000 DM gewährt.
Wie ist der Nachlaß jetzt zu verteilen?

entfallende Anteil am Nachlaß ist folgendermaßen zu berechnen: Der Wert sämtlicher Zuwendungen, die zur Ausgleichung zu bringen sind, wird dem Nachlaß hinzugerechnet (rechnerische Ausgleichung = Idealkollation, § 2055 Abs. 1 S. 2), soweit er den Miterben zukommt, unter denen die Ausgleichung stattfindet. Darauf wird die Summe (der „fingierte Nachlaß") auf die Erben nach dem Verhältnis ihrer Erbteile verteilt. Unter Hinzurechnung der Vorempfänge von 10.000 DM und 20.000 DM beträgt der „fingierte Nachlaß" 45.000 DM, so daß auf jedes Kind 15.000 DM entfielen. Gabriele hat aber bereits 20.000 DM vorweg erhalten; sie müßte daher eigentlich 5.000 DM zurückzahlen. Dazu ist sie aber nach § 2056 S. 1 nicht verpflichtet. Der Nachlaß wird in diesem Fall unter die übrigen Erben in der Weise verteilt, daß Gabriele außer Betracht bleibt (§ 2056 S. 2). Es wird also nur die dem Hans gewährte Ausstattung dem Nachlaß hinzugerechnet, so daß sich ein „fiktiver Nachlaß" von 15.000 DM + 10.000 DM = 25.000 DM ergibt. Von den 25.000 DM erhält Anna die Hälfte, während Hans sich auf die Hälfte den Vorempfang von 10.000 DM anrechnen lassen muß. Anna erhält also 12.500 DM und Hans 2.500 DM.

329. Muß im vorigen Fall Gabriele die erhaltene Aussteuer auch dann ausgleichen,
a) wenn die Aussteuer das den Vermögensverhältnissen des Vaters entsprechende Maß nicht überstiegen

a) Auch in diesem Fall besteht die Ausgleichspflicht, sofern der Vater nicht etwas Gegenteiliges bei der Zuwendung oder in seiner letztwilligen Verfügung angeordnet hat (§ 2050 Abs. 1). Es gilt hier das gleiche wie bei der dem Sohn Hans gewährten Ausstattung zur Begründung einer Lebensstellung.

hat, oder sogar dahinter zurückgeblieben ist,
b) wenn Gabriele keine Berufsausbildung erhalten, sondern nach Abschluß der Schulausbildung geheiratet hat?

b) Hätte Gabriele eine angemessene Berufsausbildung erhalten, brauchte sie deren Kosten nicht auszugleichen (§ 2050 Abs. 2). Dasselbe muß dann auch für eine an die Stelle der Berufsausbildung getretene Aussteuer gelten. Wenn die Aussteuer daher die Kosten einer angemessenen Berufsausbildung nicht übersteigt, ist sie nicht auszugleichen (BGH NJW 1982, 575, 577).

330. Ernst Blass hinterläßt als gesetzliche Erben seine Witwe Wilma und seine vier Kinder Albrecht, Bernhard, Christine und Dora. Der Wert des Nachlasses beträgt 80.000 DM. An Vorempfängen haben sie auszugleichen:
Albrecht 12.750 DM,
Bernhard 18.550 DM,
Christine 8.700 DM und
Dora nichts.
Wie ist der Nachlaß zu verteilen, wenn die Eheleute Blass im Güterstand der Gütertrennung gelebt haben?

Eine Ausgleichung findet nur unter den Abkömmlingen statt (§ 2050 Abs. 1). Für den Anteil der Witwe Wilma ist daher der wirkliche Nachlaß maßgebend, nicht der durch Hinzurechnung der Vorempfänge der Kinder rechnerisch erhöhte Nachlaß. Nach § 2055 S. 2 ist der Wert der ausgleichspflichtigen Zuwendungen bei der Berechnung der Anteile dem Nachlaß nur insoweit hinzuzurechnen, als dieser den Miterben zukommt, unter denen die Ausgleichung stattfindet, hier also nur bei der Berechnung der Anteile der vier Kinder. Daher erhält die Witwe Wilma nach § 1931 Abs. 1 ¼ von 80.000 DM = 20.000 DM.
Den Rest von 60.000 DM erhalten die vier Kinder zu gleichen Teilen unter Berücksichtigung der Vorempfänge. Diese betragen insgesamt 40.000 DM. Der für die Berechnung der Anteile der Kinder zugrundezulegende rechnerische (fiktive) Nachlaß beläuft sich also auf 100.000 DM.
Es erhalten demnach:
Albrecht 25.000 DM – 12.750 DM = 12.250 DM,
Bernhard 25.000 DM – 18.550 DM = 6.450 DM,

Christine 25.000 DM − 8.700 DM = 16.300 DM,
Dora 25.000 DM.
Diese Beträge ergeben die Summe von 60.000 DM, also die Teilungsmasse, die nach der Auszahlung an die Mutter Wilma noch übriggeblieben ist.

IX. Die erbrechtlichen Beschränkungen

1. Die Vor- und Nacherbschaft

331. Der Erblasser Karl Erdmann hat in seinem Testament seine Ehefrau Viktoria zur Vorerbin und seinen Sohn Norbert zum Nacherben eingesetzt.
Wer wird beim Tod des Erblassers dessen Gesamtnachfolger?

Gesamtnachfolger des Erblassers Karl Erdmann werden nacheinander die Vorerbin Viktoria und der Nacherbe Norbert. Mit dem Erbfall (Tod des Erblassers Karl Erdmann) wird zunächst die Vorerbin Viktoria Erbin ihres Mannes und nicht nur Nutzungsberechtigte wie etwa ein Nießbraucher (§ 1089). Mit dem Nacherbfall (z.B. Tod des Vorerben, § 2106 Abs. 1) wird der Nacherbe Erbe des Erblassers. *Der Nacherbe beerbt* also nicht den Vorerben, sondern ebenfalls *den Erblasser* (§ 2100).

332. Wie unterscheidet sich der Nacherbe vom Ersatzerben?

Der *Nacherbe* wird Erbe, nachdem zuvor eine andere Person Erbe gewesen ist (§ 2100). Der *Ersatzerbe* tritt unmittelbar mit dem Erbfall an die Stelle einer anderen Person, die in erster Linie als Erbe eingesetzt war, aber nicht zur Erbfolge gelangt ist, weil sie vor oder nach dem Eintritt des Erbfalls weggefallen ist (§ 2096). Dem Ersatzerben fällt, anders als dem Nacherben, die Erbschaft bereits mit dem Erbfall an.

333. Karl Erdmann setzt seine Ehefrau Viktoria zur Vorerbin und seinen Sohn Norbert zum Nacherben ein. In dem Testament ernennt er Dr. Treu zum Testamentsvollstrecker.
a) Wann erwirbt Norbert die Erbschaft?

a) Der Erblasser kann den Zeitpunkt oder das Ereignis bestimmen, in dem die Nacherbfolge eintreten soll. Hat er das, wie hier, unterlassen, so fällt nach § 2106 Abs. 1 die Erbschaft dem Nacherben mit dem Tod des Vorerben an.
b) Der Erblasser kann die Bestimmung des Zeitpunkts, in dem die Nacherbfolge eintreten soll, keinem Dritten, auch nicht ei-

b) Hätte Erdmann Dr. Treu überlassen können, den Zeitpunkt zu bestimmen, in dem die Nacherbfolge eintreten soll?

nem Testamentsvollstrecker, überlassen. Eine derartige Testamentsbestimmung verstößt gegen § 2065 (BGHZ 15, 199; dazu Fall 87).

334. Erich Egner hat in seinem Testament seinen Vater Volker zum Vorerben und seine Nichte Nora zur Nacherbin eingesetzt. Erich Egner verstirbt 1992 sein Vater Volker war bereits 1990 verstorben.
Wie wird Erich Egner beerbt?

Nach § 2102 Abs. 1 enthält die Einsetzung als Nacherbe im Zweifel auch die Einsetzung als Ersatzerbe. Nora ist daher als Ersatzerbin an die Stelle des Vorerben Volker getreten. Sie wird nicht mehr Nacherbin, sondern sofort mit dem Erbfall Vollerbin ihres Onkels Erich Egner.

335. Erich Egner verstirbt 1992. Er hat seinen Vater Volker zum Vorerben und seine Nichte Nora zur Nacherbin eingesetzt. Nora war bereits 1990 verstorben und hatte als gesetzliche Erben ihren Ehemann Markus und ihre Kinder Klaus und Sabine hinterlassen.
Sind die gesetzlichen Erben von Nora an ihrer Stelle Nacherben des Erich Egner geworden?

Verstirbt der Nacherbe vor dem Erbfall, so kann er nicht Erbe werden (§§ 2108 Abs. 1, 1923). Die Anordnung der Nacherbfolge wird damit gegenstandslos, so daß der Vorerbe, hier Volker, zum Vollerben des Erblassers wird.
Dem Erblasser steht es frei, *Ersatznacherben* einzusetzen, was hier nicht geschehen ist. Eine schlüssige Berufung zu Ersatznacherben kann sich nach § 2069 für die Abkömmlinge des verstorbenen Nacherben ergeben, falls der Nacherbe seinerseits ein Abkömmling des Erblassers ist. Das trifft hier für Nora als Nichte des Erblassers nicht zu, so daß die Auslegungsregel des § 2069 nicht eingreift.

336. Erich Egner verstirbt 1990. Er hatte seinen Vater Volker zum Vorerben und seine Nichte Nora zur Nacherbin eingesetzt. Der Nacherbfall sollte mit dem Tod des Vorerben eintreten.

a) Da die Nacherbin Nora den Nacherbfall nicht erlebt hat, konnte sie ihren Onkel Erich Egner nicht beerben (§§ 2108 Abs. 1, 1923). Sie hatte aber den Erbfall erlebt und damit, wie sich aus § 2108 Abs. 2 ergibt, bereits ein gegenwärtiges unentziehbares *erbrechtliches Anwart-*

Nora verstirbt 1991 unter Hinterlassung eines formgültigen Testaments, in dem sie ihren Ehemann Markus und ihre Kinder Klaus und Susanne zu gleichen Teilen zu Erben eingesetzt hat. Volker verstirbt 1992.
An wen ist mit dem Tod von Volker Egner
a) der Nachlaß des Erich Egner,
b) der Nachlaß des Volker Egner
gefallen?

schaftsrecht auf Eintritt in die Erbenstellung erlangt. Dieses Anwartschaftsrecht des Nacherben ist vererblich, sofern nicht ein entgegenstehender Wille des Erblassers anzunehmen ist (§ 2108 Abs. 2 S. 1). Ist die Nacherbeneinsetzung aufschiebend bedingt (und nicht auflösend bedingt oder befristet), so ist die Vererblichkeit im Zweifel ausgeschlossen (§ 2108 Abs. 2 S. 2). Da der Erblasser Erich Egner die Vererblichkeit des Anwartschaftsrechts nicht ausgeschlossen hat, ist es auf die Erben der Nacherbin Nora, nämlich Markus, Klaus und Susanne zu gleichen Teilen übergegangen. Diese sind mit Eintritt des Nacherbfalls (Tod des Vorerben Volker) zu je ⅓ Erben von Erich Egner geworden.
b) An wen der Nachlaß des Volker Egner (zu dem nicht das an ihn als Vorerben vererbte Vermögen des Erich Egner gehört) fällt, richtet sich danach, ob Volker eine Verfügung von Todes wegen errichtet hat, oder ob nach ihm gesetzliche Erbfolge eintritt.

337. Karl Erdmann stirbt 1990. Er hat seine Ehefrau Viktoria zur Vorerbin und seinen Sohn Norbert zum Nacherben eingesetzt. Norbert stirbt 1991. Er hinterläßt seine Ehefrau Friederike, mit der er im gesetzlichen Güterstand lebt, sowie seine beiden Söhne Peter und Paul. Die Vorerbin Viktoria stirbt 1992.
An wen fällt mit dem Tod von Viktoria der Nachlaß von Karl Erdmann?

Wäre das Nacherbenrecht, das Norbert mit dem Erbfall 1990 erworben hatte, nach § 2108 Abs. 2 vererblich, so wäre es mit dem Tod von Norbert auch auf dessen gesetzliche Erben, nämlich auf seine Ehefrau Friederike zu ½ (§§ 1931 Abs. 1, 1371 Abs. 1) und seine Söhne Peter und Paul zu je ¼ (§ 1924 Abs. 1 und 4) übergegangen (§ 1922). Die gesetzlichen Erben von Norbert hätten mit dem Eintritt des Nacherbfalls (Tod der Vorerbin Viktoria, § 2106 Abs. 1) mit diesen Erbquoten Karl Erdmann beerbt.
Wären Peter und Paul nach der Auslegungsregel des § 2069 als Abkömmlinge

des Nacherben Norbert zu Ersatznacherben berufen, so wären nur sie und nicht ihre Mutter Friederike zu gleichen Teilen mit Eintritt des Nacherbfalls Erben ihres Großvaters Karl Erdmann geworden. Es ist umstritten, in welchem Verhältnis die schlüssige Berufung eines Ersatznacherben (§ 2069) zur Vererblichkeit des Nacherbenrechts (§ 2108 Abs. 2) steht. Geht die Ersatzberufung der Vererblichkeit vor, so bleibt der Nachlaß der Familie des Erblassers erhalten. Ist das Nacherbenrecht vererblich, so können zu den Erben des Nacherben auch familienfremde Personen gehören. Das Verhältnis beider Vorschriften läßt sich nicht generell bestimmen. Ob eine Ersatzberufung oder eine Vererblichkeit der Nacherbenanwartschaft gewollt ist, läßt sich nur durch Prüfung des Erblasserwillens ermitteln. Der Bundesgerichtshof (NJW 1963, 1150) hat zutreffend darauf hingewiesen, daß die Vererblichkeit der Nacherbenanwartschaft nicht schon dann ausgeschlossen sein muß, wenn der Nacherbe ein Abkömmling des Erblassers ist; hier wird jedoch im Einzelfall ein Wille zur Unvererblichkeit besonders häufig sein (ebenso RGZ 142, 171; 169, 38; dazu Schlüter, § 41 IV 2c). Da sich hier ein Wille des Erblassers, die Vererblichkeit auszuschließen, nicht feststellen läßt, ist von der Vererblichkeit des Nacherbenrechts auszugehen, so daß Karl Erdmann mit Eintritt des Nacherbfalls von seiner Schwiegertochter Friederike zu ½ und seinen Söhnen Peter und Paul zu je ¼ beerbt worden ist.

338. Der Kaufmann Fritz Groß verfügt letztwillig:

Nach der Auslegungsregel des § 2101 Abs. 1 wird es so angesehen, als habe Fritz

„Den ersten Enkel, den ich von meinem Sohn Hans oder meiner Tochter Gabriele vor oder nach meinem Tod bekommen werde, setze ich zu meinem Erben ein." Als Groß stirbt, ist Hans noch nicht verheiratet; auch Gabriele Reichlich geborene Groß hat noch keine Kinder.
Wie ist Groß beerbt worden?

Groß seinen zur Zeit des Erbfalls noch nicht erzeugten ersten Enkel zu seinem Nacherben eingesetzt. Nacherbe kann auch werden, wer zur Zeit des Erbfalls noch nicht erzeugt ist; er muß aber zur Zeit des Nacherbfalls bereits erzeugt sein (§§ 2108 Abs. 1, 1923 Abs. 2). Nur wenn sich hier ermitteln ließe, daß Groß eine Nacherbschaft nicht gewollt hat, würde die Einsetzung seines Enkels als Nacherben unwirksam sein (§ 2101 Abs. 1 S. 2).
Vorerben nach Fritz Groß sind nach § 2105 Abs. 1 seine gesetzlichen Erben Hans und Gabriele. Sie bleiben bis zum Eintritt des Nacherbfalls seine Erben. Der Nacherbfall tritt nach § 2106 Abs. 2 mit der Geburt des ersten Kindes von Hans oder Gabriele ein.

339. Fritz Groß bestimmt: „Meine Ehefrau Franziska soll Erbin meines gesamten Nachlasses sein, aber nur solange, als sie sich nicht wiederverheiratet."
Was geschieht, wenn Franziska wieder heiratet?

Aufgrund des Testaments ist Franziska zur Alleinerbin eingesetzt; sie ist und bleibt, solange sie nicht wieder heiratet, Vollerbin von Fritz Groß. Die *Wiederverheiratungsklausel* enthält daneben gleichzeitig für den Fall, daß Franziska eine neue Ehe eingeht, die Anordnung einer (aufschiebend bedingten) Vor- und Nacherbfolge. Heiratet Franziska, so wird diese (aufschiebend bedingte) Anordnung der Vor- und Nacherbschaft wirksam (§ 158 Abs. 1). Mit diesem Ereignis tritt gleichzeitig der Nacherbfall ein (siehe dazu Fall 170).
Hat der Erblasser angeordnet, daß der Erbe nur bis zum Eintritt eines bestimmten Ereignisses Erbe sein soll, ohne zu bestimmen, wer alsdann die Erbschaft erhalten soll, so ist nach der Auslegungsregel des § 2104 S. 1 anzunehmen, daß als Nacherben diejenigen eingesetzt sind, welche die

gesetzlichen Erben des Erblassers wären, wenn er zur Zeit des Ereignisses gestorben wäre.
Nacherben sind daher die Personen, die im Zeitpunkt der Wiederverheiratung von Franziska gesetzliche Erben von Fritz Groß sein würden.

340. Im vorigen Fall hat Franziska über 30 Jahre nach dem Tod ihres Mannes noch nicht wieder geheiratet.
Tritt auch jetzt noch der Nacherbfall ein, wenn sie eine neue Ehe eingeht?

Nach § 2109 Abs. 1 S. 1 wird die Einsetzung eines Nacherben mit dem Ablauf von 30 Jahren nach dem Erbfall unwirksam, wenn nicht vorher der Fall der Nacherbfolge eingetreten ist. Die Nacherbeneinsetzung bleibt aber auch nach dieser Zeit wirksam, wenn die Nacherbfolge für den Fall angeordnet ist, daß in der Person des Vorerben ein bestimmtes Ereignis (hier die Wiederverheiratung) eintritt (§ 2109 Abs. 1 S. 2 Nr. 1). Franziska würde also auch jetzt noch ihre Erbenstellung verlieren und müßte den Nachlaß an die Nacherben nach § 2130 Abs. 1 herausgeben, wenn sie wieder heiratet.

341. Wann tritt kraft Gesetzes eine Nacherbfolge ein?

Niemals, weil die Nacherbfolge immer nur durch eine Verfügung von Todes wegen angeordnet werden kann.

342. Fritz Groß hat seine Ehefrau Franziska zur Vorerbin und seine drei Kinder Anna, Hans und Gabriele als Nacherben zu gleichen Teilen eingesetzt. Die Nacherbfolge soll eintreten, wenn Franziska stirbt oder wieder heiratet. Bei der Wiederverheiratung soll Franziska den ganzen Nachlaß an die Kinder herausgeben und für alle An-

Gabriele wäre mit Eintritt des Nacherbfalls (Wiederverheiratung ihrer Mutter Franziska) alleinige Erbin ihres Vaters geworden, wenn ihr nach § 2094 die Erbteile ihrer Mitnacherben Anna und Hans angewachsen waren.
Franziska wäre hingegen zu ⅔ am Nachlaß ihres ersten Mannes beteiligt, wenn das Nacherbenrecht von Anna und Hans (je ⅓) nach § 2108 Abs. 2 auf sie als gesetzliche Erbin ihrer Kinder (§ 1925 Abs. 1) übergegangen wäre.
Ist das Nacherbenrecht vererblich, so geht

sprüche mit ihrem Pflichtteil abgefunden werden. Kurz nach dem Tod von Fritz Groß sterben auch seine Kinder Anna und Hans. Ein Jahr später heiratet Franziska den Karl Dreher. Gabriele ist der Ansicht, sie sei nunmehr alleinige Erbin ihres Vaters und verlangt den gesamten Nachlaß heraus. Franziska ist der Meinung, sie sei als gesetzliche Erbin ihrer Kinder Anna und Hans mit einer Erbquote von ⅔ am Nachlaß beteiligt.
Wer hat recht?

die Vererblichkeit der Anwachsung vor (KG JFG 15, 309). Hier hat der Erblasser aber die Vererblichkeit des Nacherbenrechts, jedenfalls im Hinblick auf seine Ehefrau Franziska, ausgeschlossen. Das Testament läßt deutlich erkennen, daß Franziska nicht mehr als Erbin am Nachlaß beteiligt sein, sondern nur ihren Pflichtteil erhalten sollte, wenn sie eine neue Ehe einging. § 2108 Abs. 2 verlangt nicht, daß der Erblasser die Vererblichkeit der Nacherbenanwartschaft ausdrücklich ausgeschlossen hat; es genügt, wenn sich dieser Wille aus dem Gesamtzusammenhang des Testaments ermitteln läßt. Die Nacherbenanteile von Anna und Hans sind daher Gabriele nach § 2094 angewachsen, so daß sie nunmehr Alleinerbin ihres Vaters ist.

343. a) Die Vorerbin Viktoria Erdmann verkauft und übereignet gegen den Willen des Nacherben Norbert Erdmann ein zum Nachlaß gehörendes Gemälde an Dreher.
Ist die Verfügung wirksam?
b) Wie wäre es, wenn Viktoria ein Grundstück verkauft und übereignet hätte?
c) Wie wäre es, wenn Viktoria das Gemälde und das Grundstück verschenkt und übereignet hätte?
d) Ändert sich die Rechtslage, wenn der Erblasser Karl Erdmann seine Frau Viktoria zur befreiten Vorerbin eingesetzt hätte?

a) Der Vorerbe ist nach § 2112 berechtigt, über zur Erbschaft gehörende Gegenstände zu verfügen, sofern sich nicht aus den §§ 2113–2115 etwas anderes ergibt. Für die *entgeltliche Verfügung über bewegliche Sachen* sehen die §§ 2113–2115 keine Einschränkungen in der Verfügungsmacht vor, so daß die Übereignung des Gemäldes wirksam ist.
b) Nach § 2113 Abs. 1 ist der Vorerbe zur *Verfügung über ein Grundstück* oder ein Recht an einem Grundstück nicht berechtigt. Die Grundstücksübereignung ist daher unwirksam.
c) Zu *unentgeltlichen Verfügungen* ist der Vorerbe nach § 2113 Abs. 2 nur insoweit berechtigt, als die Schenkung „einer sittlichen Pflicht oder einer auf den Anstand zu nehmenden Rücksicht" entspricht.
d) Der Erblasser kann den Vorerben nach

§ 2136 *von den Beschränkungen* des § 2113 Abs. 1 (nicht des § 2113 Abs. 2) *befreien.* Die Verfügung zu b), nicht aber die zu c) ist daher wirksam, wenn Viktoria befreite Vorerbin ist.

344. Der verstorbene Ernst Reichlich war Kommanditist der Hubert Müller KG. Er hat seine Ehefrau Vera zur nicht befreiten Vorerbin und seinen Sohn Norbert zum Nacherben eingesetzt. Vera überträgt den Kommanditanteil gegen das Versprechen einer Leibrente von monatlich 550 DM an Dreher.
Nach Eintritt des Nacherbfalls ist Norbert der Ansicht, daß diese Übertragung des Kommanditanteils unwirksam ist.
Hat er recht?

Der Gesellschaftsanteil als solcher (nicht die zum Gesellschaftsvermögen der KG gehörenden Gegenstände) ist ein Nachlaßgegenstand, über den die Vorerbin Vera nicht ohne Zustimmung des Nacherben Norbert unentgeltlich verfügen konnte (§ 2113 Abs. 2; BGH NJW 1977, 1540). Eine Verfügung ist unentgeltlich i.S. von § 2113 Abs. 2, wenn der Vorerbe objektiv ohne gleichwertige Gegenleistung Opfer aus der Erbmasse bringt und subjektiv entweder weiß, daß dem Opfer keine gleichwertige Gegenleistung an die Erbmasse gegenübersteht, oder doch bei ordnungsgemäßer Verwaltung der Masse das Fehlen oder die Unzulänglichkeit der Gegenleistung hätte erkennen müssen (BGH FamRZ 1971, 643). Läßt sich der nicht befreite Vorerbe bei der Veräußerung von Nachlaßgegenständen als Gegenleistung eine Leibrente versprechen, die für den persönlichen Gebrauch durch den Vorerben bestimmt ist, dann handelt es sich insoweit nicht um eine in den Nachlaß fließende Gegenleistung. Anders als der befreite Vorerbe ist der nicht befreite Vorerbe nicht berechtigt, Nachlaßgegenstände eigennützig für sich zu verwenden (§ 2134; dazu BGH NJW 1977, 540). Die Verfügung der Vorerbin Vera über den Gesellschaftsanteil ist daher nach § 2113 Abs. 2 unwirksam.

344 a. Der verstorbene Ernst Reichlich war Gesell-

Nora ist als Nacherbin des Ernst Reichlich nur dann nach ihrer Mutter in die Kom-

schafter der Reichlich-OHG. Der Gesellschaftsvertrag sah für den Fall des Todes des Ernst den Eintritt seiner Erben in die OHG vor. Ernst hatte Vera zu seiner Vorerbin und seine Tochter Nora zu seiner Nacherbin eingesetzt. Einige Jahre nach dem Tod des Ernst mußte die OHG grundlegend saniert werden. Vera, die über keine Geldmittel verfügte, schloß mit den Mitgesellschaftern einen Abänderungsvertrag. Diese verpflichteten sich, der OHG jeweils 1 Million DM zur Verfügung zu stellen. Veras Beteiligung wurde in einen Kommanditanteil umgewandelt, dessen Vererblichkeit ausgeschlossen wurde.
Als Vera stirbt, meint Nora, sie sei Kommanditistin geworden.
Hat sie recht?

manditistenstellung eingerückt, wenn die Vererblichkeit des Kommanditanteils (§ 177 HGB) durch die Abänderung des Gesellschaftsvertrags nicht wirksam ausgeschlossen worden ist (vgl. Schlüter, § 35 II 3).
Dieser Abänderungsvertrag könnte unwirksam sein, wenn sich der vertragliche Ausschluß der Vererblichkeit zugunsten der Mitgesellschafter als unentgeltliche Verfügung i.S. von § 2113 Abs. 2 darstellen würde. Das ist aber nicht der Fall. Die Zustimmung zur Änderung eines Gesellschaftsvertrags ist dann nicht unentgeltlich, wenn die Vertragsänderung entweder alle Gesellschafter gleichmäßig trifft oder der Vorerbe (Vera) einseitigen Änderungen zu Lasten seines Gesellschaftsanteils nur deshalb zustimmt, weil die Mitgesellschafter ihrerseits zusätzliche Leistungen für die Erhaltung oder Stärkung des Unternehmens erbringen. Da solche Vertragsänderungen einer Sanierung des Unternehmens dienen und damit im Ergebnis auch dem Nachlaßvermögen zugute kommen, ist § 2113 Abs. 2 nach seinem Sinn und Zweck (eine Wertminderung des Nachlasses ohne Gegenleistung zu verhindern) nicht anwendbar (BGHZ 78, 177). Da die Vertragsänderung also wirksam und damit die Kommanditbeteiligung unvererblich ist, ist Nora nicht Kommanditistin geworden. Sie hat als Nacherbin des Karl Reichlich nach § 738 nur einen schuldrechtlichen Anspruch gegen die Kommanditgesellschaft.

345. Fritz Groß lebt mit seiner Ehefrau Franziska in Gütergemeinschaft. Im

Bei der fortgesetzten Gütergemeinschaft ist der überlebende Ehegatte nach §§ 1487 Abs. 1, 1422 berechtigt, über Gegenstände

Ehevertrag ist vereinbart, daß die Gütergemeinschaft beim Tod eines Ehegatten mit den gemeinsamen Kindern fortgesetzt werden soll. In seinem Testament hat Fritz Groß seine Ehefrau Franziska zur nicht befreiten Vorerbin und seine Kinder Hans und Gabriele zu Nacherben eingesetzt. Nach seinem Tod verfügt Franziska über ein Grundstück, das den wesentlichen Vermögenswert des Gesamtguts darstellt.
Ist diese Verfügung auch ohne Zustimmung von Hans und Gabriele wirksam?

des Gesamtguts zu verfügen. § 2113 Abs. 1 greift hier nicht ein, weil Franziska nicht über einen Nachlaßgegenstand verfügt hat; Bestandteil des Nachlasses ist nur der Anteil an der Gütergemeinschaft als solcher, nicht aber der einzelne zum Gesamtgut gehörende Gegenstand. Der verwaltende Ehegatte kann über Gegenstände des Gesamtguts ohne die Beschränkungen des § 2113 selbst dann verfügen, wenn sie den wesentlichen Vermögenswert der fortgesetzten Gütergemeinschaft bilden (BGH NJW 1976, 893; Erman/Schmidt § 2113 Rdnr. 10; a. A. BGH NJW 1970, 943).

346. Ist eine gegen § 2113 verstoßende Verfügung des Vorerben nichtig?

Verfügungen, die der Vorerbe entgegen § 2113 Abs. 1 oder § 2113 Abs. 2 vornimmt, sind zunächst jedem gegenüber wirksam. Sie tragen aber den Keim künftiger Unwirksamkeit in sich. Erst mit dem Nacherbfall wird die Verfügung insoweit unwirksam, als sie das Nacherbenrecht vereiteln oder beeinträchtigen würde (§ 2113 Abs. 1). Dabei handelt es sich nicht um eine relative Unwirksamkeit zugunsten des Nacherben, sondern um eine *absolute Unwirksamkeit* (BGHZ 52, 269f.). Eine Verfügung des Vorerben i. S. von § 2113 ist voll wirksam, wenn der Nacherbe zustimmt; denn das Verfügungsverbot des § 2113 bezweckt den Schutz der Nacherben (BGHZ 40, 115).

347. Die zur nicht befreiten Vorerbin eingesetzte Fran-

Nach § 2113 Abs. 1 war Franziska nicht zur Verfügung über das Grundstück be-

ziska Groß ist als Eigentümerin eines Nachlaßgrundstücks im Grundbuch eingetragen; die Einsetzung der Kinder Hans und Gabriele als Nacherben ist dabei nicht vermerkt worden. Franziska veräußert das Grundstück an Silber, der die Verhältnisse nicht kennt. Ist diese Übereignung bei Eintritt des Nacherbfalls auch den Nacherben Hans und Gabriele gegenüber wirksam?

rechtigt. Aber nach § 2113 Abs. 3 finden die Vorschriften zugunsten derjenigen, welche Rechte von einem Nichtberechtigten herleiten, entsprechende Anwendung. Nach § 892 Abs. 1 S. 2 ist eine Verfügungsbeschränkung dem Erwerber gegenüber nur wirksam, wenn diese Verfügungsbeschränkung aus dem Grundbuch ersichtlich oder dem Erwerber bekannt ist. Da das Nacherbenrecht nicht, wie es § 51 GBO vorschreibt, von Amts wegen eingetragen war und Silber die Verfügungsbeschränkung von Franziska nicht kannte, ist er nach § 892 Abs. 1 S. 2 geschützt. Die Übereignung des Grundstücks ist gegenüber den Nacherben Hans und Gabriele wirksam.

348. Fritz Groß hat seine Ehefrau Franziska zur Vorerbin, seine Kinder Hans und Gabriele zu Nacherben und seine Enkelkinder Ernst und Erika zu Ersatznacherben eingesetzt.
a) Ist das Ersatznacherbenrecht im Grundbuch einzutragen?
b) Kann ein Ersatznacherbenvermerk im Grundbuch gelöscht werden, wenn der Nacherbe sein Anwartschaftsrecht auf einen Dritten überträgt?

a) Nach § 51 GBO ist bei der Eintragung eines Vorerben der Nacherbe von Amts wegen einzutragen. Da der Nacherbe möglicherweise den Nacherbfall nicht erlebt und dann der Ersatznacherbe an seine Stelle tritt, ist bei der Anordnung einer Ersatznacherbfolge auch ein Ersatznacherbenvermerk im Grundbuch einzutragen (OLG Hamm, DNotZ 1966, 108 m. w. N.).
b) Der Ersatznacherbenvermerk darf im Grundbuch nicht gelöscht werden, wenn der Nacherbe sein Anwartschaftsrecht auf einen Dritten überträgt; denn die Rechtsstellung des Ersatznacherben bleibt davon unberührt. Die Übertragung des Anwartschaftsrechts wirkt nur für den Nacherben selbst, nicht aber für den Ersatznacherben (OLG Hamm, MDR 1970, 766; BayObLG NJW 1970, 1794).

349. Die Vorerbin Franziska verwaltet die Erbschaft

Die Nacherben können von ihrer Mutter Sicherheitsleistung verlangen (§ 2128

schlecht. Sie verfügt über Nachlaßgegenstände, ohne ihre Nacherben Hans und Gabriele zu fragen. Ihr nicht zur Erbschaft gehörendes Eigenvermögen hat sie bereits verwirtschaftet.
Was können die Nacherben unternehmen, wenn durch das Verhalten Franziskas ihr späterer Erwerb der Erbschaft gefährdet ist?

Abs. 1). Ist sie dazu rechtskräftig verurteilt, so können die Nacherben auch verlangen, daß ihr die Verwaltung der Erbschaft entzogen und einem Verwalter übertragen wird (§§ 2128 Abs. 2, 1052). Dadurch verliert Franziska nicht nur das Verwaltungsrecht, sondern nach § 2129 Abs. 1 jedes Recht, über Erbschaftsgegenstände zu verfügen. Diese Regelung macht deutlich, daß die Stellung des nicht befreiten Vorerben eher der eines Nießbrauchers als der eines Eigentümers ähnelt.

350. Fritz Groß hat in seinem Testament Hans und Gabriele als Nacherben eingesetzt und hinzugefügt: „Meine Kinder sollen sich beim Tod oder bei der Wiederverheiratung meiner Frau Franziska mit dem begnügen, was von meinem Nachlaß noch übrig sein wird."
Kann die Vorerbin Franziska, ohne die Nacherben zu fragen, das Nachlaßgrundstück veräußern?

Hat der Erblasser den Nacherben auf dasjenige eingesetzt, was von der Erbschaft bei dem Eintritt der Nacherbfolge übrig sein wird *(Einsetzung auf den Überrest)*, so ist der Vorerbe befreiter Vorerbe (§§ 2137 Abs. 1, 2136). Franziska kann daher nach §§ 2136, 2113 Abs. 1 über das Nachlaßgrundstuck ohne Zustimmung der Nacherben verfügen. Sie ist allerdings nicht zu unentgeltlichen Verfügungen über Erbschaftsgegenstände berechtigt (§ 2113 Abs. 2). Ihre Verpflichtungen gegenüber den Nacherben sind eingeschränkt. Sie hat lediglich auf Verlangen der Nacherben ein Verzeichnis der Erbschaftsgegenstände mitzuteilen (§ 2121) und die gewöhnlichen Erhaltungskosten des Nachlasses zu tragen (§ 2124 Abs. 1).

351. Egner verkauft sein Grundstück an Kunze und läßt es ihm auf. Kunze stellt beim Grundbuchamt den Antrag auf Eintragung als neuer Eigentümer. Bevor die Eintragung vollzogen wird, stirbt Egner. Dieser

Eine neue Auflassung durch den jetzigen Eigentümer Vollmer ist nicht erforderlich; denn die Auflassungserklärung ist durch seinen Tod nicht unwirksam geworden, sie ist vielmehr auch für den Erben verbindlich. Aus dem gleichen Grund ist eine Zustimmung des Nacherben Neumann zur Auflassung entbehrlich.

hat Vollmer zum Vorerben und Neumann zum Nacherben eingesetzt. Das Grundbuchamt will die Eintragung nur aufgrund einer neuen Auflassung zwischen Vollmer und Kunze vornehmen und verlangt außerdem die Zustimmung des Neumann. Mit Recht?

352. Der Vorerbe Vollmer hat an Kunze das Nachlaßgrundstück verkauft und aufgelassen. Eine Umschreibung des Eigentums im Grundbuch auf Vollmer hat noch nicht stattgefunden. Muß sich das Grundbuchamt die Zustimmung des Nacherben Neumann vor der Eintragung des Kunze nachweisen lassen, wenn Vollmer
a) nicht befreiter,
b) befreiter
Vorerbe ist?

a) Ist Vollmer nicht befreiter Vorerbe, so muß sich das Grundbuchamt in der Form des § 29 GBO die Zustimmung des Nacherben Neumann nachweisen lassen, weil Vollmer nach § 2113 Abs. 1 in der Verfügung über Grundstücke beschränkt ist.
b) Ist Vollmer hingegen befreiter Vorerbe, so muß sich das Grundbuchamt die Entgeltlichkeit der Verfügung nachweisen lassen, weil auch der befreite Vorerbe nach §§ 2136, 2113 Abs. 2 nicht zu unentgeltlichen Verfügungen berechtigt ist. Bei der Prüfung der Entgeltlichkeit kann das Grundbuchamt als Ersatz für einen urkundlichen Nachweis i. S. von § 29 Abs. 1 S. 2 GBO auch Wahrscheinlichkeitserwägungen berücksichtigen, die sich auf allgemeine Erfahrungssätze stützen (BayObLG MDR 1956, 296). Auf diesen Nachweis kann das Grundbuchamt verzichten, wenn Vollmer die Zustimmung des Neumann nachweist.

353. Der Vorerbe Vollmer ist als Eigentümer eingetragen, ebenso das Nacherbenrecht des Neumann. Vollmer läßt das Grundstück an Kunze auf. Was muß sich

Außer dem Eintragungsantrag (§ 13 GBO) und der Auflassungsverhandlung (§ 20 GBO) sind keine weiteren Nachweise erforderlich; denn durch die Eintragung des Nacherbenvermerks (§ 51 GBO) ist eine Gefährdung des Nacherbenrechts durch

das Grundbuchamt vor der Eintragung des Kunze als Eigentümer nachweisen lassen
a) bei gewöhnlicher,
b) bei befreiter Vorerbschaft?

gutgläubigen Erwerb des Kunze oder späterer Erwerber ausgeschlossen. Die Eintragung des Nacherbenrechts bewirkt *keine Grundbuchsperre*. Auch in den Fällen des § 2113 ist die Verfügung des Vorerben wirksam, solange die Vorerbschaft besteht; sie wird erst mit Eintritt des Nacherbfalls unwirksam, soweit sie das Recht des Nacherben vereitelt oder beeinträchtigt.

354. Der Erblasser Egner hat ein ihm gehöriges Grundstück verkauft. Bevor es aufgelassen wird, stirbt er. Der nicht befreite Vorerbe Vollmer läßt nach Voreintragung das Grundstück an den Käufer Kunze auf; dieser wird eingetragen. Nach Eintritt des Nacherbfalls macht der Nacherbe Neumann, der der Auflassung nicht zugestimmt hatte, die Unwirksamkeit des Eigentumsübergangs auf Kunze geltend.
Mit Recht?

Der nicht befreite Vorerbe ist in der Verfügung über ein Nachlaßgrundstück nur insoweit beschränkt, als hierdurch das Nacherbenrecht beeinträchtigt wird. Hier entfällt eine Beeinträchtigung, weil der Vorerbe mit der Verfügung über das Grundstück eine Nachlaßverbindlickeit erfüllt, für die auch der Nacherbe nach § 1967 Abs. 1 nach Eintritt des Nacherbfalls einzustehen hätte (KG JFG 22, 98). Vollmer hätte von Neumann nach § 2120 ohnehin Erteilung der Zustimmung zur Auflassung verlangen können, weil die Erfüllung einer Nachlaßverbindlichkeit zur ordnungsmäßigen Verwaltung des Nachlasses gehört.

355. Der Vorerbe Vollmer verkauft ein Nachlaßgrundstück an Kunze. Vor der Auflassung tritt der Nacherbfall ein.
Kann Kunze von dem Nacherben Neumann Auflassung verlangen?

Verträge des Vorerben verpflichten in der Regel nicht den Nacherben; sie begründen keine Nachlaßverbindlichkeit. Etwas anderes gilt nur für Verpflichtungsgeschäfte, die im Rahmen ordnungsgemäßer Verwaltung des Nachlasses abgeschlossen werden, diese begründen Nachlaßverbindlichkeiten (vgl. BGHZ 32, 60, 64). Da es sich hier nicht um eine ordnungsgemäße Verwaltung handelt, ist nur Vollmer aus dem Kaufvertrag verpflichtet worden.

356. Der Vorerbe Vollmer hat ein Nachlaßgrundstück für die Dauer von fünf Jahren an Pohl verpachtet.
Muß der Nacherbe Neumann nach Eintritt des Nacherbfalls den Pachtvertrag erfüllen?

Nach § 2135 findet § 1056 entsprechende Anwendung, wenn beim Eintritt der Nacherbfolge ein vom Vorerben begründetes Miet- oder Pachtverhältnis noch besteht. § 1056 Abs. 1 verweist wiederum auf § 571; hiernach tritt der neue Eigentümer kraft Gesetzes in den bestehenden Miet- oder Pachtvertrag ein. Der Nacherbe ist allerdings nach §§ 2135, 1056 Abs. 2 berechtigt, das Pachtverhältnis unter Einhaltung der gesetzlichen Kündigungsfrist zu kündigen.

357. Die Vorerbin Franziska Groß erstreitet gegen Schulze ein rechtskräftiges Urteil auf Rückzahlung eines Darlehens, das der Erblasser Fritz Groß Schulze gewährt hat. Nach Eintritt des Nacherbfalls möchten die Erben Hans und Gabriele Groß aus diesem Urteil vollstrecken.
Ist das möglich?

Der Nacherbe ist nicht Rechtsnachfolger des Vorerben, so daß das vom Vorerben erstrittene Urteil für ihn nicht nach § 325 Abs. 1 ZPO Rechtskraftwirkung entfaltet. Ein Urteil, das zwischen dem Vorerben und einem Dritten über einen der Nacherbfolge unterliegenden Gegenstand (hier die Darlehensforderung gegen Schulze) ergeht, wirkt *für den Nacherben,* sofern es vor dem Eintritt der Nacherbfolge rechtskräftig wird (§ 326 Abs. 1 ZPO). Die Nacherben Hans und Gabriele Groß können die der Vorerbin Franziska Groß erteilte vollstreckbare Ausfertigung des Urteils nach §§ 728 Abs. 1, 737 ZPO auf sich umschreiben lassen und dann gegen Schulze die Zwangsvollstreckung betreiben.

358. Das Bankhaus Gold und Silber erstreitet gegen die Vorerbin Franziska Groß folgende Urteile, die vor Eintritt der Nacherbfolge rechtskräftig werden:
a) Auf Rückzahlung eines Darlehens, das dem Erblasser Fritz Groß gewährt war,

a) Nach § 326 Abs. 1 ZPO wirkt ein Urteil, das zwischen einem Vorerben und einem Dritten über einen gegen den Vorerben als Erben gerichteten Anspruch (also eine Nachlaßverbindlichkeit) ergeht, nur für, aber nicht gegen den Nacherben.
b) Wegen dieser Eigenverbindlichkeit der Vorerbin kommt eine Rechtskrafterstreckung nach § 326 ZPO nicht in Betracht.

b) auf Rückzahlung eines Darlehens, das Franziska nach dem Erbfall aufgenommen hatte, um den Kauf eines Autos zu finanzieren,
c) auf Duldung der Zwangsvollstreckung in das zum Nachlaß gehörende Grundstück; Franziska hatte dem Bankhaus Gold und Silber zur Sicherung des Darlehens für den Autokauf an dem Nachlaßgrundstück eine Hypothek bestellt.
Erstreckt sich die Rechtskraftwirkung dieser Urteile nach Eintritt des Nacherbfalls auf die Nacherben Hans und Gabriele Groß?

c) Nach § 326 Abs. 2 ZPO entfaltet ein Urteil, das zwischen dem Vorerben und einem Dritten über einen der Nacherbfolge unterliegenden Gegenstand ergeht, gegen den Nacherben dann Rechtskraft, wenn der Vorerbe befugt ist, ohne Zustimmung des Nacherben über den Gegenstand zu verfügen. Als nicht befreite Vorerbin war Franziska Groß nach § 2113 Abs. 1 nicht berechtigt, über das Nachlaßgrundstück durch Bestellung einer Hypothek zu verfügen. Damit entfällt eine Rechtskraftwirkung.

359. Könnte im vorigen Fall das Bankhaus Gold und Silber vor Eintritt des Nacherbfalls aus den Urteilen in den Nachlaß vollstrecken?

Obwohl der Vorerbe Eigentümer und Besitzer des Nachlasses ist, ist eine sich gegen ihn richtende Zwangsvollstreckung durch § 2115 eingeschränkt. Könnten die Gläubiger des Vorerben uneingeschränkt auf den Nachlaß zugreifen, so würde der Schutz des Nacherben vereitelt, den das Gesetz durch die §§ 2113, 2114 und 2127 ff. bezweckt.
a) Nach § 2115 S. 1 ist eine Verfügung über einen Erbschaftsgegenstand, die im Wege der Zwangsvollstreckung, der Arrestvollziehung oder durch den Konkursverwalter erfolgt, beim Eintritt des Nacherbfalls insoweit unwirksam, als sie das Recht des Nacherben vereiteln oder beeinträchtigen würde. Die Verfügung ist aber nach § 2115 S. 2 unbeschränkt wirksam, wenn, wie hier, der Anspruch eines Nachlaßgläubigers geltend gemacht wird. Hier

ist der Nacherbe nicht schutzwürdig. Nach Eintritt des Nacherbfalls hätte er selbst nach § 1967 für die Nachlaßverbindlichkeiten einzustehen; vor Eintritt des Nacherbfalls ist er nach § 2120 verpflichtet, zu Verfügungen, die der Berichtigung von Nachlaßverbindlichkeiten dienen, seine Zustimmung zu erteilen.

b) Bei Vollstreckungsmaßnahmen von Eigengläubigern greift § 2115 S. 1 ein. Die Verfügung über einen Erbschaftsgegenstand im Wege der Zwangsvollstreckung ist im Fall des Eintritts der Nacherbfolge insoweit unwirksam, als sie das Recht der Nacherben beeinträchtigt. Im Zusammenhang mit § 2115 steht § 773 S. 1 ZPO; hiernach soll ein Gegenstand, der zu einer Vorerbschaft gehört, nicht im Wege der Zwangsvollstreckung veräußert oder überwiesen werden, wenn die Veräußerung oder Überweisung im Falle des Eintritts der Nacherbfolge nach § 2115 dem Nacherben gegenüber unwirksam ist. Die Nacherben können nach § 773 S. 2 ZPO gegen die Veräußerung oder Überweisung Widerspruchsklage (§ 771 ZPO) erheben.

c) Es gilt das zu b) Ausgeführte entsprechend. Die Ausnahme des § 2115 S. 2 greift nicht ein. Die Verfügung im Wege der Zwangsvollstreckung wäre nur dann wirksam, wenn ein an einem Erbschaftsgegenstand bestehendes Recht (hier die Hypothek) geltend gemacht wird, das im Fall des Eintritts der Nacherbfolge dem Nacherben gegenüber wirksam ist. Als nicht befreite Vorerbin war Franziska Groß nach § 2113 Abs. 1 nicht berechtigt, an einem Nachlaßgrundstück eine Hypothek zu bestellen.

360. Zum Nachlaß des Egner gehört eine fällige Kaufpreisforderung gegen Schulze. Schulze hatte vor dem Erbfall dem Vorerben Vollmer ein Darlehen gewährt, dessen Rückzahlung inzwischen fällig ist. Schulze rechnet mit dieser Darlehensforderung gegen die zum Nachlaß gehörende Kaufpreisforderung auf.
Ist das möglich?

Es ist schon fraglich, ob die nach § 387 für eine Aufrechnung notwendige Gegenseitigkeit der Forderungen besteht. Mit guten Gründen läßt sich der Nachlaß in der Hand des Vorerben als ein Sondervermögen ansehen. Hierfür sprechen die Verfügungsbeschränkungen der §§ 2113, 2114, die Sonderregelung des § 2115 für den Vollstreckungszugriff, der Grundsatz der dinglichen Surrogation und zahlreiche weitere Bestimmungen, die der Erhaltung des Nachlasses oder Nachlaßwerts für den Nacherben dienen (Schlüter, § 41 VIII 2). Bejaht man ein Sondervermögen, so können Eigengläubiger des Vorerben wie Schulze mangels Gegenseitigkeit nicht gegen eine Nachlaßforderung aufrechnen. Das Reichsgericht (RGZ 80, 30) hat die Aufrechnungsmöglickeit mit der Erwägung verneint, daß sich der Eigengläubiger des Vorerben mit der Aufrechnung zwangsweise wegen seiner ihm gegen den Vorerben persönlich zustehenden Forderung befriedigen würde; da es dem persönlichen Gläubiger des Vorerben nicht gestattet sei, sich im Wege der Zwangsvollstreckung zu befriedigen (§ 2115), dürfe er auch nicht gegen eine Nachlaßforderung aufrechnen.

361. Darf der Vorerbe über die Zinsen des Nachlaßkapitals unentgeltlich ohne Zustimmung des Nacherben verfügen?

Die Nutzungen des Nachlasses sind freies Vermögen des Vorerben, sie „gebühren" ihm (§ 2111 Abs. 1 S. 1; BGH NJW 1981, 2350); über sie kann er frei verfügen. Auch hier wird deutlich, daß die Stellung des Vorerben der eines Nießbrauchers gleicht.

362. Darf der Vorerbe das zum Nachlaß gehörende Geld für eigene Bedürfnisse verwenden?

Der nicht befreite Vorerbe hat das Kapital dem Nacherben zu erhalten. Daher ist Bargeld nach § 2119 mündelsicher anzulegen, soweit der Vorerbe es nicht für die

Verwaltung des Nachlasses benötigt. § 2119 gilt nicht für den befreiten Vorerben (§ 2136).

363. Der Vorerbe Vollmer hat ein zum Nachlaß gehörendes Gemälde verkauft. Darf er den Erlös für sich verwenden?

Der Verkaufserlös fällt als Surrogat in den Nachlaß (§ 2111 Abs. 1). Auch dieses Geld hat er nach § 2119 mündelsicher anzulegen.

364. Haftet der Vorerbe dem Nacherben für die ordnungsgemäße Verwaltung des Nachlasses?

a) Der nicht befreite Vorerbe (bzw. dessen Erben, wenn der Nacherbfall mit dem Tod des Vorerben eintritt) hat dem Nacherben die Erbschaft in dem Zustand herauszugeben, der sich bei einer bis zur Herausgabe fortgesetzten ordnungsmäßigen Verwaltung ergibt (§ 2130 Abs. 1). Seine Haftung beschränkt sich aber auf diejenige Sorgfalt, welche er in eigenen Angelegenheiten anzuwenden pflegt (§§ 2131, 277; diligentia quam in suis).

b) Der befreite Vorerbe ist dagegen nur zur Herausgabe der noch vorhandenen Nachlaßgegenstände (einschließlich der noch vorhandenen Surrogate, § 2111) verpflichtet (§ 2138 Abs. 1); er ist allerdings zum Schadensersatz verpflichtet, wenn er entgegen § 2113 Abs. 2 unentgeltliche Verfügungen getroffen oder die Erbschaft in der Absicht, den Nacherben zu benachteiligen, vermindert hat (§ 2138 Abs. 2).

2. *Die Testamentsvollstreckung*

365. Ist der Testamentsvollstrecker gesetzlicher Vertreter der Erben, des Nachlasses oder der Nachlaßgläubiger?

Der Testamentsvollstrecker ist weder Vertreter der Erben, des Nachlasses noch der Nachlaßgläubiger, sondern Träger eines privaten Amts (BGHZ 13, 203), ein *Amtstreuhänder,* der mit einer aus dem Recht des Erben am Nachlaß abgeleiteten gesetzlichen Verpflichtungs-, Verfügungs-, Erwerbs- und Prozeßführungsermächtigung ausgestattet ist. Soweit seine Rechtsmacht reicht, kann er *im eigenen Namen* über Nachlaßgegenstände verfügen, den Erben verpflichten, für ihn erwerben und Rechtsstreitigkeiten über Nachlaßgegenstände als Partei kraft Amtes mit Wirkung für und gegen den Erben führen (RG JW 1912, 147). Aus den Rechtshandlungen des Testamentsvollstreckers wird der Erbe nur als Träger des Sondervermögens Nachlaß, nicht aber als Träger seines Eigenvermögens berechtigt und verpflichtet.

366. Kann zum Testamentsvollstrecker ernannt werden
a) ein Miterbe,
b) der Alleinerbe,
c) der Allein-Vorerbe,
d) der Allein-Nacherbe,
e) eine Aktiengesellschaft,
f) der Notar, der das öffentliche Testament beurkundet hat?

a) Ein Miterbe kann Testamentsvollstrecker sein (RGZ 130, 131, 134).
b) Der Alleinerbe kann hingegen nicht alleiniger Testamentsvollstrecker sein, weil der Testamentsvollstrecker den Erben in seinen Befugnissen beschränken soll (RGZ 77, 177). Der Alleinerbe kann aber neben einem anderen Testamentsvollstrecker Mit-Testamentsvollstrecker sein (§ 2224).
c) Der alleinige Vorerbe kann aus den gleichen Gründen wie der Alleinerbe nicht alleiniger Testamentsvollstrecker sein; er kann auch nicht wegen des Interessenwiderstreits Nacherbenvollstrecker i.S. von § 2222 sein (KG JFG 11, 126).
d) Der alleinige Nacherbe kann Testamentsvollstrecker des Vorerben sein, nicht aber zugleich Nacherbenvollstrecker i.S. von § 2222.
e) Eine juristische Person kann ebenso wie eine natürliche Person Testamentsvollstrecker sein, sie führt das Amt durch ihre Organe. Juristische Personen können aber in keinem Fall über die 30jährige Frist des

§ 2210 S. 1 im Amt bleiben (§§ 2210 S. 3, 2163 Abs. 2).

f) Die Ernennung des beurkundenden Notars zum Testamentsvollstrecker ist nach §§ 27, 7 Nr. 1 BeurkG unwirksam.

367. Steht der Testamentsvollstrecker in seiner Amtsführung unter der Aufsicht des Nachlaßgerichts?

Anders als der Nachlaßpfleger (§§ 1960f.) und der Nachlaßverwalter (§ 1975) wird der Testamentsvollstrecker in seiner Amtsführung nicht vom Nachlaßgericht beaufsichtigt. Stellt allerdings ein Beteiligter beim Nachlaßgericht den Antrag, den Testamentsvollstrecker zu entlassen, so hat das Nachlaßgericht zu überprüfen, ob der Testamentsvollstrecker seine Pflichten grob verletzt hat oder zur ordnungsgemäßen Geschäftsführung unfähig ist. Außerdem hat das Nachlaßgericht in verschiedenen Fällen mitzuwirken, etwa bei der Ernennung des Testamentsvollstreckers, sofern der Erblasser letztwillig darum ersucht hat (§ 2200), und bei der Entscheidung von Meinungsverschiedenheiten zwischen mehreren Testamentsvollstreckern (§ 2244 Abs. 1 S. 1).

368. Der Juwelier Gold stirbt. Er hat durch Testament seinen Teilhaber Silber zum Testamentsvollstrecker ernannt.
Ist Silber mit dem Erbfall Testamentsvollstrecker geworden?

Nach § 2202 Abs. 1 und 2 beginnt das Amt des Testamentsvollstreckers erst mit dem Zeitpunkt, in welchem der Ernannte das Amt durch Erklärung gegenüber dem Nachlaßgericht annimmt.

369. Gold setzt seinen Neffen zum Erben ein und bestimmt gleichzeitig, daß seine Ehefrau Wilma als Vermächtnis den Nießbrauch an allen zum Nachlaß gehö-

Eine Testamentsvollstreckung kann auch für einen Vermächtnisnehmer angeordnet werden (BGHZ 13, 203). Als Testamentsvollstrecker hat Dr. Treu den Nachlaß zu verwalten; er ist vor allem berechtigt, den Nachlaß in Besitz zu nehmen und über die

renden Gegenständen erhalten soll. Zum Testamentsvollstrecker ernennt er Dr. Treu, dessen Aufgabenbereich wie folgt umschrieben wird:
„Die Aufgabe des Testamentsvollstreckers soll, solange meine Frau lebt, in der Verwaltung des Nachlasses bestehen; nach dem Tod meiner Frau soll der Testamentsvollstrecker den Nachlaß unter die Erben verteilen."
Nach dem Erbfall verlangt Wilma Gold von Dr. Treu die Einräumung des Nießbrauchs an sämtlichen Nachlaßgegenständen, vor allem an dem Nachlaßgrundstück, und die Übertragung des unmittelbaren Besitzes an allen Nachlaßgegenständen.
Mit Recht?

Nachlaßgegenstände zu verfügen (§ 2205). Wilma, der als Vermächtnis nur der Nießbrauch an den Nachlaßgegenständen zugewendet war, kann daher wegen der angeordneten Testamentsvollstreckung nicht die Übertragung des unmittelbaren Besitzes an den Nachlaßgegenständen verlangen. Sie kann aber nach § 2174 beanspruchen, daß ihr der Nießbrauch an den Nachlaßgegenständen, vor allem an dem Grundstück, bestellt wird (§§ 1032, 873, 874).

370. Der Erblasser Gold hält es für möglich, daß der zu seinem Testamentsvollstrecker ausersehene Dr. Treu die Annahme des Amtes ablehnen wird.
Wie kann Gold dafür sorgen, daß nach seinem Tod trotzdem ein Testamentsvollstrecker vorhanden ist?

Es bestehen verschiedene Möglichkeiten:
a) Er kann für Dr. Treu einen Ersatztestamentsvollstrecker ernennen (§ 2197 Abs. 2);
b) er kann die Bestimmung des Testamentsvollstreckers einem Dritten überlassen (§ 2198 Abs. 1 S. 1);
c) er kann den Testamentsvollstrecker Dr. Treu ermächtigen, einen Nachfolger zu ernennen (§ 2199 Abs. 2);
d) er kann in dem Testament das Nachlaßgericht ersuchen, einen Testamentsvollstrecker zu ernennen (§ 2200 Abs. 1).

371. Der Erblasser Gold hat in seiner letztwilligen Verfügung dem Testamentsvollstrecker keine bestimmten Aufgaben zugewiesen. Wozu ist Dr. Treu verpflichtet?

Dr. Treu hat als Testamentsvollstrecker
a) die letztwilligen Verfügungen des Erblassers auszuführen (§ 2203);
b) er hat ferner, wenn mehrere Erben vorhanden sind, unter ihnen die Auseinandersetzung des Nachlasses herbeizuführen (§ 2204 Abs. 1) und
c) bis zur Auseinandersetzung den Nachlaß zu verwalten (§ 2205).

372. Egner hat Albrecht, Braun und Conrad zu Erben eingesetzt und in dem Testament das Nachlaßgericht ersucht, einen Testamentsvollstrecker zu ernennen. Es ernennt Dr. Treu. Dieser hatte sich vorher den Erben gegenüber schriftlich verpflichtet, keine Handlungen vorzunehmen, denen nicht alle Miterben zugestimmt hatten. Außerdem hatte er sich verpflichtet, sein Amt als Testamentsvollstrecker sofort niederzulegen, falls das einer der Miterben verlange.
Vor der Auseinandersetzung des Nachlasses erhebt Dr. Treu gegen Braun Klage auf Zahlung einer Entschädigung für die Benutzung einer Wohnung auf dem Nachlaßgrundstück, die Braun ohne Mietvertrag bezogen hat.
a) Braun wendet ein, die Miterben seien nicht damit einverstanden, daß für die Wohnung eine Nutzungs-

a) Der Klage ist stattzugeben. Dr. Treu ist nach §§ 2212, 2205 berechtigt, die Nutzungsentschädigung gegen einen Miterben geltend zu machen. Daran ist er nicht durch die Vereinbarung mit den Miterben gehindert. Diese Vereinbarung ist nichtig, denn die Befugnisse eines Testamentsvollstreckers beruhen auf dem Willen des Erblassers. Nur dieser kann dem Testamentsvollstrecker bindende Weisungen für die Führung seines Amtes erteilen, soweit das Gesetz das gestattet. Die Erben können grundsätzlich auf die Amtsführung des Testamentsvollstreckers keinen Einfluß nehmen (BGHZ 25, 275). Daher kann der Testamentsvollstrecker bei seiner Amtsführung im Einzelfall nicht an die Zustimmung der Erben gebunden werden. Andernfalls würde die Testamentsvollstrekkung ihren Sinn verlieren. Die Abrede zwischen den Miterben Albrecht, Braun und Conrad über die Verrechnung der Nutzung des Nachlaßgrundstücks ist für den Testamentsvollstrecker unverbindlich. Die Miterben können über Nachlaßforderungen nicht verfügen (§ 2211 Abs. 1).
b) Aus den gleichen Gründen ist auch die Abrede über die Verpflichtung des Dr. Treu, sein Amt jederzeit auf Wunsch eines Erben niederzulegen, unwirksam (BGHZ25, 275).

entschädigung verlangt werde; sie hätten sich vielmehr dahin geeinigt, daß die Entschädigung für die Benutzung des Nachlaßgrundstücks erst bei der Auseinandersetzung verrechnet werden solle.
b) Dr. Treu sei zu der Klage nicht berechtigt, weil er dem Verlangen, sein Amt niederzulegen, nicht nachgekommen sei.
Wird die Klage von Dr. Treu Erfolg haben?

373. Der Testamentsvollstrecker Dr. Treu schenkt der Witwe Dreier, die nicht Erbin ist, das zum Nachlaß gehörige Villengrundstück. Auflassung und Eintragung finden statt. Dr. Treu legt dem Grundbuchamt zum Schein einen Kaufvertrag vor. Ein Jahr später verlangen die Erben, daß die Witwe in die Wiedereintragung der Erben als Eigentümer einwilligt.
a) Mit Recht?
b) Können die Erben diesen Anspruch im eigenen Namen oder im Namen aller Miterben gerichtlich geltend machen?

a) Der Testamentsvollstrecker ist nach § 2205 S. 3 zu unentgeltlichen Verfügungen nur berechtigt, soweit sie einer sittlichen Pflicht oder einer auf den Anstand zu nehmenden Rücksicht entsprechen. Da diese Voraussetzungen hier nicht vorliegen, hat Dr. Treu als Nichtberechtigter über das Eigentum am Grundstück verfügt. Das Grundbuch ist durch die Eintragung von Frau Dreier mangels wirksamer Auflassung unrichtig geworden; den Erben steht daher der Grundbuchberichtigungsanspruch des § 894 gegen Frau Dreier zu.
b) Die Erben sind aber nicht berechtigt, diesen Anspruch geltend zu machen. Er gehört zum Nachlaß und unterliegt daher der Verwaltung des Testamentsvollstreckers (§ 2205 S. 1). Der Berichtigungsanspruch kann nur von Dr. Treu als Partei kraft Amtes gerichtlich geltend gemacht werden (§ 2212). Geht er nicht gegen Frau Dreier gerichtlich vor, so können die Erben seine Entlassung als Testamentsvoll-

strecker wegen grober Pflichtverletzung beantragen (§ 2227 Abs. 1).

374. Im vorigen Fall haben die Erben der Schenkung sowie ihrem Vollzug durch die Auflassung ausdrücklich zugestimmt.
Wird die Auflassung auch in diesem Fall unwirksam?

Eine unentgeltliche Verfügung des Testamentsvollstreckers, die keine Anstandsschenkung darstellt, ist auch bei Zustimmung der Erben unwirksam, weil den Erben mit der Bestellung des Testamentsvollstreckers die Verfügungsmacht und damit auch das Zustimmungsrecht zu Verfügungen entzogen ist (RGZ 105, 246, 249; Schlüter, § 42 V 2). Demgegenüber erblickt der Bundesgerichtshof (BGHZ 57, 84, 92) in § 2205 S. 3 lediglich eine den Erben schützende Bestimmung; er hält deshalb eine unentgeltliche Verfügung des Testamentsvollstreckers, die über den Rahmen von Pflicht- und Anstandsschenkungen hinausgeht, dann für wirksam, wenn ihr die Erben zustimmen.

375. Dr. Treu hat das Grundstück der Witwe Dreier nicht geschenkt, es ihr aber zu einem Preis verkauft, der nur ⅕ des wirklichen Werts entspricht.
Steht den Erben auch in diesem Fall gegen Frau Dreier ein Grundbuchberichtigungsanspruch zu?

Auch hier ist die Auflassung nach § 2205 S. 3 unwirksam. Eine unentgeltliche Verfügung des Testamentsvollstreckers liegt ebenso wie im Fall des § 2113 Abs. 2 dann vor, wenn der Testamentsvollstrecker objektiv ohne gleichwertige Gegenleistung Opfer aus der Erbmasse bringt und subjektiv entweder weiß, daß dem Opfer keine gleichwertige Leistung an die Erbmasse gegenübersteht, oder doch bei ordnungsmäßiger Verwaltung der Masse unter Berücksichtigung seiner künftigen Pflicht, die Erbschaft an den Erben herauszugeben, das Fehlen oder die Unzulänglichkeit der Gegenleistung hätte erkennen müssen (BGH NJW 1963, 1612). Hier liegt eine nur teilweise unentgeltliche Verfügung vor. Nach dem Schutzzweck des § 2205 S. 3 ist sie insgesamt als unentgeltlich zu behandeln und damit unwirksam (Schlüter, §§ 42 V, 41 VI 2c; str.).

Den Erben steht also auch hier ein Grundbuchberichtigungsanspruch nach § 894 gegen Frau Dreier zu.

376. Die Erben des Ernst Blass, seine Kinder Hans und Gabriele, sind im Grundbuch als Eigentümer eines Nachlaßgrundstücks in ungeteilter Erbengemeinschaft eingetragen. In Abteilung II ist vermerkt, daß ein Testamentsvollstrecker ernannt ist. Hans und Gabriele bewilligen und beantragen die Eintragung einer Grundschuld für Grimmig. Das Grundbuchamt lehnt die Eintragung ab.
Mit Recht?

Nach § 2211 Abs. 1 kann der Erbe über einen der Verwaltung des Testamentsvollstreckers unterliegenden Nachlaßgegenstand nicht verfügen. Verfügungsberechtigt ist allein der Testamentsvollstrecker (§ 2205 S. 1). Verfügungen des Erben sind also schlechthin unwirksam, es sei denn, daß der Testamentsvollstrecker in sie einwilligt (§ 185 Abs. 1) oder sie nachträglich genehmigt (§ 185 Abs. 2). Der Erbe ist hier – anders als der Vorerbe – nicht nur in seiner Verfügungsmacht beschränkt, ihm steht keine Verfügungsmacht zu. Daher bewirkt die Einsetzung eines Testamentsvollstreckers für die Erben eine *Grundbuchsperre.* Das Grundbuchamt hat daher die Eintragung mit Recht abgelehnt.

377. Der Testamentsvollstrecker Dr. Treu bewilligt und beantragt die Eintragung einer Hypothek an einem Nachlaßgrundstück für eine Forderung, die Grimmig gegen Dr. Treu persönlich zusteht. Die Hypothek wird eingetragen.
Ist sie entstanden?

Die Bestellung einer Hypothek nach §§ 873 Abs. 1, 1117 ist eine Verfügung, zu der der Testamentsvollstrecker nach § 2205 S. 2 berechtigt ist. Dr. Treu hat aber seine Pflicht zur ordnungsgemäßen Verwaltung des Nachlasses nach § 2216 verletzt, wenn er für eine eigene Schuld ein Nachlaßgrundstück belastet. Diese Pflichtverletzung läßt zwar grundsätzlich die Verfügungsbefugnis des Testamentvollstreckers (§ 2205) im Außenverhältnis unberührt und führt nur zu einer schuldrechtlichen Schadenersatzhaftung gegenüber den Erben im Innenverhältnis nach § 2219. Die mangelnde „Geschäftsführungsbefugnis“ im Innenverhältnis führt aber entsprechend den Grundsätzen des Mißbrauchs der Vertretungsmacht ausnahmsweise zur Unwirksamkeit des Rechtsgeschäfts, wenn der Testamentsvollstrecker diesen Mangel kannte und der Geschäftspartner erkannte oder erkennen mußte, daß das Geschäft über den Rahmen ordnungsgemäßer Verwaltung hinausging (BGHZ 30, 67, 71; RGZ 130, 131, 134). Deshalb ist die für Grimmig bestellte Hypothek nicht wirksam entstanden.

378. Egner ist verstorben. Seine Erben sind Albrecht, Braun und Treu. Zum Testamentsvollstrecker hat er den Miterben Treu bestellt; dieser hat das Amt angenommen und einen Plan für die Auseinandersetzung des Nachlasses unter den Miterben aufgestellt, nach welchem u. a. ein zum Nachlaß gehöriges Grundstück derart geteilt werden soll, daß jeder Erbe einen Bruchteil von ⅓ erhält. Albrecht ist hiermit nicht einverstanden. Hat der Testamentsvollstrecker Treu diesen Widerspruch zu beachten?

Eine der wichtigsten Aufgaben des Testamentsvollstreckers ist die Auseinandersetzung des Nachlasses bei mehreren Miterben (§ 2204 Abs. 1). Zu diesem Zweck hat er einen Auseinandersetzungsplan aufzustellen, vor dessen Ausführung er die Miterben zu hören hat (§ 2204 Abs. 2). Die Auseinandersetzung und Teilung unter Miterben hat der Testamentsvollstrecker in erster Linie nach den Anordnungen des Erblassers, hilfsweise nach den gesetzlichen Auseinandersetzungsvorschriften der §§ 2042–2056 durchzuführen (§ 2204 Abs. 1). Diese Auseinandersetzungsvorschriften sind allerdings nicht in jedem Fall für den Testamentsvollstrecker bindend. So ist er durchaus berechtigt, unteilbare Nachlaßgegenstände an Dritte freihändig zu verkaufen oder das Gesamthandseigentum in Bruchteilseigentum nach den Erbquoten zu überführen, wenn durch eine Versteigerung der unteilbare Gegenstand zum Nachteil aller Miterben entwertet werden würde (RGZ 108, 289). Die Erben haben gegen den Auseinandersetzungsplan des Testamentsvollstreckers kein Widerspruchsrecht.

379. Wie wird im vorigen Fall der Auseinandersetzungsplan ausgeführt, wenn jeder der drei Miterben an dem Grundstück mit einem Bruchteil von ⅓ beteiligt werden soll?

Das Grundstück muß jedem Miterben zu ⅓ aufgelassen werden (§§ 873 Abs. 1, 925 Abs. 1). Für die Miterbengemeinschaft kann der Testamentsvollstrecker Treu die Auflassung erklären. Hinsichtlich des auf ihn selbst als Miterben entfallenden Bruchteils kann er auch als Erwerber die notwendige Erklärung abgeben, ohne daran durch § 181 gehindert zu sein. Diese Bestimmung ist zwar auf den Testamentsvollstrecker als Amtstreuhänder entsprechend anwendbar (Schlüter, § 42 VII 1). Ist der Testamentsvollstrecker wie hier gleichzeitig Miterbe, so hat der Erblasser ihm schlüssig alle Rechtsgeschäfte mit sich selbst gestattet, die im eng zu bestimmenden Rahmen ordnungsgemäßer Verwaltung (§ 2216) liegen (BGHZ 30, 67).
Treu kann daher nicht nur den Miterben Albrecht und Braun, sondern auch sich selbst in seiner Eigenschaft als Miterben einen Miteigentumsanteil von je ⅓ auflassen.

380. a) An dem ungeteilten Nachlaßgrundstück muß eine größere Dachreparatur des Hauses durchgeführt werden. Der Testamentsvollstrecker Treu erteilt dem Dachdeckermeister Uhrig den Auftrag, diese Reparatur auszuführen. Als Uhrig Zahlung verlangt, ist Treu inzwischen verstorben.
Kann Uhrig von den Miterben Albrecht und Braun Zahlung verlangen, oder muß er sich an die Erben des Treu halten?

a) Der Testamentsvollstrecker ist berechtigt, für den Nachlaß Verbindlichkeiten einzugehen, soweit das zur ordnungsmäßigen Verwaltung des Nachlasses erforderlich ist (§ 2206 Abs. 1 S. 1). Bei diesen Verbindlichkeiten handelt es sich um Nachlaßverbindlichkeiten (§ 1967), für die die Miterben als Gesamtschuldner haften (§ 2058). Diese Verbindlichkeiten sind im Nachlaßkonkurs Masseschulden (§ 224 Nr. 5 KO). Der Testamentsvollstrecker haftet hierfür nicht persönlich, wenn er in seiner Eigenschaft als Amtstreuhänder gehandelt hat. Die Erteilung des Auftrags an Uhrig gehörte zur ordnungsmäßigen Verwaltung des Nachlasses, so daß die Miter-

b) Treu hat die Rechtsanwältin Dr. Klug mit der Aufstellung eines Auseinandersetzungsplans und verschiedenen Abwicklungsgeschäften beauftragt. Sie verlangt von den Erben Bezahlung der vereinbarten Vergütung. Diese verweigern die Zahlung mit der Begründung, Treu habe die von Dr. Klug übernommenen Aufgaben selbst erledigen müssen. Mit Recht?

ben Albrecht und Braun für die dem Uhrig geschuldete Vergütung als Gesamtschuldner (§ 2058) haften.

b) Mit der Beauftragung der Rechtsanwältin Dr. Klug könnte Treu die Grenzen ordnungsgemäßer Verwaltung (§ 2206 Abs. 1 S. 1) und damit seine Verpflichtungsbefugnis überschritten haben. Selbst wenn Treu aber die Aufgabe, die er Frau Dr. Klug übertragen hat, selbst hätte ausführen können, so führt das nicht dazu, daß der Vertrag mit der Rechtsanwältin unwirksam ist. Für § 2206 Abs. 1 ist es nicht entscheidend, ob das Rechtsgeschäft *objektiv* zur ordnungsgemäßen Verwaltung zählt, es genügt vielmehr, daß der Geschäftspartner bei Vertragsschluß *subjektiv* annahm oder ohne Fahrlässigkeit annehmen durfte, daß die Eingehung der Verbindlichkeit zur ordnungsgemäßen Verwaltung des Nachlasses erforderlich war (BGH NJW 1983, 40; Staudinger/Reimann, § 2206 Rdnr. 10f. m.w.N.). War daher Dr. Klug hinsichtlich der Ordnungsmäßigkeit der Verwaltungsmaßnahme im guten Glauben, so haften die Erben für die mit ihr vereinbarte Vergütung, auch wenn objektiv die Grenzen ordnungsmäßiger Verwaltung überschritten gewesen sein sollten.

381. Die Miterben Hans und Gabriele Blass haben einen zum Nachlaß gehörenden, in ihrem Besitz gebliebenen Ring dem Juwelier Gutmann verkauft und übereignet. Gutmann wußte nicht, daß eine Testamentsvollstreckung angeordnet

Die Erben Hans und Gabriele Blass waren nach § 2211 Abs. 1 nicht berechtigt, über den zum Nachlaß gehörenden Ring zu verfügen. Nach § 2211 Abs. 2 finden aber die Vorschriften zugunsten derjenigen, welche Rechte von einem Nichtberechtigten herleiten, entsprechende Anwendung. Das sind vor allem die §§ 932ff., 892f. Gutmann hat von den nicht verfügungsbe-

war; wohl war ihm bekannt, daß der Ring zum Nachlaß gehörte.
Ist Gutmann Eigentümer des Rings geworden?

rechtigten Miterben Hans und Gabriele Eigentum an dem Ring erlangt, wenn ihm ohne grobe Fahrlässigkeit unbekannt geblieben war, daß eine Testamentsvollstreckung bestand. Davon ist hier auszugehen.

382. Würde im vorigen Fall Gutmann auch dann Eigentum erworben haben, wenn ihm bekannt war, daß Treu Testamentsvollstrecker war, Treu aber die Übereignung später genehmigt hat?

Eine Verfügung der Erben über Nachlaßgegenstände ist nach § 2211 Abs. 1 nicht unheilbar nichtig. Sie kann rückwirkend wirksam werden (§§ 184 Abs. 1, 185 Abs. 2), wenn sie der Testamentsvollstrecker genehmigt (RGZ 87, 432). Die Verfügung wird auch (mit Wirkung ex nunc) wirksam, sobald die Verwaltung durch den Testamentsvollstrecker endet (§ 185 Abs. 2 2. Fall analog; Schlüter, § 42 X 1 a).

383. Zum Nachlaß des Ernst Blass gehört eine Forderung gegen Schulze. Die Erben Hans und Gabriele ziehen den geschuldeten Betrag bei Schulze ein, ohne diesen von der bestehenden Testamentsvollstreckung zu unterrichten. Der Testamentsvollstrecker Treu verlangt daraufhin von Schulze erneut Zahlung, weil die Erben den eingezogenen Betrag nicht an den Testamentsvollstrecker abgeführt, sondern ihn für eine Luxusreise ausgegeben haben.
Muß Schulze noch einmal zahlen?

In entsprechender Anwendung der §§ 2211 Abs. 2, 407 Abs. 1 muß der Testamentsvollstrecker die Leistung an die Erben Hans und Gabriele gegen sich gelten lassen. Der Schuldner Schulze muß hier ebenso geschützt werden wie ein Schuldner, der gutgläubig an den Erben gezahlt hat, obwohl eine Nachlaßverwaltung angeordnet ist, oder der an einen Gläubiger die geschuldete Leistung bewirkt, über dessen Vermögen inzwischen der Konkurs eröffnet worden ist; in diesen Fällen sieht das Gesetz ausdrücklich vor, daß der gutgläubig zahlende Schuldner geschützt wird (§ 1984 Abs. 2; § 8 Abs. 2 KO).
Schulze braucht also den geschuldeten Betrag nicht noch einmal an den Testamentsvollstrecker Treu zu entrichten.

384. Grimmig hatte dem Erblasser Fritz Gold ein

Paul und Franz Gold sind als Gesamtschuldner zur Rückzahlung des Darlehens

Darlehen gewährt. Nach dem Erbfall klagt er diese Darlehensforderung nicht gegen den Testamentsvollstrecker Treu, sondern gegen die Miterben Paul und Franz Gold ein.
Wie ist zu entscheiden?

zu verurteilen (§§ 1967, 2058). Ansprüche, die sich gegen den Nachlaß richten (Nachlaßverbindlichkeiten), können nach § 2213 Abs. 1 S. 1 sowohl gegen die Erben als auch gegen den Testamentsvollstrecker gerichtlich geltend gemacht werden. Dagegen können Nachlaßforderungen gegen Dritte nicht von den Erben, sondern allein von dem Testamentsvollstrecker eingeklagt werden (§ 2212). Für *Aktivprozesse* (es wird ein Recht des Nachlasses gerichtlich geltend gemacht) ist also *nur der Testamentsvollstrecker, für Passivprozesse* (es wird ein Recht gegen den Nachlaß gerichtlich geltend gemacht) sind sowohl der Testamentsvollstrecker *als auch die Erben* prozeßführungsbefugt.

385. Hat ein Urteil, das der Nachlaßgläubiger Grimmig gegen den Testamentsvollstrecker Treu erstritten hat, gegen die Miterben Paul und Franz Groß Rechtskraftwirkung?

Nach § 327 Abs. 2 ZPO wirkt ein Urteil, das zwischen einem Testamentsvollstrekker und einem Dritten über einen gegen den Nachlaß gerichteten Anspruch ergeht, für und gegen die Erben, wenn der Testamentsvollstrecker zur Führung des Rechtsstreits berechtigt ist. Da dem Testamentsvollstrecker Treu die Verwaltung des gesamten Nachlasses zusteht, ist er nach § 2213 Abs. 1 S. 1 für diesen Passivprozeß prozeßführungsbefugt. Das gegen ihn ergangene Urteil hat damit auch gegen die Miterben Paul und Franz Gold Rechtskraft.

386. Der Erblasser Fritz Gold hat seine Ehefrau Wilma enterbt, seine Söhne Paul und Franz zu Erben eingesetzt und Dr. Treu zum Testamentsvollstrecker ernannt. Nach dem Erbfall

Der Titel gegen ihre Söhne reicht zur Vollstreckung in den Nachlaß nicht aus. Wilma Gold muß zusätzlich ein Urteil gegen den Testamentsvollstrecker auf Duldung der Zwangsvollstreckung in die seiner Verwaltung unterliegenden Nachlaßgegenstände erwirken (§ 748 Abs. 3 ZPO).

macht Wilma gegen ihre Söhne Paul und Franz ihren Pflichtteilsanspruch gerichtlich geltend. Sie gewinnt den Prozeß.
Kann sie in den der Verwaltung des Testamentsvollstreckers Treu unterliegenden Nachlaß vollstrecken?

Zu dieser Duldung ist der Testamentsvollstrecker nach § 2213 Abs. 3 verpflichtet.

387. Der Miterbe Hans Groß hat sich bei Grimmig ein Auto gekauft. Grimmig erwirkt gegen Hans wegen des Restkaufpreises von 5.500 DM ein Urteil und läßt durch den Gerichtsvollzieher bei Hans mehrere Gemälde pfänden, die zum Nachlaß gehören.
Was kann der Testamentsvollstrecker Treu gegen diese Pfändungen unternehmen?

Nach § 2214 können sich Eigengläubiger des Erben nicht an die der Verwaltung des Testamentsvollstreckers unterliegenden Nachlaßgegenstände halten. Die Anordnung einer Testamentsvollstreckung wirkt ähnlich wie die Anordnung einer Nachlaßverwaltung. Es tritt eine Sonderung des Nachlasses vom Privatvermögen des Erben ein. Der Nachlaß steht als Sondervermögen unter der Verwaltung des Testamentsvollstreckers. Solange diese dauert, ist den Eigengläubigern des Erben der Zugriff auf den Nachlaß verwehrt. Die von einem Eigengläubiger des Erben veranlaßte Vollstreckung in den der Verwaltung des Testamentsvollstreckers unterliegenden Nachlaß ist unwirksam und auf Erinnerung des Testamentsvollstreckers (§ 766 ZPO) aufzuheben. Der Eigengläubiger Grimmig hätte aber den Erbteil des Miterben Hans pfänden lassen können (§ 859 Abs. 2 ZPO).

388. Kann einem Testamentsvollstrecker für einen von ihm als Partei kraft Amtes geführten Prozeß Prozeßkostenhilfe bewilligt werden?

Nach § 116 Nr. 1 ZPO kann einem Testamentsvollstrecker Prozeßkostenhilfe bewilligt werden, wenn die zur Führung des Prozesses erforderlichen Mittel weder aus dem Nachlaß noch aus dem Eigenvermögen der Erben aufgebracht werden können. Auf die wirtschaftlichen Verhältnisse des Testamentsvollstreckers selbst kommt es nicht an.

389. Der Testamentsvollstrecker Treu beantragt kurz vor Beendigung seines Amtes beim Nachlaßgericht die Festsetzung einer angemessenen Vergütung von 1.700 bis 2.000 DM.
Kann das Nachlaßgericht die Vergütung festsetzen?

Der Testamentsvollstrecker hat, sofern der Erblasser nichts anderes bestimmt hat, Anspruch auf eine angemessene Vergütung (§ 2221). Diese Vergütung wird aber nicht vom Nachlaßgericht festgesetzt (BGH WM 1972, 101). Vielmehr entscheidet das Prozeßgericht über die Angemessenheit der Vergütung, wenn sich der Testamentsvollstrecker mit den Erben nicht einigen kann. Der Testamentsvollstrecker ist vorbehaltlich der Entscheidung des Prozeßgerichts berechtigt, die ihm zustehende, fällig gewordene Vergütung, ohne daran durch § 181 gehindert zu sein, aus dem Nachlaß zu entnehmen (BGH WM 1973, 360).

X. Die erbrechtlichen Beschwerungen

1. Das Vermächtnis

390. Anton Egner hat in seinem Testament bestimmt: „Richard ist mein Erbe. Meinen goldenen Ring soll aber Franz Vollmer haben." Ist Vollmer mit dem Tod des Egner Eigentümer des Rings geworden?

Der Erblasser kann durch Testament einem anderen, ohne ihn als Erben einzusetzen, einen Vermögensvorteil zuwenden (§ 1939). Diese Form der erbrechtlichen Zuwendung ist ein *Vermächtnis.* Durch ein Vermächtnis wird für den Bedachten das Recht begründet, von dem Beschwerten die Leistung des vermachten Gegenstands zu fordern (§ 2174). Der Bedachte hat also nur einen *schuldrechtlichen Anspruch* auf Übertragung des vermachten Gegenstands. Damit hat sich der Gesetzgeber des BGB für das *Damnationslegat* entschieden. – Vollmer ist daher mit dem Tod Egners noch nicht Eigentümer des Rings geworden. Er hat aber einen Anspruch gegen Richard auf Übereignung des Rings (§ 2174). – Im Gegensatz zu dieser Regelung wurde durch das *Vindikationslegat* des römischen und gemeinen Rechts der Bedachte beim Erbfall ohne weiteres Eigentümer des ihm zugewandten Erbschaftsgegenstands. Er konnte diesen Gegenstand also vom Erben vindizieren. Ein Vindikationslegat ist nach dem BGB unzulässig.

391. Zacharias hat Emil als Erben eingesetzt und seinem Freund Viktor eine auf seinem Grundstück eingetragene Eigentümergrundschuld vermacht.

Viktor ist durch die Vermächtnisanordnung mit dem Erbfall noch nicht Gläubiger der Grundschuld geworden, er hat nur gegen den Erben Emil einen Anspruch auf Abtretung der Grundschuld. Das Grundbuch ist, solange die Abtretung nicht nach

Kann Viktor nach dem Tod des Emil beim Grundbuchamt die Umschreibung der Grundschuld auf sich beantragen?

§§ 1192, 1154 erfolgt ist, nicht unrichtig geworden. Um die Eintragung zu erreichen, muß Viktor die Eintragungsbewilligung des Erben (§ 19 GBO) oder die Abtretungserklärung (§ 26 GBO, falls Briefgrundschuld) in der Form des § 29 GBO beibringen.

392. In Fall 391 weigert sich Emil, die Eintragungsbewilligung zu erteilen. Zacharias klagt daraufhin auf Abtretung der Grundschuld und Bewilligung der Eintragung. Wie wird Zacharias Gläubiger der Grundschuld?

Mit der Rechtskraft des der Klage stattgebenden Urteils gilt die Abtretung und Eintragungsbewilligung als erklärt (§ 894 ZPO). Dann kann Zacharias unter Vorlage einer Ausfertigung des mit der Rechtskraftbescheinigung versehenen Urteils die Umschreibung beim Grundbuchamt erreichen.

393. Ernst Neumann hat in seinem Testament seinem Freund Vollmer seine Bücher vermacht. Neumanns Sohn und Alleinerbe Fritz sendet einen Monat nach dem Tod seines Vaters die im Nachlaß vorgefundenen Bücher an Vollmer. Dieser stellt sie in seiner Bibliothek auf. Später meldet sich Egner bei Vollmer und verlangt aus dem Nachlaß einen Kunstband, den er dem Erblasser geliehen hatte.
a) Wer ist Eigentümer dieses Buchs?
b) Welche Ansprüche hat Egner?

a) Bis zur Übersendung der Bücher an Vollmer war Egner Eigentümer geblieben. Durch den Erbfall ist der Erbe Fritz nach § 1922 nur in die Rechtsstellung des Erblassers Ernst Neumann eingerückt; dieser war aber nur Besitzer und nicht Eigentümer des entliehenen Buchs. Das Eigentum an dem Kunstband ist aber durch gutgläubigen Erwerb auf Vollmer übergegangen (§§ 929 S. 1, 932). Vollmer, der durch sein Verhalten das Übereignungsangebot des Erben Fritz angenommen und die Bücher entgegengenommen hat, wußte ebensowenig wie der verfügende Erbe Fritz, daß der Kunstband vom Erblasser entliehen war. Das mangelnde Eigentum des Erben war ihm auch nicht infolge grober Fahrlässigkeit unbekannt geblieben. Eigentümer des Kunstbands ist daher Vollmer.
b) Egner kann von Fritz, der als Erbe für die Nachlaßverbindlichkeiten haftet (§ 1967 Abs. 1), nach §§ 604 Abs. 1, 281 Abs. 1 Abtretung der Ansprüche verlangen, die Fritz wegen der Verfügung über

das Buch gegen Vollmer zustehen. Da das von Egner entliehene Buch nicht Gegenstand des Vermächtnisses war (der Erblasser hatte Vollmer nur *seine* Bücher vermacht), bestand insoweit kein Anspruch des Vollmer gegen Fritz nach § 2174 auf Übereignung. Die Leistung des Erben Fritz erfolgte daher ohne rechtlichen Grund. Vollmer hat das erlangte Eigentum nach § 812 Abs. 1 S. 1 herauszugeben. Diesen Anspruch hat Fritz nach § 281 Abs. 1 an Egner abzutreten.

Setzt man mit der sog. Einheitskondiktionenlehre eine unentgeltliche Verfügung mit einer rechtsgrundlosen Verfügung gleich (so Grunsky, JZ 1962, 207 m.w.N.), so kann Egner unmittelbar von Vollmer nach § 816 Abs. 1 S. 2 Rückübereignung des Buches verlangen. Das Schrifttum wendet hingegen zunehmend die sog. Doppelkondiktionenlehre an, die dem Eigentümer, über dessen Eigentum ein Nichtberechtigter verfügt hat, nur Ansprüche gegen den Nichtberechtigten selbst einräumt (dazu Erman/H. P. Westermann, § 816 Rdnr. 10ff. m.w.N.).

394. Wer kann mit einem Vermächtnis beschwert werden?

Der Beschwerte ist die Person, die den Vollzug der Zuwendung schuldet. Nach § 2147 kann der Erbe oder ein Vermächtnisnehmer mit einem Vermächtnis beschwert werden. Der Erbe kann gesetzlicher oder gewillkürter Erbe sein. Es kann sowohl der in erster Linie Berufene als auch der Ersatzerbe, der Allein- und Mit-, der Vor- und Nacherbe sein. Auch der Vermächtnisnehmer kann durch ein Untervermächtnis beschwert werden. Soweit der Erblasser nichts anderes bestimmt hat, ist der Erbe beschwert (§ 2147 S. 2).

Sind mehrere Erben mit demselben Vermächtnis beschwert, so sind sie Gesamtschuldner des Vermächtnisnehmers (§§ 2058, 1967 Abs. 2).

395. Der Gutsbesitzer Max-Reichlich hat in seinem Testament verfügt: „Die mir gegen den Pferdehändler Kunz zustehende Forderung von 2.000 DM vermache ich meinem Schwiegersohn Franz Gold." Noch zu Reichlichs Lebzeiten bezahlt Kunz seine Schuld.
Hat Franz noch einen Anspruch, den er gegen den Erben geltend machen kann?

Franz kann von Reichlichs Erben Zahlung des Gegenwerts der vermachten Forderung *(„Forderungsermächtnis")*, also Zahlung von 2.000 DM, verlangen. Hat der Erblasser eine ihm zustehende Geldforderung einem anderen vermacht, so gilt nach der Auslegungsregel des § 2173 die entsprechende Geldsumme als vermacht, auch wenn schon vor dem Erbfall die Leistung erfolgt ist. Das gilt im Zweifel auch dann, wenn sich das Geld nicht mehr im Nachlaß befindet (§ 2173 S. 2).

396. Kann auch der Erbe Vermächtnisnehmer sein?

Auch ein Allein- oder ein Miterbe kann mit einem Vermächtnis bedacht werden; es handelt sich dann um ein *Vorausvermächtnis* (§ 2150). Das Vorausvermächtnis ist unabhängig von der Erbenstellung: Der Bedachte kann die Erbschaft ausschlagen und dennoch das Vermächtnis annehmen und umgekehrt. Wenn ein Miterbe bedacht worden ist, ist zu prüfen, ob es sich dabei um ein Vorausvermächtnis oder um eine Auseinandersetzungsanordnung handelt.

397. Der Speditionsunternehmer Ehrlich hinterläßt bei seinem Tod seine drei Söhne Albrecht, Bernd und Christian. Albrecht hatte im Unternehmen seines Vaters

Bei diesen drei Testamenten ist zu prüfen, ob der Erblasser Ehrlich zugunsten des Albrecht ein Vorausvermächtnis oder eine Auseinandersetzungsanordnung bestimmt hat.
Eine *Auseinandersetzungsanordnung*

eine Lehre absolviert und anschließend ein eigenes Unternehmen gegründet, das Spezialfahrzeuge (Lkw, Kranwagen, Bagger) vermietet.

Hat Ehrlich ein Vorausvermächtnis oder eine Auseinandersetzungsanordnung bestimmt, wenn er in seinem Testament anordnet:

a) „Meine Söhne sollen zu gleichen Teilen meine Erben sein: Albrecht erhält mein Unternehmen, Bernd mein Wohnhaus und Christian mein Wochenendhaus; das übrige Vermögen soll so verteilt werden, daß die Erbteile den gleichen Wert haben."

b) „Albrecht soll mein Unternehmen erhalten und weiterführen; das restliche Vermögen sollen sich meine gesetzlichen Erben teilen."

c) „Wenn Albrecht mein Unternehmen weiterführen will, kann er mein Speditionsunternehmen bekommen. Die Garagenhalle soll aber zum Zeitwert auf den Erbteil angerechnet werden. Mein übriges Vermögen erhalten meine gesetzlichen Erben zu gleichen Teilen; davon soll Albrecht den Schreibtisch bekommen."

(§ 2048) liegt vor, wenn der Erbschaftsgegenstand, den der Erblasser einem Miterben durch Verfügung von Todes wegen zugewiesen hat, voll auf dessen Miterbeanteil angerechnet werden, wenn dieser Miterbe insgesamt also nicht mehr und nicht weniger als seinen Erbteil erhalten soll. Ein *Vorausvermächtnis* (§ 2150) ist gegeben, wenn der Wert des zugewiesenen Gegenstands bei der Verteilung des übrigen Nachlasses überhaupt nicht berücksichtigt, wenn dieser so geteilt werden soll, als sei der Gegenstand einem Dritten zugewiesen worden (vgl. Fall 320).

a) Hier handelt es sich um eine reine Auseinandersetzungsanordnung, weil keiner der Erben mehr als seinen Erbteil erhalten soll.

b) Dadurch, daß Albrecht das Unternehmen erhalten soll, ohne daß es auf seinen Erbteil anzurechnen ist, steht fest, daß ein Vorausvermächtnis vorliegt.

c) Gesetzliche Erben sind Albrecht, Bernd und Christian. In bezug auf den Schreibtisch, der für Albrecht ein Teil seines Erbteils sein soll, liegt eine Auseinandersetzungsanordnung vor. Darüber hinaus hat der Erblasser deutlich gemacht, daß das Unternehmen nicht auf den Erbteil angerechnet werden soll; insoweit handelt es sich also um ein Vorausvermächtnis. Aber auch dann, wenn der Bedachte den ihm zugedachten Vermögenswert bezahlen soll – bar oder durch Anrechnung auf den Erbteil – kann ein Vorausvermächtnis vorliegen, sofern das Übernahmerecht („wenn Albrecht ... will") nach dem Willen des Erblassers eine Bevorzugung vor den Miterben sein soll (vgl. BGHZ 36, 115, 118). So ist es hier: Albrecht kann wählen, ob er das Speditionsunternehmen und die Garagenhalle haben will oder nicht. Folglich besteht in bezug auf das Unternehmen und die Garage ein Vorausvermächtnis, im übrigen eine Auseinandersetzungsanordnung. (Zu den unterschiedlichen Rechtsfolgen bei Auseinandersetzungsanordnung und Vorausvermächtnis s. Fall 321 und Schlüter, § 43 III 2a cc.)

2. *Die Auflage*

398. Was ist eine Auflage?

Eine *Auflage* ist eine Verfügung von Todes wegen, die den Erben oder Vermächtnisnehmer mit der Verpflichtung zu einer Leistung beschwert und die entweder niemanden oder einen anderen so begünstigt, daß er gegen den Beschwerten keinen Anspruch auf die Leistung erwirbt (§ 1940).

399. Der Förster Schmidt setzt seinen Bruder zum Erben ein und bestimmt weiter:
„Ferner bestimme ich folgende Auflage an meinen Freund Fridolin: Dieser hat jahrelang mein Jagdhaus unentgeltlich benutzt, aber nichts zu dessen Erhaltung getan. Er soll es deshalb renovieren."
Der Erbe verklagt Fridolin auf Renovierung der Jagdhütte.
Mit Erfolg?

Mit einer Auflage kann nur ein Erbe oder ein Vermächtnisnehmer beschwert werden (§ 1940). Eine Klage gegen Fridolin ist daher unbegründet.

400. Schmidt testiert: „Erbe ist mein Bruder. Fridolin

a) Die *Ausschlagung* (und die Annahme) *eines Vermächtnisses* erfolgt durch Erklä-

bekommt 1.000 DM. Er soll aber das Jagdhaus renovieren."
a) Fridolin will das Vermächtnis ausschlagen. Wem gegenüber und in welcher Form hat dies zu geschehen?
b) Fridolin nimmt die 1.000 DM von dem Erben entgegen. Die vollständige Renovierung würde 1.500 DM kosten.
Kann Fridolin sich weigern, die Renovierung durchführen zu lassen?

rung gegenüber dem Beschwerten (§ 2180 Abs. 2 S. 1), also gegenüber dem Erben (Ausschlagung der Erbschaft gegenüber dem Nachlaßgericht, § 1945). Sie ist frist- und formfrei.
b) Nach Annahme des Vermächtnisses kann Fridolin die Erfüllung der Auflage nur insoweit verweigern, als das aus dem Vermächtnis Erhaltene zur Erfüllung der Auflage nicht ausreicht (§ 2187 Abs. 1). Die empfangenen 1.000 DM muß Fridolin also zur Renovierung des Jagdhauses aufwenden.

401. Die Witwe Klein hat ihre Enkelin Anna Groß zu ihrer alleinigen Erbin eingesetzt, dieser aber im Testament die Verpflichtung auferlegt, ihre sechs Katzen und deren zu erwartende Nachkommenschaft weiterhin zu halten und gut zu behandeln.
Was ist die rechtliche Folge, wenn Anna die Erbschaft zwar annimmt, die Katzen jedoch abschafft?

Diejenigen, denen der Wegfall der Erben zugute kommen würde, also die gesetzlichen Erben der Witwe Klein, haben ein Klagerecht auf Vollziehung der Auflage (§ 2194 S. 1). Kann Anna die abgeschafften Katzen nicht wieder beschaffen, weil sie z.B. inzwischen an Unbekannte verschenkt worden sind, oder erfüllt Anna auch nach rechtskräftiger Verurteilung und Erschöpfung der zulässigen Zwangsmittel (§ 888 ZPO) die Auflage nicht, so können die nächsten gesetzlichen Erben der Witwe Klein von Anna die Herausgabe desjenigen Teils der Erbschaft verlangen, der zur Haltung und Pflege der Katzen hätte aufgewendet werden müssen (§ 2196).

402. Der Kaufmann Krämer macht testamentarisch seinem Erben Ludwig die Auflage, aus den Nachlaßmit-

a) Die (nach Landesrecht) zuständige Behörde (§ 2194 S. 2) kann die Vollziehung der Auflage erzwingen; denn diese liegt im öffentlichen Interesse.

teln ein Altersheim zu errichten.
a) Wer kann die Vollziehung der Auflage verlangen, wenn derjenige Verwandte des Krämer, der bei Wegfall des Ludwig Erbe werden würde, die Vollziehung nicht verlangt?
b) Welcher Rechtsweg ist gegeben, wenn die Vollziehung der Auflage durchgesetzt werden soll?

b) Es ist der ordentliche Rechtsweg gegeben, weil es sich um eine bürgerlich-rechtliche Streitigkeit handelt (§ 13 GVG), obwohl eine Behörde die Auflage erzwingt.

XI. Die Haftung für die Nachlaßverbindlichkeiten

1. Überblick

403. Haftet der Erbe für Nachlaßverbindlichkeiten?

Der Erbe haftet in der Regel vom Erbfall an mit dem Nachlaß und Eigenvermögen *vorläufig unbeschränkt, aber beschränkbar* (§§ 1967, 1975; 780–785 ZPO). (Zu den Grundzügen der Erbenhaftung Harder/Müller-Freienfels, JuS 1980, 876 ff.).

2. Begriff der Nachlaßverbindlichkeiten

404. Welche Arten von Nachlaßverbindlichkeiten gibt es?
Nennen Sie Beispiele und die gesetzlichen Grundlagen.

a) *Die Erblasserschulden:* Die vom Erblasser herrührenden Schulden (§ 1967 Abs. 2), z. B. Verpflichtung zur Rückzahlung eines dem Erblasser gewährten Darlehens, Schadensersatzpflicht für eine vom Erblasser begangene unerlaubte Handlung, Steuerschulden.
b) *Die Erbfallschulden:* Schulden, die erst mit dem Erbfall entstehen (§ 1967 Abs. 2), z. B. Verbindlichkeiten aus Pflichtteilsrechten (§ 2303 ff., 2317), Vermächtnissen (§§ 2147 ff., 2174), Auflagen (§ 2192).
c) *Die Erbschaftsverwaltungs- oder Nachlaßkostenschulden:* Schulden, die erst nach dem Erbfall, aber im Zusammenhang mit ihm oder der Verwaltung und Abwicklung des Nachlasses entstehen, z. B. Kosten einer Todeserklärung (§ 34 Abs. 2 VerschG), der Testamentseröffnung (§ 2260), einer Nachlaßpflegschaft (§ 1961); Schulden aus der Geschäftsführung des vorläufigen Erben, der die Erb-

schaft ausgeschlagen hat, soweit sie im Rahmen ordnungsmäßiger Verwaltung liegt (§ 1959) und Verpflichtungen aus Rechtsgeschäften, die der endgültige Erbe vor oder nach der Erbschaftsannahme abgeschlossen hat (RGZ 90, 91, 95; BGHZ 32, 60, 64; 38, 187, 193).

d) *Die Nachlaß-Erben- oder Nachlaß-Eigenschulden:* Verbindlichkeiten, für die neben dem Nachlaß als einem schon vorhandenen oder potentiellen Sondervermögen auch das Eigenvermögen des Erben haftet, z.B. Erbschaftsverwaltungsschulden, bei denen der Erbe nicht erkennbar für den Nachlaß gehandelt bzw. eine Haftung mit dem eigenen Vermögen nicht ausdrücklich ausgeschlossen hat (RGZ 146, 343, 346).

405. Der Pensionär Reich hat seinem Neffen, dem Referendar Hans, durch notariellen Vertrag versprochen, zum Bestehen der Großen Staatsprüfung 2.000 DM zu schenken. Reich verstirbt einen Monat bevor Hans die Prüfung erfolgreich ablegt. Sein Erbe Erich weigert sich, Hans die 2.000 DM zu zahlen.
Wird eine Klage des Hans gegen Erich erfolgreich sein?

Hans hatte gegen Reich einen Anspruch auf Zahlung von 2.000 DM nach §§ 516, 518 Abs. 1, der bis zum Bestehen der Prüfung aufschiebend bedingt war (§ 158 Abs. 1). Mit dem Erbfall ist die bedingte Verbindlichkeit auf den Erben Erich übergegangen (§ 1967). Nach dem Eintritt der Bedingung kann Hans nunmehr den Anspruch aus dem Schenkungsversprechen gegen Ernst geltend machen.

406. Der Erblasser Lempel ließ sich im November 1991 von seiner Ehefrau Trude scheiden. Wegen Krankheit war sie zu einer Erwerbstä-

Edelgard muß Trude Unterhalt gewähren, denn die geschiedene Ehefrau hatte gegen Lempel einen Unterhaltsanspruch (§§ 1569, 1572). Diese Verbindlichkeit ist mit dem Tod des Erblassers auf die Erbin

tigkeit nicht in der Lage, so daß sie von ihrem geschiedenen Mann einen monatlichen Unterhalt von 1.750 DM erhielt. Nach seinem Tod im Februar 1992 verlangt sie von seiner Erbin Edelgard Fortzahlung der Unterhaltsrente.
Zu Recht?

übergegangen (§ 1586b Abs. 1 S. 1). Die Haftung der Edelgard ist jedoch auf den Betrag beschränkt, der dem Pflichtteil entspricht, den Trude bei Fortbestehen der Ehe hätte beanspruchen können (§ 1586b Abs. 1 S. 3).

407. Nach dem Tod des Arndt hat sein Bruder Berthold in Erwartung der Erbschaft für dessen Bestattung gesorgt und auch die hierbei angefallenen Kosten getragen. Nach Eröffnung des Testaments erfährt Berthold zu seinem großen Erstaunen, daß nicht er, sondern Arndts vor zehn Jahren nach Kanada ausgewanderter Sohn Eberhard zum Erben bestimmt wurde. Daraufhin verlangt Berthold von Eberhard die Erstattung der Beerdigungskosten, der jedoch die Zahlung verweigert.
Wäre eine Klage des Berthold begründet?

Der Erbe ist nach § 1968 verpflichtet, die *Kosten der standesmäßigen Beerdigung* zu tragen. Hat eine dritte Person, wie hier der Berthold, die Kosten übernommen, so kann sie von dem Erben die Erstattung der zur standesmäßigen Beerdigung erforderlichen Kosten verlangen. Hierbei ist § 1968 eine selbständige Anspruchsgrundlage (Erman/Schlüter, § 1968 Rdnr. 3). Dieser Erstattungsanspruch ist eine Erbfallschuld.

408. Groß hat seinen Neffen Erich zum Erben bestimmt. Der Nachlaß besteht im wesentlichen aus einem älteren Einfamilienhaus. Als das Dach infolge eines heftigen Sturms be-

Ein Erstattungsanspruch des Erich ergibt sich aus §§ 1959 Abs. 1, 683, 677, 670. Vom Standpunkt eines sorgfältigen Verwalters aus gehörte die Reparatur des Dachs zur ordnungsgemäßen Verwaltung, denn sie war erforderlich, um Beeinträchtigungen des Nachlasses zu verhindern.

schädigt wird und es hineinzuregnen droht, beauftragt Erich einen Dachdecker mit der Reparatur, um weitere Schäden zu verhindern. Erich hat hierdurch erfahren, daß Hausbesitz nicht nur eine Freude, sondern auch eine Last sein kann, und schlägt daher während der noch laufenden Ausschlagungsfrist (§ 1944 Abs. 1) die Erbschaft wirksam aus. Erbe wird nunmehr Groß' Bruder Eberhard, der die Erbschaft sofort annimmt. Erich, der inzwischen die Dachdeckerrechnung beglichen hat, verlangt von seinem Onkel Eberhard die Erstattung des Rechnungsbetrags.
Ist diese Forderung begründet?

Diese Maßnahme entsprach damit dem Interesse und mutmaßlichen Willen des Eberhard. Hierbei ist es unerheblich, ob Erich erkennbar für den Nachlaß gehandelt hat oder nicht (RGZ 90, 91, 95).
Diese Verbindlichkeit des Eberhard ist eine Erbschaftsverwaltungs- oder Nachlaßkostenschuld.

3. Die Haftung des Alleinerben

a) Überblick

409. Auf welche Weise kann der Erbe seine Haftung für die Nachlaßverbindlichkeiten auf den Nachlaß beschränken?

a) *Endgültige Beschränkung* der Haftung gegenüber *allen Nachlaßgläubigern:*
(1) Nachlaßverwaltung (§§ 1975 ff.),
(2) Nachlaßkonkurs (§§ 1975 ff.; 214 ff. KO),
(3) Nachlaßvergleich (§ 113 VerglO).
(b) *Endgültige Beschränkung* der Haftung gegenüber *einzelnen Nachlaßgläubigern:*
(1) Ausschlußeinrede nach Ausschließung im Aufgebotsverfahren (§ 1973),

(2) Verschweigungseinrede bei säumigen Gläubigern (§ 1974),
(3) Erschöpfungseinrede (§ 1989),
(4) vertragliche Beschränkung durch Vereinbarung mit dem Gläubiger (RGZ 146, 341, 346).

c) *Vorläufige Beschränkung* der Haftung gegenüber *allen Nachlaßgläubigern:*
(1) Dreimonatseinrede (§ 2014),
(2) Einrede des Aufgebotsverfahrens (Aufgebotseinrede, § 2015),
(3) Dürftigkeitseinrede (§ 1990),
(4) Einrede der Überbeschwerung (§§ 1992, 1990, 1991).

410. In welchen Fällen haftet der Erbe unbeschränkt, d.h. auch mit seinem Eigenvermögen, für die Nachlaßverbindlichkeiten?

a) *Allen Gläubigern* gegenüber haftet der Erbe *unbeschränkt:*
(1) bei Inventaruntreue (§ 2005 Abs. 1 S. 1),
(2) bei Versäumung der Inventarfrist (§ 1994 Abs. 1 S. 2).

b) *Einzelnen Gläubigern* gegenüber haftet der Erbe *unbeschränkt:*
(1) bei Verweigerung der eidesstattlichen Versicherung zur Bekräftigung der Vollständigkeit des Inventars (§ 2006 Abs. 3 S. 1),
(2) bei vertraglichem Verzicht auf die Haftungsbeschränkung,
(3) bei vorbehaltloser Verurteilung (§ 780 ZPO).

411. Wie ist die Haftung des Erben für Geschäftsschulden geregelt?

a) Führt der *Erbe eines Einzelkaufmanns* das Unternehmen unter der alten Firma mit oder ohne Nachfolgezusatz länger als drei Monate fort, so haftet er für die alten Geschäftsschulden (Erblasserschulden) nach § 27 Abs. 2 HGB unbeschränkt. Es ist umstritten, ob der Erbe unter entsprechender Anwendung des § 25 Abs. 2 HGB die unbeschränkbare Haftung durch ein-

seitige Erklärung ausschließen kann; die h.M. bejaht diese Frage (KG DR 1940, 2007; a.A. Reuter, ZHR 135, 511).
Die neuen Geschäftsschulden sind Nachlaß-Eigenschulden, für die der Erbe mit Nachlaß und Eigenvermögen haftet.
b) Wird die Gesellschaft mit dem *Erben eines Gesellschafters einer Offenen Handelsgesellschaft* oder eines *Komplementärs einer Kommanditgesellschaft* fortgesetzt, so haftet der Erbe für alle vor und nach dem Erbfall entstandenen Geschäftsschulden persönlich und unbeschränkbar (alte Schulden: § 130 HGB unter Gegenteilsschluß zu § 139 Abs. 4 HGB; neue Schulden: § 128 HGB).
Scheidet der Erbe innerhalb der Frist des § 139 Abs. 3 HGB aus der Gesellschaft aus oder wird ihm die Stellung eines Kommanditisten eingeräumt oder wird die Gesellschaft aufgelöst, so richtet sich die Haftung für die bis dahin entstandenen Geschäftsschulden nur nach den Vorschriften des BGB (§ 139 Abs. 4 HGB), also mit der Möglichkeit der Haftungsbeschränkung.
c) Für die alten Geschäftsschulden haftet der *Erbe eines Kommanditisten* mit dem Kommanditanteil, bzw. mit dem Nachlaß und dem Eigenvermögen (§ 173 HGB) bis zur Höhe der rückständigen Haftsumme.
Für die neuen Geschäftsschulden haftet er mit dem Kommanditanteil und bis zur Höhe der Haftsumme mit dem Eigenvermögen.

b) Die endgültige Beschränkung der Haftung des Alleinerben gegenüber allen Nachlaßgläubigern

412. Emil ist Erbe seines Vaters Richard. Die Nach-

Es ist Emil zu empfehlen, *Nachlaßverwaltung* zu beantragen (§ 1975). Wird die

laßverbindlichkeiten belaufen sich auf 120.000 DM, während das Aktivvermögen auf 100.000 DM bis 150.000 DM geschätzt wird. Emil möchte verhindern, daß die Nachlaßgläubiger wegen ihrer Forderungen in sein Eigenvermögen vollstrecken.
Was ist ihm zu raten?

Nachlaßverwaltung angeordnet, so beschränkt sich die Haftung nur auf den Nachlaß. Voraussetzung ist, daß eine Überschuldung des Nachlasses noch nicht feststeht, sondern nur mit ihr zu rechnen ist. Weiterhin muß eine ausreichende Masse vorhanden sein, um mindestens die Kosten des Verfahrens zu decken (§ 1982). Die Nachlaßverwaltung ist daher das geeignete Rechtsinstitut, um einen unübersichtlichen Nachlaß ohne Risiko einer Haftung mit dem Eigenvermögen des Erben abzuwickeln.

413. Der Erbe Eckardt stellt bei Sichtung des Nachlasses fest, daß einer Vermögensmasse von 80.000 DM Verbindlichkeiten von 200.000 DM gegenüberstehen.
Wie kann Eckardt eine Haftung mit seinem Eigenvermögen verhindern?

a) Eckardt könnte, sofern es noch möglich ist, die Erbschaft ausschlagen (§§ 1942 ff.).
b) Kann die Erbschaft nicht mehr ausgeschlagen werden oder will der Erbe das aus persönlichen Gründen nicht, so wird er Nachlaßkonkurs beantragen (§§ 1975; 214 ff. KO). Hierzu ist er sogar verpflichtet (§ 1980 Abs. 1), um eventuelle Schadensersatzansprüche der Gläubiger zu vermeiden. Das Konkursverfahren wird eröffnet, wenn der Nachlaß überschuldet ist (§ 215 KO). Ausschließlich zuständig ist als Konkursgericht das Amtsgericht, in dessen Bezirk der Erblasser zur Zeit des Todes seinen allgemeinen Gerichtsstand (§§ 214 KO, 13 ZPO) hatte. Die Haftung des Erben beschränkt sich nunmehr ebenso wie bei der Nachlaßverwaltung auf den Nachlaß (§ 1975).
Stellt sich während der Nachlaßverwaltung die Überschuldung des Nachlasses heraus, so muß Nachlaßkonkurs beantragt werden. Der Nachlaßkonkurs dient nämlich nicht nur dem Erben zur Haftungsbeschränkung, sondern es soll zugleich auch eine gerechte Verteilung des Nachlasses

unter den Nachlaßgläubigern herbeigeführt werden.

414. Welche Folgen treten mit Anordnung der Nachlaßverwaltung und der Eröffnung des Nachlaßkonkurses ein?

a) Der Nachlaß wird *rückwirkend* auf den Zeitpunkt des Erbfalls vom Eigenvermögen des Erben getrennt *(Gütersonderung)*. Es entsteht ein Sondervermögen. Das Recht zur Verwaltung des Nachlasses und zur Verfügung über die Nachlaßgegenstände geht vom Erben auf den Verwalter über (§§ 1984 Abs. 1, 1985; 6–8 KO).
b) Gleichzeitig mit der Gütersonderung tritt eine *Haftungssonderung* ein. Das bedeutet: die Nachlaßgläubiger können nur Befriedigung aus dem Nachlaß verlangen (§§ 1975, 1984 Abs. 1 S. 3, 1985), während den Eigengläubigern nur das Eigenvermögen des Erben haftet (§§ 1984 Abs. 2; 784 Abs. 1 ZPO; 3 Abs. 1, 226 Abs. 1 KO).

415. Nepomuk hat gegen seinen Neffen Erich eine Darlehensforderung über 1.000 DM. Nach dem Tod des Nepomuk wird Erich dessen Alleinerbe. Nachdem die Nachlaßverwaltung angeordnet wurde, verlangt der Nachlaßverwalter von Erich die Zahlung von 1.000 DM.
Ist der Anspruch begründet.

Es besteht ein Rückzahlungsanspruch aus Darlehen nach § 607.
Mit dem Erbfall ist zwar die Forderung durch *Konfusion* erloschen, denn Forderung und Schuld haben sich in der Person des Erben vereinigt. Die Nachlaßverwaltung hat jedoch zur Folge, daß dieses Erlöschen rückwirkend auf den Zeitpunkt des Erbfalls als nicht eingetreten gilt (§ 1976). Die Gütersonderung ermöglicht es, Rechtsbeziehungen zwischen dem Nachlaß als Sondergut und dem Eigenvermögen fortbestehen zu lassen und Ansprüche auch gegebenenfalls in der Zwangsvollstreckung durchzusetzen.

416. Erich hatte gegen seinen Onkel Robert aus einem wirksamen Schenkungsversprechen eine

a) Erich kann vom Nachlaßverwalter die Zahlung von 1.500 DM aus dem Nachlaß verlangen (§§ 516, 518). Zwar ist auch hier, wie im Fall zuvor, die Forderung im

Forderung von 1.500 DM, die durch eine Hypothek auf dem Grundstück des Robert gesichert war. Erich wird Alleinerbe seines Onkels und beantragt die Nachlaßverwaltung.
a) Bei dem Nachlaßverwalter macht Erich nunmehr seine Forderung von 1.500 DM geltend.
Zu Recht?
b) Könnte er auch die Zwangsvollstreckung in das Grundstück betreiben?

Zeitpunkt des Erbfalls durch Konfusion erloschen. Die Anordnung der Nachlaßverwaltung bewirkt jedoch die Fiktion des Fortbestehens der Verbindlichkeit. Erich ist Nachlaßgläubiger und steht als solcher, auch wenn er Erbe und Eigentümer des Nachlasses ist den übrigen Nachlaßgläubigern gleich.
b) Er könnte auch die Zwangsvollstreckung in das Grundstück betreiben. Durch den Erbfall ist zwar zunächst die Forderung untergegangen und die Hypothek zur Eigentümergrundschuld geworden (§§ 1163 Abs. 1 S. 2, 1177). Mit der Haftungssonderung entsteht aber wieder die Hypothek zugunsten des Erben am Grundstück, das zum Nachlaß gehört. Da wegen der Nachlaßverwaltung der Nachlaß zu einem vom Eigenvermögen des Erben unabhängigen Sondervermögen wird, kann Erich trotz § 1197 Abs. 1 die Zwangsvollstreckung in das Grundstück betreiben.
Hieraus folgt als allgemeiner Grundsatz, daß die rückwirkende Aufhebung der Konfusion (Vereinigung von Recht und Forderung) und Konsolidation (Vereinigung von Recht und Belastung) durch § 1976 auch das Fortbestehen der Sicherungen, wie Bürgschaft und Pfandrechten, bewirkt.

417. Gustav hat gegen Siegfried eine Kaufpreisforderung von 800 DM. Siegfried hat seinerseits gegen Erwin eine Darlehensforderung ebenfalls in Höhe von 800 DM. Erwin wird nun Alleinerbe des Gustav. Be-

Die vom Konkursverwalter geltend gemachte Kaufpreisforderung ist trotz der *Aufrechnungserklärung* nicht nach § 389 erloschen, denn nach Eröffnung des Nachlaßkonkurses (ebenso nach Anordnung der Nachlaßverwaltung) gilt die Aufrechnung als nicht erfolgt (§ 1977 Abs. 2).
Der Eigengläubiger Siegfried hat sich

vor der Nachlaßkonkurs eröffnet wird, rechnet Siegfried unter Zustimmung des Erwin mit der Darlehensforderung gegen die Kaufpreisforderung auf. Der später eingesetzte Konkursverwalter verlangt von Siegfried Zahlung von 800 DM an die Konkursmasse.
Zu Recht?

durch die Aufrechnung aus dem Nachlaß des Gustav befriedigt. Bei rückwirkender Gütersonderung würde somit eine Nachlaßforderung vernichtet werden und der Nachlaß wäre zugunsten des Eigenvermögens des Erben geschmälert. Mit einer Ersatzforderung gegen den Erben (§ 1978) ist den Nachlaßgläubigern auch nicht gedient, denn diese kann uneinbringlich sein.

418. Gerhard hat gegen Samuel eine Mietforderung über 350 DM. Eberhard wiederum hat gegen Gerhard aus einem wirksamen Schenkungsversprechen einen Anspruch in Höhe von 350 DM. Nach dem Tod des Samuel wird Eberhard dessen Alleinerbe. Er erklärt sofort die Aufrechnung mit seiner Forderung aus dem Schenkungsversprechen gegen die Mietforderung. Nunmehr wird auf Antrag eines weiteren Nachlaßgläubigers der Nachlaßkonkurs eröffnet. Als Gerhard später die Zahlung von 350 DM verlangt, beruft sich der Konkursverwalter auf die Aufrechnung und hält den Anspruch für unbegründet.
Hat er recht?

Die Mietforderung des Gerhard ist durch die Aufrechnung erloschen. Diese Aufrechnung ist trotz der Regelung des § 1977 Abs. 1 wirksam, denn der Erbe Eberhard hat über sein Eigenvermögen zugunsten des Nachlasses verfügt, indem er den Nachlaß von einer Verbindlichkeit befreit hat. Es hieße den Schutzzweck des § 1977 Abs. 1 überdehnen, wenn in diesem Fall der Aufrechnung nach Eröffnung des Nachlaßkonkurses die Wirksamkeit versagt werden würde. § 1977 Abs. 1 dient nur dazu, dem Erben trotz vorhergegangener Aufrechnung eine wirksame Beschränkung der Haftung auf den Nachlaß zu ermöglichen. Ist jedoch der Erbe mit der Aufrechnung einverstanden oder hat er die Aufrechnung sogar selbst erklärt, so bedarf er dieses Schutzes nicht mehr. Außerdem hat der Erbe einen Anspruch auf Ersatz seiner Verwendungen, was bedeutet, daß Eberhard aus dem Nachlaß Zahlung von 350 DM verlangen kann (§§ 1979, 1978 Abs. 3). Im Nachlaßkonkurs trägt er jedoch das Risiko, mit seiner Forderung auszufallen (§ 225 Abs. 2 KO).
Merke:
Rechnet ein Eigengläubiger des Erben ge-

gen eine Nachlaßforderung auf, so ist diese Aufrechnung bei späterer Gütersonderung auch bei Zustimmung des Erben unwirksam. Die Aufrechnung eines Nachlaßgläubigers gegen eine Eigenforderung bleibt jedoch wirksam, aber nur, wenn der Erbe damit einverstanden war.

419. Der Erbe Erwin Blatt hat nach Annahme der Erbschaft aus dem Nachlaß den wertvollsten Gegenstand, eine Briefmarkensammlung im Wert von 15.000 DM, da er selbst nicht Briefmarkensammler ist, seinem Freund Friedrich, einem begeisterten Philatelisten, geschenkt. Nunmehr beantragt er die Nachlaßverwaltung, die auch angeordnet wird. Nach einiger Zeit meldet sich bei dem Nachlaßverwalter der Gläubiger Gustav Grimm mit einer Forderung von 10.000 DM. Der Nachlaß bietet keine Deckung mehr und der Nachlaßverwalter wendet sich an Erwin mit der Aufforderung, als Ersatz für die verschenkte Briefmarkensammlung 15.000 DM an ihn zu zahlen. Erwin ist empört und meint, wegen der haftungsbeschränkenden Wirkung der Nachlaßverwaltung brauche er nicht zu zahlen. Wer hat recht?

Der Nachlaßverwalter hat recht, denn seit Anordnung der Nachlaßverwaltung gehört zum Nachlaß ein gegen den Erben gerichteter Anspruch wegen schuldhafter Verletzung der Pflichten eines Beauftragten. Die Anordnung der Nachlaßverwaltung (ebenso die Eröffnung des Nachlaßkonkurses) bewirkt, daß der Erbe den Nachlaßgläubigern für die bisherige Verwaltung des Nachlasses vor Annahme der Erbschaft wie ein Geschäftsführer ohne Auftrag und nach Annahme wie ein Beauftragter haftet (§ 1978 Abs. 1).

Das Verschenken der Briefmarkensammlung ist eine vorsätzliche Beeinträchtigung des Nachlasses, so daß Erwin hierfür Schadensersatz in Höhe von 15.000 DM zu leisten hat. Es ist ihm auch verwehrt, sich auf die beschränkte Erbenhaftung zu berufen, denn dieser Schadensersatzanspruch ist Teil des Nachlasses (§ 1978 Abs. 2) und zugleich eine Eigenverbindlichkeit des Erben.

Die Ersatzansprüche werden während des Sonderungsverfahrens unter Ausschluß des Erben und der Nachlaßgläubiger nur vom Nachlaß- bzw. Konkursverwalter geltend gemacht (§§ 1985; 6 KO). Der Verwalter verwendet die erhaltenen Leistungen zur Befriedigung der Gläubiger.

420. Nachlaßverwalter Vinzenz klagt eine zum Nachlaß gehörende Kaufpreisforderung von 450 DM gegen den Schuldner Stephan im eigenen Namen ein. In der mündlichen Verhandlung vor dem Amtsgericht beantragt der Beklagte, die Klage abzuweisen, und trägt zur Begründung vor: Der Erbe sei trotz der Nachlaßverwaltung Forderungsgläubiger geblieben, der Nachlaßverwalter könne daher den Anspruch als Vertreter nur im fremden Namen und nicht als Partei geltend machen.
Ist die Klage des Nachlaßverwalters Vinzenz abzuweisen?

Der Erbe bleibt zwar auch während der Gütersonderung, d.h. sowohl bei Nachlaßverwaltung als auch bei Nachlaßkonkurs, Träger der zum Nachlaß gehörenden Rechte, Pflichten und Lasten. Mit der Gütersonderung geht ebenso wie das Verwaltungs- und Verfügungsrecht über den Nachlaß auch die Prozeßführungsbefugnis vom Erben auf den Verwalter über (§§ 1984 Abs. 1; 6 KO). Der Nachlaßverwalter ist wie der Konkursverwalter *Partei kraft Amtes* (RGZ 135, 305, 307), so daß Vinzenz die Klage *im eigenen Namen* erheben mußte. Im Rubrum des Urteils erscheint daher auf Klägerseite auch nur der Nachlaßverwalter Vinzenz und nicht der Erbe.
Der Nachlaßverwalter hat jedoch die Möglichkeit, im Rahmen einer gewillkürten Prozeßstandschaft den Erben zur Prozeßführung zu ermächtigen, aber nur wenn dieser ein schutzwürdiges Interesse an einer Prozeßführung im eigenen Namen hat (BGHZ 38, 281).

421. Wer ist berechtigt, die Anordnung der Nachlaßverwaltung zu beantragen?

a) Der *Erbe* (§ 1981 Abs. 1), auch vor Annahme der Erbschaft, sofern er noch nicht allgemein unbeschränkt haftet (§ 2013 Abs. 1 S. 1 2. Halbs.), *Miterben* nur vor der Nachlaßteilung und nur gemeinschaftlich (§ 2062);
b) der *Nacherbe* nach Eintritt des Nacherbfalls (§ 2144 Abs. 1);
c) der *Erbschaftskäufer* (§ 2383);
d) der den Nachlaß verwaltende *Testamentsvollstrecker* (analog § 217 Abs. 1 KO; RG LZ 1919, 875; str.);
e) *jeder Nachlaßgläubiger* binnen zweier Jahre nach Annahme der Erbschaft, aber nur, wenn die Befriedigung der Nachlaß-

gläubiger in ihrer Gesamtheit aus dem Nachlaß durch das Verhalten oder die Vermögenslage des Erben gefährdet ist (§ 1981 Abs. 2).

Beachte:

Der *Nachlaßpfleger* hat kein *Antragsrecht,* denn zu seinen Aufgaben gehört weder die Herbeiführung der Haftungsbeschränkung für den Erben noch die Pflicht, allgemein für die Befriedigung der Nachlaßgläubiger zu sorgen (Schlüter, § 54 III 2c dd).

422. Der Erbe Emil Blaß belastet nach Anordnung der Nachlaßverwaltung ein Nachlaßgrundstück mit einer Grundschuld für Gustav Gründlich. Als der Nachlaßverwalter hiervon erfährt, verlangt er von Gustav, dem die Anordnung der Nachlaßverwaltung unbekannt ist, die Einwilligung in die Löschung der Grundschuld. Zur Begründung meint er, Erwin sei nicht mehr zur Belastung des Nachlaßgrundstücks berechtigt gewesen.
Zu Recht?

Gustav braucht nicht nach § 894 seine Zustimmung zu erteilen, weil das Grundbuch nicht unrichtig ist; er ist wirksam Inhaber der Grundschuld geworden.

Mit Anordnung der Nachlaßverwaltung geht das Recht, über Nachlaßgegenstände zu verfügen, auf den Verwalter über (§ 1984 Abs. 1 St. 1). Spätere Verfügungen des Erben sind nicht nur gegenüber den Nachlaßgläubigern relativ unwirksam (§ 135), sondern gegenüber jedermann *absolut unwirksam;* daher kann nicht nur der Nachlaßverwalter die Unwirksamkeit geltend machen (BGHZ 46, 221, 229). Bei Verfügungen über Grundstücke und Grundstücksrechte finden aber die Gutglaubensvorschriften des Grundstücksrechts Anwendung (§§ 1984 Abs. 1 S. 2; 7 KO). Gustav, der die Anordnung der Nachlaßverwaltung vor der Eintragung seiner Grundschuld im Grundbuch nicht kannte, wird durch § 892 geschützt. Der Nachlaßverwalter hätte, um eine Beeinträchtigung des Nachlasses zu verhindern, sofort die Eintragung der Nachlaßverwaltung im Grundbuch beantragen müssen.

423. Groß ist Gesellschafter einer OHG. Im Gesellschaftsvertrag ist vereinbart, daß im Falle des Todes eines Gesellschafters die Gesellschaft mit dem oder den Erben fortgeführt werden soll (sog. Nachfolgeklausel). Groß wird von seinem Neffen Erich beerbt, der sofort nach dem Erbfall Nachlaßverwaltung beantragt. Der Nachlaßverwalter hält das Haftungsrisiko in der Gesellschaft für zu groß und vereinbart daher mit den anderen OHG-Gesellschaftern den Austritt des Erich aus der Gesellschaft.
Erich, der weiterhin Gesellschafter bleiben möchte, hält diese Austrittsvereinbarung für unwirksam.
Hat er recht?

Erich ist OHG-Gesellschafter geblieben. Die Rechtsmacht des Nachlaßverwalters findet ihre Grenze dort, wo Rechte betroffen sind, die nicht an das Sondervermögen gebunden, sondern den Gesellschaftern persönlich vorbehalten sind. Hierzu gehört nicht nur die Befugnis, das Ausscheiden des Erben aus einer Personengesellschaft zu vereinbaren, sondern auch die Geltendmachung persönlicher Mitgliedschaftsrechte oder die Feststellung, daß der Gesellschaftsvertrag nichtig oder wirksam angefochten ist (BGHZ 47, 293, 296). Der Verwaltung unterliegen hingegen die rein vermögensrechtlichen Ansprüche auf den Gewinn und das Auseinandersetzungsguthaben.
Die Austrittsvereinbarung, die der Nachlaßverwalter mit den anderen Gesellschaftern getroffen hat, ist somit gegenüber Erich nicht wirksam.

424. Welche Pflichten treffen den Nachlaßverwalter?

a) *Die Verwaltung des Nachlasses,* § 1985 Abs. 1. Hierzu gehören neben der bereits erwähnten Verfügungsbefugnis über Nachlaßgegenstände u.a.: die – nicht eigenmächtige – Inbesitznahme des Nachlasses (entsprechend § 117 KO und Umkehrschluß aus § 1986 Abs. 1), die Einreichung eines Nachlaßverzeichnisses beim Gericht (§§ 1915, 1802), die Ermittlung der Nachlaßgläubiger, notfalls durch Aufgebot, die Beantragung des Nachlaßkonkurses bzw. Nachlaßvergleichs bei Feststellung der Überschuldung (§ 1980).
b) *Die Befriedigung der Nachlaßgläubiger* (§ 1985 Abs. 1).

c) Ist eine wirksame Verwaltungshandlung gegenüber den Erben rechts- und pflichtwidrig, so ist der *Verwalter* den Erben *zum Schadensersatz verpflichtet.* Mit der Bestellung zum Nachlaßverwalter entsteht zwischen ihm sowie den Erben und den Nachlaßgläubigern ein *gesetzliches Schuldverhältnis* (RGZ 150, 189, 190; BGH FamRZ 1975, 576; Schlüter, § 54 III 3e).

d) Ebenso haftet der Nachlaßverwalter den Gläubigern für jede schuldhafte Schädigung wie ein Beauftragter mit seinem Eigenvermögen. Diese Schadensersatzansprüche gehören zum Nachlaß und werden gegebenenfalls vom Konkursverwalter oder von einem Ergänzungspfleger geltend gemacht (§§ 1978 Abs. 2, 1980 Abs. 2).

425. Sebastian hat Valentin ein Vermächtnis von 10.000 DM und Werner ein solches von 20.000 DM ausgesetzt. Der Aktivwert des Nachlasses beläuft sich aber nur auf 15.000 DM.
Muß Eduard als Erbe Nachlaßkonkurs beantragen?

Ein Konkursantrag ist hier nicht erforderlich, weil die Überschuldung des Nachlasses, die an sich Konkursgrund wäre (§ 215 KO), allein auf Vermächtnissen beruht. Es wird regelmäßig dem Willen des Erblassers widersprechen, daß seine letztwillige Verfügung zu einem Nachlaßkonkurs führt. Dem trägt das Gesetz in § 1992 dadurch Rechnung, daß der Erbe hier seine Haftungsbeschränkung auch ohne Konkurseröffnung herbeiführen kann.

Eduard kann die beiden Vermächtnisnehmer selbst anteilig befriedigen. Er hat ihnen nach konkursrechtlichen Gesichtspunkten (§§ 1992, 1991 Abs. 4) dem Verhältnis ihrer Forderungen entsprechende Nachlaßwerte herauszugeben oder die Herausgabe der noch vorhandenen Nachlaßgegenstände durch Zahlung des Werts abzuwenden; danach braucht er an Valentin nur 5.000 DM, an Werner nur 10.000 DM zu zahlen.

426. Wer ist berechtigt, die Eröffnung des Nachlaßkonkurses zu beantragen?

a) *Auf der Schuldnerseite:*
Der *Erbe* (§ 217 Abs. 1 KO),
ein *Miterbe*, der die Überschuldung glaubhaft macht (§ 217 Abs. 2 KO),
der *Nachlaßverwalter* (§ 217 Abs. 1 KO),
jeder andere Nachlaßpfleger (§ 217 Abs. 1 KO),
der verwaltende *Testamentsvollstrecker* (§ 217 Abs. 1 KO).

b) *Auf der Gläubigerseite:*
Jeder Nachlaßgläubiger innerhalb von zwei Jahren nach Annahme der Erbschaft (§§ 217 Abs. 1, 220 KO) und
ausgeschlossene und säumige Nachlaßgläubiger, sowie *Vermächtnis- und Auflagegläubiger* jedoch nur, wenn über das Eigenvermögen des Erben Konkurs eröffnet worden ist (§ 219 Abs. 1 KO).

c) Beachte:
Der Nachlaßkonkurs kann noch eröffnet werden, wenn der Erbe bereits unbeschränkt haftet (§ 216 Abs. 1 KO). Das folgt aus dem Zweck des Nachlaßkonkurses, neben der Haftungsbeschränkung auch eine gerechte Verteilung des nicht ausreichenden Nachlasses unter den Nachlaßgläubigern herbeizuführen.

427. Stephan ist verstorben. Zum Erben hat er seinen Freund Emil eingesetzt. Wegen Überschuldung des Nachlasses ist Nachlaßkonkurs eröffnet worden (§ 215 KO). Zur Verteilung auf die Nachlaßgläubiger stehen 50.000 DM zur Verfügung. Die Forderungen der Gläubiger Anton, Berthold und Claus sind auf 17.000 DM,

Die Gläubiger Anton, Berthold und Claus werden in voller Höhe befriedigt. Sie haben den Vorrang vor den Ansprüchen des Pflichtteilsberechtigten und des Vermächtnisnehmers. Der Vermächtnisnehmer steht dem Pflichtteilsberechtigten nach (§ 226 Abs. 2 KO). Der Pflichtteilsanspruch des Paul wird also ohne Berücksichtigung des Vermächtnisanspruchs berechnet. Da der Nachlaßwert nach Berichtigung der Schulden gegenüber Anton, Berthold und Claus 25.000 DM beträgt, steht Paul ein Pflicht-

5.000 DM und 3.000 DM festgestellt worden. Dem Vinzenz ist testamentarisch ein Vermächtnis in Höhe von 40.000 DM ausgesetzt. Paul, der Vater des Erblassers und dessen einziger Erbe nach der gesetzlichen Erbfolge macht den Pflichtteil geltend.
Wie sind die Gläubiger zu befriedigen?

teilsanspruch in Höhe von 12.500 DM zu, nämlich die Hälfte des Werts des Nachlasses nach Abzug der Passiva (§ 2303 Abs. 1 S. 2). Vinzenz erhält statt der ihm ausgesetzten 40.000 DM nur den Rest von 12.500 DM.

428. Emil ist Erbe seines Vaters Friedrich. Den zum Nachlaß gehörenden Verbindlichkeiten in Höhe von 80.000 DM steht ein Aktivvermögen von 70.000 DM gegenuber. Aus Gründen der Pietät möchte er jedoch einen Nachlaßkonkurs vermeiden.
Was ist Emil zu raten?

Emil sollte Eröffnung des Nachlaßvergleichsverfahrens beantragen (§§ 113, 2, 3 VerglO, 215 KO), denn der Nachlaß ist überschuldet.
Der *Nachlaßvergleich* ist die dritte Möglichkeit, die endgültige Beschränkung der Haftung des Erben gegenüber allen Nachlaßgläubigern herbeizuführen. Der Antrag kann jedoch nicht mehr gestellt werden, wenn der Erbe bereits unbeschränkt haftet (§ 113 Abs. 1 Nr. 3 VerglO).
Zuständig ist als Vergleichsgericht das Amtsgericht des letzten Erblasserwohnsitzes (§ 2 Abs. 1 VerglO).

429. Wer ist berechtigt, die Eröffnung des Nachlaßvergleichsverfahrens zu beantragen?

Antragsberechtigt sind dieselben Personen wie beim Nachlaßkonkurs, nicht jedoch die Nachlaßgläubiger, da das Verfahren nur dem Schutz des Erben dient; Miterben sind nur gemeinschaftlich antragsberechtigt (§ 113 Abs. 1 Nr. 1 VerglO).

430. Über den Nachlaß des Erblassers Stephan wurde auf Antrag des Erben Erich das Nachlaßvergleichsverfahren eröffnet. Gustav, ein

Diese umstrittene Frage ist mit der h. M. zu bejahen.
Der Nachlaßvergleich führt nicht wie der Nachlaßkonkurs oder die Nachlaßverwaltung zu einer Gütersonderung von Eigen-

Eigengläubiger des Erich, kündigt an, zwecks Befriedigung wegen einer Kaufpreisforderung in den Nachlaß zu vollstrecken.
Der Vergleichsverwalter ist der Ansicht, eine Befriedigung des Eigengläubigers aus dem Nachlaß sei unzulässig.
Hat er recht?

und Nachlaßvermögen. Der Erbe bleibt weiterhin im Besitz der Nachlaßgegenstände und ist auch berechtigt, über sie zu verfügen. Der Vergleichsverwalter überwacht jedoch den Erben (§§ 39, 40, 56, 57 VerglO), wobei er auch das Recht hat, dem Erben Verfügungsbeschränkungen aufzuerlegen (§§ 58–65 VerglO). Das Vergleichsverfahren nähert sich damit dem Konkurs und der Nachlaßverwaltung an, so daß es mit einer Gütersonderung vergleichbar ist. Es sollte deshalb eine Gleichstellung auch in bezug auf die Haftungssonderung vorgenommen werden; denn es wäre unverständlich, wenn den Nachlaßgläubigern eine Vollstreckung in den Nachlaß verwehrt würde (§§ 47, 48 VerglO), während die Eigengläubiger sich aus dem Nachlaß befriedigen dürften.
Es ist daher der h.M. zu folgen, die eine Haftungssonderung annimmt und deshalb den Eigengläubigern ein Recht zur Vollstreckung in den Nachlaß verweigert (Schlüter, § 54 V 3b m.w.N.).

c) Die endgültige Beschränkung der Haftung des Alleinerben gegenüber einzelnen Nachlaßgläubigern

431. Erwin Blass ist Alleinerbe seines Vaters geworden. Nach der Annahme der Erbschaft melden sich mehrere Gläubiger und verlangen Bezahlung noch offener Rechnungen. Erwin befürchtet, daß noch weitere ihm nicht bekannte Gläubiger vorhanden sind und daß der Nachlaß zur Erfüllung

Er kann die Nachlaßgläubiger im Wege des Aufgebotsverfahrens zur Anmeldung ihrer Forderungen auffordern (§ 1970). Der Erbe erlangt auf diese Weise eine Übersicht über den Umfang der Nachlaßverbindlichkeiten und kann sich darüber schlüssig werden, ob er eine Haftungsbeschränkung herbeiführen will oder sogar Nachlaßkonkurs beantragen muß (§ 1980 Abs. 1).
Unterläßt er das Aufgebot, obwohl mit

sämtlicher Forderungen nicht ausreichen wird.
Wie kann sich Erwin am besten einen Überblick über die Nachlaßverbindlichkeiten verschaffen?

dem Vorhandensein unbekannter Nachlaßverbindlichkeiten zu rechnen war, und stellt sich nachträglich die Überschuldung des Nachlasses heraus, so kann er sich den Nachlaßgläubigern nach § 1980 Abs. 1 S. 2, Abs. 2 S. 2 schadensersatzpflichtig machen. Das Aufgebotsverfahren kann erst nach Annahme der Erbschaft durchgeführt werden; hiermit soll dem Erben nicht die Entscheidung über die Erbschaftsannahme erleichtert werden.

432. Was geschieht, wenn die vom Gericht gesetzte Aufgebotsfrist verstrichen ist?

Nach Ablauf der Aufgebotsfrist (§ 994 ZPO) hat das Amtsgericht Termin zur mündlichen Verhandlung anzuberaumen. Auf Antrag des Antragstellers erläßt es, wenn die formellen Voraussetzungen für das Urteil vorliegen, ein Ausschlußurteil (§ 952 ZPO).
Gegen dieses Urteil gibt es keine Rechtsmittel (§ 957 Abs. 1 ZPO), allenfalls die Anfechtungsklage nach §§ 957 Abs. 2, 958 ZPO.

433. Nachdem ein Ausschlußurteil ergangen ist, meldet sich bei dem Erben Erich der Nachlaßgläubiger Gerhard mit einer Forderung von 2.000 DM. Der gesamte Nachlaß ist jedoch durch die Befriedigung der Gläubiger, die ihre Ansprüche innerhalb der Aufgebotsfrist angemeldet hatten, aufgebraucht.
Als Erich später auf Zahlung von 2.000 DM verklagt wird, möchte er die Haftung

Erich kann gegenüber Gerhard die *Ausschlußeinrede* erheben (§ 1973 Abs. 1), weil Gerhard durch das Aufgebotsverfahren ausgeschlossen ist. Eine Haftung mit dem Eigenvermögen für Nachlaßverbindlichkeiten besteht nicht mehr, die Ausschlußeinrede hat die Haftung auf den Nachlaß beschränkt.
Ein ausgeschlossener Gläubiger kann nur insoweit Befriedigung aus dem Nachlaß verlangen, als nach Befriedigung der nicht ausgeschlossenen Gläubiger noch Nachlaßwerte vorhanden sind. Der Erbe ist dann verpflichtet, nach bereicherungsrechtlichen Grundsätzen die

mit dem Eigenvermögen verhindern.
Was ist ihm zu raten?

Zwangsvollstreckung in den Überschuß zu dulden (§ 1973 Abs. 2). Die Zwangsvollstreckung in bestimmte Gegenstände kann jedoch durch Zahlung ihres Werts abgewendet werden (§ 1973 Abs. 2 S. 2). Da im vorliegenden Fall der Nachlaß erschöpft ist, kann Gerhard, falls nicht noch später Nachlaßgegenstände auftauchen, seinen Anspruch nicht mehr durchsetzen. Die Klage ist daher als zur Zeit unzulässig abzuweisen.

434. Eberhard hat Vermögensgegenstände im Werte von 15.000 DM geerbt. Für die Nachlaßverbindlichkeiten hat er aufgrund des Aufgebots 12.000 DM gezahlt. Später erst verlangt Vinzenz vom Erben die Auszahlung eines im Testament ausgesetzten Vermächtnisses in Höhe von 1.000 DM.
Eberhard meint jedoch, der Vermächtnisnehmer sei durch das Ausschlußurteil ausgeschlossen.
Zu Recht?

Die Ansprüche aus Pflichtteilsrechten, Vermächtnissen und Auflagen werden durch das Aufgebotsverfahren nicht betroffen (§ 1972). Dem Erben sind diese Belastungen des Nachlasses aus dem Testament bekannt. Soweit der Nachlaß noch reicht, ist daher der Vermächtnisnehmer zu befriedigen. Vinzenz kann somit Zahlung der 1.000 DM aus dem Überschuß von 3.000 DM verlangen.

435. Erwin hat im Januar 1985 seinen Freund Tobias beerbt. Ohne Aufgebot der Nachlaßgläubiger hat Erwin aus dem Nachlaß im Wert von 18.000 DM an die Gläubiger 16.000 DM ausgezahlt. Im Februar 1992 macht Gerd eine bisher unbekannte Nachlaßverbind-

Gerd kann seinen Anspruch nur in Höhe von 2.000 DM durchsetzen. Da er sich später als fünf Jahre nach dem Erbfall gemeldet hat, steht er einem im Aufgebotsverfahren ausgeschlossenen Gläubiger gleich (§ 1974). Erwin kann ihm gegenüber die Verschweigungseinrede erheben. Mit Ablauf von fünf Jahren tritt also hinsichtlich der bis dahin dem Erben nicht bekannt gewordenen Forderungen eine

lichkeit in Höhe von 4.000 DM geltend.
Kann er noch Zahlung verlangen?

Beschränkung der Haftung auf den Nachlaßüberschuß ein. Kenntnis der Forderung durch den Erben schließt eine Verschweigung des Gläubigers aus.
Im vorliegenden Fall ist ein Überschuß in Höhe von 2.000 DM vorhanden. Erwin ist somit zur Duldung der Zwangsvollstreckung in diesen Rest des Nachlasses verpflichtet, bzw. er kann durch Zahlung von 2.000 DM die Vollstreckung abwenden (§§ 1974 Abs. 1 S. 1, 1973 Abs. 2 S. 1, 2).

436. Der Erbe Erwin wird von einem Gläubiger des Erblassers auf Zahlung einer rückständigen Kaufpreisschuld verklagt. Was muß Erwin tun, wenn er die Haftungsbeschränkung auf den Nachlaß herbeiführen und eine spätere Vollstreckung in sein Eigenvermögen verhindern will?

Erwin muß zunächst *im Erkenntnisverfahren* vor dem Prozeßgericht die Einrede der beschränkten Erbenhaftung erheben. Diese Einrede wird nicht von Amts wegen vom Gericht beachtet (RGZ 69, 283, 291). Die Einrede muß bis zum Schluß der letzten mündlichen Tatsachenverhandlung erhoben werden; in der Revision können keine neuen Verteidigungsmittel eingeführt werden (zur ausnahmsweisen Möglichkeit der Geltendmachung im Revisionsverfahren s. BGHZ 17, 69; BGH NJW 1962, 1250). Bei Entscheidungsreife kann das Prozeßgericht über die Haftungsbeschränkung sachlich entscheiden und im Urteil feststellen, daß die Vollstreckung gegenständlich auf den Nachlaß beschränkt ist (RGZ 77, 245; 137, 50, 54). In allen übrigen Fällen erfolgt die Verurteilung nur unter Vorbehalt der beschränkten Haftung (§§ 305, 780 ZPO). Die endgültige Entscheidung über die Beschränkung der Haftung ist dann in das Zwangsvollstreckungsverfahren verwiesen (s. dazu Fall 438).

437. Der Gläubiger (Fall 436) vollstreckt aus dem gegen Erwin erwirkten Titel in

Erwin kann die Einwendungsklage nach §§ 785, 767 ZPO erheben, die der Vollstreckungsgegenklage nachgebildet ist.

das Eigenvermögen des Erwin,
a) obwohl der Titel den Vorbehalt der beschränkten Erbenhaftung enthält
b) obwohl der Titel die Vollstreckung gegenständlich auf den Nachlaß beschränkt.
Wie kann Erwin die Vollstreckung in sein Eigenvermögen abwehren?

a) Wenn er unter Vorbehalt der beschränkten Erbenhaftung verurteilt worden ist, muß er im Vollstreckungsverfahren vor dem Prozeßgericht des ersten Rechtszugs die Einwendungsklage nach §§ 785, 780, Abs. 1, 781 ff., 767 ZPO erheben. Die Durchsetzung der beschränkten Erbenhaftung erfolgt hier also zweistufig: Durch den Vorbehalt im Urteil und durch die Einwendungsklage im Vollstreckungsverfahren, durch die in der Sache über die gegenständliche Beschränkung der Haftung entschieden wird.
Hat Erwin die Aufnahme des Vorbehalts in das Urteil versäumt, kann er keine Einwendungsklage mehr erheben.
b) Ist schon im Urteil die gegenständliche Haftungsbeschränkung ausgesprochen worden, vollstreckt der Gläubiger aber dennoch in das Privatvermögen des Erben, kann dieser die rechtswidrige Vollstrekkung durch die Klage nach §§ 785, 767 ZPO abwehren (Schlüter, § 53 II 2).

438. Wie kann Erwin die beschränkte Erbenhaftung geltend machen, wenn der Gläubiger noch zu Lebzeiten des Erblassers gegen diesen einen rechtskräftigen Titel erwirkt hatte und aus diesem in das Eigenvermögen des Erwin vollstreckt?

Der Gläubiger des Erblassers, der vor dessen Tod gegen diesen einen rechtskräftigen Titel erwirkt hat, kann in das Eigenvermögen des Erben vollstrecken, wenn er den Titel nach § 727 ZPO gegen den Erben umschreiben läßt.
Der Erbe kann in diesem Fall die beschränkte Erbenhaftung erstmals im Vollstreckungsverfahren nach §§ 781, 785, 767 ZPO geltend machen.

d) Die vorläufige Beschränkung der Haftung des Alleinerben gegenüber allen Nachlaßgläubigern

439. Sebastian wird von seiner Schwester Erika beerbt.

Das Gericht wird die Erbin zur Zahlung der 1.000 DM verurteilen. Es wird Erika

Zwei Monate nach Ablauf der Ausschlagungsfrist findet auf eine Klage des Nachlaßgläubigers Gerhard auf Zahlung von 1.000 DM die mündliche Verhandlung statt.
Erika, die noch kein Inventar errichtet hat, beantragt, die Klage abzuweisen, da sie erst seit zwei Monaten endgültige Erbin sei.
Wie wird das Gericht entscheiden?

jedoch das Recht vorbehalten, die Haftung auf den Nachlaß zu beschränken (§ 305 ZPO), weil sie in der mündlichen Verhandlung die *Dreimonatseinrede* (§ 2014) erhoben hat.
Hiernach hat der Erbe das Recht, die Erfüllung der Nachlaßverbindlichkeiten innerhalb der ersten drei Monate nach Annahme der Erbschaft zu verweigern. Er soll sich erst einmal einen Überblick über den Nachlaß verschaffen können. Ist jedoch ein Inventar errichtet, so kennt der Erbe den Nachlaß, er bedarf deshalb nicht mehr des Schutzes der Dreimonatseinrede. Aus dem Zweck der Dreimonatseinrede, den Erben nur vorübergehend zu schützen, ergibt sich, daß diese Einrede nicht zur Klageabweisung, sondern zur Verurteilung unter Vorbehalt der Rechte führt.
Hat der Erbe die Erbschaft aber noch nicht angenommen, so kann er nach § 1958 nicht verklagt werden (vgl. Fall 256). Der Gläubiger muß dann einen Nachlaßpfleger bestellen lassen, wenn er vor Annahme der Erbschaft einen Anspruch geltend machen will, der sich gegen den Nachlaß richtet (§ 1961).

440. Der Möbelhändler Groß hat gegen seinen Kunden Samuel eine Forderung von 1.200 DM. Nach dem Tod des Samuel macht er gegen den Erben Eberhard drei Monate nach Annahme der Erbschaft diese Forderung geltend. Bereits vorher hatte Eberhard das Aufgebotsverfahren beantragt, welches auch zugelassen wurde.

Wenn der Erbe innerhalb eines Jahres seit Annahme der Erbschaft das Aufgebot der Nachlaßgläubiger beantragt und dieser Antrag zugelassen ist, so ist er berechtigt, die Berichtigung aller Nachlaßverbindlichkeiten bis zur Beendigung des Aufgebotsverfahrens zu verweigern (§ 2015). Hiermit soll eine ungleichmäßige Befriedigung der Nachlaßgläubiger verhindert werden; die unbekannten Gläubiger sollen vor dem Ansturm der schneller zugreifenden geschützt werden.

Eberhard ist der Ansicht, daß er bis zur Beendigung des Aufgebotsverfahrens die Leistung verweigern darf. Zu Recht?

Zu beachten ist jedoch, daß im Prozeß die *Aufgebotseinrede* nicht zur Klageabweisung, sondern nur zum Vorbehalt des Rechts der beschränkten Erbenhaftung führt. Die Aufgebotseinrede räumt daher dem Erben ebenso wie die Dreimonatseinrede nur eine Schonfrist ein.

441. Nach streitiger Verhandlung wird der Erbe Emil, nachdem er die Dreimonatseinrede erhoben hat unter Vorbehalt der Beschränkung der Haftung auf den Nachlaß und der zeitlichen Beschränkung nach § 2014 verurteilt. Trotzdem läßt der Gläubiger Gustav innerhalb der drei Monate einen zum Nachlaß gehörenden Schallplattenspieler pfänden. Kann Emil die Aufhebung der Pfändung verlangen?

Er hat zwar die Möglichkeit, mit der Einwendungsklage hiergegen vorzugehen (§§ 785, 767, 781 ZPO). Hiermit kann er aber nicht erreichen, daß die Pfändung der zum Nachlaß gehörenden Gegenstände für unzulässig erklärt wird, sondern nur, daß die Vollstreckung auf Sicherungsmaßnahmen beschränkt bleibt (§ 782 ZPO). Emil kann also innerhalb der drei Monate nur die Versteigerung, nicht jedoch die Pfändung des Schallplattenspielers verhindern.

442. Siegfried ist am 23. 4. gestorben. Bereits am 2. 5. hat der Nachlaßgläubiger Gerd den Erben Eduard an die Berichtigung einer Nachlaßverbindlichkeit erinnert. Im Rechtsstreit beantragt er, Eduard zur Zahlung von 10% Verzugszinsen seit dem 2. 5. zu verurteilen, weil er einen Bankkredit zu diesem Zinssatz aufgenommen habe. Eduard will allenfalls 4% Zinsen und auch diese nur für die

Falls Eduard die Erbschaft nicht schon vorher ausdrücklich oder schlüssig angenommen hat (§ 1943), ist er erst mit Ablauf der sechswöchigen Ausschlagungsfrist (§ 1944 Abs. 1) nach §§ 288 Abs. 2, 286 Abs. 1 zur Zahlung von Verzugszinsen in der beantragten Höhe zu verurteilen. Trotz der Mahnung ist er mangels eines Verschuldens (§ 285) nicht in Verzug geraten, weil er vor der Annahme der Erbschaft nach § 1958 keinen Nachlaßgläubiger zu befriedigen brauchte (vgl. RGZ 79, 201, 203).

Mit Ablauf der Ausschlagungsfrist ist er aber in Verzug geraten, obwohl er nun-

Zeit nach Ablauf der Dreimonatsfrist des § 2014 zahlen.
Wie ist zu entscheiden?

mehr nach § 2014 berechtigt war, drei Monate nach der Annahme der Erbschaft die Berichtigung einer Nachlaßverbindlichkeit zu verweigern. Die Dreimonatseinrede des § 2014 soll dem Erben nur Gelegenheit geben, sich einen Überblick über den unübersichtlichen Nachlaß zu verschaffen; sie hat ebenso wie die Einrede des Aufgebotsverfahrens nach § 2015 *keine materiellrechtliche,* sondern ausschließlich *verfahrensrechtliche Wirkung* (RGZ 79, 201; a.A. Brox, Rdnr. 677) und hindert demnach nicht den Eintritt des Schuldnerverzugs (dazu Schlüter, § 51 II 2c).

443. Der Erbe Erich stellt nach Sichtung des Nachlasses fest, daß dieser nur aus einigen gebrauchten Möbeln im Wert von höchstens 200 DM besteht. Als sich die Nachlaßgläubigerin Gertrud mit einer Forderung von 5.000 DM bei ihm meldet, beantragt er die Eröffnung des Nachlaßkonkursverfahrens. Dieses wird jedoch unter Hinweis auf das Fehlen eines die Kosten deckenden Nachlasses abgelehnt.
Wie kann Erich trotzdem seine Haftung auf den Nachlaß beschränken?

Er muß die Dürftigkeitseinrede erheben (§§ 1990, 1991). Der Erbe kann, sofern er nicht die Beschränkungsmöglichkeit verloren hat, die Befriedigung der Nachlaßgläubiger insoweit verweigern, als der Nachlaß so dürftig ist, daß die Nachlaßverwaltung und die Eröffnung des Nachlaßkonkurses mangels Masse abgelehnt (§ 1982; § 107 KO) oder aufgehoben wurde (§ 1988 Abs. 2; § 204 KO) oder eine solche Ablehnung ohne weiteres zu erwarten ist. Für die Dürftigkeit des Nachlasses ist nicht der Zeitpunkt des Erbfalls, sondern der der Geltendmachung des Anspruchs von Bedeutung.
Den Erben trifft jedoch die Pflicht, den Gläubigern den Nachlaß zum Zweck der Befriedigung herauszugeben (§ 1990 Abs. 1 S. 2).

444. Der Erbe Eduard hat alle Nachlaßgegenstände zur Befriedigung der Nachlaßgläubiger verwandt. Nunmehr verklagt ihn Ger-

Eduard kann dem Kläger die *Erschöpfungseinrede* entgegenhalten. Er muß hierzu nachweisen können, daß er den Nachlaß restlos zur Tilgung der Nachlaßschulden verwandt hat und verwenden durfte,

hard wegen einer ihm gegen den Nachlaß zustehenden Forderung in Höhe von 1.300 DM.
Wie kann Eduard die Abweisung der Klage erreichen?

so daß die Nachlaßgläubiger keine Ansprüche gegen ihn aus Erbschaftsverwaltung erworben haben (§§ 1991 Abs. 1, 1978, 1979; RGZ 137, 50, 54; BayObLG 8, 122, 125). Kann Eduard diesen Nachweis führen, so ist die Klage abzuweisen.

445. Nachdem der Erbe Emil die nicht ausgeschlossenen Nachlaßgläubiger befriedigt hat, verbleibt ein Nachlaßüberschuß von 3.000 DM. Nunmehr melden sich bei ihm die Gläubiger Gabriele und Gerhard mit ursprünglich gegen den Erblasser gerichteten Forderungen von 2.000 DM und 4.000 DM.
Wen muß Emil befriedigen? Hat er eine Rangfolge zu beachten?

Den Gläubigern, die durch das Aufgebotsverfahren (§ 1973) oder durch Verschweigung (§ 1974) ausgeschlossen sind, haftet der Erbe nur bereicherungsrechtlich auf Herausgabe des Nachlaßüberschusses oder Zahlung des entsprechenden Werts (§ 1973 Abs. 2). Hierbei hat der Erbe keine besondere Rangfolge zu beachten. Es entscheidet vielmehr der Vollstreckungszugriff.
Eine Ausnahme besteht jedoch, wenn ein Nachlaßgläubiger gegen den Erben ein rechtskräftiges Urteil erstritten hat. Die rechtskräftige Verurteilung des Erben wirkt einem anderen Gläubiger gegenüber wie die Befriedigung (§§ 1973 Abs. 2 S. 3, 1991); der Erbe darf vor ihm keinen anderen Gläubiger befriedigen oder dessen Vollstreckung dulden.
Emil kann hier die Forderung von Gabriele und Gerhard erfüllen, wie es ihm beliebt, entweder beide anteilig oder einen von beiden im gesamten Umfang der Forderung, soweit der Nachlaß reicht.

e) Die unbeschränkte Haftung des Alleinerben gegenüber allen Nachlaßgläubigern

446. a) Was versteht man im Erbrecht unter der Errichtung des Inventars?

a) Ein *Inventar* ist das Verzeichnis aller beim Erbfall vorhandenen Nachlaßgegenstände (Aktiva) und bei der Inventarer-

b) Wer nimmt das Inventar auf?

richtung bereits bekannten Nachlaßverbindlichkeiten (Passiva) (§ 2001).
b) Das Inventar wird durch den Erben unter Hinzuziehung einer zuständigen Behörde, eines zuständigen Beamten oder eines Notars aufgenommen (§ 2002). Der Erbe kann auch die amtliche Aufnahme durch das Nachlaßgericht, eine Behörde, eine Amtsperson oder einen Notar beantragen (§ 2003).

447. Der Erbe Ekkard ist der Meinung, bereits mit Errichtung des Inventars habe er die Haftung auf den Nachlaß beschränkt.
Hat er recht?

Nein, die Inventarerrichtung ist kein Mittel zur Beschränkung der Erbenhaftung. Auch wenn der Erbe das Inventar errichtet hat, haftet er wie bisher weiterhin unbeschränkt, aber beschränkbar. Durch rechtzeitige und richtige Inventarerrichtung vermeidet er nur die Gefahr, einmal unbeschränkt für die Nachlaßverbindlichkeiten haften zu müssen.

448. Welche Vermutung wird durch die rechtzeitige und redliche Inventarerrichtung begründet?

Es wird nur die *negative Vermutung* geschaffen, daß beim Erbfall keine weiteren Nachlaßgegenstände vorhanden gewesen sind, als die im Inventar verzeichneten (§ 2009). Es entsteht keine Vermutung über die Richtigkeit der Angaben bezüglich der Aktiva und Passiva.

449. Der Erbe Erich verschweigt in dem Inventar absichtlich zum Nachlaß gehörende Vermögenswerte.
Welche Folge tritt ein?

Der Erbe haftet allen Nachlaßgläubigern unbeschränkbar (§ 2005 Abs. 1 S. 1 1. Halbs., *Inventaruntreue*).
Auf eine Absicht des Erben, die Gläubiger zu benachteiligen, kommt es nicht an.
Weitere Fälle der Inventaruntreue:
– Der Erbe versucht die Aufnahme einer nicht bestehenden Nachlaßschuld in das Inventar. Hierbei jedoch ist eine Gläubigerbenachteiligungsabsicht erforderlich (§ 2005 Abs. 1 S. 12. Halbs.).

– Der Erbe verweigert bei amtlicher Inventaraufnahme (§ 2003) die von ihm geforderte Auskunft oder verzögert diese absichtlich in erheblichem Maße (§ 2005 Abs. 1 S. 2).

450. Gustav hat eine Nachlaßforderung gegen Eberhard, den Erben des Stephan. Der Gläubiger erfährt, daß der Nachlaß wahrscheinlich nicht zur Berichtigung aller Verbindlichkeiten ausreichen wird und daher ein Nachlaßkonkurs zu erwarten ist.
Was kann er unternehmen, um einer Verdunkelungsgefahr vorzubeugen?

Gustav kann bei dem Nachlaßgericht beantragen, daß dem Erben Eberhard eine Frist gesetzt wird, innerhalb derer Eberhard ein Verzeichnis des Nachlasses einzureichen hat (§ 1994 Abs. 1 S. 1, *Inventarfrist*). Das Gericht muß diese Inventarfrist jedoch nur bestimmen, wenn der Gläubiger seine Nachlaßforderung glaubhaft macht (§ 1994 Abs. 2). Die Frist soll mindestens einen Monat und höchstens drei Monate betragen (§ 1995 Abs. 1).

451. Der Erbe Emil läßt die ihm gesetzte Inventarfrist ungenutzt verstreichen.
Welche materielle Folge hat seine Säumigkeit?

Errichtet der Erbe innerhalb der Frist kein Inventar, so haftet er allen Gläubigern gegenüber endgültig unbeschränkbar (§ 1994 Abs. 1 S. 2).

452. Welche Auswirkung haben Nachlaßverwaltung und Nachlaßkonkurs auf die Inventarfrist?

Nach Anordnung der Nachlaßverwaltung bzw. Eröffnung des Nachlaßkonkurses wird die Bestimmung einer Inventarfrist unwirksam (§ 2000 S. 1). Während dieser Verfahren kann auch eine Inventarfrist nicht bestimmt werden (§ 2000 S. 2).
Die amtlichen Abwicklungsverfahren sichern die ordnungsgemäße Aufnahme des Nachlasses (§ 1985; § 124 KO) und die Befriedigung der Gläubiger. Eine Inventarerrichtung (§§ 1993 f.) ist daneben überflüssig, denn die Nachlaßgläubiger werden bereits ausreichend geschützt.

453. Die Erbin Edelgard haftet infolge Versäumung der Inventarfrist mit ihrem ganzen Vermögen für die Nachlaßverbindlichkeiten.
a) Kann sie jetzt noch Nachlaßverwaltung beantragen?
b) Ist bei Überschuldung des Nachlasses noch Nachlaßkonkurs möglich?

a) Das Gericht wird keine Nachlaßverwaltung anordnen. Das dem Erben zustehende Recht, Anordnung der Nachlaßverwaltung zu beantragen, ist für ihn lediglich ein Mittel, seine Haftung zu beschränken. Ein derartiger Antrag ist aber sinnlos und deshalb ausgeschlossen, wenn der Erbe bereits endgültig unbeschränkbar haftet (§ 2013 Abs. 1 S. 1).
b) In diesem Falle wird das Gericht das Nachlaßkonkursverfahren eröffnen (§§ 216f. KO). Der Antrag des Erben auf Eröffnung des Nachlaßkonkurses soll nicht nur seine Haftung beschränken, sondern auch allen Gläubigern eine alsbaldige gleichmäßige Befriedigung aus dem Nachlaß gewährleisten. Diesen Zweck kann der Nachlaßkonkurs auch noch erfüllen, wenn ein Erbe unbeschränkbar haftet. Das ist vor allem bedeutsam, wenn das Eigenvermögen des Erben nicht ausreicht, um die Nachlaßgläubiger zu befriedigen.

f) Die unbeschränkte Haftung des Alleinerben gegenüber einzelnen Nachlaßgläubigern

454. Der Nachlaßgläubiger Gustav hat Bedenken, ob das vom Erben Eduard eingereichte Inventar vollständig ist. Er verlangt daher, daß Eduard eine eidesstattliche Versicherung über die Vollständigkeit des Inventars abgibt.
Welche Folgen entstehen für den Erben, wenn er diesem Verlangen nicht nachkommt?

Gustav kann, ohne erst Bedenken gegen die Richtigkeit des Inventars glaubhaft machen zu müssen, die Leistung der eidesstattlichen Versicherung verlangen (§ 2006 Abs. 1). Gibt der Erbe die Versicherung nicht freiwillig ab, so kann er deswegen weder auf Schadensersatz noch auf Abgabe der eidesstattlichen Versicherung verklagt werden. Die Weigerung hat jedoch zur Folge, daß der Erbe Eduard unbeschränkbar für die Verbindlichkeit haftet. Die unbeschränkbare Haftung bezieht sich aber nur auf Verbindlichkeiten gegenüber dem Gläubiger, der die eidesstattliche Versicherung verlangt hat (§ 2006 Abs. 3).

4. Die Haftung der Miterben

a) Vor der Nachlaßteilung

455. Die Erblasserin Sieglinde wurde von ihren drei Söhnen Arthur, Berthold und Claus beerbt, die die Erbschaft angenommen haben. Der ungeteilte Nachlaß hat einen Wert von 6.000 DM. Nunmehr meldet sich der Nachlaßgläubiger Gerhard mit einer Forderung von 5.000 DM. Kann Gerhard
a) Arthur allein,
b) alle drei Erben gemeinsam auf Zahlung des gesamten Betrags verklagen?

a) Der Erbfall begründet eine Gesamtschuld aller Miterben für gemeinschaftliche Nachlaßverbindlichkeiten (§ 2058). Der Nachlaßgläubiger Gerhard kann daher *Gesamtschuldklage* gegen den Erben Arthur auf Zahlung von 5.000 DM erheben. Mit der Gesamtschuldklage sucht der Gläubiger Befriedigung aus dem Eigenvermögen des Erben, zu dem auch sein Miterbenanteil gehört.
b) Weiterhin kann Gerhard gegen die drei Miterben als Träger des Sondervermögens Nachlaß mit der *Gesamthandsklage* vorgehen (§ 2059 Abs. 2). Mit dieser Klage gegen alle drei Erben sucht der Gläubiger *Befriedigung aus dem ungeteilten Nachlaß*, d.h. nicht aus dem Eigen-, sondern dem Sondervermögen (vgl. § 747 ZPO).
Bis zur Nachlaßteilung hat der Kläger ein Wahlrecht zwischen Gesamtschuld- und Gesamthandsklage. Er kann auch beide Klagen ausdrücklich nebeneinander erheben.

456. Adelheid, Brunhilde und Christine sind zu gleichen Teilen Erbinnen ihres Vaters Siegfried und haben die Erbschaft angenommen. Der Wert des Nachlasses beträgt 9.000 DM. Vier Monate nach dem Erbfall, aber

Da Brunhilde ihr Haftungsbeschränkungsrecht noch nicht verloren hat, kann sie nach § 2059 Abs. 1 *bis zur Teilung des Nachlasses* die Berichtigung einer Nachlaßverbindlichkeit aus dem Eigenvermögen verweigern. Diese Einrede ist nicht an die Voraussetzungen für die beschränkte Haftung des Alleinerben geknüpft (wie

vor der Nachlaßteilung, nimmt der Nachlaßgläubiger Gustav Brunhilde mit der Gesamtschuldklage auf Zahlung von 15.000 DM in Anspruch. Kann Brunhilde verhindern, daß Gustav in ihr Eigenvermögen vollstreckt?

Nachlaßkonkurs, Dürftigkeit oder Überbeschwerung des Nachlasses). Die zusätzliche Möglichkeit für den Miterben, eine vorläufige Haftungsbeschränkung zu erreichen, beruht auf der Erwägung, daß bei einer Erbengemeinschaft der Nachlaß als Sondervermögen der gemeinschaftlichen Verwaltung und Verfügung der Miterben unterliegt (§§ 2038, 2040). Hier wird ohne Gütersonderung eine Vermischung des Nachlasses mit dem Eigenvermögen des Erben verhindert; die gegenseitige Kontrolle der Miterben gewährleistet zudem einen gewissen Gläubigerschutz.

Der Erbe muß allerdings die Befriedigung aus seinem Erbteil dulden; diesen kann der Gläubiger pfänden und verwerten lassen (§ 859 Abs. 2 ZPO). Gustav kann also schon vor der Nachlaßteilung Brunhilde mit der Gesamtschuldklage auf Zahlung von 15.000 DM in Anspruch nehmen, aber nur in ihren Miterbenanteil und nicht in ihr sonstiges Eigenvermögen vollstrecken. Selbst wenn Brunhilde allgemein oder nur gegenüber Gustav ihr Haftungsbeschränkungsrecht verloren hätte, könnte der Gläubiger nicht uneingeschränkt in ihr Eigenvermögen vollstrecken; Brunhilde müßte aber nach § 2059 Abs. 1 S. 1 in Höhe des Bruchteils der Gesamtschuld eine Vollstreckung in ihr Eigenvermögen dulden, der ihrem Miterbenanteil entspricht.

b) Nach der Nachlaßteilung

457. Wie wirkt sich die Nachlaßteilung auf die Haftung der Miterben für

a) Nach der Teilung entfällt eine Haftung mit dem ungeteilten Nachlaß (§ 2059 Abs. 2; § 747 ZPO) sowie mit dem Miter-

Nachlaßverbindlichkeiten aus?

benanteil des einzelnen Miterben (§ 2059 Abs. 1 S. 1). Diese beiden Haftungsgegenstände sind mit der Teilung weggefallen.

b) Die gesamtschuldnerische Haftung der Miterben für gemeinschaftliche Nachlaßschulden bleibt bestehen (§ 2058). In den Fällen der §§ 2060, 2061 ist sie aber auf den Bruchteil der Schuld begrenzt, der dem Anteil des Miterben am Nachlaß entspricht.

c) Während nach der Teilung des Nachlasses noch das Nachlaßkonkursverfahren eröffnet werden kann (§ 216 Abs. 2 KO), sind Nachlaßverwaltung und Nachlaßvergleich nunmehr ausgeschlossen (§ 2062 2. Halbs.; § 113 Abs. 1 Nr. 3 VerglO).

5. Die Haftung der Vor- und Nacherben

a) Vor dem Nacherbfall

458. Wie haften die Vor- und Nacherben vor dem Nacherbfall?

a) Der *Vorerbe* haftet mangels besonderer Vorschriften so, wie wenn er nicht durch das Nacherbrecht belastet wäre.

b) Der *Nacherbe* haftet den Nachlaßgläubigern nicht, denn sein Erbrecht ist aufschiebend bedingt; die Bedingung ist noch nicht eingetreten und ihr späterer Eintritt wirkt nicht zurück (§ 158 Abs. 1).

b) Nach dem Nacherbfall

459. Der Vorerbe Valentin hat den Dachdecker Gerhard mit der dringenden Reparatur des Dachs eines zum Nachlaß gehörenden Hauses beauftragt. Hierdurch

a) Es besteht eine Zahlungsverpflichtung des Nathan; denn der Nacherbe haftet als Erbe des Erblassers vom Nacherbfall an für ungetilgte Nachlaßschulden ebenso wie Erben, denen die Erbschaft mit dem Erbfall angefallen ist (§ 2144 Abs. 1). Das

sind Kosten in Höhe von 7.400 DM entstanden.
Nach Eintritt des Nacherbfalls verlangt Gerhard Zahlung von dem Nacherben Nathan.
a) Ist Nathan zur Zahlung verpflichtet?
b) Kann er seine Haftung auf den Nachlaß beschränken?

gilt auch, wie im vorliegenden Fall, für die Geschäfte des Vorerben zur ordnungsgemäßen Verwaltung, die eine Nachlaßschuld begründen (BGHZ 32, 60, 64; 110, 176, 179).
Haftungsgrundlage ist alles, was der Nacherbe aus der Erbschaft erlangt hat. Hierzu gehören auch die durch Surrogation (§ 2111) dem Nacherben gegen den Vorerben zustehenden Ersatzansprüche (§ 2144 Abs. 1 2. Halbs.).
b) Nathan kann seine Haftung für die Forderung des Gerhard und auch andere Nachlaßverbindlichkeiten nach den allgemeinen Vorschriften beschränken (§ 2144 Abs. 1 1. Halbs.).
Ein vom Vorerben durchgeführtes Aufgebotsverfahren und die Inventarerrichtung kommen auch dem Nacherben zugute (§§ 998, 997 Abs. 1 S. 1 ZPO; § 2144 Abs. 2).

460. Durch Inventaruntreue hat der Vorerbe Vinzenz das Recht verloren, die Erbenhaftung auf den Nachlaß zu beschränken.
Würde nunmehr nach dem Nacherbfall auch der Nacherbe Nepomuk unbeschränkbar haften?

Hat der Vorerbe sein Recht zur Haftungsbeschränkung, z. B. durch Inventarvergehen, verloren, so wird hierdurch der Nacherbe nicht belastet. Der Nacherbe ist nicht Rechtsnachfolger des Vorerben, sondern er setzt die Rechtsstellung des Erblassers fort. Nepomuk hat somit noch Gelegenheit, seine Haftung auf den Nachlaß zu beschränken.

461. Erich hat Volker zum Vorerben und Norbert zum Nacherben eingesetzt. Volker hatte das Recht zur Beschränkung der Erbenhaftung nicht verloren. Nach Eintritt des Nacherbfalls hat Norbert seine Haftung

Nach Eintritt des Nacherbfalls haftet der Vorerbe für reine *Eigenschulden* und *Nachlaß-Eigenschulden* weiter, die er in ordnungsgemäßer Verwaltung des Nachlasses begründet hat.
Bei den Ansprüchen von Gabriele handelt es sich aber um eine reine *Nachlaßschuld.* Auch für derartige Schulden muß der Vor-

wirksam auf den Nachlaß beschränkt, der einen Wert von 3.000 DM hat. Nunmehr meldet sich bei Norbert die Gläubigerin Gabriele mit einer Nachlaßforderung von 4.000 DM, die Norbert in Höhe von 3.000 DM tilgt. Wegen des Restbetrags von 1.000 DM wendet sie sich an Volker. Dieser lehnt eine Zahlung mit der Begründung ab, mit dem Eintritt des Nacherbfalls habe er seine Erbenstellung verloren, schon deshalb käme eine Erbenhaftung nicht mehr in Betracht; außerdem habe er – was zutrifft – aus der Vorerbschaft keinerlei Vorteile mehr.

Muß Volker trotzdem zahlen?

erbe nach Eintritt des Nacherbfalls uneingeschränkt einstehen, wenn zur Zeit der Vorerbschaft seine Haftung unbeschränkt geworden war. Das trifft hier nicht zu, weil Volker das Recht zur beschränkten Erbenhaftung nicht verloren hatte. Aus der Haftung für reine Nachlaßschulden, für die der Vorerbe beschränkbar oder sogar beschränkt haftet, scheidet er in der Regel mit dem Eintritt des Nacherbfalls aus.

Ausnahmsweise wirkt die Haftung nach § 2145 Abs. 1 S. 1 fort, wenn der Nacherbe für eine reine Nachlaßschuld nicht haftet. Das trifft hier hinsichtlich des Restbetrags von 1.000 DM zu, weil Norbert seine Haftung auf den Nachlaß beschränkt hat. Selbst in diesem Ausnahmefall einer Haftungsfortdauer für reine Nachlaßschulden kann der Vorerbe nach § 2145 Abs. 2 durch dauernde Einrede die Berichtigung der Nachlaßschuld insoweit verweigern, als dasjenige nicht ausreicht, was ihm aus der Erbschaft gebührt. Da dem Vorerben in der Regel nur die Früchte gebühren, haftet er praktisch nur mit den gezogenen und noch vorhanden Früchten oder mit ihrem Gegenwert. Volker sind aber keinerlei Vorteile aus der Erbschaft verblieben. Deshalb kann er eine Berichtigung der Restforderung in Höhe von 1.000 DM nach § 2145 Abs. 2 verweigern.

XII. Der Erbschafts- und Erbteilskauf

462. Fritz Silber ist Alleinerbe seines Vaters. Er verkauft die Erbschaft in einem notariell beurkundeten Vertrag an Paul Gold.
Wie ist dieser Vertrag zu erfüllen?

Der Erbschaftskauf ist als Kaufvertrag über die ganze Erbschaft (§ 2371) lediglich ein schuldrechtliches Rechtsgeschäft, das den Alleinerben zur Einzelübertragung aller Erbschaftsgegenstände verpflichtet. Er verschafft also dem Käufer noch kein Eigentum an den Nachlaßsachen und keine Gläubigerstellung an den Nachlaßforderungen. Der Kaufvertrag ist durch Einzelübertragung jedes einzelnen Nachlaßgegenstands in der für ihn geltenden Form zu erfüllen: Grundstücke sind nach §§ 873, 925, bewegliche Sachen nach §§ 929ff., Forderungen nach § 398, sonstige Rechte nach § 413 zu übertragen.

463. Fritz Silber ist nur Miterbe neben seinem Bruder Franz. Er möchte den Miterbenanteil an Gold verkaufen.
a) Ist das möglich?
b) Wie wäre ein solcher Vertrag zu erfüllen?

a) Auch der Verkauf eines Miterbenanteils ist rechtlich möglich (§§ 1922 Abs. 2, 2371). Der Erbteilskauf bedarf ebenso wie der Erbschaftskauf der notariellen Beurkundung.
b) Der Erbteilskauf wird durch Übertragung des Erbteils, die ebenfalls der notariellen Beurkundung bedarf (§ 2033 Abs. 1 S. 2), erfüllt (siehe dazu Fälle 199 bis 301).

464. Ernst Egner hat seinen Sohn Volker zum Vorerben und seinen Enkel Norbert zum Nacherben eingesetzt. Nach dem Erbfall, aber vor Eintritt des Nacherbfalls möchte Norbert sein Anwartschaftsrecht veräußern.

Das Gesetz spricht in § 2108 Abs. 2 nur von der Vererblichkeit und nicht von der Übertragbarkeit des Anwartschaftsrechts des Nacherben. Die h.M. läßt aber mit Recht eine Verfügung, vor allem eine Übertragung des Nacherbenrechts und des Mitnacherbenrechts zu (RGZ 101, 185). Die Vorschriften über den Erbschaftskauf

Ist das möglich?

(vor allem § 2371) sind entsprechend anzuwenden.

465. Wie wird das Nacherbenrecht und das Mitnacherbenrecht übertragen?

Für die Übertragung des Mitnacherbenrechts und auch des Nacherbenrechts ist § 2033 Abs. 1 entsprechend anzuwenden (RGZ 170, 163, 169). Der alleinige Nacherbe kann nicht, wie der alleinige Voll- oder Vorerbe die einzelnen Nachlaßgegenstände übertragen. Die Verfügung über das Nacherbenrecht bedarf der notariellen Beurkundung.

466. Ist Fritz Silber, der die Erbschaft an Paul Gold formgerecht verkauft hat, verpflichtet, dem Käufer ein Gemälde herauszugeben, das er sich ohne Wissen des Käufers von dem im Nachlaß befindlichen Geld angeschafft hat und zwar
a) nach Abschluß des Kaufvertrags,
b) vor Abschluß des Kaufvertrag?

a) Fritz Silber war als Verkäufer verpflichtet, sämtliche zur Erbschaft gehörenden Gegenstände, also auch das im Nachlaß befindliche Bargeld, auf den Käufer zu übertragen. Diese Verpflichtung ist ihm hinsichtlich des Bargelds teilweise unmöglich geworden. Er ist nach § 281 Abs. 1 verpflichtet, den durch Rechtsgeschäft erzielten Gegenwert für das Geld, das Gemälde, dem Erbschaftskäufer Paul Gold herauszugeben.
b) Der Umfang der verkauften Erbschaft richtet sich im Zweifel nach dem Zeitpunkt des Erbfalls. Hat der Verkäufer vor dem Kauf einen Erbschaftsgegenstand verbraucht, so ist er dem Käufer gegenüber verpflichtet, den Wert des verbrauchten Gegenstands zu ersetzen (§ 2375 Abs. 1). Das bedeutet hier, Fritz Silber hat dem Käufer Paul Gold einen Geldbetrag in Höhe der verbrauchten Geldsumme, nicht aber das Geld selbst herauszugeben. Die Voraussetzungen, unter denen nach § 2374 auch Surrogate für Erbschaftsgegenstände herauszugeben sind, die beim Kauf nicht mehr vorhanden waren, liegen hier nicht vor.

467. Fritz Silber hat an Paul Gold seine Erbschaft verkauft. Hierzu gehört auch ein Gemälde, das beide Parteien für echt gehalten haben, das sich aber nachträglich als Kopie erweist. Kann der Käufer Paul Gold deswegen den Kaufpreis für die Erbschaft mindern?

Nach § 2376 Abs. 2 haftet der Verkäufer für Mängel, die schon bei Vertragsschluß vorhanden waren, nicht; etwas anderes gilt nur, wenn der Verkäufer den Mangel arglistig verschwiegen hat (Schlüter, § 57 III 1 a).

Paul Gold kann daher den Kaufpreis nicht mindern.

468. Wer haftet nach dem Abschluß eines Kaufvertrags über eine Erbschaft für die Nachlaßverbindlichkeiten?

Durch die Veräußerung der Erbschaft wird der Erbe nicht von seiner Haftung nach § 1967 befreit. Daneben haftet der Käufer nach § 2382 neben dem Erben kraft Gesetzes für alle Nachlaßschulden. Diese Haftung kann den Gläubigern gegenüber nicht durch eine Vereinbarung zwischen dem Käufer und Verkäufer ausgeschlossen oder beschränkt werden (§ 2382 Abs. 2).

XIII. Die Rechtsgeschäfte unter Lebenden auf den Todesfall

469. Wie unterscheiden sich a) Rechtsgeschäfte unter Lebenden, b) Rechtsgeschäfte auf den Todesfall (= Verfügungen von Todes wegen), c) Rechtsgeschäfte unter Lebenden auf den Todesfall?

a) (Reine) *Rechtsgeschäfte unter Lebenden* begründen zu Lebzeiten der Beteiligten Rechte und Pflichten und sind in ihrer Wirksamkeit unabhängig vom Tod des einen oder dem Überleben des anderen Teils.
b) *Rechtsgeschäfte auf den Todesfall* (Verfügungen von Todes wegen: Testament, Erbvertrag) begründen für den Bedachten erst mit dem Erbfall Rechte und Pflichten. Selbst der bindende Erbvertrag (§ 2289) und das wechselbezügliche Testament (§ 2271) hindern den Erblasser nicht daran, zu Lebzeiten über sein Vermögen durch Rechtsgeschäfte unter Lebenden zu verfügen (§ 2286) und damit die Erbaussicht des Bedachten zu schmälern.
c) *Rechtsgeschäfte unter Lebenden auf den Todesfall* begründen – ebenso wie die Rechtsgeschäfte unter Lebenden – zu Lebzeiten der Beteiligten Rechte und Pflichten, sie sind aber dadurch bedingt, daß der Berechtigte den Verpflichteten überlebt und entfalten daher ihre volle Wirksamkeit erst mit dem Tod des Verpflichteten. Der Form nach sind sie Rechtsgeschäfte unter Lebenden, der Wirkung nach stehen sie den Rechtsgeschäften auf den Todesfall nahe.

470. Wie sind die Rechtsgeschäfte unter Lebenden auf den Todesfall gesetzlich geregelt?

Das BGB behandelt das Rechtsgeschäft unter Lebenden auf den Todesfall nicht als eigenständiges Rechtsinstitut, obwohl sich aus ihm die Verfügungen von Todes wegen rechtsgeschichtlich entwickelt haben.

Von dem großen Kreis möglicher Rechtsgeschäfte unter Lebenden auf den Todesfall regelt das BGB in § 2301 nur die Schenkung auf den Todesfall. Mit ihr werden wirtschaftlich weitgehend dieselben Zwecke wie mit einer Verfügung von Todes wegen verfolgt. Würde man sie uneingeschränkt den Regeln der Schenkung unter Lebenden unterwerfen, so könnte sich der Zuwendende den strengen erbrechtlichen Formvorschriften entziehen; gleichzeitig würden die Interessen der vertragsmäßig bedachten Erben und Vermächtnisnehmer, der Pflichtteilsberechtigten sowie der Nachlaßgläubiger beeinträchtigt.

§ 2301 differenziert wie folgt: Ist die Schenkung auf den Todesfall zu Lebzeiten des Schenkers noch nicht vollzogen, so wird sie den Regeln über die Verfügungen von Todes wegen unterworfen (§ 2301 Abs. 1); ist die Schenkung hingegen vollzogen, so wird sie wie eine Schenkung unter Lebenden behandelt (§ 2301 Abs. 2), es gelten also die §§ 516ff.

Durch die Auslegungsregel des § 331 Abs. 1 wird ferner klargestellt, daß bei einem Vertrag zugunsten Dritter auf den Todesfall, dessen Zulässigkeit der Gesetzgeber hier voraussetzt, der begünstigte Dritte das Recht auf die Leistung im Zweifel erst mit dem Tod des Versprechensempfängers erwirbt.

Diese recht sporadische Regelung der Rechtsgeschäfte unter Lebenden auf den Todesfall hat zu zahlreichen Streitfragen geführt. Besonders umstritten ist das Verhältnis des § 331 zu § 2301.

471. Der 80jährige Eduard Erdmann verkauft an den

Die Erben sind nach §§ 1967 Abs. 1, 2058, 433 Abs. 1 verpflichtet, den Schrank Kunz

Antiquitätensammler Kunz seinen Barockschrank zum Preis von 12.000 DM. Da sich Erdmann von dem Kunstgegenstand schwer trennen kann, wird vereinbart, daß der Schrank erst nach dem Tod von Erdmann abgeholt und der Kaufpreis bis dahin gestundet werden soll. Nach dem Tod von Erdmann weigern sich seine Erben, den Schrank an Kunz zu übergeben.
Mit Recht?

zu übergeben und ihm hieran Eigentum zu verschaffen. Der Kaufvertrag ist formlos gültig. § 2301 ist schon deshalb nicht anzuwenden, weil Eduard Erdmann kein Schenkungsversprechen erteilt hat. Für entgeltliche Rechtsgeschäfte gelten nur die Vorschriften über Rechtsgeschäfte unter Lebenden. Nach den Vereinbarungen der Parteien waren sowohl die Leistungen des Verkäufers als auch die des Käufers bis zum Tod von Eduard Erdmann gestundet. Beide Leistungen sind nunmehr fällig.

472. a) Die unverheiratete Agathe Ebner hat von ihrer Mutter wertvollen Familienschmuck geerbt. Bei einem Besuch bei ihrer Nichte Nora erklärt sie, der Schmuck solle in jedem Fall in der Familie bleiben. Da Nora zwei Töchter habe, solle sie mit dem Tod von Agathe den Schmuck erhalten. Zu ihrem Alleinerben setzt Agathe die Stadt Berlin ein.
Nach Agathes Tod beansprucht die Stadt Berlin den Schmuck für sich.
Mit Recht?
b) Wie wäre es, wenn Agathe Ebner ihr Versprechen hätte notariell beurkunden lassen?

a) Nora hat gegen die Stadt Berlin keinen Herausgabeanspruch aus § 985, weil sie noch kein Eigentum an dem Schmuck erworben hatte. Die Erklärungen von Agathe gegenüber Nora lassen sich nicht so deuten, daß Agathe das Eigentum an dem Schmuck bereits auf Nora übertragen wollte.
Auch ein Anspruch auf Übereignung aus einem Schenkungsvertrag scheidet aus, weil ein Schenkungsversprechen nach § 518 Abs. 1 hätte beurkundet werden müssen. Der nach § 125 formnichtige Schenkungsvertrag ist auch nicht nach § 518 Abs. 2 geheilt worden, weil die versprochene Leistung (Übereignung des Schmucks) nicht bewirkt worden ist.
b) In diesem Fall liegt ein formgültiger Schenkungsvertrag (§§ 516, 518 Abs. 1) vor, für dessen Erfüllung die Stadt Berlin als Rechtsnachfolgerin von Agathe einzustehen hat (§ 1967). Es handelt sich hier nicht um eine Schenkung auf den Todesfall

i.S. von § 2301 Abs. 1, auf welche die Vorschriften über Verfügungen von Todes wegen anzuwenden wären. Maßgebend sind hier ausschließlich die Vorschriften über Rechtsgeschäfte unter Lebenden, also die §§ 516ff. § 2301 Abs. 1 bezieht sich nur auf Schenkungsversprechen, die *unter der Bedingung erteilt werden, daß der Beschenkte den Schenker überlebt.*

Der Schenkungsvertrag muß also unter der *aufschiebenden* Bedingung vorgenommen sein, daß der Beschenkte den Schenker überlebt, oder der *auflösenden* Bedingung, daß der Beschenkte vor dem Schenker stirbt. Agathe wollte die Schenkung erkennbar nicht davon abhängig machen, daß ihre Nichte Nora sie auch überlebte. Ihr war nur daran gelegen, daß der Schmuck in der Familie blieb. Dieses Ziel ließ sich auch erreichen, wenn Nora vor ihr versterben und von ihren Töchtern oder anderen nahen Verwandten beerbt würde. Die Vereinbarung zwischen Agathe und Nora ist deshalb nicht als bedingte, sondern als *betagte Schenkung* aufzufassen: Die Erfüllung des (unbedingten) Schenkungsvertrags war bis zum Tod der Schenkerin befristet. Auf betagte Schenkungen ist § 2301 Abs. 1 nicht anwendbar. Mit dem Tod von Agathe ist die geschuldete Leistung fällig geworden, so daß Nora von der Stadt Berlin als Erbin Übereignung des Schmucks verlangen kann.

473. a) Karl Erichson ist Eigentümer einer wertvollen Schallplattensammlung. Als er schwer erkrankt ist, erklärt er seiner unverheirateten Nichte Monika, einer

a) Hier handelt es sich – anders im Fall 472 – nicht um eine betagte Schenkung, sondern um eine Schenkung auf den Todesfall i.S. von § 2301 Abs. 1. Der Schenker Karl Erichson wollte Monika die Schallplattensammlung nur zuwenden, wenn sie ihn

Musikstudentin: „Da ich bald sterben muß, schenke ich Dir die Schallplattensammlung; denn Du verstehst als einzige etwas von Musik. Wenn ich tot bin, kannst Du die Schallplatten an Dich nehmen."
Nach dem Tod von Karl Erichson ist sein zum Alleinerben eingesetzter Sohn Siegfried nicht bereit, Monika die Schallplatten auszuhändigen.
Mit Recht?
b) Wie wäre es, wenn Karl Erichson seiner Nichte Monika in einer notariell beurkundeten Erklärung die Schallplattensammlung versprochen hätte, falls sie ihn überlebt?

auch überlebte. Ihm ging es erkennbar darum, der musikliebenden Monika die Schallplattensammlung höchstpersönlich zuzuwenden. Keinesfalls entsprach es seinen Vorstellungen, daß im Falle des Vorversterbens von Monika deren (vielleicht unmusikalische) Erben zu Lasten seiner Erben einen Anspruch auf die Schallplattensammlung erhalten sollten. Liegt demnach eine Schenkung auf den Todesfall i. S. von § 2301 Abs. 1 vor, so unterliegt sie den Vorschriften über die Verfügungen von Todes wegen und ist deshalb nur wirksam, wenn sie deren Formerfordernissen genügt. Das trifft aber für die mündlichen Erklärungen von Karl Erichson nicht zu. Monika hat daher gegen den Alleinerben Siegfried keinen Anspruch auf Übereignung der Schallplatten.
b) Hier liegt ebenfalls ein Schenkungsversprechen auf den Todesfall vor, das nach § 2301 Abs. 1 den Vorschriften über Verfügungen von Todes wegen, und nicht den §§ 516ff., unterstellt ist. Bezieht sich ein solches Schenkungsversprechen – wie im vorliegenden Fall – nur auf einzelne Gegenstände und nicht auf das gesamte Vermögen, so ist es als Vermächtnis (§§ 1939, 2147) zu behandeln (Schlüter, § 59 II 3a). Monika kann aber von dem Alleinerben Siegfried nach § 2174 nur dann Übereignung der Schallplattensammlung verlangen, wenn das Schenkungsversprechen in der Form einer Verfügung von Todes wegen abgegeben ist. In Rechtsprechung und Schrifttum ist es umstritten, ob ein Schenkungsversprechen auf den Todesfall zu seiner Gültigkeit der Form des Erbvertrags bedarf (so Schlüter, § 59 II 2; Kipp/Coing, § 81 III 2; Staudinger/Kanzleiter

§ 2301 Rdnr. 4; OLG Karlsruhe, JFG 9, 89) oder ob auch die Testamentsform genügt (so Brox, Rdnr. 726; Lange/Kuchinke, § 31 II 1 a).

Für die erste, wohl h.M. spricht die Entstehungsgeschichte des § 2301 (s. Prot. V, 461), seine systematische Stellung im Abschnitt „Erbvertrag“ (§§ 2274–2302) sowie der Umstand, daß auch die nach § 2301 Abs. 1 in eine Verfügung von Todes wegen umzudeutende Schenkung auf den Todesfall selbst einen Vertrag darstellt. Nach der h.M. würde das einseitige Schenkungsversprechen von Karl Erichson nichtig sein, weil es nicht der Erbvertragsform des § 2276 genügt. Die h.M. läßt aber eine Umdeutung (§ 140) des formnichtigen Erbvertrags in ein privatschriftliches (§ 2247) oder öffentliches Testament (§ 2232) zu (Palandt/Edenhofer, § 2301 Anm. 2a; Schlüter, § 59 II 2). Über die Umdeutung gelangt sie in aller Regel zu denselben Ergebnissen wie die Gegenmeinung, die generell die Wahrung der Testamentsform für ausreichend erachtet.

Da das notariell beurkundete einseitige Schenkungsversprechen von Karl Erichson der Form des § 2232 entspricht, ist es sowohl nach der h.M. (über § 140) als auch der Gegenmeinung wirksam. Monika kann daher von dem Alleinerben Siegfried nach § 2174 Übereignung der Schallplatten verlangen.

474. Im Fall 473 hat der Schwerkranke Karl Erichson gegenüber seiner Nichte Monika mündlich erklärt: „Nimm die Schallplatten mit in Deine Wohnung.

Ein Anspruch des Alleinerben Siegfried nach § 985 scheidet aus, weil Monika Eigentümerin der Schallplatten geworden ist. Karl Erichson hatte Monika die Schallplatten unter der aufschiebenden Bedingung übereignet, daß sie ihn überlebte (§§ 929,

Wenn ich tot bin, kannst Du sie behalten, weil Du als einzige etwas von Musik verstehst." Nach dem Tod von Karl Erichson verlangt der Alleinerbe Siegfried von Monika die Schallplatten heraus.
Mit Recht?

158 Abs. 1). Die Bedingung ist mit seinem Tod eingetreten.
Siegfried kann von Monika auch nicht Rückübereignung der Schallplatten nach § 812 Abs. 1 verlangen, weil die Leistung von Karl Erichson (Übereignung der Schallplatten) mit rechtlichem Grund erfolgt ist. Der mündliche Schenkungsvertrag zwischen Karl Erichson und Monika erfolgte ebenso wie die Übereignung unter der aufschiebenden Bedingung, daß Monika ihren Onkel überlebte. Es handelte sich daher um eine Schenkung auf den Todesfall. Ist eine solche Schenkung bereits durch Leistung des zugewendeten Gegenstands vollzogen so sind nicht die Vorschriften über Verfügungen von Todes wegen, sondern die Vorschriften über Schenkungen unter Lebenden, also die §§ 516ff., anzuwenden (§ 2301 Abs. 2). Es ist allgemein anerkannt, daß ein Vollzug i.S. von § 2301 Abs. 2 zu bejahen ist, wenn der Schenker den Gegenstand unter der aufschiebenden oder auflösenden Bedingung des Überlebens des Beschenkten auf diesen übertragen hat (Palandt/Edenhofer, § 2301 Rdnr. 8, 16 m.w.N.). Sind somit die §§ 516, 518 anzuwenden, so ist das formnichtige Schenkungsversprechen nach § 518 Abs. 2 durch Bewirkung der versprochenen Leistung (Übereignung der Schallplatten) geheilt. Damit besteht für die Leistung ein rechtlicher Grund.
Siegfried kann daher von Monika die Schallplattensammlung weder nach § 985 noch nach § 812 Abs. 1 herausverlangen.

475. a) Der Fabrikant Ernst Reich hat seinem Bruder Bernd ein wertvolles Ge-

a) Ein Herausgabeanspruch nach § 985 steht Friederike deshalb nicht zu, weil Bernd nach § 929 Eigentum an dem Bild

mälde aus dem Familienbesitz geliehen. Er hat ihm gegenüber mehrfach erklärt, er solle das Gemälde als Andenken an ihn geschenkt erhalten, falls er ihn überlebe. Vor einer Auslandsreise teilt Ernst seinem Bruder Bernd in einem Brief, den er seiner Sekretärin diktiert hat, mit, er möge das Bild als sein Eigentum betrachten. Bevor dieser Brief bei Bernd eintrifft, verunglückt Ernst tödlich. Seine Witwe Friederike verlangt von Bernd das Bild heraus.
Mit Recht?
b) Wie wäre es, wenn Ernst Reich seine Sekretärin beauftragt hätte, den Brief erst nach seinem Tode abzuschicken?

erworben hat. Eine Übergabe war nach § 929 S. 2 entbehrlich, weil Bernd bereits Besitzer des Bildes war. Die Einigung über den Eigentumsübergang ist trotz des Todes von Ernst wirksam zustande gekommen. Nach § 130 Abs. 2 ist es auf die Wirksamkeit des Übereignungsangebots ohne Einfluß, daß Ernst nach Abgabe seiner Willenserklärung gestorben ist. Bernd konnte dieses Angebot auch nach dem Tod seines Bruders noch annehmen (§ 153). Einer Erklärung dieser Annahme gegenüber der Erbin Friederike bedurfte es nicht (§ 151).

Friederike könnte allerdings von Bernd nach § 812 Abs. 1 Rückübereignung des Bilds verlangen, wenn dieser das Eigentum ohne rechtlichen Grund erworben hätte. Das wäre der Fall, wenn die der Übereignung zugrundeliegende Schenkung nicht wirksam wäre. Die Beantwortung dieser Frage hängt davon ab, ob das Schenkungsversprechen auf den Todesfall, das Ernst gegenüber Bernd abgegeben hatte, i. S. von § 2301 Abs. 2 bereits vollzogen war, so daß hierauf die Vorschriften über Schenkungen unter Lebenden und damit auch die Heilungsvorschrift des § 518 Abs. 2 anzuwenden sind.

Wann ein Vollzug i. S. von § 2301 Abs. 2 anzunehmen ist, wird im Schrifttum unterschiedlich beantwortet. Einigkeit besteht heute darin, daß eine Schenkung nicht nur dann vollzogen ist, wenn der Schenkungsgegenstand schon zu Lebzeiten des Schenkers voll wirksam auf den Beschenkten übergegangen ist. Auch wenn das Leistungsvollzugs-(Verfügungs-)geschäft unter der Bedingung des Überlebens des Beschenkten vorgenommen ist, liegt bereits ein Vollzug vor (dazu Fall 474). Hat der Schenker unter dieser aufschiebenden Bedingung über den Schenkungsgegenstand verfügt, so sichern die §§ 161, 162 dem Beschenkten den Erwerb des Schenkungsgegenstands (Kipp/Coing, § 81 III 1c m.w.N.).

Umstritten ist aber, ob auch dann Vollzug zu bejahen ist, wenn – wie im vorliegenden Fall – die Tatbestandsvoraussetzungen des Leistungsvollzugsgeschäfts im Zeitpunkt des Todes noch nicht (vollständig) vorliegen, der Schenker aber bereits zu Lebzeiten Maßnahmen getroffen hat, um einen Erwerb durch den Beschenkten zu ermöglichen.

Coing geht grundsätzlich davon aus, daß eine Schenkung nicht vollzogen ist, solange der Tatbestand des Leistungsvollzugsgeschäfts noch nicht vollendet ist; denn der Grund für die bevorzugte Behandlung der vollzogenen Schenkung bestehe darin, daß der Schenker schon zu Lebzeiten selbst ein Opfer gebracht habe (Kipp/Coing, § 81 III 1c). Coing würde also im vorliegenden Fall einen Vollzug und damit eine Heilung der formnichtigen Schenkung nach § 518 Abs. 2 ablehnen.

Die wohl h.M. befürwortet mit Recht eine extensivere Interpretation des § 2301 Abs. 2. Auch sie geht im Einklang mit den Vorstellungen des Gesetzgebers (s. Mot. V, 252) davon aus, daß der Schenker bereits zu Lebzeiten sein Vermögen „sofort und unmittelbar" gemindert, also ein Vermögensopfer gebracht haben muß. Die Ansichten darüber, wann ein solches Vermögensopfer vorliegt, gehen aber auseinander. Die einen stellen darauf ab, ob das Vermögen des Schenkers bereits gemindert ist (so Brox, Rdnr. 712 m.w.N.). Die anderen betrachten die Rechtsstellung des Beschenkten und fragen, ob dieser bereits ein „Anwartschaftsrecht" erlangt hat (so OLG Hamburg, NJW 1961, 76 m.w.N.). Noch weiter geht eine dritte Meinung. Sie bejaht einen Vollzug dann, wenn der Schenker zu Lebzeiten alles getan hat, was er zum Übergang des Schenkungsgegenstands auf den Schenker tun konnte, so daß der endgültige Rechtserwerb nur noch vom Verhalten des Beschenkten oder dritter Personen oder von Ereignissen abhängt, die nicht in Handlungen der Beteiligten bestehen (BGH NJW 1970, 1638 m.w.N.).

Trotz der unterschiedlichen Kriterien gelangen die Vertreter der h.M. meistens zu denselben Ergebnissen. Legt man hier die zuletztgenannte weitestgehende Ansicht zugrunde, so ist ein Schenkungsvollzug zu bejahen, weil Ernst Reich alles in seiner Macht Stehende unternommen hatte, um seinem Bruder Bernd das Eigentum an dem Bild zu verschaffen. Diejenigen, die auf seiten des Beschenkten das Entstehen eines Anwartschaftsrechts verlangen, würden hier einen Vollzug annehmen, weil Bernd bereits zu Lebzeiten seines Bruders – ungeachtet des theoretisch möglichen Widerrufs nach § 130 Abs. 1 S. 2 – eine gesicherte Rechtsposition erlangt hatte. Brox, der auf seiten des Schenkers eine bereits eingetretene Vermögensminderung fordert, bejaht für vergleichbare Fälle einen Vollzug (Brox, Rdnr. 715). Da hier also ein Leistungsvollzug i.S. von § 2301 Abs. 2 anzunehmen ist, sind die §§ 516ff. anzuwenden. Das zunächst formnichtige Schenkungsversprechen des Ernst Reich ist durch Übereignung des Bilds nach § 518 Abs. 2 geheilt worden. Hiermit scheidet ein Anspruch der Alleinerbin Friederike Reich gegen ihren Schwager Bernd nach § 812 Abs. 1 aus.

b) Hat der Schenker dagegen den Zugang seines Übereignungsangebots bewußt hinausgezögert, damit sich das Leistungsvollzugsgeschäft erst nach seinem Tod vollenden kann, so liegt nach allen unter a) dargestellten Meinungen noch kein Vollzug i.S. von § 2301 Abs. 2 vor (dazu Brox, Rdnr. 719, 722; Schlüter, § 59 III 2b). Das von Ernst Reich abgegebene Schenkungsversprechen auf den Todesfall müßte dann nach § 2301 Abs. 1, um wirksam zu sein, den Formvorschriften der Verfügungen von Todes wegen entsprechen, was hier nicht zutrifft. Friederike kann hier also von Bernd nach § 812 Abs. 1 Rückübereignung des Bilds verlangen.

476. a) Karl Erdmann hatte seiner Nichte Dora versprochen, daß sie nach seinem Tod seine Wertpapiere erhalten sollte. Als er schwer erkrankt, bittet er seinen Freund Friedrich, nach seinem Tod die Wertpapiere Dora zu übereignen und erteilt ihm hierfür eine unwiderrufliche Vollmacht. Gleichzeitig händigt er ihm die Wertpapiere aus. Nachdem Karl Erdmann verstorben ist, begibt sich Friedrich zu Dora, berichtet ihr von dem Gespräch mit dem Erblasser und händigt ihr die

a) Ein Herausgabeanspruch gegen Dora aus § 985 scheidet aus, weil sie nach §§ 929, 164 Abs. 1 Eigentum an den Wertpapieren erworben hat. Die zur Übereignung nach § 929 S. 1 notwendige Einigungserklärung hat Friedrich mit Wirkung für den Alleinerben Siegfried abgegeben (§ 164 Abs. 1). Siegfried war von Karl Erdmann nach § 167 Abs. 1 wirksam zur Abgabe dieser Einigungserklärung bevollmächtigt. Eine Vollmacht erlischt nicht mit dem Tod des Vollmachtgebers (KG JFG 12, 278), sofern sich nicht aus dem Innenverhältnis (hier Auftrag, § 662) etwas anderes ergibt. Hier waren Auftrag und Vollmacht gerade für den Fall des Todes von Karl Erdmann erteilt worden *(postmortale Vollmacht)*. Diese Vollmacht

Wertpapiere aus. Der Alleinerbe Siegfried Erdmann verlangt später die Wertpapiere von Dora heraus.
Mit Recht?
b) Ändert sich die Rechtslage, wenn Siegfried gegenüber Friedrich die Vollmacht widerrufen hat, bevor dieser Dora die Wertpapiere ausgehändigt hat?

bestand daher nach §§ 672, 168 S. 1 fort. Dora hat die Einigungserklärung angenommen. Auch eine Übergabe i. S. von § 929 S. 1 liegt vor. Es ist anerkannt, daß eine Übergabe durch den Eigentümer an den Erwerber i. S. von § 929 S. 1 auch dann gegeben ist, wenn, wie hier, Friedrich als Besitzmittler (§ 868) die Sache auf Veranlassung des Eigentümers dem Erwerber aushändigt (Baur/Stürner Sachenrecht 16. Aufl. 1992, § 51 III 1, 2). Da Siegfried als Erbe in die Rechts- und Pflichtenlage des Erblassers eingetreten ist (§§ 1922, 1967), wirkte diese Anweisung des Erblassers Karl Erdmann fort, solange sie nicht von dem Erben Siegfried widerrufen war.
Siegfried könnte allenfalls nach § 812 Abs. 1 von Dora Rückübereignung der Wertpapiere verlangen, falls die Übereignung ohne rechtlichen Grund, d. h. ohne wirksame Schenkung erfolgt war. Eine wirksame Schenkung und damit ein rechtlicher Grund läge vor, wenn durch die postmortale Übereignung der Wertpapiere das Schenkungsversprechen auf den Todesfall i. S. von § 2301 Abs. 2 vollzogen wäre; denn nur dann wäre die Heilungsvorschrift des § 518 Abs. 2 anzuwenden, deren Voraussetzungen hier gegeben sind. Anders als im Fall 475 vollendet sich hier nicht das vom Schenker eingeleitete Leistungsvollzugsgeschäft (zufällig) nach seinem Tod; im vorliegenden Fall eines mandatum post mortem wird das (gesamte) Leistungsvollzugsgeschäft erst nach dem Tod des Schenkers von einem Dritten als seinem Mittler vorgenommen.
Diejenigen Autoren, die für einen Vollzug i. S. von § 2301 Abs. 2 sogar verlangen, daß der Tatbestand des Leistungsvollzugsge-

schäfts bereits im Zeitpunkt des Todes des Schenkers vollendet sein muß, lehnen in derartigen Fällen folgerichtig einen Vollzug ab (so Kipp/Coing, § 81 III 1c).

Zu demselben Ergebnis, wenn auch mit anderer Begründung, gelangt Brox (Rdnr. 719). Er lehnt in all den Fällen einen Vollzug ab, in denen der Schenker bewußt veranlaßt hat, daß das Leistungsvollzugsgeschäft erst nach seinem Tod durch den Mittler vorgenommen wird. Nur wenn die Handlungen des Mittlers zufällig nach dem Tod des Schenkers erfolgen, soll § 2301 Abs. 2 eingreifen.

Auch der Bundesgerichtshof (BGHZ 87, 19,25; BGH NJW 1988, 2731 f.) lehnt im Ergebnis einen Vollzug i.S. von § 2301 Abs. 2 ab, weil selbst eine unwiderrufliche und unbeschränkte Verfügungsvollmacht noch keine Änderung in der rechtlichen Zuordnung des Zuwendungsgegenstands bewirke. Dieser stehe nach wie vor dem Erblasser zu und gehe mit dem Erbfall auf dessen Erben über (§ 1922 Abs. 1). Der Empfänger des Zuwendungsgegenstands könne diesen folglich nicht mehr „durch eine Leistung des Schenkers", d.h. des Erblassers erlangen, sondern allenfalls durch eine Leistung der Erben (vertreten durch den Mittler). Die von § 2301 Abs. 2 vorausgesetzte Vollziehung durch den *Schenker* liege daher nicht vor. Ein Teil des Schrifttums bejaht hingegen mit Recht in derartigen Fällen jedenfalls dann einen Vollzug i.S. von § 2301 Abs. 2, wenn der Schenker dem Mittler Auftrag von Vollmacht *unwiderruflich* erteilt hat (so Schlüter, § 59 III 2c; Otte, Erbrecht, 1974 S. 131; s. auch Kuchinke, FamRZ 1984, 109).

Wie der vorliegende Fall zeigt, ist unter diesen Voraussetzungen bereits die Übereignung des geschenkten Gegenstands bindend angebahnt worden. Der Schenker Karl Erdmann konnte die erteilte Vollmacht zur Übereignung der Wertpapiere nicht mehr – allenfalls aus wichtigem Grund – widerrufen. Außerdem hatte er den Besitz an den Wertpapieren bereits aufgegeben. Damit hatte der Schenker, wie es § 2301 Abs. 2 voraussetzt, bereits zu Lebzeiten ein „Vermögensopfer" erbracht, und zwar nach allen in diesem Zusammenhang verwendeten Kriterien (dazu Fall 475):

Stellt man auf den Schenker Karl Erdmann ab, so hat dieser durch die unwiderrufliche Übereignungsvollmacht verbunden mit der Aufgabe des Besitzes an den geschenkten Wertpapieren bereits sein Vermögen vermindert; stellt man auf die Rechtsstellung der Beschenkten ab, so hat Dora bereits eine relativ gesicherte Erwerbsaussicht erlangt, die einer „Anwartschaft" nahe kommt. Hält man es schließlich für notwendig und genügend, daß sich der Erwerb auf seiten des Beschenkten ohne weiteres Zutun des Schenkers vollziehen kann, so sind auch diese Voraussetzungen wieder erfüllt.

Nach dieser Auffassung sind also entgegen der h.M. hier nach § 2301 Abs. 2 die §§ 516ff. und damit auch § 518 Abs. 2 anzuwenden. Das zunächst formnichtige Schenkungsversprechen auf den Todesfall, das Karl Erdmann seiner Nichte Dora abgegeben hatte, ist durch die postmortale Übereignung der Wertpapiere an Dora nach § 518 Abs. 2 geheilt worden.

b) Hat der Alleinerbe Siegfried die postmortale Vollmacht zur Übereignung der Wertpapiere wirksam widerrufen, so konnte Dora an den Wertpapieren kein Eigentum erwerben und muß sie nach § 985 an Siegfried herausgeben. Nach zutreffender Meinung kann die unwiderrufliche Erteilung einer Vollmacht nur den Erteilenden selbst, nicht aber seine Erben binden (RG SeuffA 79, Nr. 221; Schlüter, § 6 IV 2g). Der Erbe Siegfried konnte daher bis zur Vornahme der Übereignung die von dem Erblasser Karl Erdmann erteilte Vollmacht wirksam widerrufen. Anders wäre es nur dann, wenn sich die Vollmacht auf ein Rechtsgeschäft bezogen hätte, dessen Erfüllung auch Siegfried nach § 1967 schuldete. Das aber war nicht der Fall, weil das Schenkungsversprechen nach §§ 518 Abs. 1, 125 formnichtig war. Siegfried kann von Dora auch nach § 812 Abs. 1 Herausgabe des Besitzes an den Wertpapieren verlangen. Da eine Übereignung der Wertpapiere nicht zustandegekommen ist, konnte das formnichtige Schenkungsversprechen auf den Todesfall nicht nach § 518 Abs. 2 geheilt werden.

477. Carola Ebner vereinbart mit der Sparkasse, daß im Zeitpunkt ihres Todes ihr Sparguthaben an ihre Enkelin Sabine ausgezahlt werden soll. Bis zu ihrem Tod behält sich Carola die Verfügung über ihre Spareinlage vor. Die Sparkasse veranlaßt im Sparbuch und in den Kontounterlagen einen entsprechenden Eintrag. Von dieser Regelung

a) Sabine hat durch *Vertrag zugunsten Dritter auf den Todesfall* (§§ 328, 607) zwischen der Sparkasse (Versprechende) und Carola Ebner (Versprechensempfängerin) einen Anspruch gegen die Sparkasse auf Auszahlung des Sparguthabens erworben. Daß ein Erblasser durch echten Vertrag zugunsten Dritter auf den Todesfall dem Begünstigten eine Zuwendung machen kann, wird in § 331 Abs. 1 vorausgesetzt. Die Auslegungsregel des § 331 Abs. 1 stellt klar, daß bei einem solchen Vertrag zugunsten Dritter auf den Todes-

erfährt Sabine erst nach dem Tod ihrer Großmutter durch die Sparkasse. Der Alleinerbe Siegfried Ebner beansprucht das Sparguthaben von 10.000 DM für sich.

a) Ist Siegfried Gläubiger der Forderung gegen die Sparkasse?

b) Welche Ansprüche hat Siegfried gegen Sabine?

fall der begünstigte Dritte das Recht auf die Leistung nicht schon beim Vertragsschluß zwischen Versprechendem und Versprechensempfänger, sondern erst mit dem Tod des Versprechensempfängers erwirbt. Bei diesem Vertrag zugunsten Dritter zwischen Versprechendem und Versprechensempfänger (sog. Deckungsverhältnis) handelt es sich um einen *Vertrag unter Lebenden*, bei dem die Parteien lediglich anstelle des Vertragspartners einen Dritten als Gläubiger der Leistung (hier Rückzahlung des Darlehens) bestimmen. Als Rechtsgeschäft unter Lebenden unterliegt dieser Vertrag nicht den Formvorschriften der Verfügungen von Todes wegen. Er ist nur formbedürftig, wenn auch das Rechtsgeschäft unter Lebenden ausnahmsweise nur unter Einhaltung einer Form vorgenommen werden kann (vgl. z.B. § 313).

Glaubigerin der Darlehensforderung gegen die Bank ist daher mit dem Tod von Carola Ebner ihre Enkelin Sabine geworden.

b) Damit ist aber noch nicht die Frage beantwortet, ob Sabine den mit dem Tod ihrer Großmutter erworbenen Anspruch gegen die Sparkasse behalten darf oder ob sie ihn nach § 812 Abs. 1 an den Erben Siegfried abtreten muß. Die Beantwortung richtet sich nicht nach dem Vertragsverhältnis (Deckungsverhältnis) zwischen Versprechendem (Sparkasse) und Versprechensempfänger (Carola Ebner), sondern nach dem Rechtsverhältnis (Valutaverhältnis) zwischen Versprechensempfänger und Drittem (Sabine). Fehlt es an einem Rechtsverhältnis, durch das die Zuwendung der Leistung an den Dritten gerechtfertigt wird, so ist der Dritte nach § 812 Abs. 1 verpflichtet, die Leistung dem Versprechensempfänger oder dessen Erben (Siegfried) herauszugeben.

Soll bei einem Vertrag zugunsten Dritter auf den Todesfall dem Dritten die Leistung – wie hier – im Valutaverhältnis *unentgeltlich* zugewendet werden, so ist es zweifelhaft, ob dieser Vertrag den Regeln über Schenkungen unter Lebenden (§§ 516ff.) oder den Bestimmungen über Verfügungen von Todes wegen unterliegt. Das hat sowohl Bedeutung für die Anwendung von Formvorschriften als auch für die materielle Wirkung solcher Zuwendungen, namentlich für die Frage, ob der zugewendete Gegenstand in den Nachlaß fällt oder nicht.

Die h.M. in Rechtsprechung und Schrifttum wendet auf das Valutaverhältnis nicht § 2301 Abs. 1, sondern die Schenkungsregeln (§§ 516ff.) an (RGZ 128, 187; BGHZ 41, 95; 46, 198; 66, 8; Brox, Rdnr. 733).

Das Zustandekommen eines Schenkungsvertrags zwischen dem Erben des Versprechensempfängers (Siegfried) und dem Dritten (Sabine) wird wie folgt konstruiert:

Der Versprechensempfänger (Carola Ebner) gibt zusammen mit dem Abschluß des Vertrags zugunsten Dritter gleichzeitig ein Angebot auf Abschluß eines Schenkungsvertrags gegenüber dem Versprechenden (Sparkasse) mit dem Auftrag ab, das Schenkungsangebot nach dem Tod an den Dritten (Sabine) weiterzuleiten. Der Dritte nimmt das nach § 130 Abs. 2 noch wirksame Schenkungsangebot nach § 153 an, sobald es ihm der Versprechende übermittelt. Die Annahme dieses Schenkungsangebots braucht gegenüber dem Erben des Versprechensempfängers (Siegfried) nach § 151 nicht erklärt zu werden.

Da dem Dritten der Anspruch gegen den Versprechensempfänger bereits durch den Vertrag zugunsten Dritter zugewendet worden war, ist die Schenkung nach § 518 Abs. 2 vollzogen und damit der Formmangel (§§ 518 Abs. 1, 125) geheilt.

Nach der h.M. ist Sabine daher nach § 812 Abs. 1 nicht verpflichtet, ihren Anspruch gegen die Sparkasse an den Erben Siegfried abzutreten.

Entgegen der durch eine ständige Rechtsprechung gefestigten h.M. will Coing (Kipp/Coing, § 81 V 2) bei Verträgen zugunsten Dritter auf den Todesfall im Valutaverhältnis § 2301 anwenden. Da sich die Versprechensempfängerin Carola Ebner noch die Verfügung über ihr Konto vorbehalten hat, würde Coing im Ergebnis einen Vollzug i.S. von § 2301 ablehnen und damit die Regeln über Verfügungen von Todes wegen anwenden.

Andere erblicken in der Begünstigung des Vertrags zugunsten Dritter keine Schenkung des Versprechensempfängers, sondern eine formlos mögliche Erbeinsetzung, die zu einer *Sondererbfolge* des Dritten führen soll (Finger, JuS 1969, 313), oder eine einseitige *Zuwendung von Todes wegen besonderer Art,* die den Rechtserwerb des Dritten bewirken und kausal rechtfertigen soll (Harder, Zuwendungen unter Lebenden auf den Todesfall, 1968, S. 154). Damit würde der Erwerb des Dritten zum Nachlaß zählen, so daß Nachlaßgläubiger und Pflichtteilsberechtigte unmittelbaren Zugriff haben.

Das wünschenswerte Ergebnis ist nach geltendem Recht nicht zu begründen.

478. Im Fall 477 hat Siegfried gegenüber Sabine die Schenkung widerrufen, bevor diese von der Regelung zwischen ihrer Großmutter Carola und der Sparkasse erfahren hatte.
Welche Ansprüche hat Siegfried gegen Sabine?

Hier kann Siegfried von Sabine nach § 812 Abs. 1 Abtretung des Anspruchs gegen die Sparkasse verlangen, weil im Valutaverhältnis eine Schenkung zwischen Sabine und Siegfried als Rechtsnachfolger von Carola nicht zustandegekommen ist. Der Bundesgerichtshof (NJW 1975, 382) hat mit Recht die Ansicht vertreten, daß der Erbe das Schenkungsangebot des Erblassers und damit den Auftrag an die Bank bis zu seiner Übermittlung so lange widerrufen kann, wie der Auftrag noch nicht ausgeführt und das Schenkungsangebot dem Dritten noch nicht zugegangen ist (§ 130 Abs. 1 S. 2). Mit einem derartigen Widerruf können die Erben das Zustandekommen einer Schenkungsvereinbarung im Valutaverhältnis verhindern. Damit fehlt dem Anspruch des Dritten (Sabine) aus dem Vertrag zugunsten Dritter auf den Todesfall im Valutaverhältnis der rechtliche Grund. Siegfried kann daher nach § 812 Abs. 1 die Abtretung des Anspruchs an sich verlangen.
Dieses Widerrufsrecht kann zu unbilligen Ergebnissen führen, weil der endgültige Erwerb des Dritten letztlich davon abhängt, ob es dem Erben gelingt, den Widerruf noch vor der Übermittlung des Schenkungsangebots durch die Bank zu erklären.

479. Carola Ebner hatte ihrer Enkelin Sabine noch zu Lebzeiten versprochen, dieser ihr Sparguthaben bei der Sparkasse zu schenken. Da-

Hier steht Siegfried kein Anspruch gegen Sabine aus § 812 Abs. 1 auf Abtretung des Anspruchs gegen die Sparkasse zu. Das zu Lebzeiten erklärte Schenkungsversprechen der Erblasserin war mit dem Tod Carolas

nach vereinbart Carola mit der Sparkasse, daß sie Sabine das im Zeitpunkt ihres Todes vorhandene Sparguthaben auszahlen soll. Bevor sich die Sparkasse mit Sabine in Verbindung setzt, widerruft der Alleinerbe Siegfried gegenüber Sabine die Schenkung. Welche Ansprüche hat Siegfried gegen Sabine?

vollzogen, weil Sabine bereits in diesem Zeitpunkt einen Anspruch auf das Sparguthaben gegen die Sparkasse erlangt hatte (§ 328 Abs. 2). Damit war die Schenkung vollzogen (§ 518 Abs. 2) und der Formmangel (§§ 518 Abs. 1, 125) geheilt.

XIV. Erbnachfolge in Personengesellschaften

480. Karl Peters ist Gesellschafter der Karl Peters OHG. Bei seinem Tod hinterläßt er seine Ehefrau Juliane und seinen Sohn Hans. Juliane und Hans wollen wissen, ob sie Gesellschafter der OHG geworden sind oder welche Ansprüche sie gegen die OHG haben.

Die Gesellschafterstellung in Personenhandelsgesellschaften ist mit Ausnahme des Kommanditanteils (§ 177 HGB) nicht vererblich, sofern nicht der Gesellschaftsvertrag etwas anderes vorsieht. Der Tod eines Gesellschafters führt nach § 727, §§ 131 Nr. 4, 161 Abs. 2 HGB normalerweise zur *Liquidation der Gesellschaft.* Gesellschafterin der *Liquidationsgesellschaft* wird an der Stelle des verstorbenen Gesellschafters die Erbengemeinschaft (RGZ 106, 65). Der Anspruch gegen die Gesellschaft (Schilling in GroßKomm. HGB, 2. Bd., 2. Halbbd., 3. Aufl. Berlin, 1970, § 155 Anm. 14; ferner BGH DB 1971, 2400) auf Auszahlung des Auseinandersetzungsguthabens nach §§ 731 ff., §§ 154 ff. HGB fällt in den Nachlaß und ist unter den Miterben nach §§ 2042 ff. zu verteilen.

481. Im Gesellschaftsvertrag der Karl Peters OHG ist bestimmt, daß beim Tod eines Gesellschafters die Gesellschaft mit den verbleibenden Gesellschaftern fortgesetzt wird.
a) Welche Ansprüche haben die Erben des Karl Peters gegen die OHG?
b) Wie wäre es, wenn der Gesellschaftsvertrag zusätzlich bestimmte, daß Abfindungsansprüche der Erben eines verstorbenen Gesell-

a) Der Tod eines Gesellschafters führt nicht zur Liquidation der Gesellschaft, wenn sich aus dem Gesellschaftsvertrag ein anderes ergibt (§ 131 Nr. 4 HGB).
Der Gesellschaftsvertrag kann daher eine *Fortsetzungsklausel* enthalten. Der verstorbene Gesellschafter scheidet aus der Gesellschaft aus, sein Gesellschaftsanteil wächst nach § 738 Abs. 1 S. 1 i. V. m. § 105 Abs. 2 HGB den verbleibenden Gesellschaftern im Verhältnis ihrer Anteile an. Die Erben des verstorbenen Gesellschafters haben einen Abfindungsanspruch nach § 738 Abs. 1 S. 2 i. V. m. §§ 105 Abs. 2, 138 HGB gegen die Gesellschaft.

schafters ausgeschlossen sein sollen?

b) In diesem Fall wächst der Gesellschaftsanteil des verstorbenen Gesellschafters den übrigen Gesellschaftern an, ohne daß den Erben nach § 738 Abs. 1 S. 2 ein Abfindungsanspruch zusteht. Ein Ausschluß des Abfindungsanspruchs ist wirksam, wenn der Anspruch für den Todesfall eines *jeden* Gesellschafters ausgeschlossen wird (RGZ 145, 289; 171, 350; BGHZ 22, 186, 194). Eine solche Ausschlußklausel ist weder nach § 138 Abs. 1 nichtig (keine Knebelung des einzelnen Gesellschafters) noch unterliegt sie dem Formerfordernis des § 2301; eine Schenkung von Todes wegen gegenüber den verbleibenden Gesellschaftern stellt diese Klausel dann nicht dar, wenn *sämtliche* Gesellschafter den Abfindungsanspruch ausschließen, so daß jeder für seinen Verzicht einen wirtschaftlichen Gegenwert in Form der Chance erhält, an dem Anteil verstorbener Mitgesellschafter beteiligt zu werden (Brox, Rdnr. 748).

482. Die Gesellschafter der Karl Peters OHG haben in den Gesellschaftsvertrag folgende Bestimmung aufgenommen: „Im Fall des Todes eines Gesellschafters treten dessen Erben an seine Stelle in die Gesellschaft ein."
a) Nach dem Tod des Karl Peters fragt sein Alleinerbe Hans nach seinen Rechten in der OHG.
b) Hans Peters möchte zwar Gesellschafter werden, seine Haftung aber begrenzen und mit der Geschäftsfüh-

a) Der Gesellschaftsvertrag enthält eine *einfache Nachfolgeklausel,* deren rechtliche Bedeutung unterschiedlich beurteilt wird. Teile des Schrifttums (Brox, Rdnr. 754 m. w. N.) sehen in dem Gesellschaftsvertrag einen Vertrag zugunsten des Erben nach §§ 328, 331, so daß dem Erben allein aufgrund des Gesellschaftsvertrags die Gesellschafterstellung zufalle *(rein gesellschaftsrechtliche Lösung).* Die herrschende Meinung (BGHZ 22, 186; 68, 225) lehnt diese rein gesellschaftsrechtliche Lösung mit der Begründung ab, der Gesellschaftsvertrag selbst könne dem Erben den Anteil nicht unmittelbar zuwenden, weil Verfügungen zugunsten Dritter dem BGB fremd seien; außerdem seien mit der Ge-

rung, von der er nichts versteht, nichts zu tun haben.

sellschafterstellung auch Belastungen verbunden, ein Vertrag zu Lasten Dritter sei aber unzulässig.

Mit der herrschenden Meinung ist die *erbrechtliche Lösung* des Nachfolgeproblems vorzuziehen. Die Nachfolgeklausel des Gesellschaftsvertrags hat insoweit rechtliche Bedeutung, als sie den Gesellschaftsanteil vererblich macht. Die Rechtsnachfolge in den Gesellschaftsanteil vollzieht sich dann aber nach Erbrecht (§§ 1922 ff.). Ist Hans gesetzlicher oder testamentarischer Alleinerbe des Karl Peters, rückt er nach § 1922 mit dessen Tod in die gesamte Gesellschafterstellung ein. Er tritt damit sowohl in die vermögensrechtlichen (Kapitalanteil, Anspruch auf Gewinnbeteiligung, Anspruch auf zukünftige Abfindung) wie auch in die personenrechtlichen Rechte (Geschäftsführungs- und Vertretungsbefugnis, Stimmrecht) des Karl Peters ein, wenn nicht die Rechte personenrechtlicher Natur gerade an die Person des verstorbenen Gesellschafters gebunden waren (Schlüter, § 35 II 3b).

b) Nach § 139 HGB kann Hans Peters von den Gesellschaftern verlangen, die übernommene Einlage des Erblassers unter Beibehaltung des Gewinnanteils in eine Kommanditbeteiligung umzuwandeln. Das hat für Hans den Vorteil, daß seine Haftung für zukünftige Gesellschaftsschulden gegenständlich auf die (geleistete) Kommanditeinlage beschränkt wird (§ 171 Abs. 1 2. Halbs. HGB), er nicht zur Geschäftsführung verpflichtet ist (§ 164 HGB) und auch keinem Wettbewerbsverbot unterliegt (§ 165 HGB). Die Gesellschafter können eine solche Änderung des Gesellschaftsvertrags ablehnen. Macht dann Hans Peters von seinem sofortigen Kündigungsrecht nach § 139 Abs. 2 HGB Gebrauch, müssen sie an ihn den Abfindungsbetrag nach § 738 Abs. 1 S. 2 zahlen. Der Erbe muß sein Recht innerhalb einer Frist von drei Monaten nach Kenntnis vom Anfall der Erbschaft ausüben (§ 139 Abs. 3 S. 1 HGB). Er kann auch seine Haftung für die Gesellschaftsschulden, die in der Zeit vor der Umwandlung in eine Kommanditbeteiligung oder vor der Kündigung der Gesellschaft entstanden sind und für die er als OHG-Gesellschafter grundsätzlich persönlich haftet (§§ 128, 130 HGB), nach den Regeln über die Beschränkung der Erbenhaftung gegenständlich auf den Nachlaß beschränken (§ 139 Abs. 4 HGB i.V.m. §§ 1967ff.).

483. Erben des Karl Peters (Fall 482) sind seine Kinder Albrecht, Bertram und Claudia zu je ⅓ geworden. Als es in der Gesellschafterversammlung zu einer Beschlußfassung über die Geschäftsführung kommt, streiten sich die drei Erben mit den übrigen Gesellschaftern, ob ihnen je eine Stimme oder nur der Miterbengemeinschaft als Gesamthand eine Stimme zusteht.

Geht man vom erbrechtlichen Grundsatz der *Universalsukzession* aus, müßte die Gesellschafterstellung des Karl Peters als Teil des Nachlasses der Miterbengemeinschaft zur gesamten Hand zustehen, so daß auch das Stimmrecht der Gesamthand von dieser ausgeübt werden müßte.

Der erbrechtliche *Grundsatz der Universalsukzession kollidiert* aber *mit den Grundsätzen des Personengesellschaftsrechts.* Die Schwerfälligkeit der Willensbildung und Vertretung der Erbengemeinschaft (§§ 2038ff.) würde die Handlungsfähigkeit der Gesellschaft lähmen. Die Beschränkbarkeit der Haftung (§ 2059) steht im Gegensatz zur unbeschränkten persönlichen Haftung der OHG-Gesellschafter nach § 128 HGB. Schließlich ist auch dem Wortlaut des § 139 Abs. 1 HGB zu entnehmen, daß „jeder Erbe" eine eigenständige Gesellschafterstellung erhalten und nicht die Miterbengemeinschaft als solche Gesellschafterin werden soll. Es ist daher anerkannt, daß diese Kollision von Erb- und Gesellschaftsrecht durch den Vorrang des Gesellschaftsrechts gelöst werden muß (BGHZ 22, 186, 192; 68, 225; Schlüter, § 35 II 3 m.w.N.; Brox, Rdnr. 513ff.). Hinterläßt ein Gesellschafter mehrere Miterben, so rücken sie jeweils *einzeln* in seine Gesellschafterstellung im Wege der *Sondererbfolge* ein. Der Umfang ihrer gesellschaftsrechtlichen Stellung richtet sich nach ihrer Erbquote. Die vermögensrechtliche Beteiligung des verstorbenen Gesellschafters wächst also jedem Miterben entsprechend seiner Erbquote zu. Die übrigen Rechte, vor allem das Stimmrecht, werden entweder unter den Miterben geteilt (wenn sie teilbar, d.h. an den Kapitalanteil gebunden sind), oder sie vervielfältigen sich entsprechend der Zahl der Miterben (Brox, Rdnr. 519ff.). Albrecht, Bertram und Claudia können ihr Stimmrecht daher einzeln ausüben.

484. Der Gesellschaftsvertrag der Karl Peters OHG enthält folgende Bestimmung: „Im Fall des Todes des Karl Peters soll sein Sohn Hans sein Nachfolger werden, wenn er Erbe des Karl Peters geworden ist". Karl Peters wird von seinen Kindern Hans, Markus und Norbert gesetzlich beerbt.
a) Wer ist Gesellschafter der OHG geworden?
b) In welcher Höhe erwirbt Hans den Gesellschaftsan-

a) Der Gesellschaftsvertrag enthält eine *qualifizierte Nachfolgeklausel,* die die Rechtsnachfolge eines einzelnen, bestimmt bezeichneten Erben in die OHG vorsieht. Diese auf den Sohn Hans beschränkte Nachfolgeregelung des Gesellschaftsvertrags stimmt mit der erbrechtlichen Gesamtrechtsnachfolge der Erbengemeinschaft aus Hans, Markus und Norbert nicht überein. Auszugehen ist auch hier (vgl. Fall 482a)) von der Nachfolgeklausel im Gesellschaftsvertrag, die allein die Gesellschaftsbeteiligung vererblich machen kann und deren Beschränkungen daher auch maßgeblich sind. Nachfolger des

teil des Karl Peters? Welche Ansprüche haben Markus und Norbert gegen die OHG?
Kommt es dabei darauf an, ob der Gesellschaftsvertrag Abfindungsansprüche ausschließt oder nicht?

Karl Peters in der OHG ist daher allein der Miterbe Hans.
b) In welchem Umfang dem Erben (Hans) der Kapitalanteil des verstorbenen Gesellschafters (Karl Peters) zufällt und welche Ansprüche die übrigen Erben gegen die OHG haben, war lange Zeit umstritten. Der Bundesgerichtshof (BGHZ 22, 186, 193f.) räumte früher dem Erbrecht insoweit Vorrang ein: Der Kapitalanteil des verstorbenen Gesellschafters sollte dem in der qualifizierten Nachfolgeklausel benannten Erben nur *in Höhe seiner Erbquote,* im übrigen aber den anderen Gesellschaftern nach Maßgabe ihrer Anteile zufallen. Den verbleibenden Erben sollte ein Abfindungsanspruch nach § 738 zur gesamten Hand zustehen. Diese Konstruktion sollte auch dann gelten, wenn Abfindungsansprüche im Gesellschaftsvertrag ausdrücklich ausgeschlossen waren; die übrigen Gesellschafter sollten dann allerdings aus dem Gesellschaftsvertrag verpflichtet sein, dem Erben-Gesellschafter durch Rechtsgeschäft unter Lebenden denselben Kapitalanteil einzuräumen, der dem Erblasser zugestanden hatte. Sie mußten also die ihnen zunächst angewachsenen Anteile zurückübertragen. Die neuere Rechtsprechung des Bundesgerichtshofs (BGHZ 68, 225) hat nach fast einhelliger Kritik der Literatur (vgl. Brox, Rdnr. 758; Schlüter, § 35 II 3b) diese Konstruktion aufgegeben. Danach ist bei qualifizierten Nachfolgeklauseln wegen des regelmäßigen Interesses der Gesellschafter, die Gesellschaft vor wirtschaftlicher Auszehrung zu bewahren, mangels gegenteiliger Anhaltspunkte grundsätzlich von einem Ausschluß der Abfindungsansprü-

che der nicht zur Nachfolge berufenen Erben auszugehen. Der im Gesellschaftsvertrag als Nachfolger benannte Erbe erwirbt die Gesellschafterstellung *unmittelbar in dem (vollen) Umfang, in dem sie der Erblasser innegehabt hat.*

Die Erbquote hat allein für den erbrechtlichen Wertausgleich zwischen den Miterben nach §§ 2050ff. Bedeutung (vgl. Schlüter, § 35 II 3b; Brox, Rdnr. 761). Hans ist daher ganz in die Gesellschaftsbeteiligung des Karl Peters eingerückt, den Brüdern stehen keine Abfindungsansprüche zu. Der Ausgleich zwischen den Miterben ist nach §§ 2050ff. durchzuführen (vgl. dazu und zu weiteren Problemen bei der Vererbung von Gesellschaftsanteilen Wiedemann, PdW Heft 8, Gesellschaftsrecht, 5. Aufl. München, 1988, Fälle 198 bis 206).

XV. Besonderheiten nach der Herstellung der Deutschen Einheit

485. Nach welchen Normen bestimmt sich die Anwendung des Erbrechts der Bundesrepublik Deutschland und des Erbrechts der Deutschen Demokratischen Republik nach der Herstellung der Deutschen Einheit?

Maßgebend hierfür ist Art. 235 EGBGB, der durch den Vertrag zwischen der Bundesrepublik Deutschland und der Deutschen Demokratischen Republik über die Herstellung der Einheit Deutschlands (Einigungsvertrag) vom 28. 9.1990 – in Kraft getreten am 3. 10. 1990 – eingefügt worden ist. Hiernach sind auf Erbfälle vor dem 3. 10. 1990 die bisherigen Vorschriften anzuwenden, d.h. das BGB bzw. das Zivilgesetzbuch der DDR (ZGB); für Erbfälle danach gilt grundsätzlich, soweit in Art. 235 EGBGB nichts anderes bestimmt ist, das BGB (vgl. Fall 5b).

486. Erdmann stirbt am 3. 9. 1990 in Leipzig. Bei seinem Tod hinterläßt er seine vier Kinder Andreas, Bernhard, Christian und Daniela. Bis auf Daniela sind alle Kinder ehelich geboren. Im Januar 1991 soll die Auseinandersetzung des Nachlasses stattfinden.
Wer erbt zu welchen Teilen?

Alle Kinder des Erdmann erben zu gleichen Teilen und bilden eine Erbengemeinschaft. Da Erdmann vor dem 3. 10. 1990 verstorben ist, gilt nach Art. 235 § 1 Abs. 1 EGBGB das Recht der DDR. Das Erbrecht der DDR war im Zivilgesetzbuch (ZGB) der DDR geregelt. Eine dem § 1934a BGB vergleichbare Regelung, wonach dem nichtehelichen Kind neben ehelichen Kindern und dem überlebenden Ehegatten nur ein Erbersatzanspruch zusteht, kannte das ZGB nicht. Eheliche und nichteheliche Kinder waren bei der gesetzlichen Erbfolge gleichgestellt und deshalb nebeneinander zu gleichen Teilen zur Erbfolge berufen.

487. Oswald ist verwitwet und lebt mit einem seiner

Anwendbar ist hier, weil der Erblasser Oswald seinen letzten gewöhnlichen Aufent-

beiden Söhne, Sigfried, in Dresden. Sein zweiter Sohn Zacharias lebt in München. 1985 siedelt auch Oswald nach München über. Er muß sein gesamtes Vermögen, das aus einem wertvollen Meißner Porzellan-Service besteht, zurücklassen. 1986 errichtet er ein Testament. Wegen der politischen Verhältnisse setzt er Sigfried zu seinem Alleinerben ein. 1987 verstirbt Oswald.

Nach der Wiedervereinigung will Zacharias das Testament anfechten. Mit Erfolg?

halt in der Bundesrepublik hatte, das BGB. Bevor eine Anfechtung nach § 2078 Abs. 2 geprüft wird, ist zu erwägen, ob nicht eine ergänzende Auslegung des Testaments dazu führt, daß Zacharias neben Sigfried zum Miterben berufen ist. Es ist zu fragen, ob der Erblasser eine andere Verfügung getroffen hätte, hier also auch seinen Sohn Zacharias bedacht hätte, wenn er die spätere Entwicklung vorausschauend in Betracht gezogen hätte. Eine dahingehende Auslegung scheitert hier jedoch daran, weil sich für diesen hypothetischen Erblasserwillen im Testament kein „auch noch so geringer Anhaltspunkt" finden läßt (vgl. BayObLG, NJW 1988, 2744f. und Fall 120).

Zur Anfechtung wäre Zacharias nach § 2078 Abs. 2 berechtigt, wenn er durch die irrige Annahme oder Erwartung des Eintritts oder Nichteintritts eines Umstands bestimmt worden wäre. Hierzu ist zwar nicht erforderlich, daß er diesen bestimmten Umstand (hier die Wiedervereinigung) in sein Bewußtsein konkret aufgenommen hat. Ausreichend ist es, daß er ihn jederzeit hätte abrufen und in sein Bewußtsein hätte holen können (vgl. BGH NJW-RR 1987, 1412). Davon kann aber nur ausgegangen werden, wenn der Erblasser diesen Umstand auch unter Berücksichtigung seiner individuellen Vorstellungen mit Sicherheit zum Anlaß genommen hätte, anders zu testieren. Zwar handelt es sich bei der Wiedervereinigung um ein einschneidendes Ereignis. Es kann aber nicht generell vermutet werden, daß ein Erblasser, hätte er die Wiedervereinigung vorausgesehen, in jedem Fall anders testiert hätte, weil für Erbeinsetzungen regelmäßig verschiedenste Motive maßgebend sind. Eine Testamentanfechtung nach § 2078 Abs. 2 scheidet daher aus.

488. Oswald hat 1988 ein Testament bei dem Notar Dr. Treu in Dresden errichtet. Hierin hat er seinen Sohn Sigfried zu ¾ und seinen Sohn Zacharias zu ¼ zu Erben eingesetzt. Oswald hebt das Testament in seinem Schreibtisch auf. 1991 verstirbt er nach seiner Übersiedlung in die Bundesrepublik in München. Wie ist er beerbt worden?

Da Oswald nach dem 3. 10. 1990 verstorben ist, richtet sich die Erbfolge grundsätzlich nach dem BGB. Art. 235 § 2 EGBGB ordnet jedoch an, daß sich die Errichtung einer Verfügung von Todes wegen vor dem Wirksamwerden des Beitritts nach dem bisherigen Recht (hier also dem ZGB) richtet, auch wenn der Erblasser erst nach dem Wirksamwerden des Beitritts verstorben ist. Das Testament hätte nach § 384 S. 3 ZGB von einem Staatlichen Notariat in Verwahrung genommen werden müssen, um wirksam zu sein. Da Oswald das Testament in seinem Schreibtisch aufbewahrt hat, ist es formnichtig. Es tritt deshalb gesetzliche Erbfolge ein. Sigfried und Zacharias erben somit zu je ½ (§ 1924 Abs. 1 und 4).

489. Erdmann aus Leipzig verstirbt 1987 bei seinem Sohn Silas in München, nachdem er sich entschlossen hatte, nicht mehr in die DDR zurückzukehren. Zu seinem Nachlaß gehören ein Grundstück in Leipzig sowie der in München verbliebene Pkw Marke Trabant. Silas schlägt die Erbschaft gegenüber dem Amtsgericht München I aus, weil er an dem Trabant kein Interesse und auf das Grundstück keinen Zugriff hat. 1991 be-

Ob Silas 1991 mit Erfolg einen Erbschein beantragen kann, hängt davon ab, ob er 1987 die Erbschaft wirksam ausgeschlagen hat. Da der Erbfall vor dem 3. 10. 1990 eingetreten ist, bleibt nach Art. 235 § 1 EGBGB das bisherige Recht maßgebend. Danach bestimmte sich die Erbfolge hinsichtlich des in der DDR befindlichen Grundbesitzes, auch wenn der Erblasser seinen gewöhnlichen Aufenthalt in der Bundesrepublik hatte, nach dem Recht der DDR, also dem ZGB. Nach § 403 Abs. 2 ZGB bedurfte es zur Ausschlagung einer notariell beglaubigten Erklärung gegenüber einem Staatlichen Notariat. Da Silas die Ausschlagung nicht gegenüber einem

antragt er die Erteilung eines Erbscheins.
Zu Recht?

Staatlichen Notariat, sondern gegenüber dem Amtsgericht München I ausgesprochen hat, ist er hinsichtlich des Grundstücks in Leipzig nicht von der Erbfolge ausgeschlossen. Auf seinen Antrag ist ihm deshalb ein (gegenständlich beschränkter) Erbschein zu erteilen.

Gesetzesregister

(Die fetten Zahlen bezeichnen die Paragraphen oder Artikel, die mageren die Nummern der Fälle)

Sachverzeichnis

(Die Zahlen bezeichnen die Nummern der Fälle)

Teilauseinandersetzung 324
Teilerbschein 267

Buchanzeigen

Auch in dieser Reihe

Heft 4: Gottwald
BGB · Sachenrecht

Von Dr. Peter Gottwald, o. Professor an der Universität Regensburg

10., neubearbeitete Auflage. 1991
XX, 275 Seiten. Kartoniert DM 29,80
ISBN 3-406-34888-2

Der PdW-Band behandelt einen für den Studenten besonders **schwierigen Bereich** des Zivilrechts. Anhand von Fällen werden alle wichtigen Probleme des Sachenrechts erörtert. Damit stellt das Werk eine **ideale Ergänzung** zur systematischen Darstellung in Vorlesungen und Lehrbüchern dar.

Auswahl und Bearbeitung der Fälle richten sich nach folgenden Kriterien:

- Klausurrelevanz,
- Verarbeitung von Gerichtsurteilen,
- Aufbau nach Anspruchsgrundlagen,
- Hinweise auf weiterführende Literatur.

Damit wendet sich der Band an den Studenten zur **Vorbereitung** auf die **Zivilrechtsübungen** und das Juristische **Staatsexamen.** Er eignet sich sowohl zur erstmaligen Erarbeitung sachenrechtlicher Fragestellungen als auch zur **Wiederholung** des Lehrstoffs.

Verlag C. H. Beck München